新工科建设·电子信息类系列教材

数字通信原理

（第3版）

周冬梅 　主　 编

钟晓玲　贾　勇　副主编

高　嵩　孙　玥　参　编

电子工业出版社.

Publishing House of Electronics Industry

北京·BEIJING

内 容 简 介

本书力求系统地阐述现代通信系统的基本原理和新技术，以数字通信系统为核心，突出数字通信的基本分析方法、工作原理，建立数字通信的整体概念，注重阐述数字通信技术的核心内容。本书各章节的相关内容衔接紧密，理论与实际紧密联系，多采用对比或物理概念诠释的方式以避免烦琐的公式推导，改进图表曲线绘制，增加了对现代通信系统的介绍。全书共 11 章，主要内容包括：数字通信系统的基本概念、通信信道、随机信号分析、模拟调制技术、信源编码、多路复用技术与多址技术、数字信号的基带传输、数字载波调制传输、数字信号的最佳接收、扩频通信、现代通信系统介绍等。本书每章末均附有本章小结及习题，并提供配套的电子课件 PPT、教案、习题参考答案等。

本书可作为通信工程等相关专业本科生、研究生相关课程的教材，也可供相关行业的工程技术人员学习和参考。

图书在版编目（CIP）数据

数字通信原理 / 周冬梅主编. -- 3 版. -- 北京：

电子工业出版社，2025. 3. -- ISBN 978-7-121-49904-3

Ⅰ. TN914.3

中国国家版本馆 CIP 数据核字第 2025193PF3 号

责任编辑：王晓庆　　特约编辑：孙　建

印　　刷：大厂回族自治县聚鑫印刷有限责任公司

装　　订：大厂回族自治县聚鑫印刷有限责任公司

出版发行：电子工业出版社

　　　　　北京市海淀区万寿路 173 信箱　　邮编：100036

开　　本：787×1 092　1/16　　印张：17.5　　字数：448 千字

版　　次：2010 年 12 月第 1 版

　　　　　2025 年 3 月第 3 版

印　　次：2025 年 3 月第 1 次印刷

定　　价：57.00 元

凡所购买电子工业出版社图书有缺损问题，请向购买书店调换。若书店售缺，请与本社发行部联系，联系及邮购电话：（010）88254888，88258888。

质量投诉请发邮件至 zlts@phei.com.cn，盗版侵权举报请发邮件至 dbqq@phei.com.cn。

本书咨询联系方式：（010）88254113，wangxq@phei.com.cn。

前　言

随着人类社会步入信息化时代，信息成为一个国家与民族经济发展的重要战略资源和独特的生产要素。在全球数字化的今天，通信技术面临着前所未有的高科技挑战。此时，数字通信的快速发展为通信技术不断注入新的生机与活力，成为推动人类社会文明进步与发展的强大动力。

本书由多位具有多年"数字通信原理"教学与科研经验的优秀教师共同完成，将教学与科研经验恰当地融入章节，对难点知识进行实例剖析，便于学生掌握，对学生学习本专业课程及以后从事数字通信方面的工作起到良好的指导作用。

全书共 11 章，主要内容包括：数字通信系统的基本概念、通信信道、随机信号分析、模拟调制技术、信源编码、多路复用技术与多址技术、数字信号的基带传输、数字载波调制传输、数字信号的最佳接收、扩频通信、现代通信系统介绍，具体内容如下。

第 1 章 "数字通信系统的基本概念"，简要介绍信息、通信及数字通信的基本概念，并阐述通信的不同分类，着重介绍数字通信系统的组成及基本通信模式，最后全面地分析数字通信涉及的主要性能指标。

第 2 章 "通信信道"，主要阐述信道的定义及分类，研究不同信道对所传输信号的影响和改善信道特性的办法，并介绍信道中存在的噪声干扰。

第 3 章 "随机信号分析"，主要介绍信号及噪声的基本概念，包括一般表述、分类及频谱分析等。

第 4 章 "模拟调制技术"，主要介绍幅度调制与解调及其抗噪声性能；调频信号调制与解调方法及其抗噪声能力，并与调幅信号进行比较。

第 5 章 "信源编码"，主要探讨提高数字通信系统性能的有效途径，针对性地说明信源编码技术在提高信息速率中的作用，并对信源压缩编码方法进行介绍；详细介绍数字化传输中的抽样定理、脉冲编码调制（PCM）、增量调制方法及其抗噪声性能。

第 6 章 "多路复用技术与多址技术"，从信道传输能力的充分利用及提高传输效率角度出发，主要介绍信道的多路复用技术和多址技术，并讨论它们之间的联系与区别；重点介绍数字复接技术的原理、码速调整、二次群帧结构。

第 7 章 "数字信号的基带传输"，主要研究数字基带信号传输的基本原理、方法及传输的性能。

第 8 章 "数字载波调制传输"，主要介绍数字频带传输的基本方式，如振幅键控（ASK）、频移键控（FSK）和相移键控（PSK），并针对不同类型的数字调制系统进行详细介绍。

第 9 章 "数字信号的最佳接收"，首先介绍最佳接收准则及匹配滤波器的基本原理和主要性质；其次对匹配滤波器进行性能分析，从而引出理想的接收机模型；最后通过对理想接收机与实际接收机进行比较，提出实现最佳接收的途径及方法。

第 10 章"扩频通信"，在对扩频通信技术相关概念进行深入阐述的基础上，全面介绍扩频通信系统。

第 11 章"现代通信系统介绍"，在了解传统通信网的基础上，主要介绍现代通信网的构成和功能以及现代通信系统的基本理论和相关技术。

本书点面兼顾，循序渐进，注重重要概念的引入以及分析方法与实际应用相结合，语言简练，逻辑性强，展现了数字通信原理的精彩之处，有助于增强学生的学习兴趣。本书提供配套的电子课件 PPT、教案、习题参考答案等，请登录华信教育资源网（http://www.hxedu.com.cn）注册后免费下载，也可联系本书编辑（wangxq@phei.com.cn）获取。

本书由周冬梅担任主编，钟晓玲、贾勇担任副主编，高嵩、孙玥参编，具体分工如下：周冬梅编写第 4 章、第 5 章、第 6 章、第 7 章、第 8 章、第 9 章、第 10 章，钟晓玲编写第 1 章，贾勇编写第 3 章，高嵩和孙玥编写第 2 章，李庶民、王思圻、谢雨佳编写第 11 章。本书由周冬梅统稿。

本书在编写过程中得到了编者单位的支持和其他同事的鼎力帮助，在此一并表示感谢。由于编者水平有限，书中难免存在错误和不妥之处，恳请读者批评指正。

编者

目　　录

第1章 数字通信系统的基本概念

学习目标

- 了解信息与通信的概念
- 熟悉数字通信系统的组成及性能指标

本章知识结构

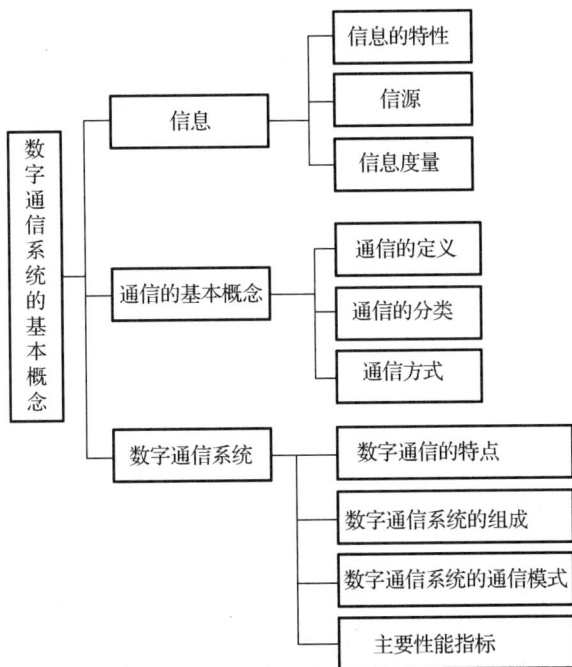

数字通信系统的基本概念
- 信息
  - 信息的特性
  - 信源
  - 信息度量
- 通信的基本概念
  - 通信的定义
  - 通信的分类
  - 通信方式
- 数字通信系统
  - 数字通信的特点
  - 数字通信系统的组成
  - 数字通信系统的通信模式
  - 主要性能指标

导入案例

案例一

目前，我国多个城市为了提升城市的综合信息化水平，已经建设了城域网（图 1.1），这已经成了数字通信市场的新增长点。城域网为超大规模网络，采用内网与外网并行的双网络结构，网络覆盖了全市所有相关单位和部门，可实现行业内的实时信息交换。

案例二

随着客运专线和高速铁路网的投入运营，客流量日益增大，客站的客运作业组织与服务压力随之增大。以前，我国铁路客站的通信限于传统广播及模拟常规无线对讲方式，只有通话功能且占用一个频点，仅能进行一组业务人员之间的通话，无法实现多业务通话。而客站数字无线通信系统正契合了铁路客站建设的发展和需求，在提高频带利用率、提升通话质量、增加数据传输功能以及提高可靠性等方面具有明显优势。该系统采用数字多信道通信系统，充分发挥新一代数字对讲机（图 1.2）的调度作用、数据传输作用，解决模拟对讲机覆盖范围小、语音质量不高、功能单一等问题，为客运提供覆盖范围更广、更清晰的语音通话服务。

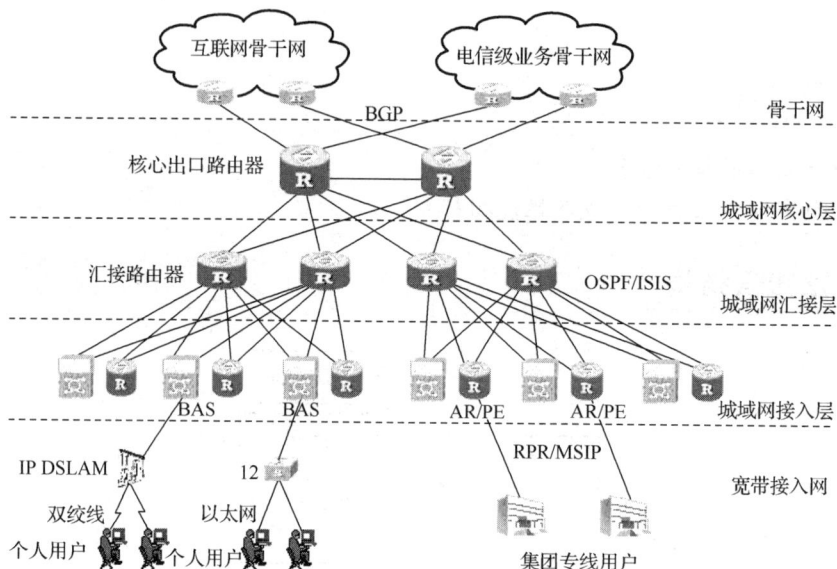

图 1.1　城域网

图 1.2　数字对讲机

随着科学技术的迅猛发展，通信技术融合计算机、微电子及信息技术等新兴科技技术，逐渐实现通信的数字化、智能化及网络化，其中数字化是通信技术发展的基础，并决定今后通信的主要发展方向。目前，通信技术的数字化广泛应用于社会的各个领域，如数字移动通信、数字光纤通信、数字广播电视、数字多媒体技术及数字卫星系统等。

本章主要介绍信息及通信的基本概念，并对数字通信系统的组成模型及性能指标进行简单的介绍。

1.1　信　　息

通信的目的就是传输用户所需的有效信息。在现代通信领域，可传输的信息类型有很多。用户接收的各种信息，如文字、声音、图像等都能表达信息的实质内容。为了更好地分析通信系统的传输原理及性能，需要对信息进行定性、定量分析。

1.1.1　信息的特性

客观世界中大量存在、产生及传输各种信息。信息是客观事物状态与运动特征的一种普遍形式，其具有以下特性。

1．真伪性

真伪性是信息的最基本特性之一，是决定用户能否接收到准确信息的关键。由于信息本身存在随机性（不确定性），用户总希望能接收到准确无误的信息，因此信息的真伪之分促使人们不断提高所要获知的有效信息的准确性，进而推动科技手段的不断创新。

2．时效性

信息在特定的时间范围内是有效的，在此范围之外均是无效的。

3．可识别性

信息是可以识别的，识别可分为直接识别和间接识别。直接识别是指通过感官的识别，间接识别是指通过各种测试手段的识别。不同的信息源有不同的识别方法。

4．可存储、传输

信息可通过各种方式进行存储，存储方式因存储介质的不同而不同。信息的传输性是信息的本质特性，信息通常需要依附某种物理载体进行传输。

5．可处理

信息可通过一定手段进行处理，如信息的扩充与压缩等处理。对信息进行处理，可使信息更好地满足特定场合的具体要求，以达到有效快捷传输的目的。

1.1.2　信源

信源是产生信息的主要来源。信源有较多类型，其中单信息信源是最简单、最基本的信源之一，也是组成其他信源的基本单元。单信息信源主要可以分为以下两种。

1．离散信源

产生离散信息（数字信号）的信源称为离散信源，有时也称为数字信源。离散信源只能产生有限种符号，因此离散信源可以看成一种有限状态的随机序列。在数学上，可将离散信源看成一维离散型随机变量。假设信源取值的随机变量为 X，X 所对应的概率分布为 $P(X)$，则单信息信源可以由随机变量 X 的范围和概率分布 $P(X)$ 共同组成的概率空间 $\begin{pmatrix} X \\ P(X) \end{pmatrix}$ 表示，但需要满足

$$\begin{pmatrix} X \\ P(X) \end{pmatrix} = \begin{pmatrix} a_1 & a_2 & \cdots & a_n \\ P(a_1) & P(a_2) & \cdots & P(a_n) \end{pmatrix} \qquad (1\text{-}1\text{-}1)$$

式中，$X=(a_1,a_2,\cdots,a_n)$；$\sum\limits_{i=1}^{n}P(a_i)=1$。

2．连续信源

产生连续信息（模拟信号）的信源称为连续信源。在数学上，可将连续信源看成一维连续型随机变量。假设信源取值的随机变量为 U，U 所对应的概率分布为 $P(U)$，则需要满足

$$\begin{pmatrix} U \\ P(U) \end{pmatrix} = \begin{pmatrix} (a,b) \\ p(u) \end{pmatrix} \qquad (1\text{-}1\text{-}2)$$

式中，$u \in U = \mathbf{R}^1 = [0,\infty)$；$p(u)$ 为连续变量 u 的概率密度。

1.1.3 信息度量

信息的多少是用信息量来衡量的。前面介绍过信息具有随机性，根据概率论知识，事件的随机性可用事件出现的概率来描述，因此，信息所含的信息量与信息发生的概率密切相关。信息发生的概率越小，信息所含的信息量就越大。

1．信息量

假设 $P(x)$ 是一个信息发生的概率，I 是从该信息获悉的信息量，I 与 $P(x)$ 之间的关系遵循以下规律。

（1）信息量 I 是概率 $P(x)$ 的函数，即

$$I = f(P(x)) \qquad (1\text{-}1\text{-}3)$$

式中，概率 $P(x)$ 越小，信息所包含的信息量 I 越大；反之则越小。并且，当 $P(x)\to1$ 时，$I\to0$；当 $P(x)\to0$ 时，$I\to\infty$。

（2）若干互相独立事件构成的信息，所含的信息量等于各独立事件的信息量之和，即具有相加性，表达式如下

$$I[P(x_1)P(x_2)\cdots] = I[P(x_1)] + I[P(x_2)] + \cdots \qquad (1\text{-}1\text{-}4)$$

由式（1-1-4）可知，若信息量 I 与信息出现的概率 $P(x)$ 之间的关系为

$$I = \log_a \frac{1}{P(x)} = -\log_a P(x) \qquad (1\text{-}1\text{-}5)$$

则可满足上述规律。因此，对于由一串符号构成的信息，如果各符号出现的概率相互独立，则根据相加性，整个信息的信息量为

$$I = -\sum_{i=1}^{N} n_i \log_2 P(x_i) \qquad (1\text{-}1\text{-}6)$$

式中，n_i 为事件 x_i 出现的次数；N 为不同符号的个数。

信息量的对数度量是一种合理的度量方法。信息量的单位与底数 a 有关。当 $a=2$ 时，信

息量的单位为比特（bit，简写为 b）；当 $a=e$ 时，信息量的单位为奈特（nit）；当 $a=10$ 时，信息量的单位为十进制单位，叫哈特利（Hartley）。以上三种不同单位的确定，可根据计算及使用方便性来决定。目前广泛使用的单位为 b。

在离散信源出现的概率相等时，发送二进制数字"0"或者"1"，若它们出现的概率相等，即"0"和"1"出现的概率都是 $\dfrac{1}{2}$，则它们的信息量为

$$I(0) = I(1) = \log_2 \frac{1}{1/2} = \log_2 2 = 1\text{b} \tag{1-1-7}$$

由此可见，在传输等概率的二进制数字时，0 和 1 的信息量都是 1b。同理可得，等概率传输四进制数字（$P=\dfrac{1}{4}$）时，每个数字的信息量为 2b。综上所述，对于无记忆离散信源，等概率传输 M 进制数字（$P=\dfrac{1}{M}$）时，每个数字的信息量为

$$I = \log_2 \frac{1}{P} = \log_2 \frac{1}{1/M} = \log_2 M \tag{1-1-8}$$

当 M 是 2 的整次幂，即 $M = 2^k$（$k \in \mathbf{N}^*$）时，式（1-1-8）可写作

$$I = \log_2 \frac{1}{P} = \log_2 \frac{1}{1/M} = \log_2 M = \log_2 2^k = k(\text{b}) \tag{1-1-9}$$

而当离散信源出现的概率不相等时，若每个符号出现的概率分别为 $P_1, P_2, P_3, \cdots$（$\sum\limits_{i=1} P_i = 1$），且它们之间相互独立，那么每个符号的信息量分别为 $-\log_2 P_1, -\log_2 P_2, -\log_2 P_3, \cdots$。所以，每个符号所含信息量的统计平均值，即平均信息量为

$$H = P_1(-\log_2 P_1) + P_2(-\log_2 P_2) + P_3(-\log_2 P_3) + \cdots = -\sum_{i=1} P_i(\log_2 P_i) \tag{1-1-10}$$

式中，H 为信息源的熵（b/符号）。由式（1-1-10）可知，当每个符号等概率出现时，H 出现最大值。

【例 1-1-1】某离散信源由 0、1、2、3 这 4 个符号组成，它们出现的概率分别为 3/8、1/4、1/4、1/8，且每个符号的出现都是独立的，试求该信息的信息量（信息表示如下）。

$$201020130213001203210100321010023102002010312032100120210$$

解　在此信息中，0 出现 23 次，1 出现 14 次，2 出现 13 次，3 出现 7 次，共有 57 个符号，故该信息的信息量为

$$I = 23\log_2 \frac{8}{3} + 14\log_2 4 + 13\log_2 4 + 7\log_2 8 \approx 108\text{b}$$

每个符号的算术平均信息量为

$$\bar{I} = \frac{I}{\text{符号位}} = \frac{108}{57} \approx 1.89(\text{b/符号})$$

若用熵的概念来计算，根据式（1-1-10）可得

$$H = -\frac{3}{8}\log_2\frac{3}{8} - \frac{1}{4}\log_2\frac{1}{4} - \frac{1}{4}\log_2\frac{1}{4} - \frac{1}{8}\log_2\frac{1}{8} \approx 1.906(\text{b/符号})$$

则该信息的信息量为

$$I \approx 57 \times 1.906 \approx 108.64(\text{b})$$

2．互信息

若一个信号 x_i 所含的信息量为 $I(x_i)$，则称 $I(x_i)$ 为 x_i 的自信息量，即

$$I(x_i) = \log\frac{1}{P(x_i)} = -\log P(x_i) \tag{1-1-11}$$

一般而言，信道中总存在噪声和干扰，信源发出信号 x_i，通过信道后，信宿只可能收到由干扰作用引起的某种变形的 y_i。信宿收到 y_i 后推测信源发出 x_i 的概率，这一过程可由条件概率 $P(x_i|y_i)$ 来描述。通常将信宿收到 y_i 后推测信源发出 x_i 的概率与先前传输 x_i 的概率之比的对数称为 y_i 对 x_i 的互信息量，简称互信息，用 $I(x_i, y_i)$ 表示，即

$$I(x_i, y_i) = \log_2\frac{P(x_i|y_i)}{P(x_i)} \tag{1-1-12}$$

互信息是指两个事件集合之间的相关性，它是信息论里一种有用的信息度量。

若将式（1-1-12）进行变换，可得

$$I(x_i, y_i) = -\log_2 P(x_i) + \log_2 P(x_i|y_i) = I(x_i) - I(x_i|y_i) \tag{1-1-13}$$

可见互信息量等于自信息量减去条件信息量。

1.2 通信的基本概念

1.2.1 通信的定义

通信（Communicate）是指通信双方通过某种方式或介质进行的信息交流与传输。科技发展使通信逐渐实现电子化，现阶段的通信可理解为：利用电子等技术手段，借助电、光信号实现信息从一地向另一地的有效传输和交换。

以烽火台、击鼓、旗语、飞鸽等视听、实物为主要传输媒介的古代通信方式存在很多不足，例如，远距离通信传输时间长、信息的实时性差等。后来相继出现了无线电、固定电话、移动电话、可视电话、互联网等各种现代通信方式，大大提高了通信即时性，同时对通信系统提出了更高的要求，这些要求对通信技术的发展起到了重要的推动作用。

1.2.2 通信的分类

1．按传输介质分类

信号要实现通信目的，需要选择适当的传输介质进行传输，这里的传输介质通常称为信道，关于信道的概念将在以后的章节中进行详细介绍。按信道采用的传输介质分类，通信可分为两大类。

（1）有线通信。有线通信是传输介质为架空明线、电缆、光缆及波导等实体形式的通信。

与传输介质相对应，有线通信可进一步分类，如明线通信、电缆通信及光缆通信等。

（2）无线通信。无线通信是传输介质为看不见、摸不着的介质的一种通信形式。无线通信常见的形式有微波通信、短波通信、移动通信、卫星通信、散射通信、激光通信和量子通信等，其形式较多。

2．按信道中传输的信号分类

按信号的幅度特性不同，信号可分为模拟信号和数字信号两大类，因此按照传输的信号分类，通信可分为模拟通信和数字通信。其中，数字通信是本书的研究重点。

3．按工作频段分类

按通信设备的工作频段分类，通信可分为长波通信、中波通信、短波通信及微波通信等。表 1.1 列出了通信中使用的频段、常用传输介质及主要用途。

表 1.1　通信中使用的频段、常用传输介质及主要用途

频率范围	波长	频段名称	常用传输介质	主要用途
3Hz～30kHz	10^4～10^8m	甚低频（VLF）	有线电对超长波无线电	音频、电话、数据终端、长距离导航、时标
30～300kHz	10^3～10^4m	低频（LF）	有线电对长波无线电	导航、信标、电力线通信
300kHz～3MHz	10^2～10^3m	中频（MF）	同轴电缆中波无线电	调幅广播、移动陆地通信、业余无线电
3～30MHz	10～10^2m	高频（HF）	同轴电缆短波无线电	移动无线电话、短波广播、定点军用通信、业余无线电
30～300MHz	1～10m	甚高频（VHF）	同轴电缆超短波无线电	电视、调频广播、空中管制、车辆通信、导航、集群通信、无线寻呼
300MHz～3GHz	10～100cm	特高频（UHF）	波导微波、分米波无线电	电视、空间遥测、雷达导航、点对点通信、移动通信
3～30GHz	1～10cm	超高频（SHF）	波导微波、厘米波无线电	微波接力、卫星和空间通信、雷达
30～300GHz	1～10mm	极高频（EHF）	波导微波、毫米波无线电	雷达、微波接力、射电天文学
10^5～10^7GHz	3×10^{-6}～3×10^{-4}cm	红外、可见光、紫外光	光纤激光空间传播	光通信

通信的工作频率和工作波长可以互换，其关系为

$$\lambda = \frac{c}{f} \tag{1-2-1}$$

式中，λ 为工作波长；f 为工作频率（Hz）；$c = 3\times10^8\,\text{m/s}$ 为电波在自由空间中的传播速度。

4．按调制方式分类

根据信号在传输过程中是否进行过调制，可将通信分为基带传输和频带传输。基带传输是指信号没有经过调制而直接进行传输的通信方式，如音频市内电话。频带传输是指信号经过调制后再送到信道中传输，接收端有相应解调措施的通信方式，它是对各种信号调制后传输的总称。在频带传输时，存在很多种调制方式，可根据不同的系统需求选择最佳的调制方式。表 1.2 列出了一些常见的调制方式及适用场合。

表 1.2　常见的调制方式及适用场合

调制方式			适用场合
连续波调制	线性调制	常规双边带调制 AM	广播
		单边带调制 SSB	载波通信、短波无线电话通信
		双边带调制 DSB	立体声广播
		残留边带调制 VSB	电视广播、传真
	非线性调制	频率调制 FM	微波中继、卫星通信、广播
		相位调制 PM	中间调制方式
	数字调制	振幅键控 ASK	数据传输
		频移键控 FSK	数据传输
		相移键控 PSK、DPSK、QPSK 等	数据传输、数字微波、空间通信
		其他高效数字调制 QAM、MSK 等	数字微波、空间信道
脉冲调制	脉冲模拟调制	脉幅调制 PAM	中间调制方式、遥测
		脉宽调制 PDM	中间调制方式
		脉位调制 PPM	遥测、光纤传输
	脉冲数字调制	脉冲编码调制 PCM	市话中继线、卫星空间、通信
		增量调制 ΔM	军用数字电话、民用数字电话
		差分脉冲编码调制 DPCM	电视电话、图像编码
		其他编码方式（ADPCM、APC、LPC 等）	中低速数字电话

5．按信号复用方式分类

为了提高通信系统信道的利用率，通信信号的传输往往采用多路复用技术。所谓多路复用技术，通常是指在一个信道上同时传输多个信号的技术。按不同的信号复用方式分类，通信可分为频分复用通信、时分复用通信以及码分复用通信。这三种信号复用通信，在以后的章节中会有详细的讲解。

除上述分类外，通信还有一些其他分类方法。例如，通信按收发信者是否运动可分为移动通信和固定通信，按用户类型可分为公用通信和专用通信，按信息的物理特征可分为电报通信、电话通信、数据通信、图像通信等，按通信对象的位置可分为地面通信、对空通信、深空通信、水下通信等。

1.2.3　通信方式

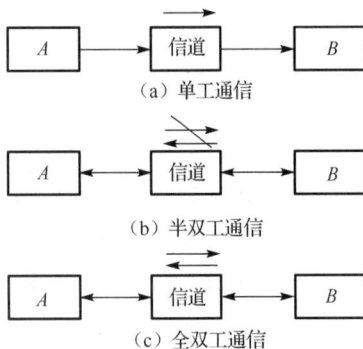

（a）单工通信

（b）半双工通信

（c）全双工通信

图 1.3　通信方式

从通信双方的分工及信息传输方向的不同角度考虑，通信方式通常有以下几种。

1．按信息传输的方向与时间分类

对于点对点之间的通信，按信息传输的方向与时间分类，通信方式可分为单工通信、半双工通信及全双工通信三种。

（1）单工通信。信息只能单方向进行传输的一种通信工作方式，即在某一时间通信双方只能进行一种通信工作的方式，如图 1.3（a）所示。单工通信的例子有很多，如广播、遥控、无线寻呼等。

（2）半双工通信。通信双方都能收发信息，但不能同时进行收和发的工作方式，如图 1.3（b）所示，如对讲机、收发报机等都采用这种通信方式。

（3）全双工通信。通信双方可同时进行双向信息传输的工作方式，如图 1.3（c）所示。在这种方式下，双方都可同时进行收发信息，互不干扰。生活中如电话、手机等，均采用全双工通信。

2．按数字信号排序方式分类

在数字通信中，按数字信号排序方式分类，通信方式可分为串序传输和并序传输。

（1）串序传输。将代表信息的数字信号按时间顺序一个接一个地在信道中传输的通信方式，如图 1.4（a）所示。

（2）并序传输。将代表信息的数字信号分割成两路或两路以上的数字信号，并同时在信道上传输的通信方式，如图 1.4（b）所示。

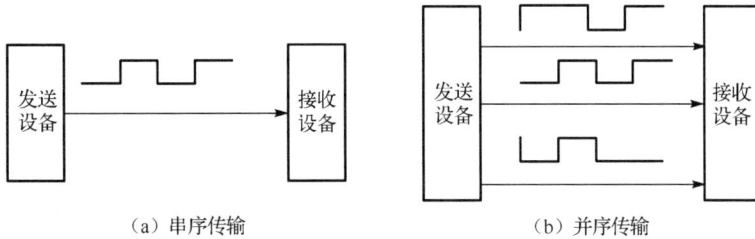

图 1.4　串序传输和并序传输

一般的数字通信方式大都为串序传输，这种方式只需占用一条通路，缺点是传输时间相对较长；并序传输在通信中也会用到，它需要占用多条通路，优点是传输时间较短。

3．按通信网络形式分类

按通信网络形式分类，通信方式通常可分为三种：点对点直通方式、分支方式和交换方式，如图 1.5 所示。

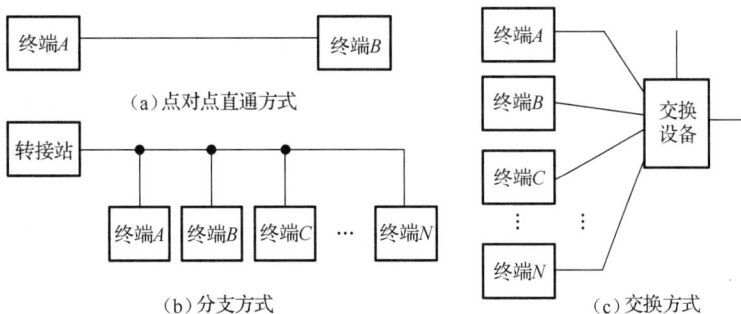

图 1.5　通信的网络形式

点对点直通方式是通信网络中最简单的一种形式，终端 A 与终端 B 之间的线路是专用的；在分支方式中，它的每个终端（A，B，C，…，N）经过同一信道与转接站相互连接，此时，终端之间不能直通信息，必须经过转接站转接，此种方式只在数字通信中出现；交换方式是终端之间通过交换设备灵活地进行线路交换的一种方式，即把要求通信的两终端之间的线路接通（自动接通），或者通过程序控制实现信息交换，即通过交换设备先把发送端的信息存储起来，然后转发至接收端。这种信息转发可以是实时的，也可以是延时的。

分支方式及交换方式均属于网络通信的范畴。无疑，它和点对点直通方式相比，还有其特殊的一面。例如，网络通信中有一套具体的线路交换与信息交换的规定、协议等；网络通信中既有信息控制问题，也有网络同步问题等。尽管如此，网络通信的基础仍是点与点之间的通信。

1.3　数字通信系统

数字通信是以数字信号为信息传输载体的一种通信方式，它可被应用于电报、数据传输、微波通信、现代移动通信等领域。20世纪90年代，数字通信向超高速、大容量、长距离方向发展，高效编码技术日益成熟，语音编码已走向实用化，新的数字化智能终端将进一步发展。

1.3.1　数字通信的特点

目前，在不同的通信业务中，模拟通信和数字通信都得到了广泛应用。与模拟通信相比，数字通信以其所具有的明显优势能够更好地适应现代社会对通信技术的要求。

1．抗干扰能力强

在模拟通信中，传输的信号幅度是连续的。当传输过程中叠加了噪声时，为了提高信噪比，需要及时对衰减的传输信号进行放大，同时不可避免地会放大叠加的噪声，以致传输质量严重恶化。

对于数字通信，传输的信号幅度是离散的，即信号的幅值为有限个离散值，以二进制为例，信号的幅值只有0和1两个取值。这样，当信号在传输过程中受到噪声干扰，使信噪比恶化到一定程度时，在适当的距离对传输信号进行抽样判决，以辨别其是哪种状态，只要噪声的大小不足以影响判决的正确性，就可再生成没有噪声干扰的、和原发送端一样的数字信号，这样就能够较好地解决传输过程中噪声干扰的问题，实现长距离、高质量的传输。

2．采用差错控制技术，改善传输质量

数字信号传输时，信道噪声或干扰所造成的差错原则上是可控的，这是通过差错控制技术来实现的，在设备结构上只需在发送端增加一个编码器，而在接收端相应增加一个译码器便可达到该效果。

3．易加密处理

信息传输的安全性和保密性是现代通信业务的最重要的业务要求。数字通信的加密处理简单且可操作性强。以语音信号为例，经过数字变换后的信号可用简单的数字逻辑运算进行加密、解密处理。

4．易存储、处理和交换

数字通信的信号形式一般为二进制码，便于与计算机联网，实现程序可控；也便于利用计算机对数字信号进行存储、处理和交换，实现通信网管理与维护的自动化、智能化。

5．设备易集成

数字通信设备中的大部分电路是数字电路，可用大规模集成电路和超大规模集成电路实现，并采用时分多路复用技术，去掉模拟通信中体积较大的滤波器，因此其体积小、功耗低。

6．占用的信道频带较宽

以电话为例，一路数字电话一般要占用 20～60kHz 的带宽，而一路模拟电话仅占用 4kHz 的带宽，因此，数字基带信号占用的频带宽。如果系统的传输带宽一定，那么模拟电话的频带利用率是传统数字电话的频带利用率的 5～15 倍。随着技术的发展，数字通信的传输介质可采用光缆、数字微波等宽频带信道。当前的数字信号处理技术可将一路数字电话的数码率由 64kb/s 压缩到 32kb/s 甚至更低，这些方法大大拓宽了信道频带宽度，提高了数字通信的信息传输速率。

7．易与现代技术相结合构成综合数字网和综合业务数字网

随着计算机技术、数字存储技术、数字交换技术以及数字处理技术等现代技术的飞速发展，许多设备、终端接口均能处理数字信号，因此极易与数字通信系统相连接。系统采用数字传输方式，可以通过程控数字交换设备进行数字交换，以实现传输和交换的综合。另外，电话业务和各种非电话业务都可以实现数字化，构成综合业务数字网。

当然，数字通信也存在以下不足。

（1）频带利用率不高，数字信号占用的频带宽。

（2）系统设备结构复杂。由于数字通信的顺利实现需要严格的同步系统，因此设备复杂、成本高、体积较大。

总之，数字通信能更好地适应各种通信业务的要求，在大规模集成电路设计、保密通信和计算机管理等业务内容中发挥了不可替代的作用。近年来，人们对各种通信业务的需求量迅速增大，我国数字通信迅速发展，正朝着小型化、高速化、智能化、宽带化和综合化方向迈进。

1.3.2　数字通信系统的组成

1．通信系统的一般模型

通信的目的是实现信息的交换与传输。由于设备的具体构造、系统业务功能及实现技术存在差异，因此不同的通信系统具有不同的构成环节，但任意形式的通信系统均可按通信系统的原理概括成统一的系统模型。以简单的点对点通信为例，其系统模型如图 1.6 所示。

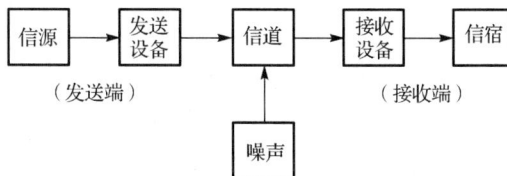

图 1.6　点对点通信系统模型

由图 1.6 可知，通信系统模型基本包括六部分：信源、发送设备、信道、噪声、接收设备、信宿。各部分功能如下。

（1）信源：也称信息源或发终端，它的作用是将信息转换成原始电信号。电信号作为信息的表现形式，携带着待传输的信息。

（2）发送设备：发送设备将信源和信道匹配起来，即对信源产生的原始电信号进行某种变换，使其适合在信道中传输。在需要频谱搬移的场合，调制是最常见的变换方式。

（3）信道：是信号传输的物理通道，信号通过信道进行传输。

（4）噪声：是信道中的所有噪声以及分散在通信系统中其他各处噪声的集合。

（5）接收设备：接收设备与发送设备功能相反，即进行解调、译码等，是发送设备所进行变换的反变换，即将接收到的信号进行与调制器相反的变换，还原为原始的信号，送给信息接收者（信宿）。

（6）信宿：也称受信者或收终端，是信息的接收者。它的作用是将复原的原始电信号转换成相应的信息。例如，电话机将对方传来的电信号还原成人的语音。

图 1.6 给出的是通信系统的一般模型，前面已指出，按照信道中所传输信号种类的不同，其可进一步分为模拟通信系统和数字通信系统。下面对两者进行简单介绍。

2．模拟通信系统

一般来说，信道中传输模拟信号的系统称为模拟通信系统。模拟通信系统模型由一般通信系统模型略加改变而成，如图 1.7 所示。这里，一般通信系统模型中的发送设备和接收设备分别由调制器、解调器代替，目的是搬移基带信号频谱，使变换后的信号适于信道传输，这个过程就是调制。

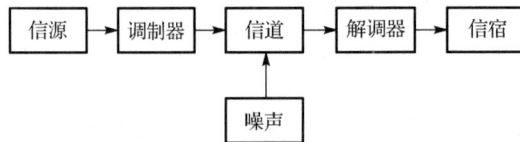

图 1.7　模拟通信系统模型

模拟通信系统主要包含两种重要变换。第一种变换是把连续信息变换成电信号（由发送端信源完成）和把电信号恢复成最初的连续信息（由接收端信宿完成）。由信源输出的电信号（基带信号）具有频率较低的频谱分量，一般不能直接作为传输信号而送到信道中。因此，模拟通信系统常有第二种变换，即将基带信号变换成适合在信道中传输的信号，这一变换由调制器完成；在接收端同样需经相反的变换，它由解调器完成。经过调制后的信号通常称为已调信号。已调信号有三个基本特性：一是携带消息；二是适合在信道中传输；三是频谱具有带通形式，且中心频率远离零频。因此，已调信号又常称为频带信号。

3．数字通信系统

信道中传输数字信号的系统称为数字通信系统。数字通信的基本特征是它所传输的信息或信号具有"离散"或"数字"的特性，从而使数字通信具有许多特殊的问题，数字通信系统的基本模型比传统的模拟通信系统的模型复杂。数字通信系统模型如图 1.8 所示。

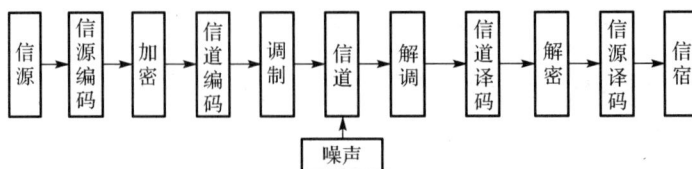

图 1.8　数字通信系统模型

数字通信系统模型的各部分功能如下。

（1）信源编码与译码。信源编码有两个作用：一是进行模数转换；二是设法降低数字信号的数码率，即数据压缩。信源译码是信源编码的逆过程。

（2）信道编码与译码。数字信号在信道中传输时，噪声、干扰等的影响会造成差错。信道编码是在原来的数字序列中引入某些作为差错控制的码字，可以实现自动检错和纠错，当然这时会降低信息传输速率，使数字信号适应信道所进行的变换称为信道编码。信道编码的目的就是提高通信系统的抗干扰能力，尽可能控制差错，实现可靠通信。信道译码是信道编码的逆过程。

（3）加密与解密。为了保证所传输信息的安全性，可有效地对基带信号进行人为扰乱，即加上密码，简称加密。在接收端需要对接收到的信号进行解密。

（4）调制与解调。数字调制的任务是把各种数字基带信号转换成适合信道传输的数字调制信号（已调信号或频带信号）。数字解调是数字调制的逆过程。

1.3.3　数字通信系统的通信模式

数字通信系统的三种主要的通信模式是数字频带传输通信、数字基带传输通信和模拟信号数字化传输通信。

1．数字频带传输通信

通常把有调制器、解调器的数字通信系统称为数字频带传输通信系统，其模型如图 1.9 所示。在一个完整的数字通信系统中，若发送端有调制/加密/编码，则接收端必须有解调/解密/译码。需要说明的是，图 1.9 中的调制器/解调器、加密器/解密器、编码器/译码器等环节，在具体通信系统中是否全部采用，取决于具体设计条件和要求。

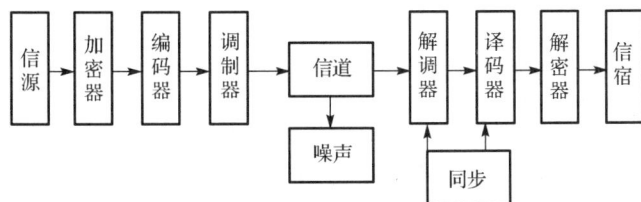

图 1.9　数字频带传输通信系统模型

2．数字基带传输通信

与数字频带传输通信系统相对应，没有调制器和解调器的数字通信系统称为数字基带传输通信系统，其模型如图 1.10 所示。

图 1.10 中的基带信号形成器可能包括编码器、加密器及波形变换器等，接收滤波器可能包括译码器、解密器等。

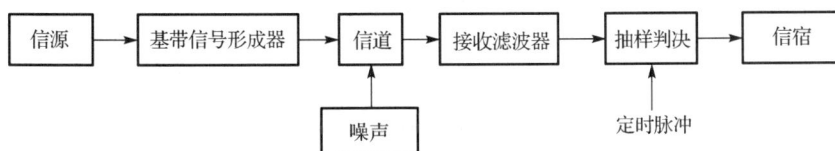

图 1.10　数字基带传输通信系统模型

3．模拟信号数字化传输通信

在上面论述的数字通信系统中，信源输出的信号均为数字基带信号。实际上，在日常生活中大部分信号（如语音信号）是连续变化的模拟信号。要实现模拟信号在数字通信系统中的传输，必须在发送端将模拟信号数字化，即进行模数（A/D）转换；在接收端需进行相反的转换，即数模（D/A）转换。模拟信号数字化传输通信系统模型如图 1.11 所示。

图 1.11　模拟信号数字化传输通信系统模型

从数字通信系统的基本模型中可以看出，由于包含几个编码模块及相应的译码模块，数字通信系统的基本模型比传统的模拟通信系统的模型更复杂，这些复杂性和数字处理技术的灵活性给数字通信系统带来了不可比拟的优点。

1.3.4　主要性能指标

在设计或评估通信系统时，通信系统的性能指标涉及通信系统的有效性、可靠性、适应性、标准性、经济性、保密性及维护性等方面。从信息传输的角度来说，通信的有效性与可靠性是系统评估时的主要关注内容。这里所说的有效性主要是指信息传输的"速度"问题，而可靠性主要是指信息传输的"质量"问题。一般情况下，要提高系统的有效性，就必须以牺牲系统的可靠性为代价；反之亦然。当然，对于不同的通信系统，有效性和可靠性各自考虑的指标也不尽相同。对于模拟通信系统来说，系统的有效性和可靠性具体可用系统的频带利用率和输出信噪比来衡量。数字通信系统的可靠性和有效性则是用误码率和传输速率来衡量的。

1．数字通信中信号的表示

数字通信中传输的是离散信号，这些离散值可以用数字表示。在计算机和数字通信中最适用的是二进制数，即"0"和"1"。在数字通信中，如果离散信号的状态只有两种，则可用一位二进制数表示；若离散信号的状态多于两种，则可用若干位二进制数表示。除了采用二进制，还可采用多进制，比如选用 N 进制，这里的 N 是大于 2 的一个正整数。N 进制与二进制是可以相互表示的。如果 $N=8$，则 N 进制的每位数字可以用 3 位二进制数表示。原则上，一个 N 进制的数字可用 $\log_2 N$ 个二进制数表示，但要注意，当 $\log_2 N$ 不为整数时，则应取大于此数值的第一个整数。

在数字通信中常用时间间隔相同的符号表示一位二进制数，这个间隔称为码元长度，而这样的时间间隔内的信号称为二进制码元。同样，N 进制的信号也是等长的，称为 N 进制码元。

2．有效性的主要指标

1）传输速率

（1）信息传输速率 R_b。信息传输速率也称信息速率或传信率，是以单位时间内所传输的信息量的多少来衡量的，用符号 R_b 来表示。信息论中定义信源发生信息量的度量单位是 b。

一般在无特别声明的情况下，规定一个二进制码元含 1b 的信息量，所以信息传输速率的单位是 b/s。假设某信息源每秒传输 600 个符号，而每个符号的平均信息量为 1b，则该信息源的信息传输速率为 600b/s。

（2）码元传输速率 R_B。码元传输速率是指单位时间（通常为 1s）内传输的码元数目，用 R_B 表示，其单位为波特（Baud，可以用"B"表示），也称码元速率或传码率。假设某系统在 2s 内共传输 3600 个码元，则系统的码元速率为 1800Baud。而数字信号一般有二进制与多进制之分，但码元速率与信号的进制数无关，只与码元宽度 T_B 有关，即

$$R_B = \frac{1}{T_B} \tag{1-3-1}$$

一般在给出系统的码元速率时，有必要说明码元的进制数。在保证系统信息速率不变且等概率的情况下，N 进制码元速率与二进制码元速率可以相互转换，表达式如下

$$R_{B2} = R_{BN} \log_2 N \text{（Baud）} \tag{1-3-2}$$

假设码元速率为 600Baud，则在二进制时，信息速率为 600b/s；在四进制时为 1200b/s。

（3）R_B 与 R_b 的关系。码元速率与信息速率在数值上存在一定的关系，即当码元为二进制时，码元速率与信息速率在数值上相等，只是单位不同；当码元为 N 进制时，设信息速率为 R_b（b/s），码元速率为 R_{BN}（Baud），则在等概率传输码元的情况下，有

$$R_b = R_{BN} \log_2 N \tag{1-3-3}$$

反之，在不等概率传输码元的情况下，有

$$R_B = R_{BN} \times H(x) \tag{1-3-4}$$

式中，$H(x)$ 为该信源的信息熵。

2）频带利用率

在数字通信系统中，信号占用的信道带宽可以小于信号带宽且信号带宽与进制数有关，故不用信号带宽描述有效性，而用频带利用率描述有效性。频带利用率是指单位频带内的传输速率，单位为 B/Hz 或 b/(s·Hz)，表示为

$$\eta = \frac{R_B}{B} \tag{1-3-5}$$

或

$$\eta = \frac{R_b}{B} \tag{1-3-6}$$

式中，B 为频带宽度。

3．可靠性的主要指标

数字通信系统可靠性的指标是利用差错率来衡量的，差错率是衡量系统正常工作时传输信息可靠程度的重要性能指标。差错率通常有两种表示方法。

1）误码率

误码率是指接收的错误码元数在系统传输的总码元数中所占的比例，更确切地说，误码率是码元在传输系统中被传错的概率，其基本表达式如下

$$P_e = \frac{接收的错误码元数}{系统传输的总码元数} \tag{1-3-7}$$

在传输过程中，由于信道不理想及噪声的干扰，在接收端判决再生后的码元可能出现错误，称为误码。误码的多少用误码率来衡量，误码率是数字通信系统中单位时间内错误码元数与发送总码元数之比。在数字通信系统中，常用误码率来描述可靠性，误码率越小，可靠性越高。

2）误信率

误信率又称误比特率，是指接收的错误信息量在传输信息总量中所占的比例，或者说，它是码元的信息量在传输系统中丢失的概率

$$P_{eb} = \frac{系统传输中出错的比特数}{系统传输的总比特数} \tag{1-3-8}$$

需要指出，误码率与误信率存在一定的关系，即在二进制下，误码率与误信率相等。

本 章 小 结

通信按照传统的理解就是信息的传输与交换。在现代社会中，通信时刻扮演着一个强大的社会高级"神经中枢"的角色。本章简要介绍了信息、通信及数字通信的基本概念，并阐述了通信的不同分类，例如：按传输介质分类，通信可分为有线通信和无线通信；按信道中传输的信号分类，通信可分为模拟通信和数字通信；按工作频段分类，通信可分为长波通信、中波通信、短波通信与微波通信，等等。不同的通信分类可实现并满足通信双方的各项功能需求。通信系统的构架是实现通信功能的基础。本章概括了通信系统的一般模型，由此引出数字通信技术。数字通信凭借其抗干扰能力强，传输质量高，易存储、处理和交换等优势，逐渐占据重要的通信领域。本章着重介绍了数字通信系统的组成及基本通信模式。数字通信系统有三种主要的通信模式：数字频带传输通信、数字基带传输通信和模拟信号数字化传输通信。这三种通信模式现已分别被应用于数字基带传输、数字频带传输中。本章最后对数字通信中所涉及的主要性能指标做了全面分析，为今后提高通信系统的传输质量做好理论铺垫。

习 题 1

1．模拟信号和数字信号的特点分别是什么？

2．数字通信系统模型中信源编码和信源译码的作用是什么？画出语音信号的基带传输系统模型。

3．数字通信的特点有哪些？

4．为什么说数字通信的抗干扰性强、无噪声积累？

5．设英文字母 E 出现的概率为 0.105，x 出现的概率为 0.002，试求 E 和 x 的信息量。

6．信息源的符号集由 A、B、C、D 和 E 组成，设每个符号独立出现，其出现的概率分别为 3/16、1/8、1/8、1/4 和 5/16。试求该信息源符号的平均信息量。

7．设有四个信息 A、B、C、D 分别以概率 1/2、1/8、1/8、1/4 传输，每个信息的出现是

相互独立的，试计算其平均信息量。

8．设有一个由字母 A、B、C、D 组成的字。对传输的每个字母用二进制脉冲编码，00 代替 A，01 代替 B，10 代替 C，11 代替 D。每个脉冲宽度为 5ms。

（1）若不同的字母等概率出现，试计算传输的平均信息速率。

（2）若每个字母出现的概率分别为 $P_A=1/5$、$P_B=1/4$、$P_C=1/4$、$P_D=3/10$，试计算传输的平均信息速率。

9．国际莫尔斯电码用点和划的序列发送英文字母，划用持续 3 个单位的电流脉冲表示，点用持续 1 个单位的电流脉冲表示，且划出现的概率是点出现的概率的 1/3。

（1）计算点和划的信息量；

（2）计算点和划的平均信息量。

10．设一信息源的输出由 128 个不同符号组成，其中 16 个符号出现的概率为 1/32，其余 112 个符号出现的概率为 1/224。信息源每秒发出 1000 个符号，且每个符号彼此独立。试计算该信息源的平均信息速率。

11．对于二电平数字信号，若每秒传输 300 个码元，则传码率等于多少？若数字信号"0"和"1"出现是独立等概率的，那么传信率等于多少？

12．若题 7 中信息源以 1000Baud 速率传输信息，则传输 1h 的信息量为多少？传输 1h 可能达到的最大信息量为多少？

13．如果二进制独立等概率信号的码元宽度为 0.5ms，求 R_B 和 R_b；有四进制信号，码元宽度为 0.5ms，求传码率 R_B 和独立等概率时的传信率 R_b。

14．设数字信号码元时间长度为 1μs，如采用四电平传输，求信息传输速率及符号速率，若传输过程中 2s 错误 1b，求误码率。

15．假设数字通信系统的频带宽度为 1024kHz，可传输 2048kb/s 的比特率，那么其频带利用率为多少 b/(s·Hz)？

第2章 通信信道

学习目标

- 理解信道的基本概念
- 了解信道模型
- 了解信道带宽及其容量
- 熟悉有线通信信道与无线通信信道

本章知识结构

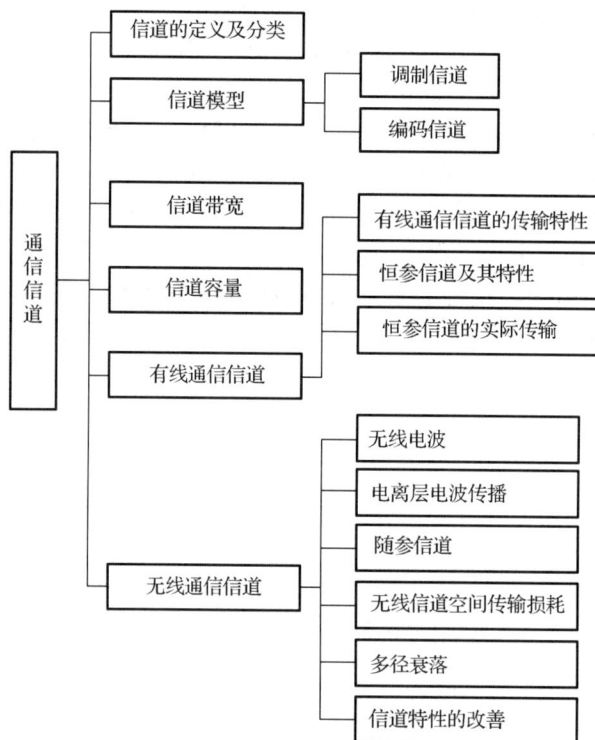

通信信道
- 信道的定义及分类
- 信道模型
  - 调制信道
  - 编码信道
- 信道带宽
- 信道容量
- 有线通信信道
  - 有线通信信道的传输特性
  - 恒参信道及其特性
  - 恒参信道的实际传输
- 无线通信信道
  - 无线电波
  - 电离层电波传播
  - 随参信道
  - 无线信道空间传输损耗
  - 多径衰落
  - 信道特性的改善

导入案例

案例一

同轴电缆（Coaxial Cable）是局域网中最常见的传输介质之一，是数据通信系统中典型的有线信道。同轴电缆是指有两个同心导体而导体和屏蔽层又公用同一轴心的电缆。用来传输信息的一对导体是按照一层圆筒式的外导体套在内导体（一根细芯）外面，两个导体间用绝缘材料互相隔离的结构制作的。外导体和中心轴芯线的圆心在同一个轴心上，所以称为同轴电缆（图 2.1），同轴电缆设计成这样，是为了防止外部电磁波干扰正常信号的传输。同轴电缆从用途上可分为基带同轴电缆和宽带同轴电缆(网络同轴电缆和视频同轴电缆,即 50Ω 基带同轴电缆和 75Ω 宽带同轴电缆两类）。基带同轴电缆又分为细同轴电缆和粗同轴电缆，基带同轴电缆仅用于传输数字信号，数据率可达 10Mb/s。

案例二

利用微波进行通信是比较成熟的技术，它是在对流层视线距离范围内利用无线电波进行数据传输的一种通信方式。计算机可以直接利用微波收发机（图 2.2）进行通信，还能通过微波中继站延长通信的距离。微波信道的传输质量比较稳定，不受雨、雾等天气条件的影响，但在方向性及保密性方面不及红外和激光信道。

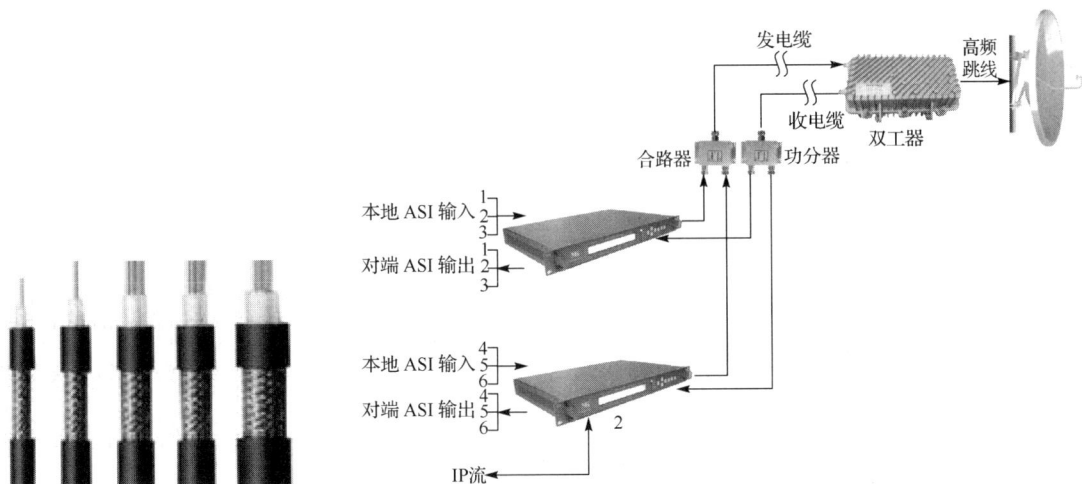

图 2.1　同轴电缆　　　　　图 2.2　多路 ASI/IP 流双向数字微波原理图

顺利实现设备之间的通信需要具有能够传输信息的介质或渠道，这里所说的介质或渠道就是信道。一般来说，通信系统是由发送设备、信道、接收设备三部分组成的。信道是信息传输的必经之路，也是通信系统中不可缺少的重要组成部分，信道性能的好坏直接影响通信系统的信息传输能力。因此，详细了解信道的一些基本概念及性能，对研究通信系统的特性具有相当重要的作用。

本章主要阐述信道的一些基本概念，分析不同信道对所传输信号的影响和改善信道特性的办法，最后介绍信道中存在的噪声干扰。

2.1　信道的定义及分类

信道（Information Channels）是指信息传输的通道。它的作用就是把携有信息的信号（如电、光、声信号）从发送端传输到接收端。例如，两人对话靠声波通过两人之间的空气来传输，因而两人之间的空气就是信息传输的信道。按照不同的方法分类，信道有很多种。

1. 物理信道与逻辑信道

一般情况下，信道有物理信道与逻辑信道之分。物理信道是指用来传输信号或数据的物理链路，它是由实实在在的传输介质及设备组成的。而逻辑信道在信号输入端与输出端之间并不存在物理上的传输介质，只在物理信道基础上，由节点内部或节点之间建立的连接来实现。

2．有线信道与无线信道

在电通信或光通信（光是一种电磁波）场合，信道可按照信道传输介质分为有线信道和无线信道两类。有线信道是指电磁波的引导传播渠道，该类信道是具有各种传输能力的引导体，目前采用的传输介质主要有明线、对称电缆、同轴电缆及光缆等。无线信道是指电磁波的空间传播渠道，目前采用的传输介质主要有地波传播、短波电离层反射、超短波或微波视距中继、人造卫星中继以及各种散射信道等。

3．模拟信道与数字信道

按传输信道的类型分类，信道可以分为模拟信道和数字信道两类。能传输模拟信号的信道称为模拟信道（连续信道），而传输数字信号的信道称为数字信道（离散信道）。利用模拟信道传输数字信号，则必须经过数字信号与模拟信号之间的转换（D/A 转换器）。当利用数字信道传输数字信号时通常需要进行数字编码，而不需要转换。

2.2　信　道　模　型

在研究信道模型时，通常将广义信道按信道功能划分为调制信道和编码信道，如图 2.3 所示。

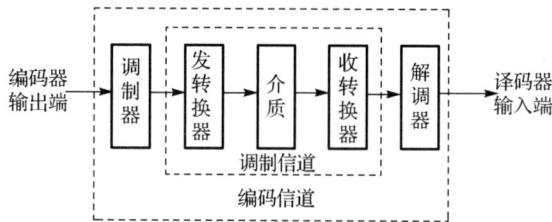

图 2.3　调制信道和编码信道

2.2.1　调制信道

调制信道是指从调制器输出端到解调器输入端的所有变换装置及传输介质，它描述了调制信道输出信号和输入信号之间的关系。

图 2.4　二对端调制信道模型

从调制和解调的角度来看，调制信道用来对输入信号进行某种变换，因此所关心的只是输入信号和经过调制信道后输出的最终结果。定义调制信道对于研究调制解调技术有很重要的意义。

调制信道最基本的模型是二对端调制信道模型，可用二对端时变线性网络表示，如图 2.4 所示。

对于二对端调制信道模型来说，其输入和输出之间的关系可表示为

$$e_0(t) = k(t)e_i(t) + n(t) \tag{2-2-1}$$

式中，$e_i(t)$ 是调制信道在时刻 t 的输入信号，即调制信号；$e_0(t)$ 是调制信道在时刻 t 的输出信号，即已调信号；$k(t)$ 是表示信道对信号影响的某种函数关系，描述了信道对输入信号的畸变和延迟，$k(t)$ 使调制信道的输出信号 $y(t)$ 的幅度随时间 t 发生变化，因此也称"乘性干扰"；$n(t)$ 是调制信道上存在的加性噪声，与输入信号 $e_i(t)$ 无关，又称"加性干扰"。即使信道的输入信号为零，信道仍然有来自噪声的能量输出，它会使信道中传输的信号发生失真，对信道传输性能产生影响。在实际通信系统中，信道加性噪声中的起伏噪声是主要的噪声来源。起伏噪声大多近似为白噪声（White Noise），其频谱密度在通带范围内具有白色特性，且起伏噪声的幅度取值服从高斯分布，通常称为高斯白噪声。另外，高斯白噪声通过实际的通信信道或滤波器后输出的往往是带限的白噪声，则称其为带限白噪声（Band-limited White Noise）。

一般情况下，要求通信系统具有较高的传输效率，因此为了提高传输效率，除了上述二对端调制信道模型这种最基本的信道模型，调制信道还允许多对端信道传输，出现了多对端调制信道模型，如图 2.5 所示。

对于多对端调制信道模型来说，它的输入和输出之间的关系式很容易由二对端调制信道模型的表达式推导出来。唯一的不同之处在于在实际的信道设计中，多对端调制信道模型允许多输入、多输出，因此较多地考虑消除信道间干扰，设计较为复杂。

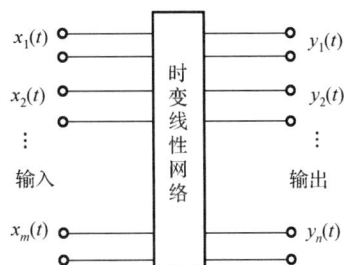

图 2.5　多对端调制信道模型

由于调制方法及信道构造存在差异，调制信道存在很多类型，但不同构造的调制信道存在以下共性：

（1）有一对或多对输入端和输出端；

（2）绝大多数的信道都是线性的，即满足线性叠加原理；

（3）信号通过信道具有固定的或时变的延迟时间和损耗；

（4）即使没有输入信号，输出端也可能有一定的输出（噪声）。

2.2.2　编码信道

编码信道是指从编码器输出端到译码器输入端的信道。从编/译码的角度来看，编码信道对信号的影响是一种数字序列的变换，即把一种数字序列变成另一种数字序列。编码信道可分为无记忆编码信道和有记忆编码信道。信道有无记忆主要取决于信道中码元的差错发生是否独立。若信道中码元的差错发生是独立的，即码元的差错与其前后码元是否发生差错无关，则编码信道是无记忆的；反之，则是有记忆的。图 2.6 为二进制数字传输系统中的二进制无记忆编码信道模型。

在这个模型中，$P(0/0)$、$P(1/0)$、$P(0/1)$、$P(1/1)$ 称为信道转移概率，具体地把 $P(0/0)$ 和 $P(1/1)$ 称为正确转移概率，而把 $P(1/0)$ 和 $P(0/1)$ 称为错误转移概率。根据概率性质可知

$$P(0/0) + P(1/0) = 1 \qquad\qquad (2\text{-}2\text{-}2)$$

$$P(1/1) + P(0/1) = 1 \qquad\qquad (2\text{-}2\text{-}3)$$

转移概率完全由编码信道的特性决定。一个特定的编码信道有确定的转移概率。但应该指出，一般需要对实际编码信道做大量的统计分析才能得到转移概率。由二进制无记忆编码信道模型，容易推出多进制无记忆编码信道模型。图 2.7 为多进制无记忆编码信道模型。

需要指出，如果编码信道是有记忆的，即信道中码元的差错发生是非独立的，则编码信道模型比图 2.7 的模型复杂得多，转移概率的表达式也变得很复杂，在此不做进一步讨论。

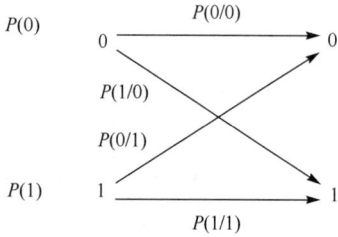

图 2.6　二进制无记忆编码信道模型　　　　图 2.7　多进制无记忆编码信道模型

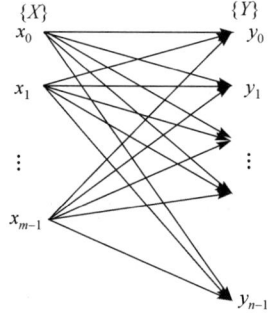

2.3　信　道　带　宽

信道带宽是限定允许通过该信道的信号的下限频率和上限频率，也就是限定了一个频率通带。一般来说，当信号的频率范围超出信道带宽时，传输的信号就会发生严重的失真。例如，一个信道的通带为 1.5～15kHz，其带宽为 13.5kHz。任意最低频率分量和最高频率分量在信道带宽确定的频率范围内的复合信号都能从该信道通过，如果不考虑衰减、延迟以及噪声等因素，还可实现不失真传输。

信道带宽的表达式为

$$B = f_2 - f_1 \tag{2-3-1}$$

式中，f_1 为信道能通过的最低频率；f_2 为信道能通过的最高频率。f_1、f_2 都是由信道的物理特性决定的。

这里，需要先明确信号带宽和信道带宽之间的区别。信号带宽是信号频谱的宽度，即信号的最高频率分量与最低频率分量之差。例如，有一个由数个正弦波叠加而成的方波信号，其最低频率分量是其基频，假定 $f=2$kHz，其最高频率分量是其 7 次谐波频率，即 $7f=14$kHz，因此该信号带宽为 12kHz。信道带宽则限定了允许通过该信道的信号下限频率和上限频率，即限定了一个频率通带，只有在频率范围内的信号才能实现正常传输。信道带宽限制了要通过信道的信号带宽；信号带宽在受到信道带宽的影响时会失真。

2.4　信　道　容　量

信道容量是用来衡量物理信道能够传输数据的最大能力的基本标准，通常用单位时间内信道中无差错传输的最大信息量来表示。研究信道容量对充分理解信道的传输性能有重要的意义。

在信道中可以传输不同的输入信号，每个输入信号存在自身的概率分布，一旦转移概率矩阵确定，信道容量就确定了。需要注意的是，尽管信道容量的定义涉及输入概率分布，但信道容量的数值与输入概率分布无关。信道容量有时也表示为单位时间内可传输的二进制位的位数（信道的数据传输速率，位速率），以位/秒（b/s）表示。

对于不同的信道，其信道容量的计算方法也不同，下面以数字信道和模拟信道为例简单介绍信道容量的计算方法。

1．数字信道的信道容量

数字信道（也称离散信道）的信道容量一般用转移概率来描述。在有噪声的信道中，假设发送符号为 x_i，接收符号为 y_i，所获得的信息量为

$$I = -\log_2 p(x_i) + \log_2 p(x_i/y_i) \tag{2-4-1}$$

对各 x_i、y_i 取统计平均值得

$$平均信息量/符号 = -\sum_{i=1}^{n} p(x_i)\log_2 p(x_i) - \left[-\sum_{j=1}^{m} p(y_j)\sum_{i=1}^{n} p(x_i/y_j)\log_2 p(x_i/y_j) \right] = H(x) - H(x/y) \tag{2-4-2}$$

式中，$H(x)$ 为发送每个符号的平均信息量；$H(x/y)$ 为发送符号在有噪声的信道中传输平均丢失的信息量。此处的信息传输速率是指信道在单位时间内传输的平均信息量，即

$$R = H_t(x) - H_t(x/y) \tag{2-4-3}$$

设单位时间传输的符号数为 r，则有

$$H_t(x) = rH(x) \tag{2-4-4}$$

$$H_t(x/y) = rH(x/y) \tag{2-4-5}$$

$$R = r[H(x) - H(x/y)] \tag{2-4-6}$$

对于一切可能的信息源概率分布来说，信息传输速率 R 的最大值称为信道容量，记为 C，表达式为

$$C = \max_{\{p(x)\}} R = \max_{\{p(x)\}} [H_t(x) - H_t(x/y)] \tag{2-4-7}$$

【例 2-4-1】对于等概率且对称二元信道，设其信道带宽为 F，求其信道容量。

解　由等概率可知

$$P(0) = P(1)$$

由对称二元信道可知

$$P(1/0) = P(0/1) = P_e$$

则

$$H(x) = \frac{1}{2}\log_2 2 + \frac{1}{2}\log_2 2 = 1$$

$$H(x/y) = -\sum_{j=1}^{m} p(y_j) \sum_{i=1}^{n} p(x_i/y_j) \log_2 p(x_i/y_j)$$

$$= P(0)\left[P(1/0)\log_2 \frac{1}{P(1/0)} + P(0/0)\log_2 \frac{1}{P(0/0)} \right] +$$

$$P(1)\left[P(0/1)\log_2 \frac{1}{P(0/1)} + P(1/1)\log_2 \frac{1}{P(1/1)} \right]$$

$$= P_e \log_2 \frac{1}{P_e} + (1-P_e)\log_2 \frac{1}{1-P_e}$$

$$C = 2F\left[1 - P_e \log_2 \frac{1}{P_e} - (1-P_e)\log_2 \frac{1}{1-P_e} \right]$$

2．模拟信道的信道容量

在描述模拟信道的信道容量时，可以通过香农公式直接计算。香农公式指出：在信号平均功率受限的高斯白噪声信道中，信道容量为

$$C = B\log_2\left(1 + \frac{S}{N}\right) \text{(b/s)} \tag{2-4-8}$$

式中，S/N 为平均信号功率与噪声功率之比；B 为信道带宽；C 为信道容量。噪声为正态分布（又称高斯分布）的加性白噪声。

如果噪声的功率谱密度在所有频率上均为一常数，即

$$P_n(f) = \frac{n_0}{2} \tag{2-4-9}$$

式中，n_0 为正常数，则称该噪声为理想白噪声，用 $n(t)$ 表示。式（2-4-9）表示双边功率谱密度，如图2.8所示。

如果理想白噪声取值的概率分布为高斯分布，则称之为高斯白噪声，常把它作为通信信道中的噪声模型。实际的通信系统的带宽往往受限，则其输出的噪声称为带通高斯白噪声，仍用 $n(t)$ 表示。带通高斯白噪声的功率谱密度（图2.9）为

$$P_n(f) = \begin{cases} \dfrac{n_0}{2} & f_c - \dfrac{B}{2} < |f| < f_c + \dfrac{B}{2} \\ 0 & \text{其他} \end{cases} \tag{2-4-10}$$

式中，f_c 为中心频率。因此，香农公式为

$$C = B\log_2\left(1 + \frac{S}{N}\right) \text{(b/s)} = B\log_2\left(1 + \frac{S}{n_0 B}\right) \text{(b/s)} \tag{2-4-11}$$

香农公式虽然指出了一个既定信道的最大容量，但没有提及如何实现它，所以可以将信道容量当作衡量实际通信系统性能的尺度。

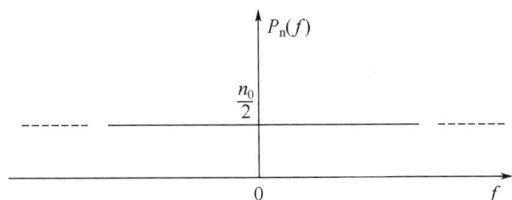

图 2.8　理想白噪声的双边功率谱密度　　　　图 2.9　带通高斯白噪声的功率谱密度

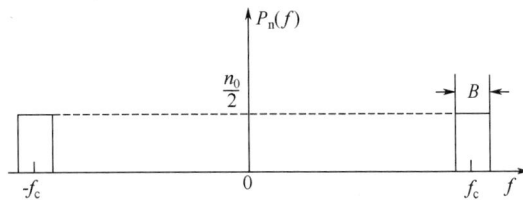

【例 2-4-2】已知黑白电视机的图像信号每帧有 30 万像素，每像素有 8 个亮度电平，各电平独立地以等概率出现，图像每秒发送 25 帧。若要求接收图像信噪比达到 30dB，试求所需传输带宽。

解　因为每像素独立地以等概率取 8 个亮度电平，故每像素的信息量为

$$I_\text{p} = -\log_2\left(\frac{1}{8}\right) = 3(\text{b/pix})$$

并且每帧图像的信息量为

$$I_\text{F} = 300000 \times 3 = 900000(\text{b/帧})$$

因为每秒传输 25 帧图像，所以要求信息传输速率为

$$R = 900000 \times 25 = 22500000 = 22.5 \times 10^6 (\text{b/s})$$

信道容量 C 必须不小于此 R 值。利用香农公式

$$C = B\log_2\left(1 + \frac{S}{N}\right)$$

得到

$$22.5 \times 10^6 = B\log_2(1 + 1000) \approx 9.97B$$

最后得出所需带宽

$$B \approx (22.5 \times 10^6)/9.97 \approx 2.3(\text{MHz})$$

2.5　有线通信信道

2.5.1　有线通信信道的传输特性

　　有线通信系统使用以金属为主体的传输介质，这种传输介质在电气通信初期得到了广泛应用。大至独立终端与中心计算机相连接的网络，小至计算机之间、驱动器与功率放大器之间的连接线，都在使用金属传输介质，具体有双绞线、同轴电缆等。20 世纪 70 年代后期，开始使用光导纤维（光纤）传输线路，光纤凭借信道损耗小、抗干扰能力强的优势逐渐成为现代通信的主要传输介质。下面详细分析金属电缆和光纤的传输特性。

1．金属电缆的传输特性

双绞线是由将两根互相绝缘的铜导线并排，然后用规则的方法扭绞而构成的。它是早期通信中最古老、最常用的传输介质。双绞线的这种"绞起来"的结构是为了更有效地防止电磁干扰。在实际的使用中，多对双绞线一起包在一个绝缘电缆套管里。典型的双绞线有四对的，也有更多对的。由于双绞线的价格便宜且性能良好，因此应用十分广泛。现在的通信系统中，双绞线仍是使用最多的一种传输介质，尤其是电话系统，几乎所有的电话都是用双绞线连接到电话交换机上的。

双绞线在传输距离、信道宽度和数据传输速率等方面均受到一定限制，而且容易引入电气噪声，因此在传输高频率的信号或进行长距离传输时多用同轴电缆。

同轴电缆是一种非对称传输线，电流的去向导体轴和回向导体轴是相互重合的。在中心导体外包围一定厚度的绝缘介质，介质外是管状外导体，外导体表面再用绝缘塑料保护。当信号通过电缆时，所建立的电磁场是封闭的，在导体的横切面周围没有电磁场。因此，内部信号对外界几乎没有影响。电缆内部电场建立在中心导体和外导体之间，呈放射状，而磁场则是以中心导体为圆心，呈多个同心圆。这些场的方向和强弱随信号的方向和大小变化。同轴电缆常用于设备与设备之间的连接，或应用在总线型网络拓扑中。与双绞线相比，同轴电缆的抗干扰能力强、屏蔽性能好、数据传输稳定、价格便宜，而且不用连接在集线器或交换机上即可使用。

2．光纤的传输特性

光纤通信利用光纤作为传输介质来传输光脉冲，进而运载信号进行传输。光纤通常由透明的石英玻璃拉成细丝，主要由纤芯和包层构成双层通信圆柱体，纤芯用来传输光波，包层较纤芯有较低的折射率。在进行光纤通信时，发送端可将发光二极管或半导体激光器设置为光源，在电脉冲的作用下产生光脉冲；接收端则用光电二极管做成光检测器，在检测到光脉冲时可还原出电脉冲。有光脉冲相当于 1，没有光脉冲则相当于 0。由于可见光的频率非常高，约为 10^4Hz 量级，因此光纤通信系统的传输带宽远大于目前其他各种传输介质的带宽。但由于制造光纤的基本材料是石英（SiO_2），光波在光纤中传输会产生损耗，使光的功率逐渐下降。光纤损耗通常可分为固有损耗和附加损耗。在光纤通信过程中，常常采取积极措施减少损耗。

2.5.2　恒参信道及其特性

在调制信道的研究中，乘性干扰 $k(t)$ 是时间 t 的函数，受到信道特性的影响，其通常随时间随机变化。但有部分信道的乘性干扰基本不随时间变化，可认为 $k(t)$ 为一个常量。因此，若以 $k(t)$ 为参考量，可将调制信道分为两类：若 $k(t)$ 不随时间变化（或变化缓慢），称该信道为恒参信道，通常由架空明线、电缆、中长波地波传播、超短波及短波视距传播、人造卫星中继、光纤以及光波视距传播等传输介质构成的信道属于恒参信道；若 $k(t)$ 随时间随机快速变化，则称该信道为随参信道。下面介绍恒参信道的特性。

1．幅频、相频特性

由线性系统的传输特性可知，已知信号采用某一线性系统的分析方法，便可求得信号通过该系统后的变化规律。由于恒参信道对信号传输的影响固定不变或者变化极为缓慢，在理想情况下,可将其等效为一个非时变的线性系统。当信号(假设为 $e_i(t)$)通过传输函数为 $h(t)$ 的恒参信道时,输出端的恒参信号可描述为

$$e_0(t) = e_i(t)h(t) + n(t) \tag{2-5-1}$$

对其进行傅里叶变换可得

$$E_0(\omega) = E_i(\omega)H(\omega) + N(\omega) \tag{2-5-2}$$

由此可见,恒参信道的传输特性可类似于线性系统的传输特性 $H(\omega)$,通常可用幅频特性 $|H(\omega)|$ 和相频特性 $\varphi(\omega)$ 来表征,即

$$H(\omega) = |H(\omega)| e^{j\varphi(\omega)} \tag{2-5-3}$$

2.群迟延-频率特性

群迟延-频率特性就是相频特性的导数,通常采用群迟延-频率特性 $\tau(\omega)$ 来衡量信道的相频特性,表达式为

$$\tau(\omega) = \frac{\mathrm{d}\varphi(\omega)}{\mathrm{d}\omega} \tag{2-5-4}$$

3.理想恒参信道模型

信号传输追求的目标是信号通过信道时可实现无失真传输。由线性系统中的信号无失真传输理论可知,若要使信号通过恒参信道时不产生波形失真,恒参信道的传输特性应具备以下两个理想条件:

(1)幅频特性 $|H(\omega)|$ 是一个不随频率变化的常数;

(2)相频特性 $\varphi(\omega)$ 应与频率成正比。

综上可知,理想恒参信道等效的线性网络传输特性为

$$H(\omega) = H_0 e^{-j\omega t_d} \tag{2-5-5}$$

式中,H_0 为传输系数;t_d 为延迟时间。两者都是与频率无关的常数。理想恒参信道的幅频特性、相频特性和群迟延-频率特性如图 2.10 所示。

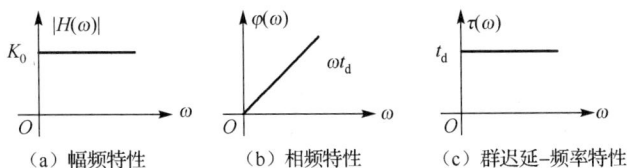

图 2.10 理想恒参信道的幅频特性、相频特性和群迟延-频率特性

由此可见,理想恒参信道对信号传输的影响是:

(1)对信号在幅度上产生固定的衰减;

(2)对信号在时间上产生固定的延迟。

以上两种影响为信号无失真传输的条件。但任何实际信道都不可能是理想的,总会出现一定的幅度失真和相位失真,这种现象称为信道的色散。因此,研究恒参信道的实际传输对

信道的实际应用具有重要意义。

2.5.3 恒参信道的实际传输

实际上，恒参信道并不是理想网络，其参数随时间不变化或变化得特别缓慢，它对信号的主要影响可用幅频畸变和相频畸变（群迟延-频率特性）来衡量，而这两种特性的不理想将是损害信号传输的重要因素。下面以典型的恒参信道——有线电话的音频信道和载波信道为例，分析恒参信道等效网络的幅频特性和相频特性，以及它们对信号传输的影响。

1. 幅频畸变

幅频畸变是由实际信道的幅频特性的不理想引起的，这种失真又称频率失真，它会使通过它的信号波形失真，若在这种信道中传输数字信号，则会引起相邻数字信号波形之间在时间上的相互重叠，造成码间干扰。典型音频电话信道的衰耗-频率特性如图 2.11 所示。

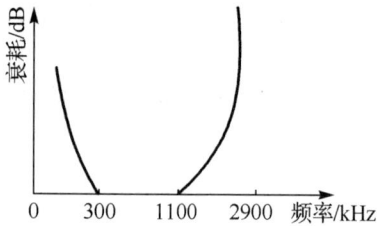

为了减小幅频畸变，在设计总的电话信道传输特性时，一般都要求把幅频畸变控制在一个允许的范围内。这就要求改善电话信道中的滤波性能，或者再通过一个线性补偿网络使衰耗特性曲线变得平坦，接近图 2.10（a），后者通常称为"均衡"。在载波电话信道上传输数字信号时，通常要采用均衡措施。均衡的方式有时域均衡和频域均衡，时域均衡的具体技术将在第 7 章中介绍。

2. 相频畸变

相频畸变（群迟延畸变）是指信道的相频特性偏离线性关系所引起的畸变。图 2.12 是一个典型电话信道的相频特性。不难看出，当非单一频率的信号通过该电话信道时，信号频谱中的不同频率分量将有不同的迟延，即它们到达的时间不同，从而引起信号的畸变。图 2.13（a）是原信号，它由基波和三次谐波组成，其幅度比为 2:1。若它们经受不同的迟延，基波相移 π，三次谐波相移 2π，则此时的合成波形[图 2.13（b）]与原信号的波形有了明显的差别。这个差别就是由相频畸变造成的。相频畸变和幅频畸变一样，也是一种线性畸变，因此也可以采用均衡措施得到补偿。

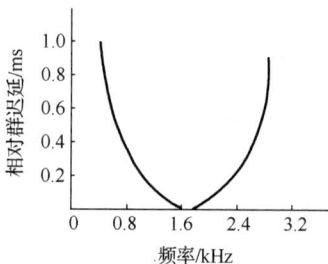

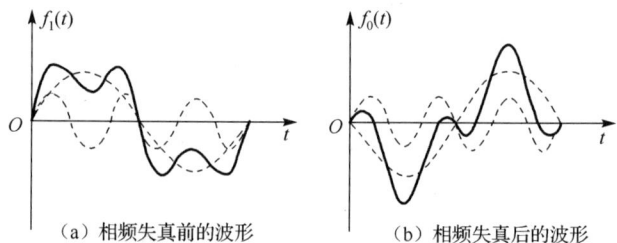

图 2.12　典型电话信道的相频特性　　　　　图 2.13　相频失真前、后的波形比较

综上所述，幅频特性与相频特性是影响信号传输的重要因素。此外，还存在一些其他因素使信道的输出与输入产生差异（也可称为畸变），如非线性畸变、频率偏移及相位抖动等。以上的非线性畸变一旦产生，一般就难以排除，这就需要在进行系统设计时从技术

上加以重视。

【例 2-5-1】如图 2.14 所示，求网络的频率特性，判断是
否存在幅频失真及相频失真。

　　解　图 2.14 所示网络的传输函数可以直接写为

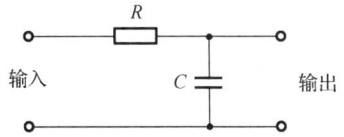

图 2.14　网络

$$H(\omega) = \frac{1}{1+j\omega RC} = \frac{1}{\sqrt{1+\omega^2 R^2 C^2}} e^{-j\arctan(\omega RC)}$$

$$\tau(\omega) = \frac{d\varphi(\omega)}{d\omega} = \frac{RC}{1+\omega^2 R^2 C^2}$$

由于 $H(\omega)$ 及 $\tau(\omega)$ 均为 ω 的函数，因此该网络存在幅频失真及相频失真。

2.6　无线通信信道

随着移动电话的普及，移动通信的需求量增大，用无线信号传输信息越来越受到人们的重视，无线电波被广泛应用于通信和广播等领域。通常所讲的无线电通信系统是由发送设备、接收设备、无线信道三大部分组成的。其中，发送设备包括变换器、发射机和发射天线等，与发送设备相对应的接收设备包括变换器、接收机和接收天线等。本节主要讲解无线通信信道，即利用无线电磁波作为传输介质以实现信息和数据的无线传输。

2.6.1　无线电波

无线电波是指在自由空间（包括空气和真空）传播的射频频段的电磁波。无线电通信技术就是利用导体中电流强弱的改变会产生无线电波的这一现象，通过调制将信息加载于无线电波上，当电波通过空间传播到达接收端时，电波引起的电磁场变化又会在导体中产生电流。解调将信息从电流变化中提取出来，从而达到了信息传输的目的。

在自由空间中，存在以下关系

$$c = f\lambda \tag{2-6-1}$$

式中，c 为光速；f、λ 分别为无线电波的频率和波长。因此，无线电波是一种能量的传播形式，也可将其认为是一种频率相对较低的电磁波，其波长大于 1mm，频率小于 300GHz。

对频率或波长进行分段，分别称为频段或波段。不同频段信号的产生、放大和接收的方法不同，传输的能力和方式也不同，因而它们的分析方法和应用范围也不同。按工作频段或传输方式分类，可将无线通信分为中波通信、短波通信、超短波通信、微波通信和卫星通信等。

2.6.2　电离层电波传播

电离层电波传播是指在地球上空 55～1000km 处受弱等离子体制约的无线电波传播，包括在这个区域内和透过这个区域的电波传播。电离层是冷的弱等离子体，呈电中性，它处在地磁场中，电子运动时因受地磁场的洛伦兹力作用而围绕磁力线旋转，旋转频率称为磁旋频率，其大小可以与短波频率相比。

电离层对微波至超长波频段的电波均有影响，只是影响程度不同，传播效应各异。电离层电波传播方式主要有以下几种。

（1）透射传播。对于频率高于 100MHz 的电波，电离层电子密度不足以造成反射，且折射作用不大，因此它们能直接穿过电离层。地空通信、远程警戒雷达就基于这个原理。但是，电离层存在大量不同尺度的不均匀结构，使透射电离层的信号的振幅和相位产生起伏，这种现象称为电离层闪烁。闪烁现象在赤道±20°纬度之内出现得较多，在极区也较多，而在中纬度地区较少（如视距电波传播、光波传播、10GHz 以上电波传播）。

（2）散射传播。利用电离层中不均匀结构对甚高频波段（30～300MHz）电波的散射作用，可实现远距离散射传播。但由于散射传播效率低、信号强度低、衰落快、距离有限且信道间互相干扰，因此限制了它们的广泛应用。

（3）反射传播。对长波、中波和短波（30kHz～30MHz），可利用电离层反射实现远距离传播甚至环球传播。长波天波传播被广泛用于导航和授时，中波天波传播被广泛用于广播和导航，短波天波传播被广泛用于通信和广播。短波天波传播的设备简单、经济、方便、传播距离远，是远距离通信的重要手段之一。

（4）波导传播。极低频波段、甚低频（0.3～30kHz）波段的电波，可在地面与电离层所构成的同心球壳间实现"波导传播"，其优点是传播相位稳定和传播距离远，被广泛用于导航、授时和通信（见地-电离层波导传播）。

2.6.3　随参信道

前面提到了若信道的传输函数随时间随机快速变化，则称该信道为随参信道。属于随参信道的传输介质主要以电离层反射、对流层散射等为代表。信号在电离层中传播示意图如图 2.15 所示。由发射点发出的电波可能经多条路径到达接收点，这种现象称为多径传播。就每条路径而言，它的衰耗和延迟都不是固定不变的，而是随电离层或对流层的变化机理而变化的。因此，多径传播后的接收信号将是衰耗和延迟随时间变化的各路径信号的合成。

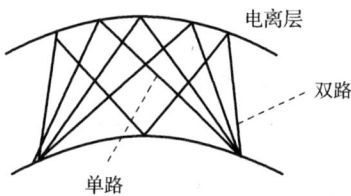

图 2.15　信号在电离层中传播示意图

由于随参信道的传输函数不恒定，其对信号传输的影响比恒参信道大得多。概括起来，随参信道传输介质通常具有以下特点：

（1）对信号的衰耗随时间随机变化；

（2）信号传输的延迟随时间随机变化；

（3）具有多径传播（多径效应，引起选择性衰落效应，对通信的危害极大）。

由随参信道的特点可知，随参信道的特性比恒参信道的特性复杂得多，对信号的影响也严重得多。其根本原因在于它包含一个复杂的传输介质，从对信号传输的影响来看，传输介质的影响是主要的。因此，在讨论随参信道时，仅讨论随参信道的传输特性以及它对信号传输的影响。

2.6.4　无线信道空间传输损耗

在有线通信中，双绞线、电缆、光纤和波导等传输介质都是导向介质，而在自由空间长距离的电磁波传播属于非导向介质传输。超高频和微波波段信号的空间传播，会对信号造成多种传输损耗和衰落。

衰落是较为复杂的距离函数，且在地球周围会受到大气层的影响。衰落对传输信号的质量和传输可靠度都有很大的影响，严重的衰落甚至会使传播中断。衰落主要由多径干涉和非正常衰减引起，主要影响因素是传播频段 f、传播距离 L 及电磁波速率 C（接近光速）。

采用不同的传输模型会存在不同的衰落损耗，无线信道传播模型可分为大尺度模型和小尺度模型。大尺度模型存在自由空间传播衰落和阴影衰落；小尺度模型存在多径衰落、多普勒效应等。分别用数学模型可表示为

$$A(t) = L(t) \times S(t) \qquad (2\text{-}6\text{-}2)$$

式中，$A(t)$ 为信道衰落因子；$L(t)$ 为大尺度衰落；$S(t)$ 为小尺度衰落。

为了提高信道的性能，需要对衰落原理进行详细分析。

1. 自由空间衰落原理

自由空间是一种理想的、均匀的和各向同性的介质空间，自由空间模型如图 2.16 所示。电磁波在自由空间中传播时不存在能量损耗，但当电磁波从点波源向外传播时会导致部分能量扩散，继而造成传输衰落。

自由空间传播功率衰落方程为

$$A = 10\lg\left(\frac{P_\text{t}}{P_\text{r}}\right) = 10\lg\left(\frac{4\pi f L}{C}\right)^2 \qquad (2\text{-}6\text{-}3)$$

$$P_\text{r}(R) = \frac{P_\text{t} G_\text{t} G_\text{r} \lambda^2}{(4\pi R)^2 L} \qquad (2\text{-}6\text{-}4)$$

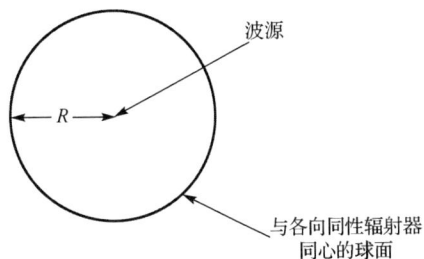

图 2.16 自由空间模型

式中，P_t 为发射功率；P_r 为接收功率；G_t、G_r 为发射天线增益和接收天线增益[表达式如式（2-6-5）～式（2-6-6）]；λ 为波长；R 为发射天线和接收天线的距离；L 为与传播无关的系统损耗因子。

$$G_\text{r} = \frac{4\pi A_\text{er}}{\lambda^2} \qquad (2\text{-}6\text{-}5)$$

$$G_\text{t} = \frac{4\pi A_\text{et}}{\lambda^2} \qquad (2\text{-}6\text{-}6)$$

式中，A_er、A_et 分别为接收天线和发射天线的有效截面积。

2. 阴影衰落

在无线通信系统中，移动台在运动的情况下，由于大型建筑物和其他物体对电磁波的传播路径的阻挡而在传播接收区域上形成半盲区，因而形成电磁场阴影。这种随移动台位置的不断变化而引起的接收点场强中值的起伏变化称为阴影效应。阴影效应是产生慢衰落（Slow Fading）的主要原因，由阴影效应造成的衰落称为慢衰落。

慢衰落损耗主要是指电磁波在传播路径上受到建筑物等的阻挡产生的阴影效应而引起的损耗，它反映了在中等范围内（数百个波长量级）的接收电平平均值的起伏变化趋势。其场强中值服从对数正态分布，且与位置/地点相关，衰落的速度取决于移动台的速度，这类损耗一般为无线传播所特有的。它服从对数正态分布，其变化率比信息传输速率低，故称慢衰落。

3．快衰落

在实际应用中，通常把由电离层浓度变化等因素所引起的信号衰落称为慢衰落，而把由多径效应引起的信号衰落称为快衰落。快衰落反映微观小范围（数十个波长以下量级）接收电平平均值的起伏变化趋势。其一般服从瑞利分布、莱斯分布、纳卡伽米分布，其变化速率比慢衰落高，故称快衰落。快衰落又可分为空间选择性快衰落、频率选择性快衰落与时间选择性快衰落。下面讨论几种典型的快衰落。

1）瑞利衰落

在无线通信信道中，由于电磁波信号经过反射、折射、散射等多径传播到达接收点，总信号的强度服从瑞利分布，再加上其接收点的移动性、信号强度、路径延迟时间和相位等特性不断起伏变化，而各个方向分量波的叠加又产生了驻波场强，从而形成的信号快衰落称为瑞利衰落（Rayleigh Fading）。瑞利衰落属于小尺度的衰落效应，它总叠加于如阴影、衰减等大尺度衰落效应上。

瑞利衰落能有效描述存在大量散射无线电信号的障碍物的无线传播环境。若传播环境中存在足够多的散射，则冲激信号到达接收机后表现为大量统计独立的随机变量的叠加。根据中心极限定理，这一无线通信信道的冲激响应将是一个高斯过程。如果这一散射信道中不存在主要的信号分量，通常这一条件是指不存在直射信号（LoS），则这一过程的均值为 0，且相位服从 $0\sim2\pi$ 的均匀分布，即信道响应的能量或包络服从瑞利分布。

2）频率选择性快衰落

一般来说，多路信号到达接收机的时间有先后，即有相对时延。如果这些相对时延远小于一个符号的时间，则可以认为多路信号几乎是同时到达接收机的。在这种情况下，多径传播不会造成符号间的干扰，这种衰落称为平坦衰落。相反，如果多路信号的相对时延与一个符号的时间相比不可忽略，那么当多路信号叠加时，不同时间的符号就会重叠在一起，造成符号间的干扰，这种衰落称为频率选择性衰落，当发送的信号是具有一定频带宽度的信号时，多径传播会产生频率选择性衰落。

下面通过一个例子来说明频率选择性衰落。为分析简单，假定多径传播的路径只有两条，且到达接收点的两路信号的强度相同，只是在到达时间上差一个时延 τ。令发送信号为 $f(t)$，它的频谱密度函数为 $F(\omega)$，即

$$f(t) \leftrightarrow F(\omega) \tag{2-6-7}$$

则到达接收点的两路信号可分别表示为 $Kf(t-t_0)$ 及 $Kf(t-t_0-\tau)$。这里，假定两条路径的衰减皆为 K，第一条路径的时延为 t_0，显然，有以下关系

$$Kf(t-t_0) \leftrightarrow KF(\omega)\mathrm{e}^{-\mathrm{j}\omega t_0}$$

$$Kf(t-t_0-\tau) \leftrightarrow KF(\omega)\mathrm{e}^{-\mathrm{j}\omega(t_0+\tau)} \tag{2-6-8}$$

这两条传播路径的信号合成后，有

$$R(t) = Kf(t-t_0) + Kf(t-t_0-\tau) \tag{2-6-9}$$

相应的傅里叶变换为

$$R(t) \leftrightarrow R(\omega) = KF(\omega)\mathrm{e}^{-\mathrm{j}\omega t_0}(1+\mathrm{e}^{-\mathrm{j}\omega\tau}) \tag{2-6-10}$$

因此，信道的传输函数为

$$H(\omega) = \frac{R(\omega)}{F(\omega)} = K\mathrm{e}^{-\mathrm{j}\omega t_0}(1+\mathrm{e}^{-\mathrm{j}\omega\tau}) \qquad (2\text{-}6\text{-}11)$$

其幅频特性为

$$|H(\omega)| = \left|K\mathrm{e}^{-\mathrm{j}\omega t_0}(1+\mathrm{e}^{-\mathrm{j}\omega\tau})\right| = K\left|(1+\mathrm{e}^{-\mathrm{j}\omega\tau})\right| = 2K\left|\cos\frac{\omega\tau}{2}\right| \qquad (2\text{-}6\text{-}12)$$

$|H(\omega)| - \omega$ 的特性曲线如图 2.17 所示（设 $K=1$）。

由图 2.17 可知，两条路径传播时，对于不同的信号频率成分，信道的衰减也不同。当失真随时间随机变化时就形成频率选择性衰落。例如，当 $\omega = 2n\pi/\tau$（n 为整数）时，出现传输极点；当 $\omega = 2(n+1)\pi/\tau$（n 为整数）时，出现传输零点，这样会造成严重的频率选择性衰落。另外，相对时延差 τ 一般是随时间变化的，故传输特性出现的零点和极点在频率轴上的位置也是随时间而变的。显然，当一个传输信号的频谱宽于 $1/\tau(t)$ 时，传输信号的频谱将畸变，致使某些分量衰落，这种现象称为频率选择性衰落，简称选择性衰落。

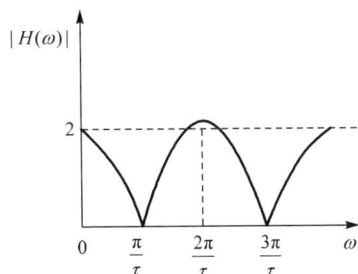

图 2.17　两条路径传播时选择性衰落特性

2.6.5　多径衰落

1. 多径传播

在实际的无线电波传播信道中，常有许多时延不同的传播路径，称为多径现象。通常信号从端到端的传播路径可以是直射、反射或绕射等，如图 2.18 所示。不同路径的相同信号到达接收端时的信号强度、到达时间以及到达时的载波相位都不同。接收端接收的信号是不同路径信号的矢量和，这种信号的叠加会增大或减小信号的能量，存在一定的干扰，因而把由电波传播信道中的多径传播现象引起的干扰效应称为多径效应或多径干扰。

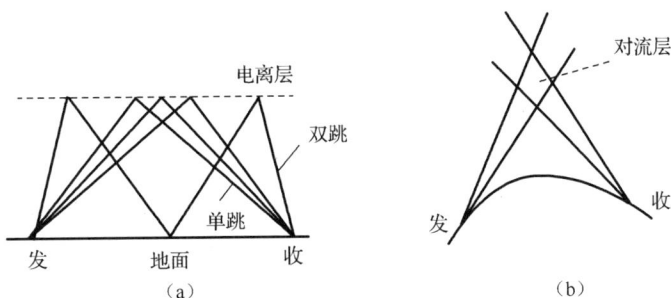

图 2.18　多径传播示意图

传播的多径效应经常发生而且很严重，它有两种形式的多径现象：一种是分离的多径，由不同跳数的射线、高角射线和低角射线等形成，其多径传播时延差较大；另一种是微分的多径，多由电离层不均匀体引起，其多径传播时延差很小。对流层电波传播信道中的多径效应问题也很突出。多径产生于湍流团和对流层层结。在视距电波传播中，地面反射也是多径传播的一种来源。

2．多径衰落的数学表述与频率弥散

下面以随参信道为例对多径衰落的数学表述进行讨论。

信号经随参信道传播后，接收的信号将是衰减和时延随时间变化的多路径信号的合成。设发射信号为 $A = \cos(\omega_c t)$，则经过 n 条路径传播后的接收信号 $R(t)$ 为

$$R(t) = \sum_{i=1}^{n} a_i(t)\cos\omega_c[t - t_{d_i}(t)] = \sum_{i=1}^{n} a_i(t)\cos[\omega_c t + \varphi_i(t)] \tag{2-6-13}$$

式中，$a_i(t)$ 为第 i 条路径的接收信号振幅，随时间不同而随机变化；$t_{d_i}(t)$ 为第 i 条路径的传输时延，随时间不同而随机变化；$\varphi_i(t)$ 为第 i 条路径的随机相位，其与 $t_{d_i}(t)$ 相应，即 $\varphi_i(t) = -\omega_c t_{d_i}(t)$。

大量观察表明，$a_i(t)$ 和 $\varphi_i(t)$ 随时间的变化比信号载频的周期变化通常要缓慢得多，即 $a_i(t)$ 和 $\varphi_i(t)$ 可看成缓慢变化的随机过程。因此式（2-6-13）又可写成

$$R(t) = \left[\sum_{i=1}^{n} a_i(t)\cos\varphi_i(t)\right]\cos(\omega_c t) - \left[\sum_{i=1}^{n} a_i(t)\sin\varphi_i(t)\right]\sin(\omega_c t) \tag{2-6-14}$$

令

$$a_c(t) = \sum_{i=1}^{n} a_i(t)\cos\varphi_i(t) \tag{2-6-15}$$

$$a_s(t) = \sum_{i=1}^{n} a_i(t)\sin\varphi_i(t) \tag{2-6-16}$$

将式（2-6-16）和式（2-6-15）代入式（2-6-14）后得

$$R(t) = a_c(t)\cos(\omega_c t) - a_s(t)\sin(\omega_c t) = a(t)\cos[\omega_c t + \varphi(t)] \tag{2-6-17}$$

式中，$a(t)$ 为多径信号合成后的包络，即

$$a(t) = \sqrt{a_c^2(t) + a_s^2(t)} \tag{2-6-18}$$

$\varphi(t)$ 为多径信号合成后的相位，即

$$\varphi(t) = \arctan\frac{a_s(t)}{a_c(t)} \tag{2-6-19}$$

由于 $a_i(t)$ 和 $\varphi_i(t)$ 是缓慢变化的随机过程，因此 $a_c(t)$、$a_s(t)$ 及包络 $a(t)$、相位 $\varphi(t)$ 也都是缓慢变化的随机过程。于是，$R(t)$ 可视为一个窄带随机过程，其波形与频谱如图 2.19 所示。

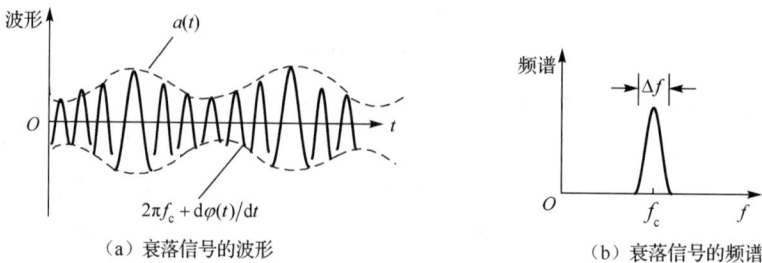

（a）衰落信号的波形　　　　（b）衰落信号的频谱

图 2.19　衰落信号的波形与频谱

由式（2-6-17）和图 2.19 可以看出以下两点。

（1）从波形上看，多径传播的结果使确定的载频信号 $A\cos(\omega_c t)$ 变成了包络和相位都随机变化的窄带信号，这种信号称为衰落信号。

（2）从频谱上看，多径传播引起了频率弥散（色散），即由单个频率变成了一个窄带频谱。

虽然多径传播中信道的传输特性复杂得多，但出现频率选择性衰落的基本规律是相同的，即频率选择性同样依赖相对时延差。多径传播的相对时延差通常用最大多径时延差来表征，并用它来估算传输零、极点在频率轴上的位置。设信道的最大时延差为 τ_m，则相邻两个零点之间的频率间隔为

$$B_c = \frac{1}{\tau_m} \tag{2-6-20}$$

这个频率间隔通常称为多径传播信道的相关带宽。如果传输信号的频谱比相关带宽大，则将产生明显的选择性衰落。由此可以看出，为了减少选择性衰落，传输信号的频带必须小于多径传播信道的相关带宽。在工程设计中，通常选择信号带宽为相关带宽的 1/5～1/3。

2.6.6　信道特性的改善

随参信道的衰落会严重降低通信系统的性能，必须设法改善。对于慢衰落，主要采取加大发射功率和在接收机内采用自动增益控制等技术与方法。对于快衰落，通常可采用多种措施。常用的随参信道特性的改善措施有抗衰落性能好的调制解调技术、扩频技术、功率控制技术、与交织结合的差错控制技术、分集接收技术等。其中，分集接收技术是一种有效的抗衰落技术，现已被广泛应用于短波通信系统、移动通信系统中。为了对抗多径衰落和减小衰落的影响，分集接收技术将多个特性不相同的收信信号合成或切换以得到良好信号。下面简单介绍分集接收的原理。

1. 分集接收的原理

如前所述，快衰落信道中接收的信号是到达接收机的各路径信号的合成。如果能在接收端同时获得几个不同的合成信号，并将这些信号适当合并构成总的接收信号，将有可能大大减小衰落的影响，这就是分集接收的基本思想。

"分集"两字的含义是：分散得到几个合成信号，然后集中（合并）处理这些信号。理论和实践证明，只要被分集的几个合成信号之间是统计独立的，经适当的合并后就能使系统性能大大改善。

2. 分集方式

为了获取互相独立或基本独立的合成信号，通常利用不同路径、频域、角度或不同极化方式等接收手段来实现。考虑使用不同的天线、频率、极化、到达角、路由、地址和时间，大致有以下几种分集方式。

1）空间分集

空间分集是利用不同接收地点（空间）收到的信号衰落的独立性，实现抗衰落的功能，即接收端在不同的位置接收同一个信号，只要各位置间的距离大到一定程度，所收到信号的衰落就是相互独立的。因此，空间分集的接收机至少需要几副间隔一定距离的天线，天线间要求有足够的距离（一般在 100 个信号波长量级以上），以保证各天线上获得的信号基本相互独立。

空间分集还有以下两类变化形式。

（1）极化分集：利用在同一地点两个极化方向相互正交的天线发出的信号可呈现不相关的衰落特性来实现分集接收。这是一种在不同极化天线上分别接收水平极化波和垂直极化波而构成的分集方法。例如，在收发端天线上安装水平极化天线、垂直极化天线，就可以把得到的两路衰落特性不相关的信号进行极化分集。一般来说，这两种波的相关性是极小的（在短波电离层反射信道中）。这种分集方式结构紧凑、节省空间，但由于发射功率要分配到两副天线上，因此有 3dB 的传输损耗。

（2）角度分集：利用多个接收端接收从各个不同角度到达的多路径信号的一种技术。通常根据天线波束不同指向上的信号互不相关的原理形成，例如，在微波面天线上设置若干反射器，产生相关性很小的几个波束。具体实现方法是：使电磁波通过几个不同路径，并以不同角度到达接收端，而接收端采用多个方向性接收天线分离出从不同方向传来的信号，由于每个方向性接收天线接收的多径信号是不相关的，这些分量具有相互独立的衰落，因此可实现角度分集。角度分集主要用于在不同的地形、地貌、接收环境下无线通信系统基站的设计中。

2）频率分集

频率分集是将待发送的信息分别调制到不同的载波频率上发送，只要载波频率之间的间隔大到一定程度，接收端所接收到信号的衰落就是相互独立的。在实际应用中，当载波频率间隔大于相关带宽时，例如，频差选成多径时延差的倒数，则可认为接收信号的衰落是相互独立的。因此，载波频率的间隔应满足

$$\Delta f \geq B_c = 1/\tau_m \tag{2-6-21}$$

式中，Δf 为载波频率间隔；B_c 为相关带宽；τ_m 为最大多径时延差。

3）时间分集

时间分集是将同一信号在不同的时间区间多次重发，只要各次发送的时间间隔足够大，各次发送信号所出现的衰落就是相互独立的。接收机将重复收到的同一信号进行合并，就能减小衰落的影响。时间分集主要用于在衰落信道中传输数字信号。

当然，还有其他分集方法，这里就不加详述了。但要指出的是，分集方法均不是互相排斥的，在实际使用时可以互相组合。例如，由二重空间分集和二重频率分集可组成四重分集系统等。

3. 合并技术

在分集接收中，从接收端多个不同的独立信号支路所获得的信号，可以通过不同形式的合并技术来获得分集增益。合并时采用的准则和方式主要可以分为三种：最大比值合并、等增益合并、选择性合并。对各分散的合成信号进行合并的方法通常有以下三种。

（1）最大比值合并：控制各支路增益，使它们分别与本支路的信噪比成正比，然后相加获得接收信号。

（2）等增益合并：将几个分散信号以相同的支路增益直接相加，相加后的信号作为接收信号。

（3）选择性合并：选择其中信噪比最大的一路信号作为合并器的输出，即从几个分散信号中设法选择信噪比最好的一个作为接收信号。

以上合并方式在改善总接收信噪比上均有差别，最大比值合并的性能最好，等增益合并

的优点是实现比较简单，选择性合并的缺点是未被选择的信号弃之不用。从总的分集效果来说，分集接收除了能够提高接收信号的电平（例如，二重空间分集在不增大发射机功率的情况下，可使接收信号电平数量增大为原来的 2 倍左右），还改善了衰落特性，使信道的衰落平滑减小了。例如，无分集时，若误码率为 10^{-2}，则在用四重分集时，误码率可降低至 10^{-7} 左右。由此可见，用分集接收技术对随参信道进行改善是非常有效的。

本 章 小 结

信道是信号的传输介质，是通信系统必不可少的组成部分，它可分为有线信道与无线信道两类。有线信道是指电磁波的引导传播渠道，包括明线、对称电缆、同轴电缆及光缆等。无线信道是指电磁波的空间传播渠道，包括地波传播、短波电离层反射、超短波或微波视距中继、人造卫星中继以及各种散射信道等。信道的范围很大，仅指传输介质时的信道称为狭义信道。通信效果的好坏，在很大程度上取决于狭义信道的特性。广义信道是一种逻辑信道，是对狭义信道范围的扩大，除传输介质外，还包括相关的变换装置（如发送设备、接收设备、馈线与天线、调制器、解调器等）。在研究信道模型时，通常将广义信道按信道功能划分为调制信道和编码信道。其中，调制信道可分为恒参信道、随参信道两类。

信号在实际传输中，不可避免地会出现一定程度的失真或损耗。当信号发生幅频畸变或相频畸变（群迟延畸变）时，通常采用均衡措施应对。均衡的方式有时域均衡、频域均衡及相位均衡等。当信号在自由空间进行无线传输时，超高频和微波波段信号的空间传输，会为信号带来多种传输损耗和衰落。常见的衰落包括快衰落和慢衰落。其中，快衰落可分为空间选择性快衰落、频率选择性快衰落与时间选择性快衰落。多径干涉是一种最常见、最重要的衰落因素，由此引起的衰落称为多径衰落。衰落会严重降低通信系统的性能，必须设法减小。对于慢衰落，应增大发射功率和在接收机内采用自动增益控制等技术和方法。对于快衰落，通常可采用调制解调技术、扩频技术、功率控制技术、与交织结合的差错控制技术、分集接收技术等。其中，分集/合并接收技术是一种有效的抗衰落技术。

习 题 2

1. 信号通过随参信道多径传播，当信号带宽超过多径传播的最大时延差引起的相关带宽时，会产生什么现象？

2. 已知信道的带宽 B 为 3kHz，信号在信道传输中受到单边功率谱密度 n_0 为 10^{-6} W/Hz 的加性高斯白噪声的干扰，信号的平均功率 S 为 9W。

（1）求信道的容量。

（2）若信道带宽增大为原来的 10 倍，并保持信道容量不变，那么信号平均功率要改变多少 dB？

3. 若仅存在加性高斯白噪声的信道容量为 64kb/s，其信号功率与噪声功率之比为 100，则此模拟信道限定的带宽为多少？

4. 具有带宽 6.5MHz 的某高斯信道，若信号功率与噪声功率谱密度之比为 45.5MHz，试求其信道容量。

5. 设高斯信道的带宽为 4kHz，信号功率与噪声功率之比为 63，试确定利用这种信道的理想通信系统的传信率与差错率。

6．某一待传输的图片约含 2.25×10^6 个像元，为了很好地重现图片需要 12 个亮度电平，若这些亮度电平等概率出现，试计算用 3min 传输一张图片时所需的信道带宽（设信道中的信噪功率比为 30dB）。

7．某随参信道的最大多径时延差等于 3μs，为了避免发生选择性衰落，应该怎样限定在该信道上传输的数字信号的码元脉冲宽度？

8．设一恒参信道的幅频特性和相频特性分别为 $|H(\omega)| = K_0$，$\varphi(\omega) = -\omega t_d$，其中，$K_0$、$t_d$ 都是常数，试确定信号通过该信道后输出信号的时域表达式并讨论。

9．设某恒参信道的幅频特性为 $H(\omega) = (1 + \cos T_0) \mathrm{e}^{-j\omega t_d}$，其中，$T_0$、$t_d$ 都是常数，试确定信号 $s(t)$ 通过该信道后输出信号的时域表达式并讨论。

10．设某恒参信道可用图 2.20 所示的线性二对端网络等效，试求它的传输函数，并说明信号通过该信道时会产生哪些失真。

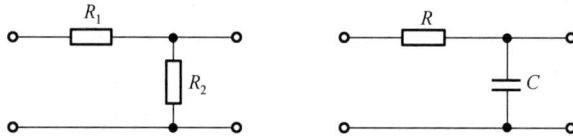

图 2.20   线性二对端网络

11．假设某随参信道的两径时延差 τ 为 1ms，该信道在哪些频率上的传输损耗最大？选用哪些频率传输信号最有利？

12．已知电话信道的带宽为 3.4kHz，试求接收信噪比 $\dfrac{S}{N} = 30\mathrm{dB}$ 时的信道容量。

第 3 章　随机信号分析

![icon] **学习目标**

● 熟悉信号分类与信号特性
● 掌握信号相关函数与频谱密度
● 掌握平稳随机过程
● 掌握高斯随机过程
● 熟悉窄带随机过程

![icon] **本章知识结构**

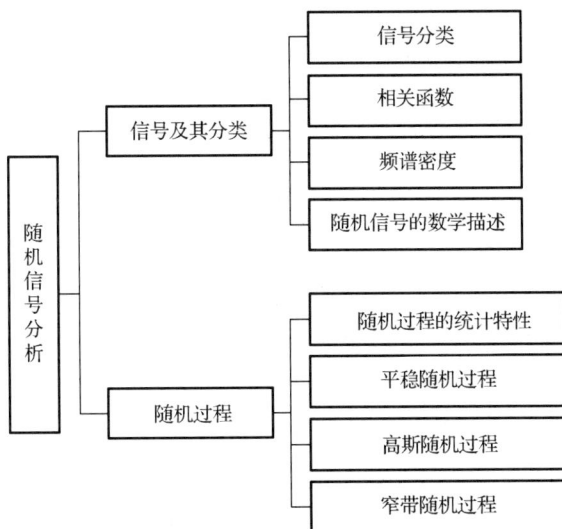

```
                                        ┌─────────────────────┐
                                        │      信号分类        │
                                        └─────────────────────┘
                          ┌──────────┐  ┌─────────────────────┐
                          │          │  │      相关函数        │
                          │ 信号及其 │──┤                     │
              ┌───────┐   │   分类   │  ┌─────────────────────┐
              │随     │   │          │  │      频谱密度        │
              │机     │───┤          │  └─────────────────────┘
              │信     │   └──────────┘  ┌─────────────────────┐
              │号     │                 │   随机信号的数学描述  │
              │分     │                 └─────────────────────┘
              │析     │   ┌──────────┐  ┌─────────────────────┐
              └───────┘   │          │  │   随机过程的统计特性  │
                          │          │  └─────────────────────┘
                          │          │  ┌─────────────────────┐
                          │ 随机过程 │  │     平稳随机过程      │
                          │          │──┤                     │
                          │          │  ┌─────────────────────┐
                          │          │  │     高斯随机过程      │
                          └──────────┘  └─────────────────────┘
                                        ┌─────────────────────┐
                                        │     窄带随机过程      │
                                        └─────────────────────┘
```

![icon] **导入案例**

案例一

近些年来，高铁（图 3.1）发展迅速，最高时速已经超过了 300km/h。由于高铁的 LTE 无线传播环境类似于农村场景，反射体较少，直射路径较多，因此多普勒频率扩散不严重，但是多普勒频率偏移很严重。因此，为了消除这个隐患，提出了一个方案，即在发射的过程中向信号中插入随机相移，降低信号之间的相关性，从而使信号相互独立，使其传播的包络符合瑞利衰落的模型，并使整个传播过程变成一个广义的平稳过程。

案例二

当车辆在不平路面行驶（图 3.2）时会发生震动，路面引起的信号波动作为一个随机激励信号输入系统。利用 Wiener（维纳）过程运动方法来模拟随机不平路面的波形是一种简单而有效的方法，模拟结果与实际路面特性相符。因此，用 Wiener 过程作为时域路面信号，此信号也可作为车辆信号系统震动分析的输入信号。

图 3.1　高铁

图 3.2　车辆行驶

在通信系统中，信源主要用于输出文字、语音与图像等原始信息，这些信息以信号为载体，经信源编码器编码后转换为传输介质能够接收的形式进行传输。一般情况下，信号在实际的传输过程中不可避免地会夹杂部分干扰噪声，极大地影响了信息传输性能及效率，因此对信号及噪声进行分析处理，对日后提高通信传输质量起到相当大的作用。

本章主要介绍信号及噪声的基本概念，包括一般表述、分类及频谱分析等。

3.1　信号及其分类

由于不断变化的量可能包含更多的有效信息，因此信号通常体现为随若干变量变化的某种物理量。在数学表达上，信号可以描述为一个或多个独立变量的函数。例如，在电子信息系统中，常用的电压、电流、电荷或磁通等电信号都可以理解为时间 t 或其他变量的函数。

3.1.1　信号分类

不同的分类标准界定不同的信号类型。在自然界中，普通信号按各自物理特性的不同可分为电信号、非电信号（如光信号、声信号）等。但对于信息通信系统中传输的信号，主要侧重于根据信号各自的数学特性进行分类分析。信号分类如图 3.3 所示。

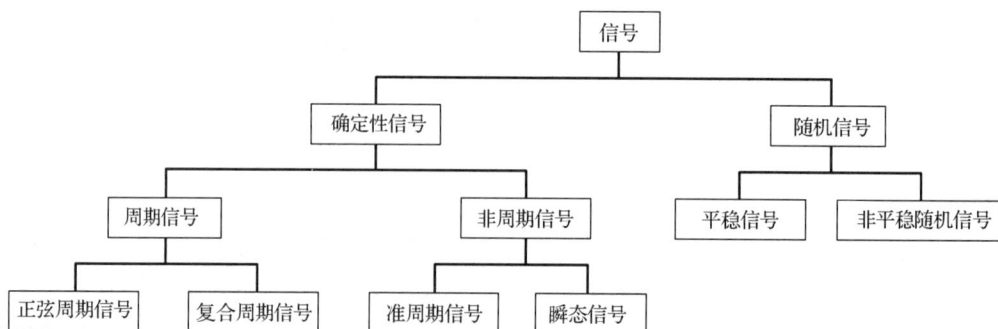

图 3.3　信号分类

1. 确定性信号与随机信号

任一由确定的时间函数来描述的信号，称为确定性信号或规则信号。对于这种信号，在其定义域内的任意时刻都有确定的取值；若信号是时间的随机函数，将无法事先预知它的变化规律，这种信号称为随机信号或不确定性信号。由于随机信号无法用确定的数学关系式进行描述，也不能准确预测未来的瞬时值，这种随机性携带了通信系统中的大量有效信息，因此随机信号是通信系统传输的精髓，如图 3.4 所示。

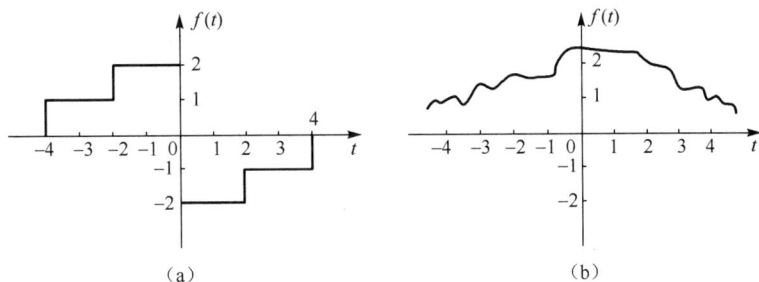

（a）　　　　　　　　　　　　　（b）

图 3.4　随机信号

2．连续信号与离散信号

一般来说，一个信号在某个时间区间内，除有限个间断点外，信号变量是连续可变的，则称该信号在此区间内为连续时间信号，简称连续信号，如语音信号、温度信号等模拟信号。和连续信号相对应的是离散信号，离散信号是指信号仅在离散时刻点上有定义，即信号变量的取值为离散的数值信号。此时，相邻离散时刻点的间隔可以是相等的，也可以是不相等的。通常所研究的数字信号就是一种离散信号。这种离散特性可在信号载波、频谱叠加等各方面发挥重要的作用。

3．周期信号与非周期信号

周期信号和非周期信号均属于确定性信号的范畴。周期信号是指每隔一个固定的时间重复变化的信号。若一个信号 $x(t)$ 满足

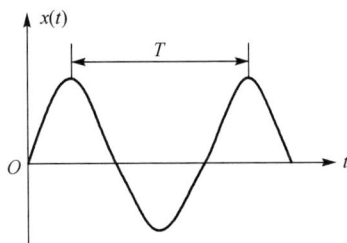

图 3.5　正弦周期信号

$$x(t) = x(t + nT), \quad -\infty < t < \infty \qquad (3\text{-}1\text{-}1)$$

则称信号 $x(t)$ 为周期信号。式中，T 为最小信号周期，即基波周期（简称周期）；t 为时间。以正弦周期信号为例，信号表示如图 3.5 所示。

此外，周期信号还可按信号的时间参数的特性分为连续周期信号与离散周期信号，其数学表达式分别为

$$f(t) = f(t + nT), \quad n = \pm1, \pm2, \pm3, \cdots; \ -\infty < t < \infty \qquad (3\text{-}1\text{-}2)$$

$$f = f(k + nN), \quad n = \pm1, \pm2, \pm3, \cdots; \ -\infty < k < \infty \quad (k \ \text{取整数}) \qquad (3\text{-}1\text{-}3)$$

若信号不具有周期性，则称为非周期信号。例如，单个矩形脉冲信号就是一个非周期信号。

4．能量信号与功率信号

若将信号 $f(t)$ 看成随时间变化的电压或电流，当信号 $f(t)$ 通过 1Ω 电阻时，信号在时间间隔 $[-T, T]$ 内所消耗的能量称为归一化能量，即

$$E = \lim_{T \to \infty} \int_{-T}^{T} f^2(t)\,\mathrm{d}t \qquad (3\text{-}1\text{-}4)$$

式中，E 的单位是 J。

若信号的能量是有限的，即

$$0 < E = \lim_{T \to \infty} \int_{-T}^{T} f^2(t)\,\mathrm{d}t < \infty \qquad (3\text{-}1\text{-}5)$$

则称该信号为能量有限信号，简称能量信号。例如，数字信号中的单个码元波形就是一个能量信号。同样，在上述时间间隔 $[-T,T]$ 内的平均功率称为归一化功率，即

$$P = \frac{1}{2T} \lim_{T \to \infty} \int_{-T}^{T} f^2(t)\,\mathrm{d}t \qquad (3\text{-}1\text{-}6)$$

此时，若信号 $f(t)$ 在区间 $(-\infty,\infty)$ 内无始无终，则信号的能量是无限的，即

$$E = \lim_{T \to \infty} \int_{-T}^{T} f^2(t)\,\mathrm{d}t \to \infty \qquad (3\text{-}1\text{-}7)$$

但它在有限区间 (t_1,t_2) 内的平均功率是有限的，即

$$P = \frac{1}{t_2 - t_1} \int_{t_1}^{t_2} f^2(t)\,\mathrm{d}t < \infty \qquad (3\text{-}1\text{-}8)$$

这种信号称为功率有限信号，简称功率信号。例如，单自由度振动系统，其位移为 $x(t)$，且 $x(t) = x_0 \sin\left(\sqrt{\dfrac{k}{m}}t + \varphi_0\right)$，信号 $x(t)$ 是能量无限的信号，但在一定时间区间内其功率是有限的，因此该信号是功率信号。一般来说，周期信号、准周期信号和随机信号由于时间是无限的，因此它们不是能量信号，而是功率信号。

由上述内容可知，能量信号和功率信号是按信号强度的不同进行划分的。能量信号和功率信号在进行信号频域分析的过程中发挥了重要的作用，通过它们直接引出了能量谱密度和功率谱密度的概念。

3.1.2 相关函数

由信号的特性可知，以时间为独立变量表示信号瞬时值的变化特征是信号的时间特性。因此，以时间函数描述信号的图像称为时域图，在时域上分析信号称为时域分析。时域描述中涉及的重要内容是相关函数的概念。相关函数是描述两个波形信号（或一个波形信号）在间隔时间 t 的两点上的信号取值互相依赖程度的函数。相关函数值越大，表明依赖程度越高，相关性越强。反映一个信号自身的依赖程度的函数称为自相关函数，反映两个信号之间的相互依赖程度的函数称为互相关函数。

1. 自相关函数

对于任意一个随机信号或功率信号 $x(t)$，自相关函数可定义为

$$R(\tau) = \lim_{T \to \infty} \frac{1}{T} \int_0^T x(t)x(t+\tau)\,\mathrm{d}t, \quad -\infty < \tau < \infty \qquad (3\text{-}1\text{-}9)$$

可见，自相关函数反映了一个信号与其延迟 τ 后的信号间的相关程度。自相关函数 $R(\tau)$ 只与时间差 τ 有关，而与时间 t 无关。通常会利用自相关函数来检测和识别淹没在随机噪声

中的有效周期信号。

自相关函数有下列几条重要性质。

（1）自相关函数是偶函数，即 $R(\tau) = R(-\tau)$。

（2）自相关函数在 $\tau = 0$ 时可以取得最大值，并等于该随机信号的均方值 ψ^2，即

$$R(0) = \int_{-\infty}^{\infty} x^2(t)\mathrm{d}t = \max\{R(\tau)\} = \psi^2 \tag{3-1-10}$$

（3）自相关函数在 $\tau \to \infty$ 时可以取得最小值，并等于该随机信号的均值 μ_x 的平方，即

$$R(\infty) = \lim_{\tau \to \infty} \int_{-\infty}^{\infty} x(t)x(t+\tau)\,\mathrm{d}t = \min\{R(\tau)\} = \mu_x \tag{3-1-11}$$

（4）若随机信号含有常值分量 μ，则 $R(\tau)$ 含有常值分量 μ^2。

（5）对均值 μ_x 为零且不含周期成分的"纯"随机信号，当 τ 够大时，$R(\tau)$ 趋于零。

（6）如果随机信号含有周期分量，则自相关函数必含同频率的周期分量。

【例 3-1-1】　求正弦波加随机噪声 $x(t) = x_0(t) + N(t)$ 的自相关函数 $R_x(\tau)$。

解　$R_x(\tau) = \lim\limits_{T \to \infty} \dfrac{1}{T} \int_0^T x(t)x(t+\tau)\,\mathrm{d}t$

$\qquad = \lim\limits_{T \to \infty} \dfrac{1}{T} \int_0^T [x_0(t) + N(t)][x_0(t+\tau) + N(t+\tau)]\,\mathrm{d}t$

$\qquad = \lim\limits_{T \to \infty} \dfrac{1}{T} \int_0^T [x_0(t)x_0(t+\tau) + x_0(t)N(t+\tau) + N(t)x_0(t+\tau) + N(t)N(t+\tau)]\,\mathrm{d}t$

因为噪声 $N(t)$、$N(t+\tau)$ 与正弦信号 $x_0(t)$、$x_0(t+\tau)$ 不相关，故相乘项的积分为零。于是上式可写成

$$R_x(\tau) = R_{x_0}(\tau) + R_N(\tau) \tag{3-1-12}$$

由式（3-1-12）可见，正弦波加随机噪声的自相关函数是正弦波自相关函数与随机噪声自相关函数之和。当 τ 很大时，随机噪声的自相关函数趋于零，而周期信号的自相关函数仍是周期函数，且其周期不变。

2. 互相关函数

两个随机信号或功率信号 $x(t)$ 和 $y(t)$ 的互相关函数定义为

$$R_{xy}(\tau) = \lim_{T \to \infty} \frac{1}{T} \int_0^T x(t)y(t+\tau)\,\mathrm{d}t \tag{3-1-13}$$

可见，互相关函数描述了一个信号与延迟 τ 后的另一个信号间的依赖程度。同样，互相关函数与两个信号的时间差 τ 有关，而与时间 t 无关。但互相关函数与两个信号的前后次序有关。由于所讨论的随机信号在 t 时刻从样本的取值计算与在 $t+\tau$ 时刻的取值计算所得的互相关函数相等，即

$$R_{xy}(\tau) = \lim_{T \to \infty} \frac{1}{T} \int_0^T x(t)y(t+\tau)\,\mathrm{d}t = \lim_{T \to \infty} \frac{1}{T} \int_0^T x(t-\tau)y(t)\,\mathrm{d}t$$

$$= \lim_{T \to \infty} \frac{1}{T} \int_0^T y(t)x(t-\tau)\,\mathrm{d}t = R_{yx}(-\tau) \tag{3-1-14}$$

因此，互相关函数既非偶函数也非奇函数。

互相关函数还具有以下几条重要性质。

（1）只有当两个周期信号具有相同的频率时，才存在互相关函数，即两个非同频的周期信号不相关。

（2）两个具有相同周期的信号的互相关函数仍是周期函数，其周期与原信号的周期相同，并不丢失相位信息。

（3）当两个信号错开某个时间间隔 τ_0 时，互相关程度可能最高，它反映两个信号 $x(t)$、$y(t)$ 之间主传输通道的滞后时间。

【例3-1-2】设两个同频的正弦信号为 $x(t)$ 和 $y(t)$，其相位差为 φ，即 $x(t) = x_0 \sin(2\pi f_0 t + \theta)$，$y(t) = y_0 \sin(2\pi f_0 t + \theta - \varphi)$，试求互相关函数 $R_{xy}(\tau)$。

解　由于两个信号均为同周期的周期信号，其统计特征可用周期内的平均时间表示，故

$$R_{xy}(\tau) = \frac{1}{T} \int_0^T x_0 \sin(2\pi f_0 t + \theta) y_0 \sin[2\pi f_0(t + \tau) + \theta - \varphi] \mathrm{d}t$$

$$= \frac{1}{2} x_0 y_0 \cos(2\pi f_0 \tau - \varphi)$$

由此可知，两个同频正弦信号的互相关函数保留了这两个信号的频率、幅值、相位差信息。若两个正弦信号的频率不同，则可证得该对正弦信号是互不相关的。

3.1.3　频谱密度

频谱密度用于描述信号在频域上分布的特性，可分为两类：能量谱密度和功率谱密度。在研究频谱密度时，需要掌握一个重要定理——帕塞瓦尔（Parseval）定理。

1. 帕塞瓦尔定理

若 $x(t)$ 为能量信号，且其傅里叶变换为 $X(\omega)$，则有以下关系

$$\int_{-\infty}^{\infty} f^2(t)\,\mathrm{d}t = \frac{1}{2\pi}\int_{-\infty}^{\infty} |F(\omega)|^2 \mathrm{d}\omega \Rightarrow \int_{-\infty}^{\infty} x^2(t)\,\mathrm{d}t = \int_{-\infty}^{\infty} |X(f)|^2 \mathrm{d}f \qquad (3\text{-}1\text{-}15)$$

式中，$|X(f)|$ 为信号 $x(t)$ 的幅值谱。该式说明时域内能量信号的总能量等于频域内各个频率分量信号能量的连续和，即帕塞瓦尔定理。

式（3-1-15）从能量角度反映了时域和频域的关系，故又称能量恒等式。在实际应用中，对功率信号无法直接运用该公式，研究信号的平均功率 P_{av} 更合适。

若 $x(t)$ 为周期功率信号，则有

$$P_{\mathrm{av}} = \lim_{T \to \infty} \frac{1}{T} \int_0^T x^2(t)\,\mathrm{d}t = \int_{-\infty}^{\infty} \lim_{T \to \infty} \frac{1}{T} |X(f)|\,\mathrm{d}f \qquad (3\text{-}1\text{-}16)$$

由此可得自功率谱密度函数 $S_x(f)$ 与幅值谱 $|X(f)|$ 的关系

$$S_x(f) = \lim_{T \to \infty} \frac{1}{T} |X(f)|^2 \qquad (3\text{-}1\text{-}17)$$

$$\frac{1}{T} \int_{-T/2}^{T/2} x^2(t)\,\mathrm{d}t = \sum_{n=-\infty}^{\infty} |X_n|^2 \qquad (3\text{-}1\text{-}18)$$

式中，T 为信号 $x(t)$ 的周期；X_n 为 $x(t)$ 的傅里叶级数的系数。可见，周期信号的功率等于该信号在完备正交函数集中各分量功率之和。

2. 能量谱密度

能量谱密度描述了信号的能量在频域上的分布特性。设能量信号 $s(t)$ 的频谱密度函数为 $S(f)$，利用帕塞瓦尔定理，可得到时域和频域的信号能量，即

$$E = \int_{-\infty}^{\infty} s^2(t)\,\mathrm{d}t = \int_{-\infty}^{\infty} \left|S(f)\right|^2\,\mathrm{d}f \qquad (3\text{-}1\text{-}19)$$

式中，$\left|S(f)\right|^2$ 为能量谱密度，表示在频率 f 处宽度为 $\mathrm{d}f$ 的频带内的信号能量，或能量谱密度描述了单位带宽上的信号能量，单位为 J/Hz。令 $G(f)$ 为能量谱密度，即

$$G(f) = \left|S(f)\right|^2 \qquad (3\text{-}1\text{-}20)$$

式（3-1-19）可改写为

$$E = \int_{-\infty}^{\infty} \left|S(f)\right|^2\mathrm{d}f = \int_{-\infty}^{\infty} G(f)\,\mathrm{d}f \qquad (3\text{-}1\text{-}21)$$

由于信号 $s(t)$ 是实函数，$G(f)$ 是频率的偶函数，因此正、负频率部分具有相等的能量，即

$$E = 2\int_{0}^{\infty} G(f)\,\mathrm{d}f \qquad (3\text{-}1\text{-}22)$$

3. 功率谱密度

一般而言，任何一个有限时间的信号的频谱宽度是无限的。然而，信号的大部分功率实际上只集中在某个有限的频谱宽度内，这个有限的频谱宽度就是所谓的信号有效带宽。例如，对于一个矩形脉冲信号，其能量主要集中在频谱中零频率到第一个过零点之间，所含能量达到信号全部能量的 90%以上，故可将其定义为矩形脉冲信号的有效带宽。为了精确地说明信号包含的功率信息，需要定义信号的功率谱密度。

假设信号 $s(t)$ 是周期为 T 的周期信号，则 $s(t)$ 就是功率信号。利用实值周期信号的帕塞瓦尔定理，可得

$$P = \frac{1}{T_0}\lim_{T\to\infty}\int_{-\frac{T_0}{2}}^{\frac{T_0}{2}} s^2(t)\,\mathrm{d}t = \sum_{n=-\infty}^{\infty}\left|C(\mathrm{j}n\omega)\right|^2 \qquad (3\text{-}1\text{-}23)$$

式中，n 为该周期信号 $s(t)$ 的傅里叶级数的系数；ω 为该周期信号的基波角频率；$\left|C(\mathrm{j}n\omega)\right|$ 为该周期信号的第 n 次谐波（角频率为 $n\omega$）的幅值。

周期信号的功率谱密度 $P(f)$ 定义为

$$P(f) = \sum_{n=-\infty}^{\infty}\left|C(\mathrm{j}n\omega)\right|^2\delta(f-nf_0) \qquad (3\text{-}1\text{-}24)$$

式中，$\delta(f)$ 为单位冲激函数。信号的平均功率为

$$P = \int_{-\infty}^{\infty} P(f)\,\mathrm{d}f = 2\int_{0}^{\infty} P(f)\,\mathrm{d}f \qquad (3\text{-}1\text{-}25)$$

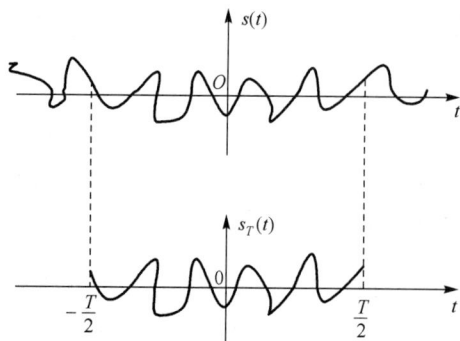

图 3.6　信号 $s(t)$ 及其截短信号

当信号为非周期功率信号时，由于不能对该信号直接进行傅里叶变换，因此需要在极限意义下表示其功率谱密度，即在某一确定的时间间隔 $(-T/2, T/2)$ 内对该信号进行截短，得到一个截短信号 $s_T(t)$，如图 3.6 所示。此时的截短信号 $s_T(t)$ 便成为一个能量信号，因为 T 为有限值，所以 $s_T(t)$ 只具有有限能量，但该信号包含所有原始信号的信息特性，因此可对得到的能量信号 $s_T(t)$ 进行傅里叶变换，从而得到非周期功率信号的功率谱密度。

3.1.4　随机信号的数学描述

在不同的条件下受偶然因素的影响，不能用确定的时间函数来描述的信号称为随机信号。随机信号是工程中经常遇到的一种信号，具有不确定性和随机性，即时间函数不能用精确的数学关系式来描述，无法预测其某一时刻的精确取值。但随机信号的取值落在某个范围内的概率是一定的，具有统计规律，可用概率统计方法来描述和研究。因此，随机信号的描述一般可从幅值、时域和频域三个方面进行，下面进行简单介绍。

1．幅值描述

各态历经随机信号的幅值描述包括均值、方差、均方值和概率密度函数等。

（1）均值 μ_x 是指各态历经随机信号的样本函数 $x(t)$ 在观测时间 T 上的平均值，即

$$\mu_x = \lim_{T \to \infty} \frac{1}{T} \int_0^T x(t)\,dt \tag{3-1-26}$$

式中，T 为样本长度、观测时间；μ_x 为随机信号的静态分量。

（2）方差 σ_x^2 是指样本函数 $x(t)$ 偏离均值 μ_x 的平方的均值，用来描述随机信号的动态分量，即

$$\sigma_x^2 = \lim_{T \to \infty} \frac{1}{T} \int_0^T [x(t) - \mu_x]^2 dt \tag{3-1-27}$$

（3）均方值 ψ_x^2 描述随机信号的强度，它是样本函数 $x(t)$ 的平方的均值，即

$$\psi_x^2 = \lim_{T \to \infty} \frac{1}{T} \int_0^T x^2(t)\,dt \leftrightarrow \psi_x^2 = \mu_x^2 + \sigma_x^2 \tag{3-1-28}$$

（4）信号幅值落在指定区间 $[x, x+\Delta x]$ 内的（频数）概率密度函数 $p(x)$ 为

$$p(x) = \lim_{\Delta x \to 0} \frac{1}{\Delta x} \left[\lim_{T \to \infty} \frac{T_x}{T} \right] \tag{3-1-29}$$

式中，T 为总观测时间；T_x 为总观测时间内信号幅值落在区间 $[x, x+\Delta x]$ 内的总时间。

2．时域描述

在时域，一般不关心单个样本函数的波形或时域表达式，而是讨论信号在不同时刻瞬时值的相互依从关系，即时域相关特性。单个信号的时域相关特性用自相关函数描述，两个信号之间的时域相关特性用互相关函数描述。相关函数的详细介绍可参见 3.1.2 节。

3. 频域描述

除时域描述外，工程应用中还经常研究这种信号自身或与其他信号在不同时刻的内在联系的频域描述，这就是自功率谱密度函数和互功率谱密度函数。

1）自功率谱密度函数

若均值为零且不含周期成分的"纯"随机信号为 $x(t)$，当 τ 足够大时，$R_x(\tau) \to 0$，则可定义自功率谱密度函数

$$S_x(f) = \int_{-\infty}^{\infty} R_x(\tau) \mathrm{e}^{-\mathrm{j}2\pi f\tau}\mathrm{d}\tau \tag{3-1-30}$$

其反变换为

$$R_x(\tau) = \int_{-\infty}^{\infty} S_x(f) \mathrm{e}^{\mathrm{j}2\pi f\tau}\mathrm{d}f \tag{3-1-31}$$

由式（3-1-30）、式（3-1-31）可知，自功率谱密度函数 $S_x(f)$ 是自相关函数 $R_x(\tau)$ 的傅里叶变换。$R_x(\tau)$ 为实偶函数，可证明 $S_x(f)$ 也为实偶函数，它具有对称性，为双边功率谱。

习惯上更常用正频率（$f \geqslant 0$）范围定义的自功率谱 $G_x(f) = 2S_x(f)$（$f \geqslant 0$）作为信号 $x(t)$ 的单边功率谱，如图 3.7 所示。

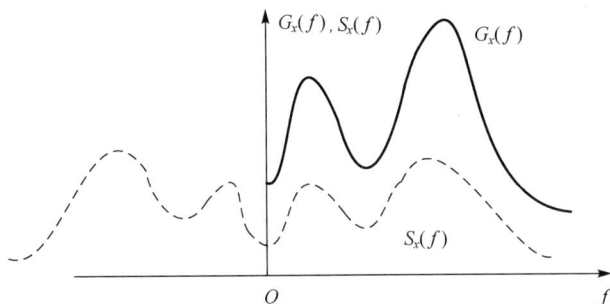

图 3.7 单边功率谱与双边功率谱

自功率谱密度函数 $S_x(f)$ 有明确的物理意义：当 $\tau = 0$ 时，$S_x(f)$ 曲线与频率轴 f 所包围的面积就是信号的平均功率。同时，还可以看出 $S_x(f)$ 就是信号的功率密度沿频率轴的分布。

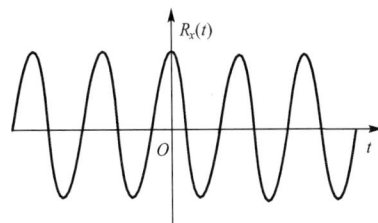

【例 3-1-3】求随机相位正弦波 $x(t) = x_0 \sin(2\pi f_0 t + \varphi)$ 的自功率谱密度函数 $S_x(f)$。

解 由定义可知

$$\begin{aligned}S_x(f) &= \int_{-\infty}^{\infty} \frac{x_0^2}{2}\cos(2\pi f_0\tau)\mathrm{e}^{-\mathrm{j}2\pi f\tau}\mathrm{d}\tau \\ &= \frac{x_0^2}{4}[\delta(f-f_0) + \delta(f+f_0)]\end{aligned}$$

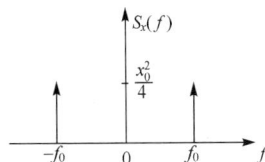

图 3.8 自功率谱

其频谱如图 3.8 所示。可见正弦波的 $S_x(f)$ 是在 $f = \pm f_0$ 处强度为 $\dfrac{x_0^2}{4}$ 的 δ 脉冲。

2）互功率谱密度函数

若互相关函数 $R_{xy}(\tau)$ 满足傅里叶变换的条件，则定义信号 $x(t)$ 和 $y(t)$ 的互功率谱密度函数为互相关函数 $R_{xy}(\tau)$ 的傅里叶变换，常简称互谱密度函数或互谱，而 $S_{xy}(f)$ 的反变换为

$$R_{xy}(\tau) = \int_{-\infty}^{\infty} S_{xy}(f) \mathrm{e}^{\mathrm{j}2\pi nf\tau} \mathrm{d}f \tag{3-1-32}$$

$S_{xy}(f)$ 包含 $R_{xy}(\tau)$ 的全部信息，同样可推得

$$S_{xy}(f) = S_{yx}(-f) \tag{3-1-33}$$

3.2　随 机 过 程

随机过程是指信号和噪声通过通信系统的过程。在实际的通信传输中，各种各样常见的信号和噪声都是随机信号，通常带有某种随机不可预知性，当对随机信号进行检测分析时，由于没有确定的变化规律和函数形式，因此可将其看成一个随机过程进行分析。本节简要分析随机过程的统计特性以及随机信号通过线性系统的基本分析方法。

3.2.1　随机过程的统计特性

随机过程的统计特性是通过它的概率分布或数字特征加以表述的。

1. 随机过程的概率分布

设 $\xi(t)$ 表示一个随机过程，则在任意时刻 t_1 上，x_1 是一个随机变量。显然，这个随机过程的统计特性可以用概率分布函数或概率密度函数描述。

若已知随机过程 $\xi(t)$ 的一维概率分布函数为

$$F_1(x_1, t_1) = P\{\xi(t_1) \leqslant x_1\} \tag{3-2-1}$$

如果存在 $f_1(x_1, t_1) = \dfrac{\partial F(x_1, t_1)}{\partial x_1}$，则称 $f_1(x_1, t_1)$ 为 $\xi(t)$ 的一维概率密度函数。

在一般情况下用一维分布函数描述随机过程的完整统计特性是极不充分的，通常需要在足够多的时间上考虑随机过程的多维分布函数。$\xi(t)$ 的 n 维分布函数被定义为

$$F_n(x_1, x_2, \cdots, x_n; t_1, t_2, \cdots, t_n) = P[\xi(t_1) \leqslant x_1, \xi(t_2) \leqslant x_2, \cdots, \xi(t_n) \leqslant x_n] \tag{3-2-2}$$

若存在

$$f_n(x_1, x_2, \cdots, x_n; t_1, t_2, \cdots, t_n) = \dfrac{\partial^n F_n(x_1, x_2, \cdots, x_n)}{\partial x_1 \partial x_2 \cdots \partial x_n} \tag{3-2-3}$$

则称其为 $\xi(t)$ 的 n 维概率密度函数。

显然，n 越大，用 n 维分布函数或 n 维概率密度函数描述 $\xi(t)$ 的统计特性就越充分。

2. 随机过程的数字特征

在分析随机过程时，除关心随机过程的分布函数或概率密度函数外，还需要关心随机过程的数字特性。虽然分布函数或概率密度函数能充分描述随机过程的统计特性，但在大多数情况下，一个随机过程的分布函数或概率密度函数很难用实验方法来确定。同时，在实际工

作中也不总是需要了解随机过程的全部概率特性，因此，引入随机过程的一些数字特征来部分地描述其统计特性可以使实际问题变得简便。随机过程的数字特征主要有数学期望、方差及相关函数等。

1）数学期望

在任意一个给定的时刻 t_1，定义随机过程 $\xi(t)$ 的数学期望为

$$E[\xi(t_1)] = \int_{-\infty}^{\infty} x_1 f(x_1, t_1)\,\mathrm{d}x_1 \tag{3-2-4}$$

并记为 $E[\xi(t)] = a(t)$。这里，它本该在时刻 t_1 上求得，因此数学期望与 t_1 有关。然而，t_1 是任意取得的，故可把 t_1 直接写成 t。所以，随机过程的数学期望被认为是时间 t 的函数。在通信系统中，数学期望的物理意义是信号或噪声的直流功率。

2）方差

随机过程的方差为

$$D[\xi(t)] = E\{\xi(t) - E[\xi(t)]\}^2 = E[\xi^2(t)] - a^2(t) = \int_{-\infty}^{\infty} x^2 f(x,t)\,\mathrm{d}x = \sigma^2(t) \tag{3-2-5}$$

方差 $\sigma^2(t)$ 表示随机过程在时刻 t 相对于均值 $a(t)$ 的偏离程度，$\sigma(t) = \sqrt{D[\xi(t)]}$ 称为随机过程的标准差。均值和方差描述了随机过程在各个孤立时刻的特征，而 $E[\xi^2(t)]$ 称为随机过程的均方值。在实际的通信研究与应用中，方差的物理意义则是信号或噪声的交流功率。

3）自协方差函数与自相关函数

衡量随机过程中任意两个时刻上获得随机变量的统计相关特性时，常用自协方差函数和自相关函数来表示。

（1）自协方差函数。随机过程的自协方差函数为

$$\begin{aligned} B(t_1, t_2) &= E\{[\xi(t_1) - a(t_1)] \cdot [\xi(t_2) - a(t_2)]\} \\ &= \int_{-\infty}^{\infty} \int_{-\infty}^{\infty} [x_1 - a(t_1)] \cdot [x_2 - a(t_2)] f_2(x_1, x_2; t_1, t_2)\,\mathrm{d}x_1 \mathrm{d}x_2 \end{aligned} \tag{3-2-6}$$

式中，t_1、t_2 为任意两个时刻；$a(t_1)$、$a(t_2)$ 为在 t_1 及 t_2 得到的数学期望。通常，利用自协方差函数来判断同一随机过程的两个变量是否相关。

（2）自相关函数。随机过程的自相关函数为

$$R(t_1, t_2) = E[\xi(t_1) \cdot \xi(t_2)] = \int_{-\infty}^{\infty} \int_{-\infty}^{\infty} x_1 x_2 f(x_1, x_2; t_1, t_2)\,\mathrm{d}x_1 \mathrm{d}x_2 \tag{3-2-7}$$

由于自相关函数反映了一个随机过程在两个不同时刻抽样的两个随机值之间的相关程度，因此一般利用自相关函数来判断随机过程是否为广义平稳，或者求解随机过程的功率谱密度及平均功率。显然，由式（3-2-6）和式（3-2-7）可得到自协方差函数与自相关函数之间的关系式

$$B(t_1, t_2) = R(t_1, t_2) - a(t_1) a(t_2) \tag{3-2-8}$$

4）互协方差函数与互相关函数

将协方差函数和相关函数的概念引入两个或更多个随机过程中，可获得互协方差函数及互相关函数。

（1）互协方差函数。设 $\xi(t)$ 与 $\eta(t)$ 分别表示两个随机过程，则互协方差函数定义为

$$B_{\xi\eta}(t_1, t_2) = E\{[\xi(t_1) - a_\xi(t_1)] \cdot [\eta(t_2) - a_\eta(t_2)]\} \tag{3-2-9}$$

（2）互相关函数。设 $\xi(t)$ 与 $\eta(t)$ 分别表示两个随机过程，则互相关函数定义为

$$R_{\xi\eta}(t_1, t_2) = E[\xi(t_1)\eta(t_2)] \tag{3-2-10}$$

若 $B_{\xi\eta}(t_1, t_2) = 0$ 或 $R_{\xi\eta}(t_1, t_2) = a_{\xi}(t_1)a_{\eta}(t_2)$ ，则随机过程 $\xi(t)$ 与 $\eta(t)$ 不相关。显然，若随机过程 $\xi(t)$ 与 $\eta(t)$ 相互独立，则 $\xi(t)$ 与 $\eta(t)$ 也不相关。反之，不一定成立。

从以上对随机过程的一般表述可以看出，随机过程的统计特性原则上都与时刻 $t_1, t_2, \cdots$ 有关。就相关函数而言，它的相关程度与选择的时刻 t_1、t_2 有关。如果 $t_2 > t_1$，并令 $t_2 = t_1 + \tau$，即 τ 是 t_2 与 t_1 之间的时间间隔，则相关函数 $R(t_1, t_2)$ 可表示为 $R(t_1, t_1 + \tau)$。这说明，相关函数依赖起始时刻（或时间起点）t_1 及时间间隔 τ，即相关函数是 t_1 和 τ 的函数。

3.2.2　平稳随机过程

随机过程可分为平稳随机过程和非平稳随机过程两类。其中，平稳随机过程是一种特殊而又被广泛应用的随机过程。一般来讲，平稳随机过程是指随机过程的任何 n 维分布函数或概率密度函数不随时间推移而产生变化。也就是说，如果对于任意的 n 和 τ，随机过程 $\xi(t)$ 的 n 维概率密度函数满足

$$f_n(x_1, x_2, \cdots, x_n; t_1, t_2, \cdots, t_n) = f_n(x_1, x_2, \cdots, x_n; t_1 + \tau, t_2 + \tau, \cdots, t_n + \tau) \tag{3-2-11}$$

则称 $\xi(t)$ 是平稳随机过程。该平稳称为严格平稳（简称严平稳），这是狭义上的平稳。广义上的平稳过程是指一个随机过程的数学期望及方差与时间无关，而其自相关函数仅与 τ 有关。通信系统中的大多数信号及噪声可视为平稳随机过程，因此，研究平稳随机过程有很重要的实际意义。

1. 各态历经的平稳随机过程

通常，求解平稳随机过程的统计特性（数学期望、自相关函数等），需要预先确定 $\xi(t)$ 的一族样本函数和一维、二维概率密度函数，这实际上是很难办到的。事实证明：一个平稳随机过程只要满足一些较宽的条件，其集平均（包括统计平均值和自相关函数等）实际上就可以通过对一个样本函数长时间的观测，用样本函数在整个时间轴上的平均值来代替，从而用一个实现的统计特性来了解整个随机过程的统计特征，这就是各态历经性。"各态历经"的含义实际上就是让随机过程中的任一实现（样本函数）都经历随机过程的所有状态。

平稳随机过程可分为各态历经和非各态历经两类。其中各态历经性是指对于一个平稳随机过程，如果满足统计平均值等于时间平均值，这个随机过程就称为各态历经的平稳随机过程。

假设 $x_1(t)$ 是 $\xi(t)$ 的一个样本，若式（3-2-11）成立，且

$$E[\xi(t)] = \lim_{T \to \infty} \frac{1}{T} \int_{-\frac{T}{2}}^{\frac{T}{2}} x_1(t)\, \mathrm{d}t = \overline{a} \tag{3-2-12}$$

$$D[\xi(t)] = \lim_{T \to \infty} \frac{1}{T} \int_{\frac{T}{2}}^{\frac{T}{2}} [x_1(t) - \overline{a}]^2 \mathrm{d}t = \sigma^2 \tag{3-2-13}$$

$$R[\tau] = \lim_{T \to \infty} \frac{1}{T} \int_{\frac{T}{2}}^{\frac{T}{2}} x_1(t)x_1(t+\tau)\, \mathrm{d}t = \overline{R(\tau)} \tag{3-2-14}$$

就称 $\xi(t)$ 为具有"各态历经性"的平稳随机过程。

通常，一个随机过程中的不同样本函数的时间平均值不一定是相同的，但其集平均则是一定的。因此，一般的随机过程的时间平均并不等于集平均，只有平稳随机过程才有可能是各态历经的。两者之间存在一个属于关系：各态历经的随机过程一定是平稳的，而平稳的随机过程则需要满足一定的条件才是各态历经的。

【例 3-2-1】已知随机相位正弦波 $\xi(t) = \sin(\omega_c t + \theta)$ 的功率谱密度，其中 θ 是在 $0 \sim 2\pi$ 内均匀分布的随机变量。问：

（1）$\xi(t)$ 是否广义平稳？

（2）$\xi(t)$ 是否各态历经？

解（1）由判定广义平稳的条件可知，如果 $a(t)$、$\sigma^2(t)$ 为常数，而 $R(t, t+\tau)$ 仅与 τ 有关，则 $\xi(t)$ 广义平稳。

因为 $a(t) = E[\xi(t)] = E[\sin(\omega_c t + \theta)] = \int_0^{2\pi} \sin(\omega_c t + \theta) \rho(\theta)\, \mathrm{d}\theta = 0$，所以

$$
\begin{aligned}
R(t, t+\tau) &= E[\xi(t)\xi(t+\tau)] \\
&= E[\sin(\omega_c t + \theta)\sin(\omega_c t + \omega_c \tau + \theta)] \\
&= E[\sin(\omega_c t + \theta)\sin(\omega_c t + \theta)\cos(\omega_c \tau)] + E[\sin(\omega_c t + \theta)\cos(\omega_c t + \theta)\sin(\omega_c \tau)] \\
&= \cos(\omega_c \tau)E[\sin^2(\omega_c t + \theta)] + \frac{1}{2}\sin(\omega_c \tau)E[\sin 2(\omega_c t + \theta)] \\
&= \frac{1}{2}\cos(\omega_c \tau) \\
&= R(\tau)
\end{aligned}
$$

$$
D[\xi(t)] = R(0) - E[\xi(t)]^2 = \frac{1}{2}
$$

可见，满足广义条件，所以 $\xi(t)$ 是广义平稳的。

（2）由各态历经的概念可知，若集平均等于统计平均，则 $\xi(t)$ 是各态历经的随机过程。当 T 趋于无穷大时，有

$$
\overline{a} = \frac{1}{T}\int_{-\frac{T}{2}}^{\frac{T}{2}} \sin(\omega_c t + \theta)\, \mathrm{d}t = 0
$$

$$
\begin{aligned}
\overline{R}(\tau) &= \frac{1}{T}\int_{-\frac{T}{2}}^{\frac{T}{2}} [\sin(\omega_c t + \theta) \cdot \sin(\omega_c t + \omega_c \tau + \theta)]\mathrm{d}t \\
&= \frac{1}{T}\int_{-\frac{T}{2}}^{\frac{T}{2}} -\frac{1}{2}[\cos(2\omega_c t + \omega_c \tau + 2\theta) - \cos(\omega_c \tau)]\mathrm{d}t \\
&= \frac{1}{2}\cos(\omega_c \tau) \\
&= R(\tau)
\end{aligned}
$$

所以，随机相位正弦波 $\xi(t)$ 是一个各态历经的随机过程。

2．平稳随机过程的相关函数

由前面的讲述可知，平稳随机过程的自相关函数与时间间隔 τ 有关，而与时间 t 无关，即

$$
R(\tau) = E[\xi(t)\xi(t+\tau)] \tag{3-2-15}
$$

平稳随机过程的自相关函数有以下重要性质。

（1） $R(0) = E[\xi^2(t)] = S$ 。   （3-2-16）

其中， $R(0)$ 为 $\xi(t)$ 的均方值（平均功率）。该式表示自相关函数在 $\tau = 0$ 处的数值等于该过程的平均功率（包括直流功率和交流功率）。

（2） $R(\tau) = R(-\tau)$ ，即自相关函数是 τ 的偶函数。

证明：
$$R(\tau) = E[\xi(t)\xi(t+\tau)]$$

令 $t + \tau = u$ ，则
$$
\begin{aligned}
R(\tau) &= E[\xi(u-\tau) \cdot \xi(u)] \\
&= E[\xi(u) \cdot \xi(u-\tau)] \\
&= R(-\tau)
\end{aligned}
$$

（3）当 $\tau = 0$ 时，自相关函数取最大值，即 $R(0) \geqslant R(\tau)$ 。

证明：因为 $E\{[\xi(t) \pm \xi(t+\tau)]^2\} \geqslant 0$ ，所以 $E[\xi^2(t)] \geqslant E[\pm \xi(t)\xi(t+\tau)]$ ，即 $R(0) \geqslant |R(\tau)|$ 。

（4） $\lim\limits_{\tau \to \infty} R(\tau) = \lim\limits_{\tau \to \infty} E[\xi(t)\xi(t+\tau)] = E[\xi^2(t)] = a^2$ 。   （3-2-17）

在时间间隔很大时，可将二者看成相互独立的。由该性质可知，利用 $R(\tau)$ 的图形就可以求出该过程的各种成分的功率（直流功率、交流功率、总功率）。

（5） $R(0) - R(\infty) = \sigma^2$ 。   （3-2-18）

3．平稳随机过程的功率谱密度

对于随机过程来说，它由许多样本函数构成，所以无法求其傅里叶变换。随机过程属于功率信号而不属于能量信号，所以需要讨论功率谱密度。

任意功率信号 $f(t)$ 的功率谱密度为

$$P_s(\omega) = \lim_{T \to \infty} \frac{|F(\omega)|^2}{T} \tag{3-2-19}$$

而对于一个随机过程来说， $\xi(t)$ 有多次实现（多个样本函数），其中某次实现也是功率信号，其功率谱密度可以用式（3-2-19）表示，但它不能作为随机过程的功率谱密度。随机过程的功率谱密度可以看成每个样本函数的功率谱密度的统计平均（数学期望）。

设 $\xi(t)$ 一次实现的截短函数为 $\xi_T(t)$ ， $\xi_T(t)$ 的傅里叶变换为 $F_T(\omega)$ ，则该样本函数的功率谱密度为

$$P_{\xi_T}(\omega) = \lim_{T \to \infty} \frac{|F_T(\omega)|^2}{T} \tag{3-2-20}$$

这样，整个随机过程的平均功率谱密度为

$$P_{\xi}(\omega) = E[P_{\xi_T}(\omega)] = E\left[\lim_{T \to \infty} \frac{|F_T(\omega)|^2}{T}\right] = \lim_{T \to \infty} \frac{E[|F_T(\omega)|^2]}{T} \tag{3-2-21}$$

该随机过程的平均功率为

$$S = \frac{1}{2\pi} \int_{-\infty}^{\infty} P_{\xi_T}(\omega)\,\mathrm{d}\omega = \frac{1}{\pi} \int_{0}^{\infty} P_{\xi_T}(\omega)\,\mathrm{d}\omega \tag{3-2-22}$$

平稳随机过程的功率谱密度具有以下性质。

（1）$P_\xi(f) \geqslant 0$，非负性。

（2）$P_\xi(f) = P_\xi(-f)$，偶函数。

（3）$P_\xi(f) \leftrightarrow R_\xi(\tau)$，$P_\xi(f)$ 与 $R_\xi(\tau)$ 是傅里叶变换对。

（4）$P_\xi(f) = \int_{-\infty}^{\infty} P_\xi(f)\,\mathrm{d}f$，平均功率与功率谱密度之间的关系。

3.2.3 高斯随机过程

高斯过程也称正态随机过程，它是一种普遍存在的重要的随机过程。通信信道中的噪声通常是一种高斯过程，故也称高斯白噪声。在任意时刻 t 观察随机过程，若其随机变量的概率分布都为高斯分布，则称这个随机过程为高斯过程。

1．高斯分布

从信息论的观点来说，如果是连续信源，当信号的功率一定、信号幅度的概率密度函数服从高斯分布时，载荷的信息量最大，即有效性最好；如果是起伏噪声，当噪声功率 N 一定时，幅度呈现高斯分布（正态分布）的噪声对通信系统的影响最为恶劣。因此，在系统设计中，常以高斯白噪声为着眼点来考虑信噪比、带宽等问题。因此，高斯分布是通信系统的统计分析中最常见、最重要的一种分布。

1）高斯分布概率密度函数

高斯分布概率密度函数可由两个参数决定：一个是均值，另一个是方差。其表达式为

$$f(x) = \frac{1}{\sqrt{2\pi}\,\sigma} \exp\left[-\frac{(x-a)^2}{2\sigma^2}\right] \qquad (3\text{-}2\text{-}23)$$

式中，a 为高斯变量的均值；σ^2 为高斯变量的方差。

由 $f(x)$ 的表达式可画出正态分布的概率密度函数曲线，如图 3.9 所示。

由正态分布的概率密度函数曲线可见：

（1）该曲线对称于均值 a；

（2）该曲线在 $a \pm \sigma$ 处有拐点，即图形的宽度与 σ 成正比。其中，当 $a = 0$、$\sigma = 1$ 时，称为标准正态分布。

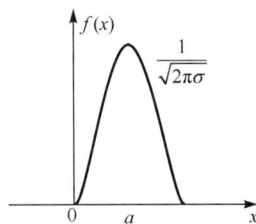

图 3.9 正态分布的概率密度函数曲线

根据概率分布函数与概率密度函数的关系可得

$$F(x) = P\{\xi(t \leqslant x)\} = \int_{-\infty}^{x} f(z)\,\mathrm{d}z = \int_{-\infty}^{x} \frac{1}{\sqrt{2\pi}\,\sigma} \exp\left[-\frac{(z-a)^2}{2\sigma^2}\right]\mathrm{d}z \qquad (3\text{-}2\text{-}24)$$

式中，$F(x)$ 为概率积分函数。若 a 与 σ^2 已知，借助概率积分函数表可查出不同 x 时的近似值。

2）误差函数（互补误差函数）与概率积分函数的关系

在求解数字调制系统的误码率时，经常需计算高斯分布。计算高斯分布时，经常需要引入概率积分函数或者误差函数（互补误差函数），目的主要是借助数表（误差函数表、概率积分函数表）计算高斯分布，使其变得简单，避免使用复杂的积分。

误差函数通常定义为

$$\text{erf}(x) = \frac{2}{\sqrt{\pi}} \int_0^x \exp(-z^2)\,\mathrm{d}z \qquad (3\text{-}2\text{-}25)$$

互补误差函数定义为

$$\text{erfc}(x) = 1 - \text{erf}(x) = \frac{2}{\sqrt{\pi}} \int_x^\infty \exp(-z^2)\,\mathrm{d}z \qquad (3\text{-}2\text{-}26)$$

式（3-2-26）的积分应分以下两种情况考虑。

（1）当 $x \geqslant a$ 时，$F(x)$ 示意图如图 3.10 所示。

$$
\begin{aligned}
F(x) &= \int_{-\infty}^x \frac{1}{\sqrt{2\pi}\,\sigma} \exp\left[-\frac{(z-a)^2}{2\sigma^2}\right]\mathrm{d}z \\
&= \frac{1}{2} + \int_a^x \frac{1}{\sqrt{2\pi}\,\sigma} \exp\left[-\frac{(z-a)^2}{2\sigma^2}\right]\mathrm{d}z
\end{aligned}
\qquad (3\text{-}2\text{-}27)
$$

令 $t = \dfrac{z-a}{\sqrt{2}\,\sigma}$，则 $\mathrm{d}z = \sqrt{2}\,\sigma \cdot \mathrm{d}t$。式（3-2-27）可整理为

$$
\begin{aligned}
F(x) &= \frac{1}{2} + \frac{1}{\sqrt{\pi}} \int_0^{\frac{x-a}{\sqrt{2}\sigma}} \exp(-t^2)\,\mathrm{d}t \\
&= \frac{1}{2} + \frac{1}{2}\text{erf}\left(\frac{x-a}{\sqrt{2}\,\sigma}\right)
\end{aligned}
\qquad (3\text{-}2\text{-}28)
$$

由式（3-2-26）和式（3-2-27）得

$$\text{erf}\left(\frac{x-a}{\sqrt{2}\,\sigma}\right) = 2\phi\left(\frac{x-a}{\sigma}\right) - 1 \qquad (3\text{-}2\text{-}29)$$

或

$$\text{erf}(x) = 2\phi(\sqrt{2}\,x) - 1 \qquad (3\text{-}2\text{-}30)$$

其中，ϕ 通常表示标准正态分布的概率密度函数，其定义为 $\phi(x) = \dfrac{1}{\sqrt{2\pi}} \exp\left(-\dfrac{x^2}{2}\right)$，$\phi\left(\dfrac{x-a}{\sigma}\right)$ 表示标准正态分布在 $\dfrac{x-a}{\sigma}$ 处的概率密度。

（2）当 $x \leqslant a$ 时，$F(x)$ 示意图如图 3.11 所示。

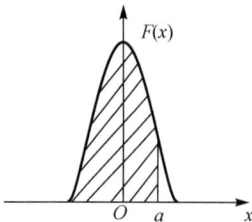

图 3.10　当 $x \geqslant a$ 时，$F(x)$示意图　　　　图 3.11　当 $x \leqslant a$ 时，$F(x)$示意图

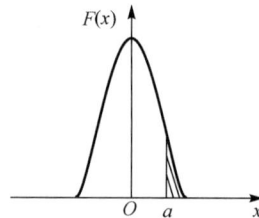

$$F(x) = \int_{-\infty}^x \frac{1}{\sqrt{2\pi}\,\sigma} \exp\left[-\frac{(z-a)^2}{2\sigma^2}\right]\mathrm{d}z = 1 - \int_x^\infty \frac{1}{\sqrt{2\pi}\,\sigma} \exp\left[-\frac{(z-a)^2}{2\sigma^2}\right]\mathrm{d}z \qquad (3\text{-}2\text{-}31)$$

令 $t = \dfrac{z-a}{\sqrt{2}\,\sigma}$，则 $\mathrm{d}z = \sqrt{2}\,\sigma \cdot \mathrm{d}t$。式（3-2-31）可整理为

$$F(x) = 1 - \frac{1}{\sqrt{\pi}} \int_{\frac{x-a}{\sqrt{2}\sigma}}^{\infty} \exp(-t^2)\,\mathrm{d}t = 1 - \frac{1}{2}\mathrm{erf}\left(\frac{x-a}{\sqrt{2}\sigma}\right) \tag{3-2-32}$$

由式（3-2-26）和式（3-2-32）得

$$\mathrm{erfc}\left(\frac{x-a}{\sqrt{2}\sigma}\right) = 2 - 2\phi\left(\frac{x-a}{\sigma}\right) \tag{3-2-33}$$

或

$$\mathrm{erfc}(x) = 2 - 2\phi(\sqrt{2}x) \tag{3-2-34}$$

2. 高斯过程

在任意时刻 $t_1, t_2, \cdots, t_n$（n 为任意整数值），如果高斯过程中各随机变量之间不是统计独立的，则高斯过程 $X(t)$ 的任意 n 维联合概率密度函数为

$$f_n(x_1,x_2,\cdots,x_n;t_1,t_2,\cdots,t_n) \frac{1}{(2\pi)^{\frac{n}{2}}\sigma_1\sigma_2\cdots\sigma_n|\boldsymbol{B}|^{\frac{1}{2}}}\exp\left[\frac{-1}{2|\boldsymbol{B}|\sigma_k^2}\sum_{j=1}^{n}\sum_{k=1}^{n}|\boldsymbol{B}|_{jk}\left(\frac{x_j-a_j}{\sigma_j}\right)\left(\frac{x_k-a_k}{\sigma_k}\right)\right] \tag{3-2-35}$$

式中，a_k 为 x_k 的均值；σ_k^2 为 x_k 的均方值；$|\boldsymbol{B}|$ 为归一化协方差矩阵的行列式，即

$$|\boldsymbol{B}| = \begin{vmatrix} 1 & b_{12} & \cdots & b_{1n} \\ b_{21} & 1 & \cdots & b_{2n} \\ \vdots & \vdots & & \vdots \\ b_{n1} & b_{n2} & \cdots & 1 \end{vmatrix} \tag{3-2-36}$$

$|\boldsymbol{B}|_{jk}$ 为行列式 $|\boldsymbol{B}|$ 中元素 b_{jk} 的代数余子式，其中 b_{jk} 为归一化协方差函数，即

$$b_{jk} = \frac{E[(x_j-a_j)(x_k-a_k)]}{\sigma_j\sigma_k} \tag{3-2-37}$$

其中，概率密度函数 $f_n(x_1,x_2,\cdots,x_n;t_1,t_2,\cdots,t_n)$ 表示在 t_1 时刻的抽样值为随机变量 x_1、在 t_2 时刻的抽样值为随机变量 x_2、……、在 t_n 时刻的抽样值为随机变量 x_n 的 n 维概率密度。

高斯过程的 n 维分布完全由 n 个随机变量的均值、方差和归一化协方差决定，且它的均值与时间无关，协方差函数只与时间间隔有关，与时间起点无关，因此，它是一个宽平稳随机过程。

若高斯过程中的各随机变量在不同时刻 $t_1, t_2, \cdots, t_n$ 的取值 $x_1, x_2, \cdots, x_n$ 是互不相关（统计独立）的，即当 $j \neq k$ 时，$b_{jk} = 0$，这时式（3-2-35）可简化为

$$f_n(x_1,x_2,\cdots,x_n;t_1,t_2\cdots,t_n) = \prod_{k=1}^{n}\frac{1}{\sqrt{2\pi}\sigma_k}\exp\left[-\frac{(x_k-a_k)^2}{2\sigma_k^2}\right] \tag{3-2-38}$$
$$= f(x_1,t_1)f(x_2,t_2)\cdots f(x_n,t_n)$$

式中，∏ 为连乘符号。

高斯过程具有以下主要性质。

（1）若高斯过程是宽平稳的，则它也是严平稳的。

（2）若高斯过程在不同时刻的取值（随机变量）是不相关的，则它们也是统计独立的。

（3）若干高斯过程的代数和所组成的随机过程仍是高斯过程。

（4）高斯过程经过线性变换（或线性系统）后仍是高斯过程。

3.2.4　窄带随机过程

任何通信系统都有发送机和接收机，为了提高系统的可靠性，即提高输出信噪比，通常在接收机的输入端接一个带通滤波器（图 3.12），信道内的噪声构成了一个随机过程，经过该带通滤波器之后则变成了窄带随机过程。因此，研究窄带随机过程的规律是必要的。

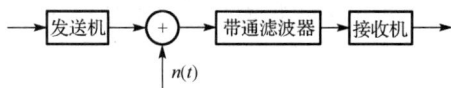

图 3.12　窄带通信系统示意图

假设一个随机过程的中心频率为 f_c，带宽为 Δf，当 $\Delta f \ll f_c$ 时，就可认为满足窄带条件。满足该条件的随机过程称为窄带随机过程。若带通滤波器的传输函数满足该条件，则称为窄带滤波器。随机过程通过窄带滤波器传输之后变成窄带随机过程。

下面是窄带频谱的产生过程，设 $s(t)$ 为平稳随机过程，其功率谱密度 $s(f)$ 的形状如图 3.13 所示。若 $f_c \gg \Delta f$，则 $s(t)$ 为窄带随机过程。

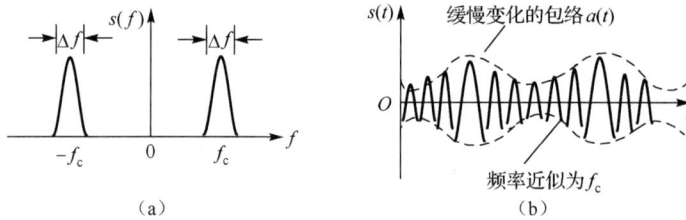

图 3.13　窄带频谱的产生过程

由窄带条件可知，窄带随机过程是功率谱限制在 ω_c 附近的很窄范围内的一个随机过程。从理论上可以得知，这个过程中的一个实现的样本函数的波形是一个频率为 ω_c 且幅度和相位都缓慢变化的余弦波，因此其可以表示为

$$\xi(t) = a_\xi(t)\cos[\omega_c t + \phi_\xi(t)] \tag{3-2-39}$$

式中，$a_\xi(t)$ 为窄带随机过程的包络函数；$\psi_\xi(t) = \omega_c t + \phi_\xi(t)$ 为窄带随机过程的随机相位函数。二者均为随机过程。用同相分量和正交分量表示，则

$$\begin{aligned}\xi(t) &= a_\xi(t)\cos(\omega_c t)\cos\phi_\xi(t) - a_\xi(t)\sin(\omega_c t)\sin\phi_\xi(t) \\ &= \xi_c(t)\cos(\omega_c t) - \xi_s(t)\sin(\omega_c t)\end{aligned} \tag{3-2-40}$$

式中，$\xi_c(t) = a_\xi(t)\cos\phi_\xi(t)$ 为同相分量；$\xi_s(t) = a_\xi(t)\sin\phi_\xi(t)$ 为正交分量。

在实际的通信系统中，为了减小噪声的干扰，通常需要在输入端加上带通滤波器（BPF），以便在让有用信号通过的同时滤除带外噪声干扰。由于带通滤波器的绝对带宽通常远小于中心频率，所以通常称之为窄带带通滤波器。以图 3.14 所示的二进制幅度键控（2ASK）的非相干接收机为例，高斯白噪声经窄带带通滤波器后变成了窄带高斯白噪声。

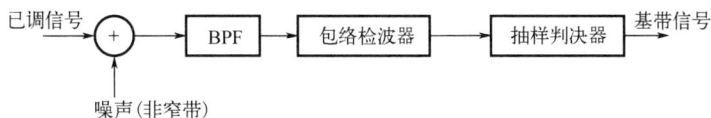

图 3.14　2ASK 非相干接收机结构

按照式（3-2-40），窄带高斯白噪声的表达式通常为

$$n(t) = n_c(t)\cos(\omega_c t) - n_s(t)\sin(\omega_c t) \qquad (3-2-41)$$

式中，$n_c(t)$ 为同相分量，$n_s(t)$ 为正交分量。当 $n(t)$ 是均值为零、方差为 δ_n^2 的高斯白噪声时，其同相分量和正交分量具有相同的均值与方差。

　　而在实际的通信系统中，带通滤波器不仅输出噪声，还存在有用信号。因此，需要讨论信号加窄带噪声的情况。在模拟通信中，许多信号都可以分解成多个正弦（或余弦）信号；而在数字通信中，往往用一个单一的频率表示"0"信号或"1"信号。同时，对复杂的信号也可以进行正/余弦分解，因此信号加窄带噪声的最典型的一种情况就是正弦波加窄带高斯白噪声。

　　以图 3.14 为例，在某个具体码元时刻，已调信号是正弦波，包络检波器的输入就是典型的正弦波加窄带高斯白噪声。窄带高斯白噪声经过包络检波器后，其包络的概率密度函数服从瑞利分布，而正弦波加窄带高斯白噪声的概率密度函数服从广义瑞利分布（又称莱斯分布），这里就不一一推导了。概率分布函数经常在通信系统中用于求解误码率，因此根据已知的概率密度函数求概率分布函数对于求解误码率有实际意义。

本 章 小 结

　　通信过程是有用信号通过通信系统的过程，在通信系统的各处常伴随着噪声的加入，且这些噪声同样会在系统中传输。由此看来，分析与研究通信系统，总离不开对信号和噪声的分析。本章首先对信号及噪声的基本概念进行了系统的分析，包括信号分类、信号特性、相关函数、频谱密度等。受不同条件下的偶然因素影响，不能用确定的时间函数来描述的信号具有不确定性和随机性，因此这种随机性质的信号（随机信号）是工程中经常遇到的一种信号。同时，通信系统中必然存在不可预测的噪声，因此本章从统计数学的观点出发，将随机信号和噪声统称为随机过程，并将统计数学中有关随机过程的理论运用到随机信号和噪声的分析中。对于随机过程的研究，本章首先介绍了随机过程的统计特性，按其特性将随机过程分为平稳随机过程、高斯随机过程、窄带随机过程等并进行详细分析，从而总结出随机信号的传输特性。

习　题　3

1. 方差 $\sigma^2(t)$ 表示随机过程在时刻 t 对均值 $a(t)$ 的 _____ 程度，其一般是时间函数。
2. 已知平稳随机过程的自相关函数为 $R(\tau)$，均值为 μ_x，协方差为 $C(\tau)$，那么 $C(\infty) = $ _____，$C(0) = $ _____。
3. 通常可用哪两种统计特性来描述宽带白噪声？
4. 解释平稳随机过程的自相关函数的性质 $R(0) = S$ 的物理意义。

5．理想白噪声的单边功率谱密度可以表示为何种形式？

6．设随机过程 $\xi(t)$ 为正态分布，$E[\xi(t)] = 2$，$D[\xi(t)] = 1$，求 $\xi(t)$ 在区间(0, 4)内取值的概率。

7．设随机过程 $\xi(t)$ 可表示为

$$\xi(t) = 2\cos(2\pi t + \theta)$$

式中，θ 为一个离散随机变量，且 $P(\theta = 0) = \dfrac{1}{2}$，$P\left(\theta = \dfrac{\pi}{2}\right) = \dfrac{1}{2}$，试求 $E_\xi(1)$ 及 $R_\xi(0,1)$。

8．已知 $\xi(t)$ 和 $\eta(t)$ 是统计独立的平稳随机过程，它们的均值分别为 a_ξ 和 a_η，且它们的自相关函数分别为 $R_\xi(\tau)$、$R_\eta(\tau)$。

（1）试求 $\gamma(t) = \xi(t)\eta(t)$ 的自相关函数。

（2）试求 $\gamma(t) = \xi(t) + \eta(t)$ 的自相关函数。

9．随机过程 $\xi(t) = A\cos(\omega t + \theta)$，式中，$A$、$\omega$、$\theta$ 为相互独立的随机变量。其中，A 是均值为 2、方差为 4 的正态分布；θ 在区间$(-\pi, \pi)$内均匀分布；ω 在区间$(-5, 5)$内均匀分布。

（1）试问随机过程 $\xi(t)$ 是否平稳？是否各态历经？

（2）求自相关函数。

10．设 $\xi(t)$ 是平稳随机过程，其自相关函数在$(-1, 1)$上为 $R_\xi(\tau) = 1 - |\tau|$，是周期为 2 的周期函数。试求 $\xi(t)$ 的功率谱密度 $P_\xi(\omega)$，并用图形表示。

11．设 $\xi_1(t)$ 与 $\xi_2(t)$ 为零均值且互不相关的平稳过程，经过线性时不变系统，其输出分别为 $\eta_1(t)$ 与 $\eta_2(t)$，试证明 $\eta_1(t)$ 与 $\eta_2(t)$ 是互不相关的。

第4章 模拟调制技术

- 理解模拟调制的基本概念
- 掌握模拟调制技术的分类
- 掌握模拟信号的幅度调制与解调
- 掌握模拟信号的频率调制与解调
- 能够比较不同调制解调方式的参数、性能

本章知识结构

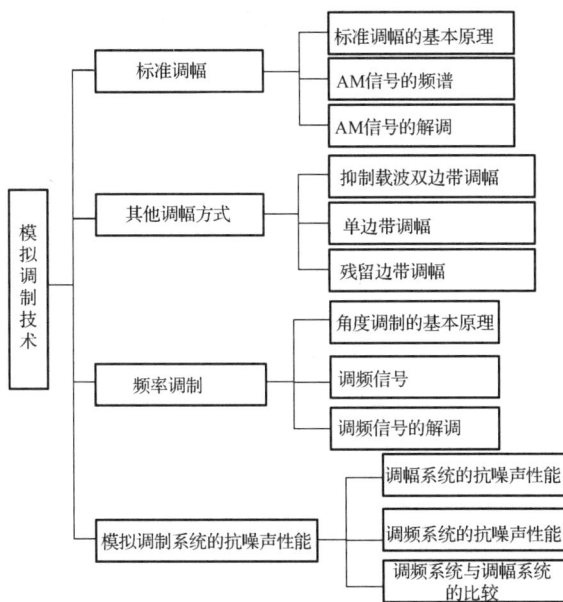

```
                              ┌─ 标准调幅 ──┬─ 标准调幅的基本原理
                              │            ├─ AM信号的频谱
                              │            └─ AM信号的解调
                              │
                              ├─ 其他调幅方式 ─┬─ 抑制载波双边带调幅
        模                    │              ├─ 单边带调幅
        拟                    │              └─ 残留边带调幅
        调 ───────────────────┤
        制                    ├─ 频率调制 ──┬─ 角度调制的基本原理
        技                    │            ├─ 调频信号
        术                    │            └─ 调频信号的解调
                              │
                              └─ 模拟调制系统的抗噪声性能 ─┬─ 调幅系统的抗噪声性能
                                                        ├─ 调频系统的抗噪声性能
                                                        └─ 调频系统与调幅系统
                                                           的比较
```

导入案例

20 世纪初，收音机一经诞生，就给人们的生活带来了很多乐趣和便利，使众多百姓都能以很少的开销享受无线广播这个"有声世界"的无限精彩。即便是在数字智能化高度发达的今天，几乎家家户户都有电视机，智能手机风靡市场，个人计算机、MP3、平板电脑等应有尽有，收音机（图 4.1）仍能够俘获众多人的心，它代表一种怀旧、文艺的生活态度，不经意间给人以感动和共鸣。其中，最常见的是调幅和调频收音机。

图 4.1 收音机

　　调制是一个信号处理过程，是把低频调制信号（大部分为基带信号）变换成适合在实际通信信道上传输的波形。在通信系统的发送端需要由一个载波信号来运载调制信号，也就是使载波信号的某一个（或几个）参量随调制信号改变。通常，调制信号是一个低通信号，模拟调制的调制信号是模拟信号，其频谱特征是从 0 或接近 0 的频率到某一截止频率 f_m，如语音信号。载波信号是一个相对高频的正弦信号。通过调制后，信号频谱搬移到较高的频率范围，以适应信道频率传输特性。调制后的信号称为已调信号或频带信号。

　　根据调制信号所控制载波信号参数的不同，模拟调制分为幅度调制、频率调制和相位调制。本章主要对这几种调制方式进行阐述。

　　调制技术的作用体现在以下几个方面。

　　（1）实现调制信号的频谱搬移，使之适合实际的通信信道。

　　（2）减少信号在传输过程中的噪声或干扰。

　　（3）通过调制可实现信道复用。例如，电话信号通过双绞线传输，双绞线的传输带宽可达几十万赫兹甚至更宽，而电话信号的带宽不到 4kHz，通过调制可以将几十路电话信号搬移到频谱互不重叠的频率上调试传输，实现频分复用。

4.1　标准调幅（AM）

4.1.1　标准调幅的基本原理

　　假设调制信号为 $m(t)$，载波信号为 $c(t)$，且有

$$c(t) = A_0 \cos(\omega_c t + \varphi_0) \qquad (4\text{-}1\text{-}1)$$

式中，A_0、ω_c、φ_0 分别为载波信号的振幅、角频率和初始相位。

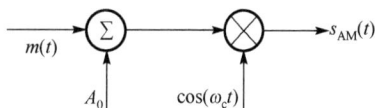

图 4.2　标准调幅的一般模型

　　若用 $m(t)$ 来改变载波信号的振幅 A_0，则为标准调幅（AM），其一般模型如图 4.2 所示。$s_{AM}(t)$ 为已调信号，从图中可以看出，$s_{AM}(t)$ 的表达式为

$$s_{AM}(t) = [A_0 + m(t)]\cos(\omega_c t) \qquad (4\text{-}1\text{-}2)$$

　　若 $m(t) = 0$，则输出就是 $A_0 \cos(\omega_c t)$，即载波信号。设

$$m(t) = A_m \cos(\omega_m t) \qquad (4\text{-}1\text{-}3)$$

则标准调幅的已调信号为

$$
\begin{aligned}
s_{AM}(t) &= [A_0 + m(t)]\cos(\omega_c t) \\
&= A_0 \left[1 + \frac{A_m}{A_0}\cos(\omega_m t)\right]\cos(\omega_c t) \qquad (4\text{-}1\text{-}4) \\
&= A_0[1 + m_a \cos(\omega_m t)]\cos(\omega_c t)
\end{aligned}
$$

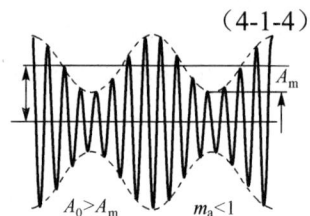

图 4.3　AM 各波形（$m_a < 1$）

　　将式（4-1-4）中的 $m_a = \dfrac{A_m}{A_0}$ 称为调制指数（调幅系数）。

　　通常，$m_a < 1$，即 $A_m < A_0$，这种情况为正常调幅；若 $m_a = 1$，即 $A_m = A_0$，这种情况称为满调幅；若 $m_a > 1$，即 $A_m > A_0$，则

这种情况称为过调幅。图 4.3 给出了正常调幅过程中的 AM 信号各波形。读者可以分别画出 $m_a = 1$ 和 $m_a > 1$ 时的波形。

当 $m(t)$ 为任意信号时，调制指数为

$$m_a = \frac{|m(t)|_{\max}}{A_0} \tag{4-1-5}$$

4.1.2 AM 信号的频谱

设调制信号 $m(t)$ 的频谱（其傅里叶变换）为连续谱 $M(\omega)$，由于

$$
\begin{aligned}
s_{AM}(t) &= [A_0 + m(t)]\cos(\omega_c t) \\
&= A_0\cos(\omega_c t) + m(t)\cos(\omega_c t)
\end{aligned}
\tag{4-1-6}
$$

因此根据傅里叶变换的线性性质，已调信号的频谱为

$$S_{AM}(\omega) = \pi A_0[\delta(\omega + \omega_c) + \delta(\omega - \omega_c)] + \frac{1}{2}[M(\omega + \omega_c) + M(\omega - \omega_c)] \tag{4-1-7}$$

由以上表达式可见，已调信号的频谱由两部分组成：离散分量和连续谱。离散分量是载波分量，即在 $\pm\omega_c$ 上强度为 πA_0 的冲激分量；连续谱是调制信号频谱结构在频域内的简单搬移（强度为原来的 1/2）。由于这种搬移是线性的，因此幅度调制通常又称为线性调制。AM 调制频谱如图 4.4 所示。

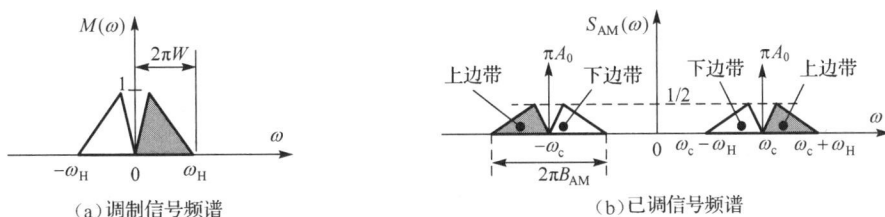

（a）调制信号频谱　　　　　　（b）已调信号频谱

图 4.4　AM 调制频谱

从图 4.4 中能看出，已调信号的频谱由两个边带组成，$|\omega| > \omega_c$ 的部分称为上边带，$|\omega| < \omega_c$ 的部分称为下边带。左右两边的上下边带以 $\pm\omega_c$ 为对称轴。已调信号的带宽 B_{AM} 是调制信号的最高频率 f_H 的 2 倍，若调制信号的带宽为 W，则有

$$B_{AM} = 2f_H = 2W \tag{4-1-8}$$

4.1.3 AM 信号的解调

解调是调制的逆过程，目的是从已调信号中还原出原始的调制信号，AM 信号的解调就是从已调信号的幅度变化中提取调制信号。AM 信号常用的解调方法是包络检波法和相干解调法。

1. 包络检波法

包络检波法是 AM 信号常用的解调方法，实现包络检波过程的电路称为包络检波器。包络检波器根据所采用的器件不同，可分为二极管包络检波器和三极管包络检波器；根据信号大小，又可分为小信号检波器和大信号检波器。

常用的二极管包络检波器如图 4.5 所示,它利用二极管的单向导电性检出已调信号 $s_{AM}(t)$ 的正半周或负半周, 再用低通滤波器滤除高频信号, 将包络线取出, 得到调制信号, 该过程的波形如图 4.6 所示。需指出的是, 当 $m_a > 1$ 时, 包络失真, 用包络检波器无法恢复调制信号, 因此不能用该方法解调。

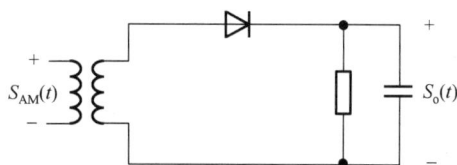

图 4.5   二极管包络检波器   图 4.6   AM 包络检波波形

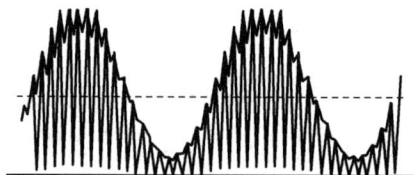

2. 相干解调法

相干解调法（同步检波法）是在信号接收端用一个与载波同频同相的参考载波和 AM 信号相乘（同步检波因此得名）, 然后用低通滤波器（LPF）将调制信号恢复。该参考载波也称相干载波。AM 相干解调原理如图 4.7 所示。

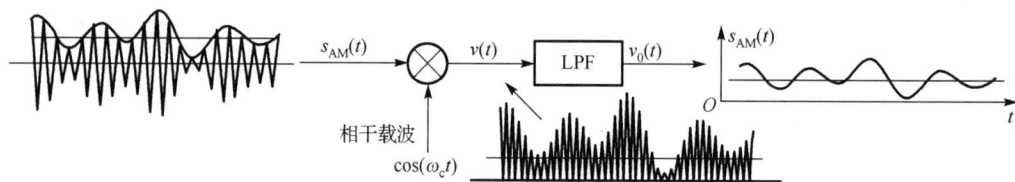

图 4.7   AM 相干解调原理

根据图 4.7 有

$$v(t) = s_{AM}(t) \cdot \cos(\omega_c t) = [A_0 + m(t)]\cos(\omega_c t) \cdot \cos(\omega_c t) = [A_0 + m(t)] \cdot \frac{1}{2}[1 + \cos(2\omega_c t)] \qquad (4\text{-}1\text{-}9)$$

以上信号经低通滤波器处理, 得

$$v_0(t) = \frac{1}{2}[A_0 + m(t)] \qquad (4\text{-}1\text{-}10)$$

将 $v_0(t)$ 经过简单的线性变换就能得到 $m(t)$。

由于相干解调需要在接收端产生相干载波, 因此接收机比较复杂。AM 解调一般采用包络检波法。

4.2   其他调幅方式

4.2.1   抑制载波双边带调幅（DSB）

1. 抑制载波双边带调幅信号

在 AM 信号中, 载波分量并不携带信息, 但仍占据大部分功率, 如果在常规调幅中不发射载波, 则已调信号的功率全部集中在携带信息的上边带或下边带信号上, 这样的调制技术便是抑制载波双边带调幅（Double Side Band with Suppressed Carrier，DSB-SC），简称 DSB。

调制信号 $m(t)$ 不叠加直流，直接调制载波，就会产生 DSB 信号。此时，已调信号的产生只需要一个乘法器，如图 4.8 所示。

由图 4.8 可知，调幅信号 $s_{\text{DSB}}(t)$ 主要由调制信号和载波信号产生，其表达式为

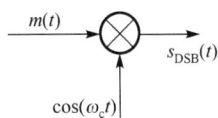

图 4.8　调幅器原理框图

$$s_{\text{DSB}}(t) = m(t)\cos(\omega_{\text{c}}t) \qquad (4\text{-}2\text{-}1)$$

$m(t)$ 经傅里叶变换为 $M(\omega)$，则调幅信号的频谱为

$$S_{\text{DSB}}(\omega) = \frac{1}{2}[M(\omega - \omega_{\text{c}}) + M(\omega + \omega_{\text{c}})] \qquad (4\text{-}2\text{-}2)$$

DSB 信号的频谱只有连续谱，没有冲激分量，即没有离散载波分量，如图 4.9 所示。

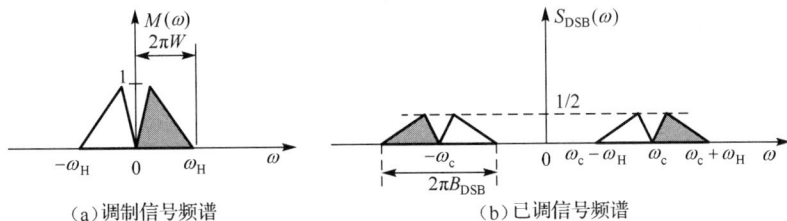

（a）调制信号频谱　　　　　　（b）已调信号频谱

图 4.9　DSB 信号的频谱

2. 抑制载波双边带调幅的解调

DSB 信号的包络和 AM 信号的包络有很大的差别，它不能像 AM 信号那样可以直接用包络检波器把调制信号恢复，必须采用相干解调，其原理如图 4.10 所示。其中，低通滤波器的截止频率等于调制信号的宽带。

下面来讨论它的工作原理。设接收到的信号为

$$s_{\text{DSB}}(t) = m(t)\cos(\omega_{\text{c}}t)$$

与本地的相干载波相乘后得

$$v(t) = m(t)\cos(\omega_{\text{c}}t)\cdot\cos(\omega_{\text{c}}t) = \frac{1}{2}m(t)[1 + \cos 2(\omega_{\text{c}}t)]$$

$$= \frac{1}{2}m(t) + \frac{1}{2}m(t)\cos(2\omega_{\text{c}}t)$$

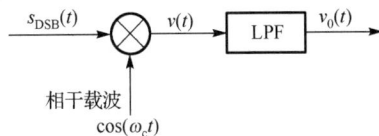

图 4.10　相干解调原理

乘法器的输出 $v(t)$ 包含被解调的调制信号 $m(t)$ 和频率更高（$2\omega_{\text{c}}$）的 DSB 信号，它很容易被低通滤波器除去，即

$$v_0(t) = \frac{1}{2}m(t) \qquad (4\text{-}2\text{-}3)$$

相干载波可以直接从接收到的信号中提取。提取相干载波的电路有平方环电路、科斯塔斯锁相环等。为了降低接收机的复杂性，也可以在发送端发送一个小信号载波，其功率比已调信号的功率小。接收机接收此信号作为相干载波，这个载波称为导频信号。

4.2.2 单边带调幅（SSB）

AM 信号和 DSB 信号的带宽是调制信号最高频率的 2 倍。DSB 信号包含两个边带，即上边带、下边带。由于这两个边带包含的信息相同，因此从信息传输的角度来考虑，传输一个边带就够了。这种只传输一个边带的通信方式称为单边带调幅（SSB）。单边带调幅的最大优点就是比 AM 调幅节省 1/2 的频带，因此该系统有较高的有效性。SSB 信号的产生方法通常有滤波法和相移法。

1. 滤波法产生 SSB 信号

产生 SSB 信号最直观的方法是让双边带信号通过一个边带滤波器，保留所需要的一个边带，滤除不要的边带。SSB 信号产生的原理如图 4.11 所示。它是在 DSB 信号的基础上，用一个边带滤波器 $H_{\text{SSB}}(\omega)$ 来完成边带选择的。

当 $H_{\text{SSB}}(\omega)$ 为高通滤波器，即 $H_{\text{SSB}}(\omega)=H_{\text{USB}}(\omega)$ 时，选择的边带是上边带；当 $H_{\text{SSB}}(\omega)$ 为低通滤波器，即 $H_{\text{SSB}}(\omega)=H_{\text{LSB}}(\omega)$ 时，选择的边带是下边带。

当使用高通滤波器时，产生上边带信号

$$S_{\text{SSB}}(\omega)=S_{\text{USB}}(\omega)=S_{\text{DSB}}(\omega)H_{\text{USB}}(\omega) \tag{4-2-4}$$

这一过程可以用图 4.12 说明。

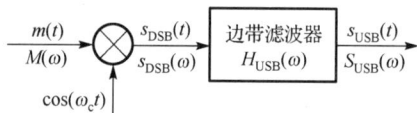

图 4.11 SSB 信号产生的原理

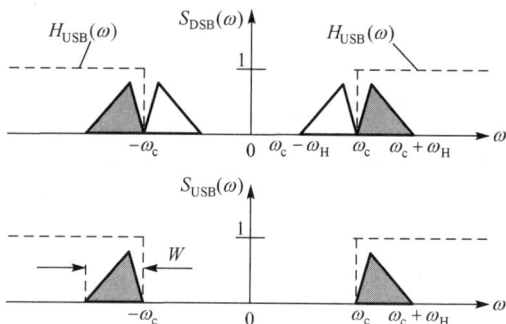

图 4.12 上边带信号的产生

下边带信号的产生类似于上边带信号，这里不做讲解。

用滤波法产生 SSB 信号的技术难点：由于一般调制信号具有丰富的低频成分，经调制后得到的 DSB 信号的上边带、下边带之间的间隔很窄，因此单边带滤波器在 ω_c 附近具有陡峭的截止特性，才能有效地抑制无用的一个边带，这就使滤波器的设计和制作变得困难，有时甚至难以实现。为此，在工程中往往采用多级调制滤波的方法。

2. 相移法产生 SSB 信号

SSB 信号的时域表达式的推导比较困难，一般需借助希尔伯特变换来表述。但可以从简单的单频调制出发，得到 SSB 信号的时域表达式，然后推广到一般表达式。

下面先来分析一个 DSB 信号。设调制信号是由多个正弦信号构成的，即

$$m(t)=\sum_n A_n\cos(\omega_n t+\theta_n) \tag{4-2-5}$$

进行双边带调制后

$$
\begin{aligned}
s_{\mathrm{DSB}}(t) &= m(t)\cos(\omega_{\mathrm{c}}t) \\
&= \sum_n A_n \cos(\omega_n t + \theta_n)\cos(\omega_{\mathrm{c}}t) \\
&= \frac{1}{2}\sum_n A_n \cos[(\omega_{\mathrm{c}}+\omega_n)t+\theta_n] + \frac{1}{2}\sum_n A_n \cos[(\omega_{\mathrm{c}}-\omega_n)t-\theta_n]
\end{aligned}
\tag{4-2-6}
$$

它有两部分，其中频率高于载波频率的部分为上边带信号，即

$$
\begin{aligned}
s_{\mathrm{USB}}(t) &= \frac{1}{2}\sum_n A_n \cos[(\omega_{\mathrm{c}}+\omega_n)t+\theta_n] \\
&= \frac{1}{2}\sum_n A_n \cos(\omega_n t+\theta_n)\cos(\omega_{\mathrm{c}}t) - \frac{1}{2}\sum_n A_n \sin(\omega_n t+\theta_n)\sin(\omega_{\mathrm{c}}t) \\
&= \frac{1}{2}m(t)\cos(\omega_{\mathrm{c}}t) - \frac{1}{2}\hat{m}(t)\sin(\omega_{\mathrm{c}}t)
\end{aligned}
\tag{4-2-7}
$$

其中

$$
\hat{m}(t) = \sum_n A_n \sin(\omega_n t+\theta_n) = \sum_n A_n \cos\left(\omega_n t+\theta_n-\frac{\pi}{2}\right)
\tag{4-2-8}
$$

而频率低于载波频率的部分则是下边带信号，进行类似分析可得到

$$
\begin{aligned}
s_{\mathrm{LSB}}(t) &= \frac{1}{2}\sum_n A_n \cos[(\omega_{\mathrm{c}}-\omega_n)t-\theta_n] \\
&= \frac{1}{2}m(t)\cos(\omega_{\mathrm{c}}t) + \frac{1}{2}\hat{m}(t)\sin(\omega_{\mathrm{c}}t)
\end{aligned}
\tag{4-2-9}
$$

根据式（4-2-8），信号 $\hat{m}(t)$ 可以看成调制信号通过一个幅度特性为 1、相移为 $-\dfrac{\pi}{2}$ 的网络后所得到的信号。这个网络的幅度、相位特性如图 4.13 所示，具有这种传输特性的网络就是希尔伯特变换器，而 $\hat{m}(t)$ 就称为调制信号 $m(t)$ 的希尔伯特变换。这样就得到了单边信号的时域表达式，即

$$
s_{\mathrm{SSB}}(t) = \frac{1}{2}m(t)\cos(\omega_{\mathrm{c}}t) \mp \frac{1}{2}\hat{m}(t)\sin(\omega_{\mathrm{c}}t)
\tag{4-2-10}
$$

式中，取正号可得到下边带信号，取负号可得到上边带信号。等号右边第一项称为同相分量，第二项称为正交分量。根据式（4-2-10）可以得到相移法产生 SSB 信号的原理，如图 4.14 所示。

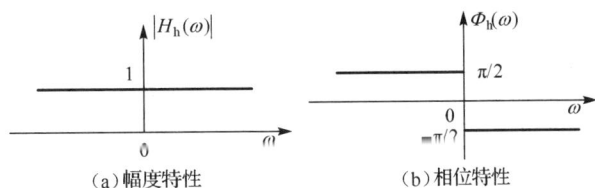

图 4.13　希尔伯特变换器特性

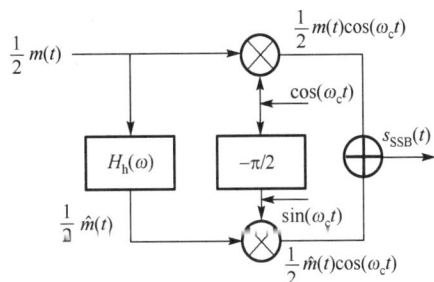

图 4.14　相移法产生 SSB 信号的原理

　　式（4-2-5）的调制信号是由一些离散频率的正弦信号构成的。根据信号和系统的叠加性质，不难理解，式（4-2-10）也适用于调制信号 $m(t)$ 频谱为连续的情况。

　　相移法产生 SSB 信号的困难在于宽带相移网络的制作，该网络要对调制信号 $m(t)$ 的所有频率分量严格相移 $\pi/2$，即使近似达到这一点也是困难的。为解决这个难题，可以采用混合法（也叫维弗法），这里不做介绍，读者可以找资料查看。

3. SSB 信号的解调

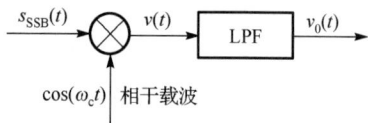

图 4.15　SSB 信号的相干解调原理

　　SSB 信号的解调和 DSB 信号一样不能采用简单的包络检波法，因为 SSB 信号也是抑制载波的已调信号，它的包络不能直接反映调制信号的变化，所以仍需采用相干解调。SSB 信号的相干解调原理如图 4.15 所示。

　　设输入解调器的 SSB 信号为

$$s_{\text{SSB}}(t) = m(t)\cos(\omega_c t) \mp \hat{m}(t)\sin(\omega_c t)$$

则乘法器的输出为

$$
\begin{aligned}
v(t) &= s_{\text{SSB}}(t)\cos(\omega_c t) \\
&= [m(t)\cos(\omega_c t) \mp \hat{m}(t)\sin(\omega_c t)]\cos(\omega_c t) \\
&= m(t)\cos^2(\omega_c t) \mp \hat{m}(t)\sin(\omega_c t)\cos(\omega_c t) \\
&= \frac{1}{2}m(t) + \frac{1}{2}m(t)\cos(2\omega_c t) \mp \frac{1}{2}\hat{m}(t)\sin(2\omega_c t)
\end{aligned}
$$

经过低通滤波器后，输出

$$v_0(t) = \frac{1}{2}m(t) \tag{4-2-11}$$

4.2.3　残留边带调幅（VSB）

　　单边带调幅最大的优点是节省频带，但要从双边带信号中完整地分离出一个边带并不是件容易的事情，特别是当调制信号含有丰富的低频成分或含有直流分量时。为了既能保证信息的传输，又能节省频带，残留边带调幅（VSB）是一种兼顾两者的选择。VSB 信号在保留双边带信号中一个边带能量的大部分的同时，也保留另一个边带能量的一小部分。这样的边带滤波器不要求在载波频率上锐截止，可以有比较平缓的过渡。这样的滤波器易于实现，同时能充分保留低频信息。

　　残留边带调幅是介于 SSB 与 DSB 之间的一种调制方式，它既克服了 DSB 信号占用频带宽的缺点，又解决了 SSB 信号实现上的难题。在 VSB 中，不完全抑制一个边带（如同 SSB 中那样），而是逐渐切割，使其残留一小部分。VSB 信号可以用滤波法产生，和 SSB 信号产生方法类似，首先产生双边带信号，然后用残留边带滤波器滤波，如图 4.16 所示。用滤波法产生 VSB 信号的过程如图 4.17 所示。

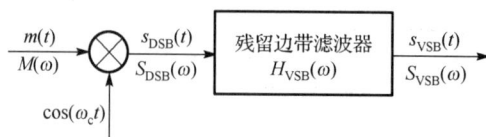

图 4.16　用滤波法产生 VSB 信号的原理

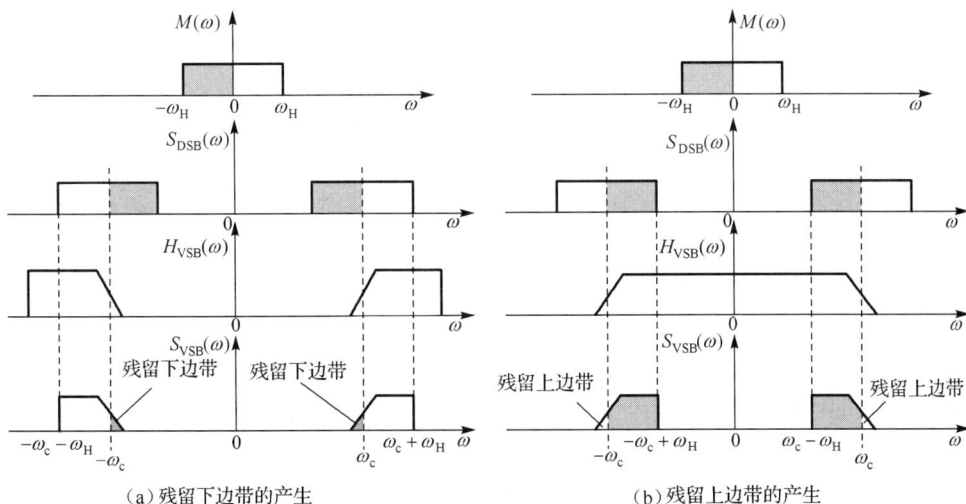

（a）残留下边带的产生　　　　　　　　（b）残留上边带的产生

图 4.17　用滤波法产生 VSB 信号的过程

在图 4.16 和图 4.17 中，有

$$m(t) \leftrightarrow M(\omega)$$

$$S_{\text{VSB}}(\omega) = S_{\text{DSB}}(\omega) H_{\text{VSB}}(\omega) \tag{4-2-12}$$

$$= \frac{1}{2}[M(\omega - \omega_c) + M(\omega + \omega_c)] H_{\text{VSB}}(\omega)$$

4.3　频率调制（FM）

4.3.1　角度调制的基本原理

在调制频率时，若载波的频率随调制信号变化，则称为频率调制或调频（Frequency Modulation，FM）。若载波的相位随调制信号变化，则称为相位调制或调相（Phase Modulation，PM）。在这两种调制过程中，载波的幅度都保持恒定不变，而频率和相位的变化都表现为载波瞬时相位的变化，故把调频和调相系统称为角度调制或调角。

角度调制信号的一般表达式为

$$s_m(t) = A\cos[\omega_c t + \varphi(t)] \tag{4-3-1}$$

式中，A 为载波的恒定振幅；$\varphi(t)$ 为相对于载波相位 $\omega_c t$ 的瞬时相位偏移。

所谓相位调制，是指瞬时相位偏移随调制信号 $m(t)$ 做线性变化，即

$$\varphi(t) = K_p m(t) \tag{4-3-2}$$

式中，K_p 为调相灵敏度（rad/V），含义是单位调制信号幅度引起 PM 信号的相位偏移量。

将式（4-3-2）代入式（4-3-1）可得到 PM 信号的表达式

$$s_{\text{PM}}(t) = A\cos[\omega_c t + K_p m(t)] \tag{4-3-3}$$

所谓频率调制，是指瞬时频率偏移随调制信号成比例变化，即

$$\frac{\mathrm{d}\varphi(t)}{\mathrm{d}t} = K_{\mathrm{f}}m(t) \tag{4-3-4}$$

式中，K_{f} 为调频灵敏度（rad/(s·V)）。

这时，相位偏移为

$$\varphi(t) = K_{\mathrm{f}} \int m(\tau)\,\mathrm{d}\tau \tag{4-3-5}$$

将其代入式（4-3-1）可得到 FM 信号的表达式

$$s_{\mathrm{FM}}(t) = A\cos[\omega_{\mathrm{c}}t + K_{\mathrm{f}} \int m(\tau)\mathrm{d}\tau] \tag{4-3-6}$$

PM 与 FM 的区别：PM 是相位偏移随调制信号 $m(t)$ 线性变化，FM 是相位偏移随 $m(t)$ 的积分而线性变化。如果预先不知道调制信号 $m(t)$ 的具体形式，则无法判断已调信号是调相信号还是调频信号。鉴于在实际中 FM 用得比较多，下面主要讨论 FM。

4.3.2　调频信号

1．调频信号的表达式

设单音调制信号为

$$m(t) = \cos(\omega_{\mathrm{m}}t) = \cos(2\pi f_{\mathrm{m}}t) \tag{4-3-7}$$

则单音调制 FM 信号的时域表达式为

$$\begin{aligned}
s_{\mathrm{FM}}(t) &= A\cos[\omega_{\mathrm{c}}t + K_{\mathrm{f}} \int \cos(\omega_{\mathrm{m}}t)\mathrm{d}t] \\
&= A\cos\left[\omega_{\mathrm{c}}t + \frac{\Delta\omega}{\omega_{\mathrm{m}}}\sin(\omega_{\mathrm{m}}t)\right] \\
&= A\cos[\omega_{\mathrm{c}}t + m_{\mathrm{f}}\sin(\omega_{\mathrm{m}}t)]
\end{aligned} \tag{4-3-8}$$

式中，$\Delta\omega = K_{\mathrm{f}}$ 是调频波的最大角频率偏移；$m_{\mathrm{f}} = \dfrac{\Delta\omega}{\omega_{\mathrm{m}}} = \dfrac{\Delta f}{f_{\mathrm{m}}}$ 是调频波的最大相位偏移（通常称为调频指数）。对式（4-3-8）进行变换得到 FM 信号的级数展开式

$$\begin{aligned}
s_{\mathrm{FM}}(t) &= A\{\mathrm{J}_0(m_{\mathrm{f}})\cos(\omega_{\mathrm{c}}t) + \mathrm{J}_1(m_{\mathrm{f}})[\cos(\omega_{\mathrm{c}} - \omega_{\mathrm{m}})t - \cos(\omega_{\mathrm{c}} + \omega_{\mathrm{m}})t] + \\
&\quad \mathrm{J}_2(m_{\mathrm{f}})[\cos(\omega_{\mathrm{c}} - 2\omega_{\mathrm{m}})t - \cos(\omega_{\mathrm{c}} + 2\omega_{\mathrm{m}})t] + \\
&\quad \mathrm{J}_3(m_{\mathrm{f}})[\cos(\omega_{\mathrm{c}} - 3\omega_{\mathrm{m}})t - \cos(\omega_{\mathrm{c}} + 3\omega_{\mathrm{m}})t] + \cdots\} \\
&= A\sum_{n=-\infty}^{\infty} \mathrm{J}_n(m_{\mathrm{f}})\cos(\omega_{\mathrm{c}} + n\omega_{\mathrm{m}})t
\end{aligned} \tag{4-3-9}$$

式中，$\mathrm{J}_n(m_{\mathrm{f}})$ 为第一类 n 阶贝塞尔函数，是调频指数 m_{f} 的函数，其值可通过查表得到。

对式（4-3-9）进行傅里叶变换，即得 FM 信号的频域表达式

$$S_{\mathrm{FM}}(\omega) = \pi A\sum_{n=-\infty}^{\infty} \mathrm{J}_n(m_{\mathrm{f}})[\delta(\omega - \omega_{\mathrm{c}} - n\omega_{\mathrm{m}}) + \delta(\omega + \omega_{\mathrm{c}} + n\omega_{\mathrm{m}})] \tag{4-3-10}$$

由式（4-3-8）和式（4-3-9）可见，调频信号的频谱由载波分量 ω_{c} 和无数边频（$\omega_{\mathrm{c}} \pm n\omega_{\mathrm{m}}$）

组成。当 $n=0$ 时是载波分量 ω_c，其幅度为 $AJ_0(m_f)$；当 $n \neq 0$ 时是对称分布在载频两侧的边频分量 $(\omega_c \pm n\omega_m)$，其幅度为 $AJ_n(m_f)$，相邻边频分量之间的间隔为 ω_m。另外，当 n 为奇数时，上、下边频极性相反；当 n 为偶数时，极性相同。由此可见，调频信号的频谱不再是调制信号频谱的线性搬移，而是一种非线性结果。

2．调频信号的带宽

理论上，调频信号的频带宽度为无限宽。但实际上边频幅度 $J_n(m_f)$ 随着 n 的增大而逐渐减小，因此可近似认为调频信号具有有限频谱。通常采用的原则：信号的频带宽度应包括幅度大于未调载波的 10% 以上的边频分量。因为 $n > m_f + 1$ 的边频分量的幅度均小于 0.1，所以当 $m_f \geqslant 1$ 时，取边频数 $n = m_f + 1$，从而保留下来的上、下边频数共有 $2n = 2(m_f + 1)$ 个；加上相邻边频之间的频率间隔为 f_m，所以调频波的有效带宽为

$$B_{FM} = 2(m_f + 1)f_m = 2(\Delta f + f_m) \tag{4-3-11}$$

式（4-3-11）为卡森（Carson）公式。

当 $m_f \ll 1$ 时，式（4-3-11）可以近似为

$$B_{FM} = 2f_m \tag{4-3-12}$$

这就是窄带调频（Narrowband Frequency Modulation，NBFM）信号的带宽。

当 $m_f \gg 1$ 时，式（4-3-11）可以近似为

$$B_{FM} \approx 2\Delta f \tag{4-3-13}$$

这就是宽带调频（Wideband Frequency Modulation，WBFM）信号的带宽。

以上讨论的是单音调频的频谱和带宽。当任意限带信号调制时，式（4-3-11）中的 f_m 是调制信号的最高频率，m_f 是最大频偏 Δf 与 f_m 之比。

3．调频信号的产生

调频信号可以由直接调频和间接调频产生。

1）直接调频

直接调频就是用调制信号直接控制一个高频振荡器的电抗元件的参数，使振荡器输出的瞬时振荡频率正比于调制信号的幅度。通常使用的这种振荡器就是压控振荡器（VCO），而改变振荡频率的电抗元件是变容二极管。当输入电压 $V_{in}(t) = m(t)$ 时，VCO 的瞬时振荡频率就随调制信号 $m(t)$ 的变化而变化，从而产生调频信号。

压控振荡器的优点是可以直接获得大的频偏。但由于幅频特性具有非线性，因此频偏受到一定的限制；另外，调制信号直接作用到振荡器的振荡回路，容易产生中心（载波）频率的漂移。

2）间接调频

间接调频的原理如图 4.18 所示。调制信号经过积分后，由窄带调相器产生窄带调频信号，最后经过 N 倍频，使最大频偏达到要求。

上述方法的调制过程没有直接在振荡器中进行，而是在振荡器后面的电路中完成调频的。振荡器的参数不受影响，因此所得到的调频信号的载波频率的精准度和稳定度都很高，被广泛用在调频广播上。

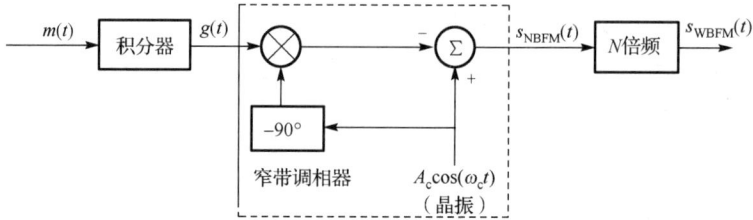

图 4.18   间接调频的原理

4.3.3   调频信号的解调

调频信号的解调称为频率检波或鉴频。鉴频器的作用就是从调频信号中检出反映频率变化的信号，完成频率-电压的变换。因此，鉴频器的特性应当是输出的电压和输入信号的瞬时频偏成正比，即

$$s_{\mathrm{d}}(t) = K_{\mathrm{d}} \cdot \frac{\mathrm{d}\varphi(t)}{\mathrm{d}t} = K_{\mathrm{d}} \cdot \Delta\omega(t) \qquad (4\text{-}3\text{-}14)$$

式中，K_{d} 为鉴频器的灵敏度。理想的鉴频特性曲线是一条直线，如图 4.19 所示。

实际鉴频的方法都是首先对调频波进行波形的变换，然后从变换的波形中恢复调制信号。根据变换的波形不同，鉴频器的种类有多种，如斜率鉴频、相位鉴频、脉冲计数鉴频和锁相环鉴频等。无论哪一种鉴频器，其鉴频特性都应当满足式（4-3-14）。这里只介绍最普通的斜率鉴频器，它的方法是把调频波变为调频-调幅波，然后用包络检波器将调制信号恢复。这种波形变换是由微分器来完成的，如图 4.20 所示。

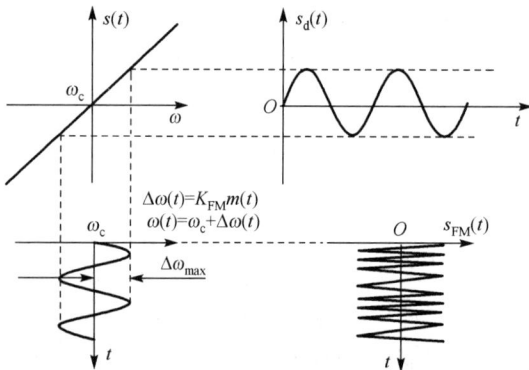

图 4.19   理想的鉴频特性曲线

图 4.20   斜率鉴频原理

设

$$s_{\mathrm{FM}}(t) = A_{\mathrm{c}} \cos\left[\omega_{\mathrm{c}} t + K_{\mathrm{f}} \int m(t)\,\mathrm{d}t\right] \qquad (4\text{-}3\text{-}15)$$

则微分器输出

$$s'_{\mathrm{FM}}(t) = -[\omega_{\mathrm{c}} + K_{\mathrm{f}} m(t)] \cdot A_{\mathrm{c}} \sin\left[\omega_{\mathrm{c}} t + K_{\mathrm{f}} \int m(t)\,\mathrm{d}t\right] \qquad (4\text{-}3\text{-}16)$$

经过包络检波器检波，除去直流分量，便可恢复调制信号 $m(t)$。此时，有

$$s_{\mathrm{d}}(t) = A_{\mathrm{c}} K_{\mathrm{f}} m(t) \qquad (4\text{-}3\text{-}17)$$

波形变换电路采用一个失谐回路实现。回路的谐振频率偏离调频信号的载波频率 f_c，当等幅的调频信号经过该回路时，调幅随频率发生变化，这样就完成了频率–幅度的变换。一个回路的鉴频器的线性范围（鉴频器带宽）比较小，输出电压也小。通常采用双失谐回路，此时，其鉴频特性有较大的改善。为保证变换的线性，应当选择合适的谐振回路的品质因数 Q 和谐振频率。斜率鉴频器采用非相干解调方法，这种鉴频器结构简单、价格便宜，因此应用得较广泛。

4.4 模拟调制系统的抗噪声性能

4.1～4.3 节的分析都是在没有噪声的条件下进行的。实际上，任何通信系统都避免不了噪声的影响，从有关信道和噪声的内容可知，通信系统是把信道加性噪声中的起伏噪声作为研究对象的，而起伏噪声又可视为高斯白噪声。因此，本节将研究信道存在加性高斯白噪声时各种线性系统的抗噪声性能。

4.4.1 调幅系统的抗噪声性能

常规的调幅信号可以用包络检波器解调。这种解调方法不需要相干载波，是一种非相干解调方法，它最大的优点是实现起来简单，特别适合普通广播接收机。由于包络检波器在正常工作时，输出的电压与输入的信号包络基本上呈线性关系，因此其只适合调幅信号的解调。

包络检波的解调性能分析模型如图 4.21 所示。信号叠加上噪声后输入接收机的带通滤波器（BPF），其中心频率等于信号的载波频率 ω_c，带宽等于信号带宽的 2 倍，即 $B=2W$。

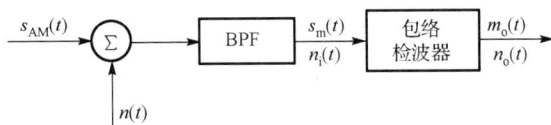

图 4.21 包络检波的解调性能分析模型

1. 输入信噪比的计算

设解调器的输入信号为

$$s_{AM}(t) = [A_0 + m(t)]\cos(\omega_c t) \qquad (4\text{-}4\text{-}1)$$

调制信号 $m(t)$ 的均值为零，且 $|m(t)|_{\max} < A_0$，而接收信号经过带通滤波器后，送入包络检波器的噪声是窄带高斯白噪声，其表达式为

$$n_i(t) = n_c(t)\cos(\omega_c t) - n_s(t)\sin(\omega_c t) \qquad (4\text{-}4\text{-}2)$$

解调器输入的信号功率和噪声功率分别为

$$S_i = \overline{s_m^2(t)} = \frac{A_0^2}{2} + \frac{\overline{m^2(t)}}{2} \qquad (4\text{-}4\text{-}3)$$

$$N_i = \overline{n_i^2(t)} = n_0 B \qquad (4\text{-}4\text{-}4)$$

输入信噪比为

$$\frac{S_{\mathrm{i}}}{N_{\mathrm{i}}} = \frac{A_0^2 + \overline{m^2(t)}}{2n_0 B} \tag{4-4-5}$$

2．输出信噪比的计算

包络检波器的输出与输入的包络成正比。现在包络检波器输入的是信号和窄带高斯白噪声的叠加，即

$$s_{\mathrm{AM}}(t) + n_{\mathrm{i}}(t) = [A_0 + m(t) + n_{\mathrm{c}}(t)]\cos(\omega_{\mathrm{c}}t) - n_{\mathrm{s}}(t)\sin(\omega_{\mathrm{c}}t)$$
$$= E(t)\cos[\omega_{\mathrm{c}}t + \psi(t)]$$

其中

$$E(t) = \sqrt{[A_0 + m(t) + n_{\mathrm{c}}(t)]^2 + n_{\mathrm{s}}^2(t)} \tag{4-4-6}$$

$$\psi(t) = \arctan\left[\frac{n_{\mathrm{s}}(t)}{A_0 + m(t) + n_{\mathrm{c}}(t)}\right] \tag{4-4-7}$$

显然，包络 $E(t)$ 与 $m(t)$ 不再是简单的线性关系，不能从 $E(t)$ 中完全分离出 $m(t)$。但在工程上，可以对两种情况分别考虑。

1）大信噪比的情况

输入信号幅度远大于噪声幅度，即

$$A_0 + m(t) \gg \sqrt{n_{\mathrm{c}}^2(t) + n_{\mathrm{s}}^2(t)}$$

因而式（4-4-6）可以简化为

$$\begin{aligned} E(t) &= \sqrt{[A_0 + m(t)]^2 + 2[A_0 + m(t)]n_{\mathrm{c}}(t) + n_{\mathrm{c}}^2(t) + n_{\mathrm{s}}^2(t)} \\ &\approx \sqrt{[A_0 + m(t)]^2 + 2[A_0 + m(t)]n_{\mathrm{c}}(t)} \\ &\approx [A_0 + m(t)]\left[1 + \frac{2n_{\mathrm{c}}(t)}{A_0 + m(t)}\right]^{1/2} \\ &\approx [A_0 + m(t)]\left[1 + \frac{n_{\mathrm{c}}(t)}{A_0 + m(t)}\right] \\ &= A_0 + m(t) + n_{\mathrm{c}}(t) \end{aligned} \tag{4-4-8}$$

这里利用了近似公式

$$(1+x)^{\frac{1}{2}} \approx 1 + \frac{x}{2}, \ |x| \ll 1$$

由式（4-4-8）可知，有用信号与噪声独立地分成两项，因而可分别计算它们的功率。输出信号功率为

$$S_{\mathrm{o}} = \overline{m^2(t)} \tag{4-4-9}$$

输出噪声功率为

$$N_{\mathrm{o}} = \overline{n_{\mathrm{c}}^2(t)} = \overline{n_{\mathrm{i}}^2(t)} = n_0 B \tag{4-4-10}$$

故输出信噪比为

$$\frac{S_{\mathrm{o}}}{N_{\mathrm{o}}} = \frac{\overline{m^2(t)}}{n_0 B} \tag{4-4-11}$$

由式（4-4-5）和式（4-4-11）可得调幅波的调制增益 G_{AM} 为

$$G_{\mathrm{AM}} = \frac{S_{\mathrm{o}}/N_{\mathrm{o}}}{S_{\mathrm{i}}/N_{\mathrm{i}}} = \frac{2\overline{m^2(t)}}{A_0^2 + \overline{m^2(t)}} \tag{4-4-12}$$

2）小信噪比的情况

此时，输入信号幅度远小于噪声幅度，即

$$A_0 + m(t) \ll \sqrt{n_{\mathrm{c}}^2(t) + n_{\mathrm{s}}^2(t)}$$

式（4-4-6）变成

$$
\begin{aligned}
E(t) &= \sqrt{[A_0 + m(t)]^2 + n_{\mathrm{c}}^2(t) + n_{\mathrm{s}}^2(t) + 2n_{\mathrm{c}}(t)[A_0 + m(t)]} \\
&\approx \sqrt{n_{\mathrm{c}}^2(t) + n_{\mathrm{s}}^2(t) + 2n_{\mathrm{c}}(t)[A_0 + m(t)]} \\
&= \sqrt{[n_{\mathrm{c}}^2(t) + n_{\mathrm{s}}^2(t)]\left\{1 + \frac{2n_{\mathrm{c}}(t)[A_0 + m(t)]}{n_{\mathrm{c}}^2(t) + n_{\mathrm{s}}^2(t)}\right\}} \\
&= R(t)\sqrt{1 + \frac{2[A_0 + m(t)]}{R(t)}\cos\theta(t)}
\end{aligned} \tag{4-4-13}
$$

式中，$R(t)$ 和 $\theta(t)$ 分别为噪声的包络及相位，即

$$R(t) = \sqrt{n_{\mathrm{c}}^2(t) + n_{\mathrm{s}}^2(t)}$$

$$\theta(t) = \arctan\left[\frac{n_{\mathrm{s}}(t)}{n_{\mathrm{c}}(t)}\right]$$

$$\cos\theta(t) = \frac{n_{\mathrm{c}}(t)}{R(t)}$$

因为 $R(t) \gg A_0 + m(t)$，所以可以利用 $(1+x)^{\frac{1}{2}} \approx 1 + \frac{x}{2}$ （$|x| \ll 1$ 时）把 $E(t)$ 进一步表示为

$$
\begin{aligned}
E(t) &= R(t)\sqrt{1 + \frac{2[A_0 + m(t)]}{R(t)}\cos\theta(t)} \\
&\approx R(t)\left[1 + \frac{A_0 + m(t)}{R(t)}\cos\theta(t)\right] \\
&= R(t) + [A_0 + m(t)]\cos\theta(t)
\end{aligned} \tag{4-4-14}
$$

此时，$E(t)$ 中没有单独的信号项，有用信号 $m(t)$ 被噪声扰乱，只能看成噪声。这时，输出信噪比并不随着输入信噪比按比例地下降，而是急剧恶化。通常把这种现象称为解调器的门限效应，开始出现门限效应的输入信噪比称为门限值。

4.4.2　调频系统的抗噪声性能

调频信号的解调有相干解调和非相干解调两种。相干解调仅适用于窄带调频信号，且需要同步信号，故应用范围受限；而非相干解调不需要同步信号，且对于 NBFM 信号和 WBFM 信号均适用，因此其是调频系统的主要解调方法。下面将重点讨论 FM 非相干解调的抗噪声性能，其分析模型如图 4.22 所示。$n_i(t)$ 是均值为零、单边功率谱密度为 n_0 的高斯白噪声；BPF 的作用是抑制调频信号带宽以外的噪声；限幅器的作用是消除信道中噪声和其他原因引起的调频波的幅度起伏。

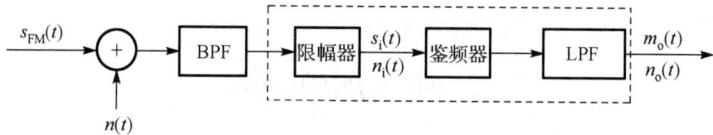

图 4.22　FM 非相干解调的抗噪声性能分析模型

1．输入信噪比

设输入调频信号为

$$s_{FM}(t) = A\cos\left[\omega_c + K_f \int_{-\infty}^{t} m(\tau)\,\mathrm{d}\tau\right]$$

故输入信号功率为

$$S_i = A^2/2 \tag{4-4-15}$$

输入噪声功率为

$$N_i = n_0 B_{FM} \tag{4-4-16}$$

式中，B_{FM} 为调频信号的带宽，即带通滤波器的带宽。

因此输入信噪比为

$$\frac{S_i}{N_i} = \frac{A^2}{2n_0 B_{FM}} \tag{4-4-17}$$

2．大信噪比时的解调增益

在输入信噪比足够大的条件下，信号和噪声的相互作用可以忽略，这时可以把信号和噪声分开计算。

输入噪声为 0 时，解调输出信号为

$$m_o(t) = K_d K_f m(t)$$

故输出信号平均功率为

$$S_o = \overline{m_o^2(t)} = (K_d K_f)^2 \overline{m^2(t)} \tag{4-4-18}$$

式中，K_d 为鉴频器的灵敏度。

现在计算输出噪声平均功率。假设调制信号 $m(t) = 0$，则加到解调器输入端的是未调载波与窄带高斯白噪声之和，即

$$
\begin{aligned}
A\cos(\omega_c t) + n_i(t) &= A\cos(\omega_c t) + n_c(t)\cos(\omega_c t) - n_s(t)\sin(\omega_c t) \\
&= [A + n_c(t)]\cos(\omega_c t) - n_s(t)\sin(\omega_c t) \\
&= A(t)\cos[\omega_c t + \psi(t)]
\end{aligned}
\tag{4-4-19}
$$

式中，包络为

$$
A(t) = \sqrt{|A + n_c(t)|^2 + n_s^2(t)}
\tag{4-4-20}
$$

相位偏移为

$$
\psi(t) = \arctan \frac{n_s(t)}{A + n_c(t)}
\tag{4-4-21}
$$

在大信噪比，即 $A \gg n_c(t)$ 和 $A \gg n_s(t)$ 时，相位偏移可近似为

$$
\psi(t) = \arctan \frac{n_s(t)}{A + n_c(t)} \approx \arctan \frac{n_s(t)}{A}
\tag{4-4-22}
$$

当 $x \ll 1$ 时，有 $\arctan x \approx x$，故

$$
\psi(t) \approx \frac{n_s(t)}{A}
\tag{4-4-23}
$$

由于鉴频器的输出正比于输入的频率偏移，故鉴频器的输出噪声（在假设调制信号为 0 时，解调结果只有噪声）为

$$
n_d(t) = K_d \frac{\mathrm{d}\psi(t)}{\mathrm{d}t} = \frac{K_d}{A} \frac{\mathrm{d}n_s(t)}{\mathrm{d}t}
\tag{4-4-24}
$$

式中，$n_s(t)$ 为窄带高斯白噪声 $n_i(t)$ 的正交分量。

由于 $\dfrac{\mathrm{d}n_s(t)}{\mathrm{d}t}$ 实际上就是 $n_s(t)$ 通过理想微分电路的输出，因此它的功率谱密度应等于 $n_s(t)$ 的功率谱密度乘以理想微分电路的功率传输函数。

设 $n_s(t)$ 的功率谱密度 $P_i(f) = n_0$，理想微分电路的功率传输函数为

$$
|H(f)|^2 = |\mathrm{j}2\pi f|^2 = (2\pi)^2 f^2
\tag{4-4-25}
$$

则鉴频器输出噪声 $n_d(t)$ 的功率谱密度为

$$
P_d(f) = \left(\frac{K_d}{A}\right)^2 |H(f)|^2 P_i(f) = \left(\frac{K_d}{A}\right)^2 (2\pi)^2 f^2 n_0, \quad |f| < \frac{B_{FM}}{2}
\tag{4-4-26}
$$

鉴频器前、后的噪声功率谱密度如图 4.23 所示。由图可知，鉴频器输出噪声的功率谱密度已不再均匀分布，而是与 f^2 成正比。该噪声经过低通滤波器的滤波，滤除调制信号带宽 f_m 以外的频率分量，故最终解调器输出（LPF 输出）的噪声功率（图中的阴影部分）为

$$
N_o = \int_{-f_m}^{f_m} P_d(f)\,\mathrm{d}f = \int_{-f_m}^{f_m} \frac{4\pi^2 K_d^2 n_0}{A^2} f^2 \mathrm{d}f = \frac{8\pi^2 K_d^2 n_0 f_m^3}{3A^2}
\tag{4-4-27}
$$

当考虑 $m(t)$ 为单频余弦信号，即 $m(t)=\cos(\omega_c t)$ 时，FM 非相干解调器输出端的输出信噪比为

$$\frac{S_o}{N_o} = \frac{3A^2 K_f^2 \overline{m^2(t)}}{8\pi^2 n_0 f_m^3} = \frac{3}{2} m_f^2 f \frac{A^2/2}{n_0 f_m} = \frac{3}{2} m_f^2 \frac{B_{FM}}{f_m} \cdot \frac{S_i}{N_i} \tag{4-4-28}$$

3. 小信噪比时的门限效应

当 $\left(\dfrac{S_i}{N_i}\right)$ 低于一定数值时，解调器的输出信噪比 $\left(\dfrac{S_o}{N_o}\right)$ 急剧恶化，这种现象称为调频信号解调的门限效应。出现门限效应时所对应的输入信噪比称为门限值，记为 $\left(\dfrac{S_i}{N_i}\right)_b$。

图 4.24 所示为单音调制时在不同调制指数下，调频解调器的输出信噪比与输入信噪比的关系曲线。

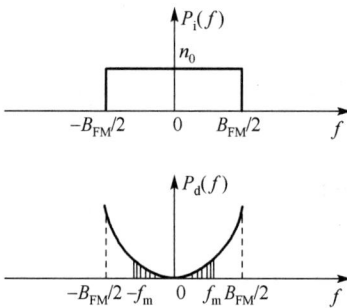

图 4.23 鉴频器前、后的噪声功率谱密度

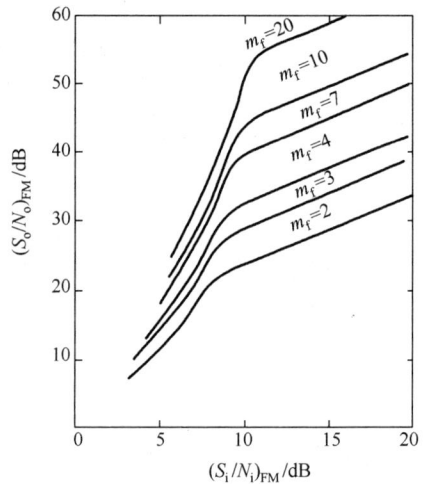

图 4.24 调频解调器的输出信噪比与输入信噪比的关系曲线

由图 4.24 可知，门限值与调制指数 m_f 有关。m_f 越大，门限值越大。当 m_f 不同时，门限值的变化不大，在 8～11dB 的范围内变化，一般认为门限值为 10dB 左右。

门限效应是调频系统存在的一个实际问题，尤其在采用调频方式的远距离通信和卫星通信等领域中，人们对调频接收机的门限效应十分关注，希望门限值向低输入信噪比方向扩展。

降低门限值（也称门限扩展）的方法有很多，例如，可以采用锁相环解调器和负反馈解调器，它们的门限电平比一般鉴频器的门限电平低 6～10dB。

另外，还可以采用"预加重"技术和"去加重"技术来进一步改善调频解调器的输出信噪比，这也相当于改善了门限值。

4.4.3 调频系统与调幅系统的比较

在大信噪比情况下，AM 信号包络检波器的输出信噪比为

$$\frac{S_o}{N_o} = \frac{\overline{m^2(t)}}{n_0 B}$$

若设 AM 信号为 100%调制，且 $m(t)$ 为单频余弦信号，则 $m(t)$ 的平均功率为

$$\overline{m^2(t)} = \frac{A^2}{2}$$

因而

$$\frac{S_{\mathrm{o}}}{N_{\mathrm{o}}} = \frac{A^2/2}{n_0 B} \tag{4-4-29}$$

式中，B 为 AM 信号的带宽，它是调制信号带宽的 2 倍，即 $B = 2f_{\mathrm{m}}$，故有

$$\frac{S_{\mathrm{o}}}{N_{\mathrm{o}}} = \frac{A^2/2}{2n_0 f_{\mathrm{m}}} \tag{4-4-30}$$

将两者相比，得到

$$\frac{(S_{\mathrm{o}}/N_{\mathrm{o}})_{\mathrm{FM}}}{(S_{\mathrm{o}}/N_{\mathrm{o}})_{\mathrm{AM}}} = 3m_{\mathrm{f}}^2 \tag{4-4-31}$$

　　结论：在大信噪比情况下，调频系统的抗噪声性能比调幅系统优越，且其优越程度随传输带宽的增大而提高。

　　调频系统以带宽换取输出信噪比的改善并不是无止境的。随着传输带宽的增大，输入噪声功率增大，在输入信号功率不变的条件下，输入信噪比下降，当输入信噪比降到一定程度时就会出现门限效应，输出信噪比将急剧恶化。

本 章 小 结

　　幅度调制包括标准调幅（AM）、双边带调幅（DSB）、单边带调幅（SSB）和残留边带调幅（VSB）。AM 信号的包络与调制信号 $m(t)$ 的形状完全一样，因此可采用简单包络检波器进行解调。DSB 信号抑制了 AM 信号中的载波分量，因此调制效率是 100%；SSB 信号只传输 DSB 信号的一个边带，所以频谱最窄、效率最高。

　　包络检波就是直接从已调波的幅度中恢复原调制信号，它属于非相干解调，因此不需要相干载波。AM 信号一般采用包络检波。

　　FM 信号的平均功率等于未调载波的平均功率，即调制后总的功率不变，调制的过程只进行功率的重新分配，而分配的原则与调频指数 m_{f} 有关。

　　FM 信号的非相干解调和 AM 信号的非相干解调（包络检波）一样，都存在"门限效应"。当输入信噪比低于门限值时，输出信噪比将急剧恶化，因此解调器应工作在门限值以上。门限效应是由非相干解调的线性作用引起的，相干解调不存在门限效应。

习　题　4

　　1. 什么是调制？调制在通信系统中的作用是什么？

　　2. AM 信号的波形和频谱有哪些特点？

　　3. 为什么要抑制载波？相对于 AM 信号来说，抑制载波的双边带信号可以增加多少功效？

　　4. SSB 信号的产生方法有哪些？

5．VSB 滤波器的传输特性应满足什么条件？

6．FM 系统的调制增益和信号带宽的关系是什么？

7．比较调幅系统和调频系统的抗噪声性能。

8．已知常规调幅信号 $s(t)=[10+6\sin(2\pi\times100t)]\cos(2\pi\times1000t)$ V，试求出：

（1）载波幅度 A_0 和载波频率 f_c；

（2）调制信号的幅度 A_m 和频率 f_m；

（3）已调信号的平均功率 P_{AM}；

（4）调制指数 m_a；

（5）画出信号的频谱图。

9．常规双边带调幅用相干方法解调，调制信号 $m(t)$ 的带宽为 W，已知

$$s_{AM}(t)=[A_c+m(t)]\cos(\omega_c t)$$

（1）若调制信号 $m(t)$ 的均值为零，求输出信号的平均功率 S_o；

（2）设输入的窄带噪声为 $n_c(t)\cos(\omega_c t)-n_s(t)\sin(\omega_c t)$，求输出噪声功率 N_o；

（3）求输出信噪比 S_o/N_o。

10．设有一带宽调频系统，载波的振幅为 100V，频率为 100MHz，调制信号 $m(t)$ 的频带限制在 5kHz，$m^2(t)=5000V^2$，$K_f=500\pi$ rad/(s·V)，最大频偏为 $\Delta f=75$kHz，并设信道噪声功率谱密度是均匀的，其单边谱密度为 $P_n(f)=10^{-3}$ W/Hz，试求：

（1）接收机输入理想带通滤波器的传输特性 $H(\omega)$；

（2）解调器的输入信噪比；

（3）解调器的输出信噪比；

（4）若 $m(t)$ 以 AM 调制方法传输，并以包络检波器进行解调，试比较在输出信噪比和所需带宽方面与 FM 系统有何不同。

11．已知某单频调频波的振幅是 10V，瞬时频率 $f(t)=10^6+10^4\cos(2\pi\times10^3 t)$（Hz），试求：

（1）此调频波的表达式；

（2）此调频波的最大频偏、调频指数和频带宽度；

（3）若调制信号的频率提高到 2×10^3Hz，则调频波的最大频偏、调频指数和频带宽度如何变化？

第 5 章　信 源 编 码

学习目标

- 理解信源编码技术的基本概念
- 掌握信号数字化传输
- 掌握自适应差分脉冲编码调制
- 掌握增量调制

本章知识结构

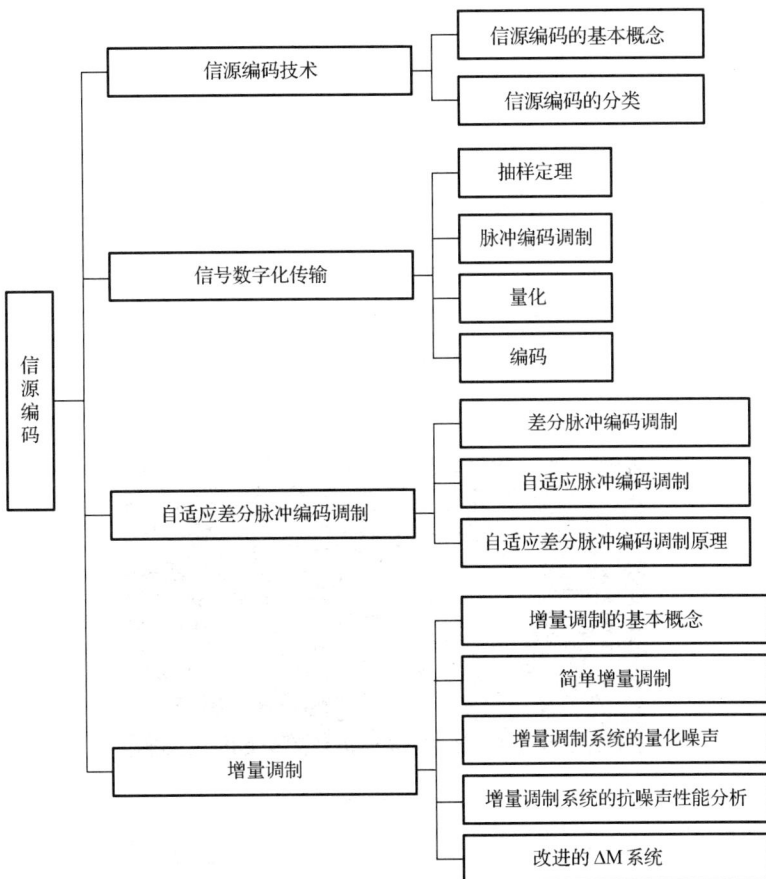

```
                          ┌──────────────────────┐
                    ┌────┤    信源编码的基本概念    │
         ┌──────────┴─┐  └──────────────────────┘
         │  信源编码技术 ├──┐
         └────────────┘  │ ┌──────────────────────┐
                          └┤    信源编码的分类       │
                           └──────────────────────┘
                           ┌──────────────────────┐
                      ┌────┤        抽样定理         │
                      │    └──────────────────────┘
                      │    ┌──────────────────────┐
         ┌────────────┤    │      脉冲编码调制       │
         │  信号数字化传输├────┤                       │
         └────────────┤    └──────────────────────┘
                      │    ┌──────────────────────┐
                      ├────┤         量化           │
                      │    └──────────────────────┘
                      │    ┌──────────────────────┐
                      └────┤         编码           │
   ┌──────┐               └──────────────────────┘
   │ 信   │               ┌──────────────────────┐
   │ 源   │          ┌────┤    差分脉冲编码调制      │
   │ 编   ├──┐       │    └──────────────────────┘
   │ 码   │  │       │    ┌──────────────────────┐
   └──────┘  ├───────┤    │    自适应脉冲编码调制    │
             │       ├────┤                       │
   自适应差分脉冲编码调制   └──────────────────────┘
             │       │    ┌──────────────────────┐
             │       └────┤ 自适应差分脉冲编码调制原理 │
             │            └──────────────────────┘
             │            ┌──────────────────────┐
             │       ┌────┤    增量调制的基本概念     │
             │       │    └──────────────────────┘
             │       │    ┌──────────────────────┐
             │       ├────┤      简单增量调制       │
             │       │    └──────────────────────┘
             │       │    ┌──────────────────────┐
             └───────┤    │   增量调制系统的量化噪声  │
              增量调制  ├────┤                       │
                     │    └──────────────────────┘
                     │    ┌──────────────────────┐
                     ├────┤ 增量调制系统的抗噪声性能分析 │
                     │    └──────────────────────┘
                     │    ┌──────────────────────┐
                     └────┤      改进的 ΔM 系统      │
                          └──────────────────────┘
```

导入案例

案例一

以数字电视（图 5.1）为代表的数字音视频系统与产品需要以若干技术标准为支撑，其中最重要的技术标准包括信源编码标准和信道传输标准。包括数字电视在内的数字音视频产业目前广泛采用的信源编码标准是 MPEG-2。由于种种原因，我国在制定数字电视标准时，信源编码标准主要考虑使用 MPEG-2。

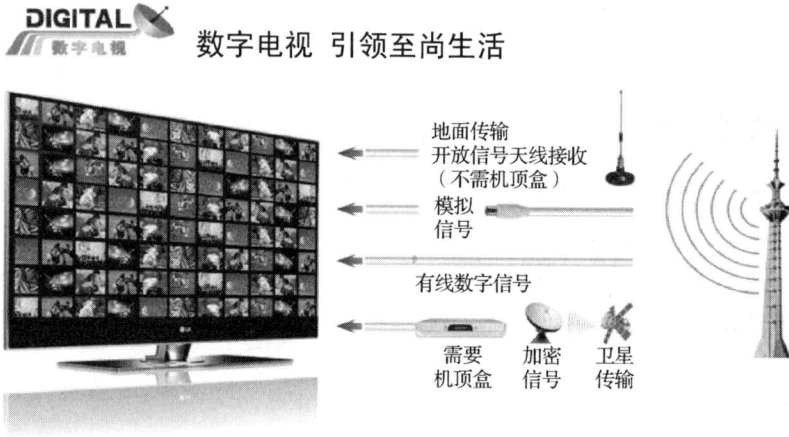

图 5.1　数字电视

案例二

我国广电行业将手机电视（图 5.2）的信道传输标准确定为 CMMB（China Mobile Multimedia Broadcasting，中国移动多媒体广播）。CMMB 系统适用于在广播业务频率范围内，通过卫星和/或地面无线传输视频、音频与数据信息等多媒体信号，是一种可在复杂的无线传输环境下，面向手持应用的先进传输技术。CMMB 的技术构成包括信源编码和信道传输两大技术。信源编码技术重点解决音视频信号数字化后的海量数据的压缩编码问题。信道传输技术即信道编码技术，包括射频技术和调制解调技术，解决在传输介质上传输数字信号的问题。

图 5.2　手机电视

通信技术在近代社会发展中具有十分重要的意义，编码问题是通信技术中的核心问题。对于传输带宽固定的数字通信系统，为了提高系统的性能，较好的办法就是对信源进行最优编码，使每个码元所含有的信息量最大，在保持较低误码率的同时提高传输效率。本章主要探讨提高数字通信系统性能的有效途径，针对性地说明信源编码技术在提高信息传输速率中的作用，并对信源编码方法进行介绍；对信号数字化传输中的抽样定理和脉冲编码调制（PCM）、增量调制方法及增量调制系统的抗噪声性能也将详细介绍。

5.1　信源编码技术

5.1.1　信源编码的基本概念

信源编码，广义地说就是对输出信号进行变换，即把信源输出的信号变换成适宜信道传输的信号。一般信源输出的每个符号所能载荷的信息量都远大于该信源符号的实际信息量，因此信源编码的主要目标是减小每个信源符号的平均比特数或信源误码率，提高传输效率。

5.1.2　信源编码的分类

根据压缩编码的压缩方法，可将信源压缩编码分为统计编码、预测编码、变换编码和识别编码，如表 5.1 所示。

表 5.1　信源压缩编码的典型压缩方法

压缩编码分类	典型压缩方法
统计编码	霍夫曼编码、游程编码、算术编码、LZW 编码等
预测编码	增量调制、线性预测、非线性预测、自适应预测、运动补偿预测等
变换编码	正交变换（KLT、DCT、DFT、WHT 等）、非正交变换、其他函数变换
识别编码	矢量量化、分形编码、模型基编码等

（1）统计编码是指利用信息或信息序列出现概率的分布特性，寻找其出现概率与码字长度间的最佳匹配，也称概率匹配编码，其目的是使总的代码长度最小。

（2）预测编码是指利用信号之间的相关性来预测未来的信号，通过对预测的误差进行编码来压缩数据量。

（3）变换编码是一种非常有效的现实编码方法，其基本思想是利用信号分布在不同函数空间，选择合适的函数变换，将信号从一种信号空间变换到另一种信号空间，从而更有利于进行压缩编码，然后对变换系数进行编码。

（4）识别编码通过对信号的特征进行分解，与汇集这些基本特性的样本进行比较、对照、识别，选择失真最小的样本编码。识别编码的效率很高，是压缩编码研究的热点之一。

5.2　信号数字化传输

数字通信系统因诸多优点而成为当今通信的发展方向，然而自然界的许多信息经各种传感器感知后都是模拟量，如电话、电视等通信业务中，其信源输出的信息都是模拟信号。若要利用数字通信系统传输模拟信号，需要把模拟信号数字化。模拟信号的数字化传输原理框图如图 5.3 所示。

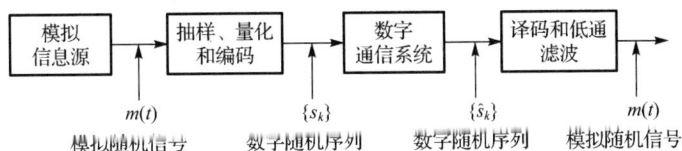

图 5.3　模拟信号的数字化传输原理框图

由图 5.3 可知，数字化传输一般需要经历以下三个步骤。

（1）模拟信号数字化，即进行模数转换（A/D 转换），将模拟信源输出的模拟随机信号 $m(t)$ 变换成 M 进制的数字随机序列 $\{s_k\}$；

（2）对 M 进制序列 $\{s_k\}$ 进行数字方式的传输；

（3）把数字信号还原为模拟信号，即数模转换（D/A 转换），在接收端将接收到的数字信号进行译码和低通滤波，便可恢复原模拟随机信号。

由于 A/D 转换或 D/A 转换的过程通常由信源编（译）码器实现，因此把发送端的 A/D 转换称为信源编码，而接收端的 D/A 转换称为信源译码，如语音信号的数字化称为语音编码。由于电话业务在通信中占有最大的业务量，因此本节以语音编码为例，介绍模拟信号数字化的有关理论和技术。

5.2.1 抽样定理

1. 抽样

抽样是把时间连续的模拟信号变成一系列时间离散的抽样值的过程，抽样模拟如图 5.4 所示。假设对一个频带有限的时间连续的模拟信号 $m(t)$ 进行抽样，信号的最高截止频率为 f_m，如果以 $f_s \geq 2f_m$ 的抽样频率进行均匀抽样，则 $m(t)$ 可以由抽样后的样值序列 $m_s(t)$ 唯一表示。

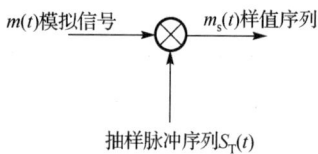

图 5.4　抽样模拟

其数学表达式为

$$m_s(t) = \sum_{m=-\infty}^{\infty} m(nT_s)\cdot \mathrm{Sa}\left[(t-nT_s)\frac{\omega_s}{2}\right], \quad \omega_s \geq 2\pi f_m \qquad (5\text{-}2\text{-}1)$$

式中，T_s 为码元间隔。

假设信号抽样后的频谱图如图 5.5 所示，则保证无失真恢复原模拟信号的最小抽样频率 f_s 应等于 $2f_m$，即 $f_s = 2f_m$，此时 f_s 称为奈奎斯特频率。相应地，最大抽样间隔 $\frac{1}{2f_m}$ 称为奈奎斯特间隔。

若要传输模拟信号，不一定传输模拟信号本身，只需传输按抽样定理得到的样值序列即可。因此，抽样定理是模拟信号数字化的理论基础，也是脉冲振幅调制的基本原理。

2. 理想抽样定理

一般来说，根据抽样的脉冲序列是冲激序列还是非冲激序列，抽样又可分为理想抽样和实际抽样。抽样定理在理论上由理想抽样可证明，实际抽样将在以后的章节中进行详细的介绍。下面以一维低通模拟信号的抽样为例，简要介绍理想抽样定理。

在理想状态下，抽样脉冲序列 $S_T(t)$ 为冲激脉冲序列，即

$$S_T(t) = \delta_T(t) = \sum_{n=-\infty}^{\infty} \delta(t-nT_s) \qquad (5\text{-}2\text{-}2)$$

假设输入信号为 $x(t)$，理想抽样的信号输出为 $x_s(t)$，则

$$x_s(t) = x(t)\cdot \delta_T(t) = x(t)\cdot \sum_{n=-\infty}^{\infty} \delta(t-nT_s) = \sum_{n=-\infty}^{\infty} x(nT_s)\delta(t-nT_s) \qquad (5\text{-}2\text{-}3)$$

式中，$\delta_T(t)$ 为周期单位冲激串；$x(t)$ 为连续时间信号。它们的乘积 $x_s(t) = x(t)\delta_T(t)$ 称为 $x(t)$ 的抽样信号，$x_s(t)$ 中各冲激强度构成的序列则为 $x(t)$ 的样本 $x[n]$。

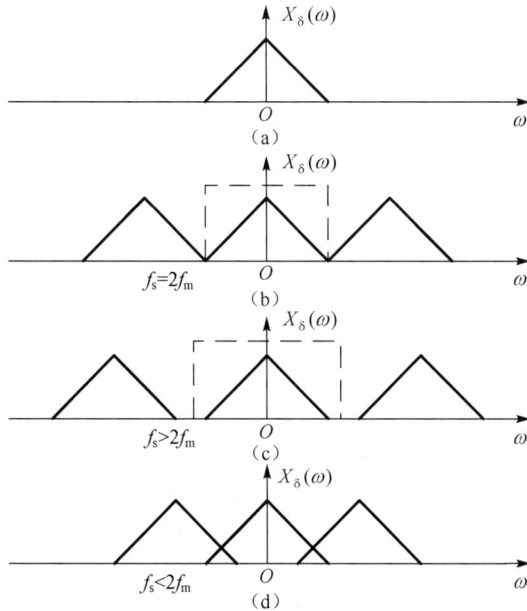

图 5.5　信号抽样后的频谱图

此时进行的信号抽样称为理想抽样，其频谱搬移过程如图 5.6 所示。

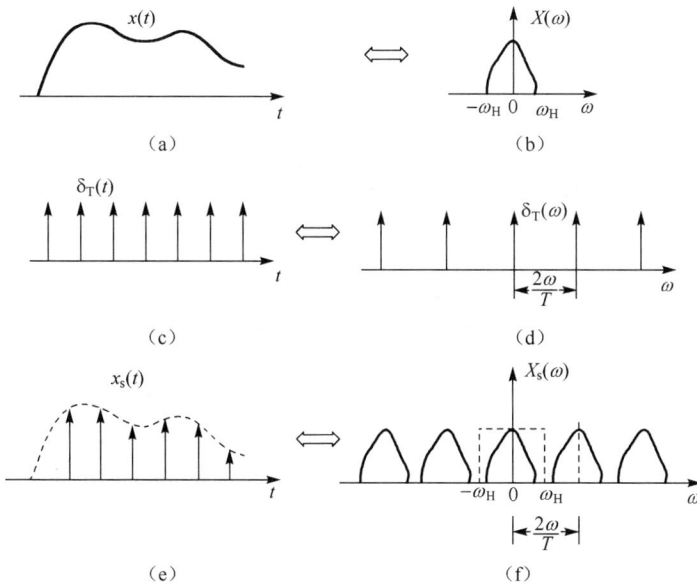

图 5.6　理想抽样的频谱搬移过程

5.2.2　脉冲编码调制（PCM）

在以前的载波传输中，通常会使用连续振荡波形（如正弦信号）作为载波进行传输。实际上，在时间上离散的脉冲序列同样可以作为载波，这种调制方式是用模拟基带信号控

制脉冲的波形参数，使其按 $m(t)$ 的规律变化而达到的，称为脉冲调制，也称脉冲编码调制
（PCM）。

1．脉冲编码调制的种类

脉冲编码调制的主要参数是幅度、宽度和相位，根据其参数的不同，可分为以下几种调
制方式，波形如图 5.7 所示。

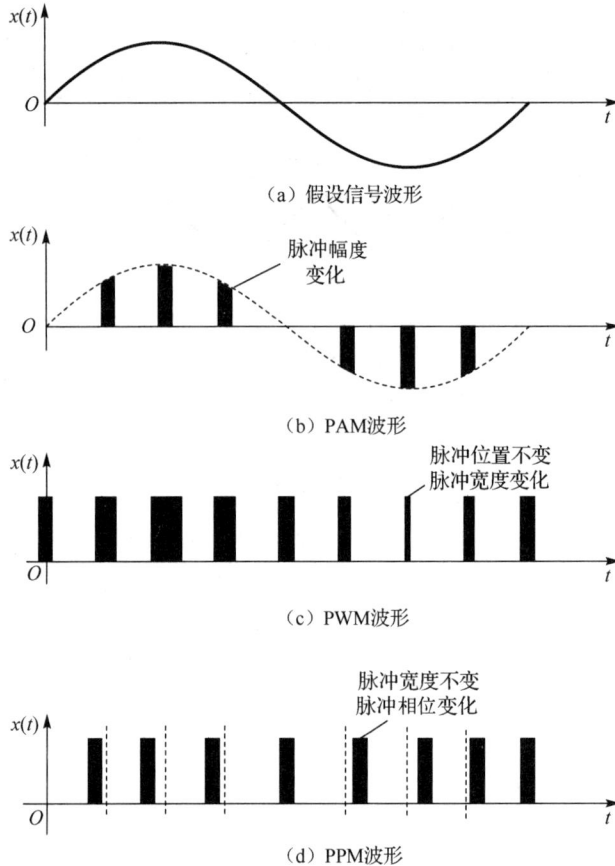

（a）假设信号波形

（b）PAM波形

（c）PWM波形

（d）PPM波形

图 5.7　假设信号波形及 PAM、PWM、PPM 波形

（1）脉冲幅度调制（PAM）：用基带信号 $m(t)$ 改变脉冲的幅度的调制。

（2）脉冲宽度调制（PWM）：用基带信号 $m(t)$ 改变脉冲的宽度的调制。

（3）脉冲相位调制（PPM）：用基带信号 $m(t)$ 改变脉冲的相位的调制。

脉冲编码调制简称脉码调制，它用一组二进制码来代替连续信号的抽样值，从而实现通
信。由于这种通信方式的抗干扰能力强，因此在光纤通信、数字微波通信、卫星通信中均获
得了极为广泛的应用。

2．脉冲编码调制的基本原理

PCM 是一种最典型的语音信号数字化的波形编码方式，其系统原理框图如图 5.8 所示。
由图可知，系统在进行数字传输时，首先在发送端进行波形编码（主要包括抽样、量化
和编码三个过程），把模拟信号转换为二进制码组。编码后的 PCM 码组的数字传输方式

可以是直接的基带传输，也可以是对微波、光波等载波调制后的调制传输。然后在接收端，二进制码组经译码后还原为量化后的样值序列，经低通滤波器滤除高频分量，便可得到重建信号 $\hat{x}(t)$。图 5.9 所示为 PCM 信号单路抽样、量化、编码波形形成的示意图。

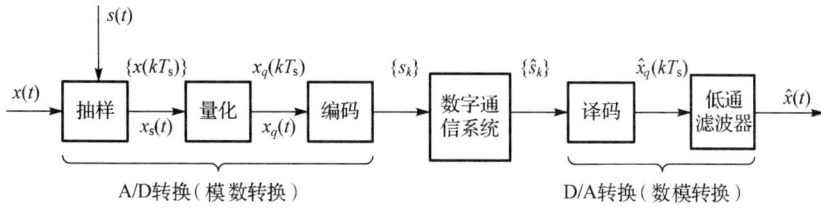

图 5.8 PCM 系统原理框图

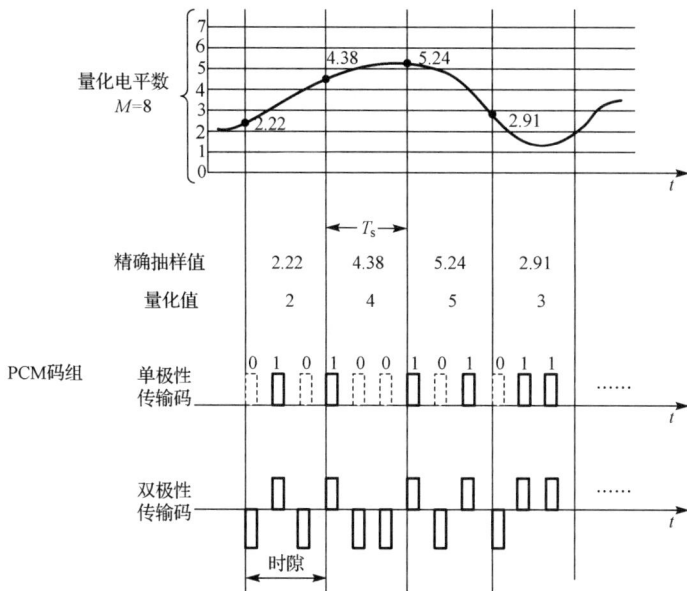

图 5.9 PCM 信号单路抽样、量化、编码波形形成的示意图

5.2.3 量化

时间连续的模拟信号经抽样后的样值序列虽然在时间上离散，但在幅度上仍然是连续的，因此仍属于模拟信号。如果用 N 位二进制码组来表示该抽样值的大小，利用数字传输系统来传输，那么 N 位二进制码组只能同 $M=2^N$ 个电平样值相对应，而不能同无穷多个可能取值相对应。这就需要把取值无限的抽样值划分成有限的 M 个离散电平，这种抽样值的划分过程就称为量化，此电平称为量化电平。

由上述内容可知，量化是利用预先规定的有限个电平来表示模拟信号抽样值的过程。图 5.10 给出了一个将抽样值 $x(kT_s)$ 转换为 M 个规定电平 $q_1 \sim q_M$ 之一的量化的物理过程。

图 5.10 中模拟信号 $x(t)$ 按照适当的抽样间隔进行均匀抽样，抽样频率 $f_s = \dfrac{1}{T_s}$，在各抽样时刻上的抽样值用 "·" 表示；第 k 个抽样值为 $x(kT_n)$；$m_q(t)$ 表示量化信号，$q_1, q_2, \cdots, q_M$ 为量化后信号可能的输出量化电平；$m_1, m_2, \cdots, m_q$ 为量化区间的端点；相邻电平间距离

$\Delta_i = m_i - m_{i-1}$ 称为量化间隔（又称量化台阶或量化阶）。按照预先规定，抽样值在量化时转换为 M 个规定电平 $q_1, q_1, \cdots, q_M$ 中的任意一个。为作图简便，假设只有 $q_1, q_1, \cdots, q_7$ 这 7 个电平，也就是有 7 个量化级。

若 $m_{i-1} \le m_q(kT_s) < m_i$，则量化电平可以表示为

$$m_q(kT_s) = q_i \tag{5-2-4}$$

在图 5.10 中，$t = 6T_s$ 时的抽样值 $x(6T_s)$ 在 m_5、m_6 之间，此时按规定量化值为 q_6。量化器输出阶梯波形 $m_q(t)$，其中 $m_q(t) = m_q(kT_s)$，$kT_s \le t \le (k+1)T_s$。

结合图 5.10 以及前面的分析可知，量化后的信号 $m_q(t)$ 是对原来信号 $x(t)$ 的近似。当抽样频率一定、量化电平选择适当时，随着量化级数的增大，$m_q(t)$ 与 $x(t)$ 的近似程度提高。

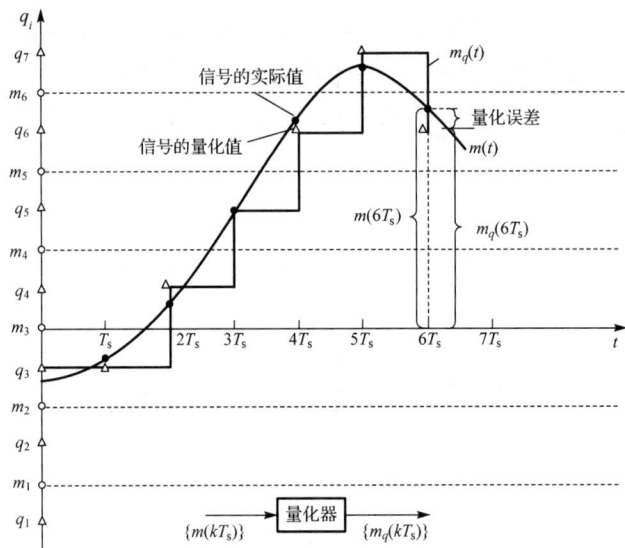

图 5.10 量化的物理过程

1. 量化的相关概念

1）量化级

量化器设计时将标称幅度划分为若干份，称为量化级，一般为 2 的整数次幂。把落入同一级的抽样值归为一类，并给定一个量化值。量化级数越大，量化误差就越小，量化质量就越好。例如，8 位的 ADC 可以将标称输入电压范围内的模拟电压信号转换为 8 位的数字信号。

2）量化间隔

量化间隔 Δ 取决于输入信号 $x(t)$ 的变化范围和量化电平数。在信号的变化范围和量化电平数确定后，量化间隔也就被确定了。假设信号 $x(t)$ 的最小值和最大值分别用 a 和 b 表示，量化电平数为 Q，那么量化间隔为

$$\Delta = \frac{b-a}{Q} \tag{5-2-5}$$

3）量化误差

由于量化后的信号 $x_q(t)$ 是对原来信号 $x(t)$ 的近似，因此 $x_q(kT_s)$ 和 $x(kT_s)$ 存在误差，量化

电平 $x_q(kT_s)$ 与量化信号 $x(kT_s)$ 之差称为量化误差。量化误差是随机的，在还原信号的 D/A 转换后，这种误差作为噪声再生可影响通信质量，因此也称量化噪声，通常用均方误差来度量。方便起见，假设在不过载且给定信息源的情况下，$x(t)$ 是均值为零、概率密度函数为 $f(x)$ 的平稳随机过程，并用简化符号 x 表示 $x(kT_s)$，用 x_q 表示 $x_q(kT_s)$，则量化误差 e_{qi} 为

$$e_{qi} = x_i - x_{qi} \qquad (5\text{-}2\text{-}6)$$

则量化噪声的均方误差（平均功率）为

$$N_q = E[(x-x_q)^2] = \int_{-\infty}^{\infty} (x-x_q)^2 f(x)\mathrm{d}x \qquad (5\text{-}2\text{-}7)$$

若把积分区间分割成 M 个量化间隔，则式（5-2-7）可表示成

$$N_q = \sum_{i=1}^{M} \int_{x_{i-1}}^{x_i} (x-x_q)^2 f(x)\mathrm{d}x \qquad (5\text{-}2\text{-}8)$$

因此，量化误差的平均功率（量化噪声）与量化间隔的分割有关。模拟信号的量化带来量化误差，理想的最大量化误差为 $\pm0.5\Delta$。通常会通过增大量化位数来把量化噪声降低到无法察觉的程度，但随着信号幅度的降低，量化噪声与信号之间的相关性变得更加明显。

2．均匀量化

在均匀量化中，每个量化区间的量化电平均取在各区间的中点，图 5.11 是均匀量化的例子。

1）量化特性

量化特性是指量化器的输入与输出特性。均匀量化的量化特性曲线是等阶距的梯形曲线。量化器的输

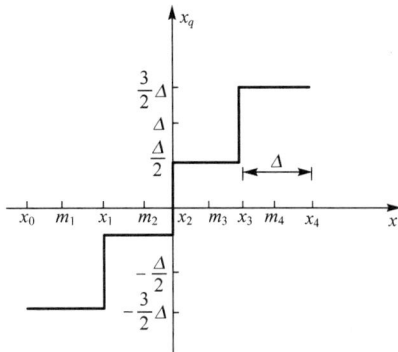

图 5.11　均匀量化

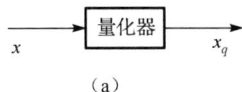

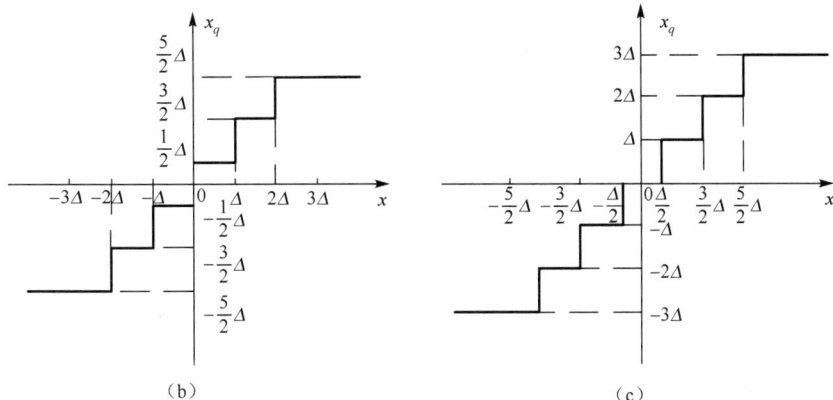

入与输出关系可用量化特性来表示，图 5.12（b）和图 5.12（c）为两种常用的均匀量化特性。

（a）

（b）　　　　　　　　（c）

图 5.12　两种常用的均匀量化特性

　　为了简化公式的表述，可以把模拟信号的抽样值 $x(kT_s)$ 简写为 x，把相应的量化值 $x_q(kT_s)$ 简写为 x_q，这样量化值 x_q 的表达式为

$$x_q = q_i, \quad x_{i-1} \leqslant x \leqslant x_i \tag{5-2-9}$$

式中，x_i 为第 i 个量化区间的终点，可写成

$$x_i = a + i\Delta \tag{5-2-10}$$

q_i 是第 i 个量化区间的量化电平，可表示为

$$q_i = \frac{x_i + x_{i-1}}{2}, \quad i = 1, 2, \cdots, M \tag{5-2-11}$$

　　以上内容表明量化间隔是相等的；M 越大，量化间隔越小。量化后得到的 M 个电平可以通过编码器编码为二进制码，通常 M 选为 2^k，这样 M 个电平可以编码为 k 位二进制码。

　　2）均匀量化误差

　　均匀量化误差可分为绝对量化误差和相对量化误差两种。当输入电平较低时，由量化间隔的存在而引起的必然误差通常称为绝对量化误差，其表达式为

$$e_q = m - m_q \tag{5-2-12}$$

绝对量化误差在每个量化间隔内的最大值均为 $\Delta/2$。

　　相对量化误差是指绝对量化误差与原输入信号的比值，表达式为

$$\frac{e_q}{m} = \frac{m - m_q}{m} \tag{5-2-13}$$

　　由于较大的相对量化误差将降低信噪比，导致小信号信噪比恶化，因此相对量化误差对量化过程的影响较大。以上是均匀量化的缺陷，在实际语音信号的应用中不能采用均匀量化方式。

　　对于图 5.13（a）所示的输入-输出特性的均匀量化器，当输入信号 m 在量化区间 $m_{i-1} \leqslant m \leqslant m_i$ 变化时，量化电平 q_i 是该区间的中点值。而相应的绝对量化误差 $e_q = m - m_q$ 与输入信号幅度 m 之间的关系曲线如图 5.13（b）所示。

　　对于不同的输入范围，误差显示出两种不同的特性：

　　（1）量化范围（量化区间）内，量化误差的绝对值 $|e_q| \leqslant \Delta/2$；

　　（2）当信号幅度超出量化范围时，量化值 m_q 保持不变，但 $|e_q| > \Delta/2$，此时称为过载或饱和。过载区的误差特性是线性增长的，因而过载误差比量化误差大，对重建信号有很坏的影响。在设计量化器时，应考虑输入信号的幅度范围，使信号幅度不进入过载区。

　　3）均匀量化信噪比

　　（1）量化噪声功率与量化信号功率。由量化误差产生的功率称为量化噪声功率，通常用符号 N_q 表示；而由 $x_q(kT_s)$ 产生的功率称为量化信号功率，用 S_q 表示。讨论量化噪声功率和量化信号功率，是研究量化信噪比的重要前提。

　　设 x 在某个范围内变化时量化值 x_q 取各段中的中点值，其对应关系如图 5.11 所示，相应的量化误差与 x 的关系用图 5.14 表示。由图可以看出，在均匀量化时，量化信号功率为

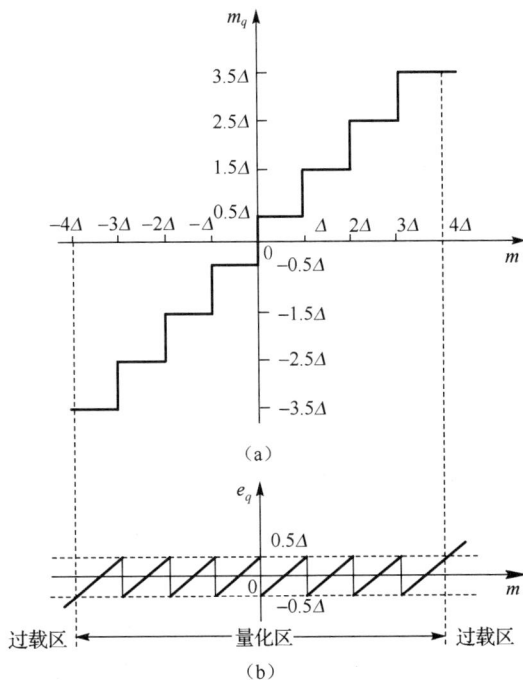

图 5.13　均匀量化特性及量化误差曲线

$$S_q = E[(x_q)^2] = \sum_{i=1}^{M} (m_i)^2 \int_{x_{i-1}}^{x_i} f(x)\mathrm{d}x \qquad （5\text{-}2\text{-}14）$$

式中，E 为求统计平均；$m_i = a + i\Delta$。

图 5.14　量化误差曲线

量化噪声功率为

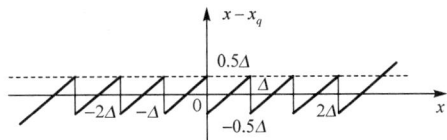

$$N_q = E[(x - x_q)^2] = \sum_{i=1}^{M} \int_{x_{i-1}}^{x_i} (x - m_i)^2 f(x)\mathrm{d}x \qquad （5\text{-}2\text{-}15）$$

假设输入的模拟信号 $x(t)$ 是均值为零、概率密度函数为 $f(x)$ 的平稳随机过程，幅值在 $(-a, a)$ 范围内均匀分布，且假设不会出现过载量化，这样就有

$$\Delta = \frac{2a}{M}, \quad x_i = -a + i\Delta = \left(i - \frac{M}{2}\right)\Delta, \quad m_i = -a + i\Delta - \frac{\Delta}{2} = \left[i - \frac{(M+1)}{2}\right]\Delta \qquad （5\text{-}2\text{-}16）$$

一般来说，量化电平数 M 很大，量化间隔 Δ 很小，因而可认为在 Δ 内 $f(x)$ 不变，以 p_i 表示，且假设各层之间的量化噪声相互独立，则 N_q 表示为

$$N_q = \sum_{i=1}^{M} p_i \int_{m_{i-1}}^{m_i} (x - q_i)^2 \mathrm{d}x = \frac{\Delta^2}{12} \sum_{i=1}^{M} p_i \Delta = \frac{\Delta^2}{12} \qquad （5\text{-}2\text{-}17）$$

式中，p_i 为第 i 个量化间隔的概率密度；Δ 为均匀量化间隔。

因假设不出现过载现象，故式（5-2-17）中 $\sum_{i=1}^{M} p_i \Delta = 1$。

由式（5-2-17）可知，均匀量化器不过载量化噪声功率 N_q 仅与 Δ 有关，而与信号的统计特性无关，一旦量化间隔 Δ 给定，无论抽样值大小，均匀量化噪声功率 N_q 都是相同的。

若给出信号特性和量化特性为

$$s = E[m^2] = \int_a^b x^2 f(x)\mathrm{d}x \tag{5-2-18}$$

经计算，量化信号功率和量化噪声功率分别为

$$S_q = \sum_{i=1}^M m_i^2 \int_{x_{i-1}}^{x_i} f(x)\mathrm{d}x = \frac{(M^2-1)}{12}\Delta^2 \tag{5-2-19}$$

$$N_q = \sum_{i=1}^M \int_{x_{i-1}}^{x_i} (x-m_i)^2 f(x)\mathrm{d}x = \frac{\Delta^2}{12} \tag{5-2-20}$$

（2）量化噪声平均功率。假设抽样值的量化噪声定义为

$$n_q = m - m_q \tag{5-2-21}$$

由于量化噪声为随机过程，此时量化噪声功率用量化噪声平均功率表示为

$$N_q = E[n_q^2] = E[(m-m_q)^2] = E[(x-m_q)^2] = \int_{v_1}^{v_2} (x-m_q)^2 f(x)\,\mathrm{d}x$$
$$= \sum_{i=1}^N \int_{m_1-1}^{m_2} (x-q_i)^2 f(x)\,\mathrm{d}x \tag{5-2-22}$$

（3）量化信噪比。量化信号功率 S_q 与量化噪声功率 N_q 之比称为量化信噪比，它是衡量量化性能好坏的最常用的一种指标，通常定义为

$$\frac{S_q}{N_q} = \frac{E|x_q^2(kT_s)|}{E|x(kT_s)-x_q(kT_s)|^2} \tag{5-2-23}$$

式中，E 为求统计平均。显然，$\frac{S_q}{N_q}$ 越大，量化性能越好。仍设信号 $x(t)$ 的幅值在 $(-a,a)$ 范围内均匀分布，且设不会出现过载量化，则量化信噪比为

$$\frac{S_q}{N_q} = \frac{\frac{(M^2-1)\Delta^2}{12}}{\left(\frac{\Delta^2}{12}\right)} = M^2 - 1 \tag{5-2-24}$$

通常 $M = 2^k \geq 1$，这时 $\frac{S_q}{N_q} \approx M^2 = 2^{2k}$，如果用 dB 表示，则

$$\left(\frac{S_q}{N_q}\right)(\mathrm{dB}) \approx 10\lg M = 20\lg 2^k = 20k\lg 2 \approx 6k(\mathrm{dB}) \tag{5-2-25}$$

式中，k 为将量化间隔进行二进制编码的码元个数，从式（5-2-25）可以看到，M 值越大，用于表述的二进制码组越长，所得到的量化信噪比越大，信号的逼真度就越好。

【例 5-2-1】设一有 M 个量化电平的均匀量化器，其输入信号在区间 $[-a,a]$ 具有均匀概率密度函数，试求该量化器输出端的量化信号功率与量化噪声功率之比（量化信噪比）。

解 在均匀量化时，量化噪声功率 N_q 可由下式给出

$$N_q = E[(m - m_q)^2] = \int_a^b (x - m_q)^2 f(x) \, dx$$

$$= \sum_{i=1}^M \int_{m_1-1}^{m_1} (x - q_i)^2 f(x) \, dx$$

因为输入信号在区间$[-a, a]$具有均匀概率密度函数，所以$f(x) = \dfrac{1}{2a}$，量化噪声功率为

$$N_q = \sum_{i=1}^M \int_{m_1-1}^{m_1} (x - q_i)^2 \frac{1}{2a} \, dx$$

$$= \sum_{i=1}^M \int_{-a+(i-1)\Delta}^{-a+i\Delta} \left(x + a - i\Delta + \frac{\Delta}{2} \right)^2 \frac{1}{2a} \, dx$$

$$= \sum_{i=1}^M \left(\frac{1}{2a} \right) \left(\frac{\Delta}{12} \right)^3 = \frac{M(\Delta)^3}{24a}$$

因为

$$M \cdot \Delta = 2a$$

所以

$$N_q = \frac{\Delta^2}{12}$$

量化器的量化信号功率为

$$S_q = \sum_{i=1}^M (q_i)^2 \left(\frac{\Delta}{12} \right) = \frac{M^2 - 1}{12} \Delta^2$$

因此，平均信号量化信噪比为

$$\frac{S_q}{N_q} = M^2 - 1$$

当$M \geq 3$时，上式变成

$$\frac{S_q}{N_q} \approx M^2$$

或写成

$$\left(\frac{S_q}{N_q} \right)(\text{dB}) \approx 20 \lg M$$

　　由此式可知，量化器的量化信噪比随量化电平数M的增大而提高，信号的逼真度变好。通常量化电平数应根据对量化器输出平均信号量化信噪比的要求来确定。

　　在语音信号数字化通信中，均匀量化的好处就是编/译码容易，但由于均匀量化的量化间隔Δ为固定值，其量化信噪比随信号电平的减小而下降，这样，对于小信号的量化信噪比就难以达到给定的要求。为了克服均匀量化的缺点、改善小信号的量化信噪比，实际中可以采用量化间隔非均匀的方法，即非均匀量化。

3. 非均匀量化

　　非均匀量化是一种在整个动态范围内量化间隔不相等的量化。它是根据输入信号的概率

密度函数来确定量化间隔，以改善量化性能的，非均匀量化原理如图 5.15 所示。对于信号取值小的区间，其量化间隔也小；反之，量化间隔大。这样可以提高小信号的量化信噪比，适当减小大信号的信噪功率比。它与均匀量化相比，有以下两个突出的优点。

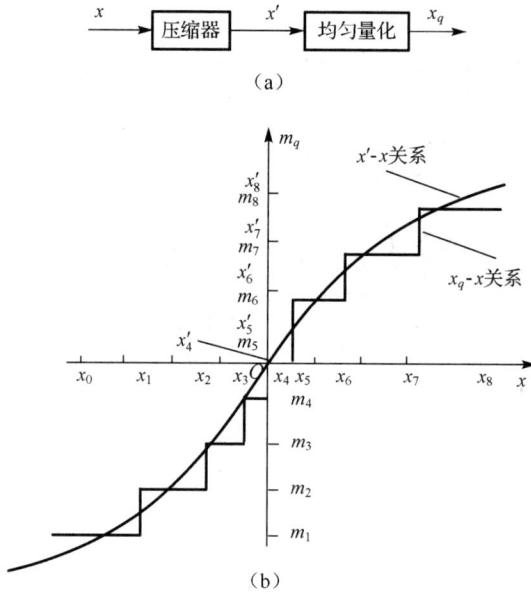

(a)

(b)

图 5.15　非均匀量化原理

（1）当输入量化器的信号具有非均匀分布的概率密度（如语音）时，在非均匀量化器的输出端可以得到较高的平均信号量化信噪比。

（2）非均匀量化时，量化噪声功率的均方根值基本与信号抽样值成比例，因此量化噪声对大信号、小信号的影响大致相同，即改善了小信号的量化信噪比。

实际上，非均匀量化的实现方法通常是将输入量化器的信号抽样值压缩处理后再进行均匀量化。所谓压缩，实际上是对大信号进行压缩而对小信号进行较大的放大的过程。信号经过这种非线性压缩电路处理后，改变了大信号和小信号之间的比例关系，使大信号的比例基本不变或变得较小，而小信号相应地按比例增大，即"压大补小"。在接收端将收到的相应信号进行扩张，以恢复原始信号的对应关系。扩张特性与压缩特性相反。

通常使用的压缩器大多采用对数压缩，即 $y = \ln x$，对数压缩原理如图 5.16 所示。

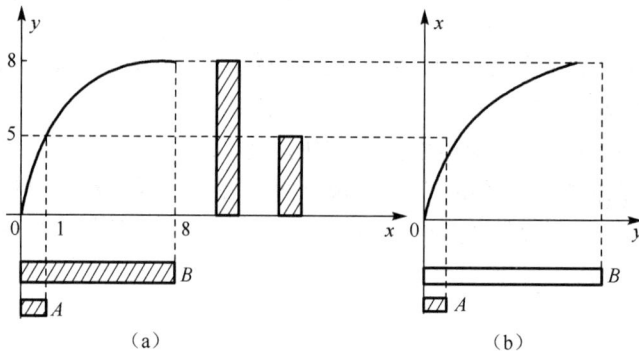

图 5.16　压缩与扩张的示意图

其中，$y=f(x)$ 表示压缩大信号、扩张小信号，反变换 $x'=f^{-1}(y')$ 是指扩张大信号、压缩小信号。需要注意的是，在扩张的环节，扩张器对量化信噪比无影响。

目前，在数字通信系统中采用两种压扩特性，分别是美国采用的 μ 压缩律以及我国和欧洲各国采用的 A 压缩律。下面分别讨论 μ 压缩律和 A 压缩律的原理，这里只讨论 $x \geq 0$ 的范围，而 $x \geq 0$ 的关系曲线和 $x \leq 0$ 的关系曲线是关于原点奇对称的。

1）μ 压缩律

μ 压缩律就是压缩器的压缩特性具有以下关系的压缩律，即

$$y = \pm \frac{\ln(1+\mu|x|)}{\ln(1+\mu)}, \quad -1 \leq x \leq 1 \tag{5-2-26}$$

式中，y 为归一化的压缩器输出电压；x 为归一化的压缩器输入电压；μ 为压扩参数，表示压缩的程度。

图 5.17 显示了不同 μ 情况下的 μ 压缩律特性曲线，但只画出了正向部分。其纵坐标是均匀分级的，但由于压缩，反映到输入信号 x 为非均匀量化，即信号小时量化间隔 Δ 小，信号大时量化间隔 Δ 大，而在均匀量化中，量化间隔是固定不变的。

由图可见，当 $\mu=0$ 时，μ 压缩律特性曲线是通过原点的一条直线，故没有压缩效果；当 μ 值增大时，压缩作用明显，对改善小信号的性能也有利。通常当 $\mu=100$ 时，压缩器的效果比较理想。同时需要指出，μ 压缩律特性曲线是关于原点奇对称的。

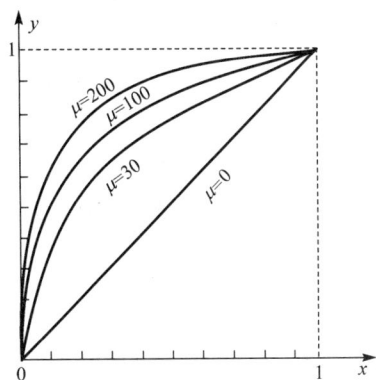

图 5.17 μ 压缩律特性曲线

2）A 压缩律

A 压缩律压缩器具有以下特性

$$y = \begin{cases} \dfrac{Ax}{1+\ln x}, & 0 \leq x \leq \dfrac{1}{A} \\ \dfrac{1+\ln Ax}{1+\ln A}, & \dfrac{1}{A} < x \leq 1 \end{cases} \tag{5-2-27}$$

式中，y 为归一化的压缩器输出电压；x 为归一化的压缩器输入电压；A 为压扩参数，表示压缩的程度。

作为常数的压扩参数 A 一般为一个较大的数，如 $A=87.6$。在这种情况下，可以得到 x 的放大量为

$$\frac{dy}{dx} = \begin{cases} \dfrac{A}{1+\ln A} = 16, & 0 \leq x \leq \dfrac{1}{A} \\ \dfrac{A}{(1+\ln A)Ax} = \dfrac{0.1827}{x}, & \dfrac{1}{A} < x \leq 1 \end{cases} \tag{5-2-28}$$

图 5.18 表示了对于不同 A 情况下的 A 压缩律特性曲线。

当信号 x 很小时（小信号时），从式（5-2-28）可以看到信号被放大了 16 倍，这相当于

与无压缩特性比较，对于小信号的情况，量化间隔相比均匀量化时缩小为 $\frac{1}{16}$，因此，量化误差大大减小；而对于大信号的情况，如 $x=1$，量化间隔比均匀量化时增大了 5.47 倍，量化误差也增大了。这样实际上就实现了"压大补小"的效果。

上面只讨论了 $x\geqslant0$ 的范围，实际上 x 和 y 均在 $(-1,1)$ 之间变化，因此，x 和 y 的对应关系曲线是在第一象限与第三象限奇对称的。为了简便，未介绍 $x<0$ 时的关系表达式，但通过对式（5-2-28）进行简单的修改就能得到。

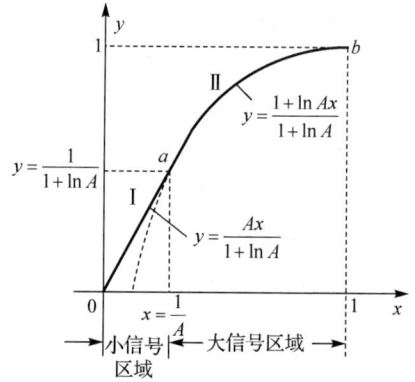

图 5.18　A 压缩律特性曲线

5.2.4　编码

把量化后的信号电平值变换成二进制码组的过程称为编码，其逆过程称为解码或译码。编码不仅用于通信，还广泛用于计算机、数字仪表、遥控遥测等领域。现有的编码器的种类大体上可归结为三种：逐次比较（反馈）型、折叠级联型、混合型。本节仅介绍目前用得较为广泛的逐次比较型编码和译码原理。在讨论这种编码原理以前，需要明确常用的二进制编码码型及码位数的选择。

1. 常用的二进制编码码型

码型指的是代码的编码规律，即把量化后的所有量化级按其量化电平的大小排列起来，并列出各对应的码字。在信源编码中常用的二进制码型有三种：自然二进制码、折叠二进制码和反射二进制码（又称格雷码）。表 5.2 列出了用 4 位二进制编码表示 16 个量化级时的三种码型。

表5.2　4 位二进制编码码型

样值脉冲极性	自然二进制码	折叠二进制码	反射二进制码	量化级序号
正极性部分	1111	1111	1000	15
	1110	1110	1001	14
	1101	1101	1011	13
	1100	1100	1010	12
	1011	1011	1110	11
	1010	1010	1111	10
	1001	1001	1101	9
	1000	1000	1100	8
负极性部分	0111	0000	0100	7
	0110	0001	0101	6
	0101	0010	0111	5
	0100	0011	0110	4
	0011	0100	0010	3
	0010	0101	0011	2
	0001	0110	0001	1
	0000	0111	0000	0

（1）自然二进制码。从左至右，其权值分别为 8、4、2、1，故有时称 8-4-2-1 二进制编码。

它是一般的十进制正整数的二进制表示，编码简单、易记，而且译码可以逐比特独立进行。

（2）折叠二进制码。折叠二进制码是由自然二进制码演变而来的一种符号幅度码，是目前 A 律 13 折线 PCM 30/32 路设备所采用的码型。折叠二进制码的左边第 1 位表示信号的极性，信号为正用"1"表示，信号为负用"0"表示；从第 2 位起至最后一位表示信号的幅度，其幅度码从小到大按自然二进制码的规则进行编码。由于正、负绝对值相同时，折叠二进制码的上半部分与下半部分相对于零电平对称折叠，对于双极性信号（如语音信号），只要正、负极性信号的绝对值相同，就可采用单极性编码方法进行编码，大大简化了编码过程，且在传输过程中出现的误码对小信号的影响较小。在 PCM 通信编码中，一般采用折叠二进制码。

（3）反射二进制码。按照相邻两组码的码距均为 1 的原则构成的码型为反射二进制码。这里的码距是指两个码字的对应码位取不同码符的位数。用反射二进制码译码时，若传输或判决有误，量化电平的误差小，则通常可用于工业控制当中的继电器控制，以及通信中采用编码器进行的编码过程。

2．码位数的选择

在数字通信中，码位数（编码位数）的选择非常重要，它不仅关系到通信质量的好坏，而且涉及通信设备的复杂程度。码位数的选择具有以下特点。

（1）码位数的多少决定了量化分层（量化级）的多少。且码位数由量化分层数确定，语音通信 PCM 中，国际上采用的码位数是 8 位，量化分层数 $M = 2^8 = 256$。

（2）码位数越大，量化分层越细，量化误差就越小，通信质量就越好。

（3）码位数越大，设备越复杂，同时还会使总的传输码率相应地越大，传输带宽越大。

3．逐次比较型编码

1）A 律 13 折线的码位安排

在逐次比较型编码方式中，无论采用几位码，一般均按极性码、段落码和段内码的顺序对码位进行安排。下面就结合我国采用的 13 折线的编码来加以说明。

在 13 折线法中，无论输入信号是正还是负，均按 8 段折线（8 个段落）进行编码。若用 8 位折叠二进制码 $M_1M_2M_3M_4M_5M_6M_7M_8$ 来表示输入信号的量化值，其中用第 1 位表示量化值的极性，其余 7 位（第 2～8 位）则可表示量化值的绝对值。具体做法是：用第 2～4 位（段落码）的 8 种可能状态来分别代表 8 个段落，其他 4 位（段内码）的 16 种可能状态分别用来代表每一段落的 16 个均匀划分的量化级。上述编码方法是把压缩、量化和编码合为一体的方法。根据上述分析，A 律 13 折线的 8 位非线性编码的码组结构如图 5.19 所示。

极性码	段落码	段内码
M_1	$M_2M_3M_4$	$M_5M_6M_7M_8$

图 5.19 8 位非线性编码的码组结构

第 1 位码 M_1 的数值"1"或"0"分别代表量化值的正、负极性，称为极性码。由折叠二进制码的规律可知，对于两个极性不同但绝对值相同的样值脉冲，用折叠二进制码表示时，除极性码 M_1 不同外，其余码是完全一样的。因此在编码过程中，只要将样值脉冲的极性判断出，编码器就会以样值脉冲的绝对值进行量化和输出码组。

第 2～4 位码（$M_2M_3M_4$）称为段落码，表示量化值的绝对值处在哪个段落。这 3 位二进制码可将量化值分成 8 个段落，3 位码的 8 种可能状态分别代表 8 个段落的起点电平。段落码和 8 个段落之间的关系如表 5.3 所示。

第5～8位（$M_5M_6M_7M_8$）称为段内码，这4位码的16种可能状态用来分别代表每个段落内的16个均匀划分的量化级。段内码具体的分法如表5.4所示。

表5.3　段落码

段落序号	段落码 $M_2M_3M_4$
8	111
7	110
6	101
5	100
4	011
3	010
2	001
1	000

表5.4　段内码

电平序号	段内码 $M_5M_6M_7M_8$	电平序号	段内码 $M_5M_6M_7M_8$
15	1111	7	0111
14	1110	6	0110
13	1101	5	0101
12	1100	4	0100
11	1011	3	0011
10	1010	2	0010
9	1001	1	0001
8	1000	0	0000

2）编码原理

逐次比较型编码器的任务是根据输入的样值脉冲编出相应的8位二进制码。除第1位极性码外，剩余7位二进制码是通过逐次比较方法确定的。采用上述办法进行编码的编码器就是PCM通信中常用的逐次比较型编码器。

用天平称重时，当重物放入托盘时就开始称重了。第1次称重所加砝码（在编码术语中称为"权"，它的大小称为权值）是估计的，这种权值大多不能正好使天平平衡。若砝码的权值大了，换一个小一些的砝码再称。第2次所加砝码的权值是根据第1次做出判断的结果确定的。若第2次称的结果说明砝码小了，就要在第2次权值的基础上加上一个更小一些的砝码。如此进行下去，直到接近平衡。

逐次比较型编码器编码的方法与用天平称重物的过程极为相似，在编码时，样值脉冲相当于被测物，标准电平相当于天平的砝码。预先规定好的一些作为比较用的标准电流（或电压）称为权值电流，用符号 I_w 表示。I_w 的个数与码位数有关。当样值脉冲 I_s 到来时，用逐步逼近的方法有规律地将各标准电流 I_w 和样值脉冲比较，每比较一次出一位码。图5.20就是逐次比较型编码器的原理图，可以看到它由整流器、极性判决电路、保持电路、比较器及本地译码电路等组成。

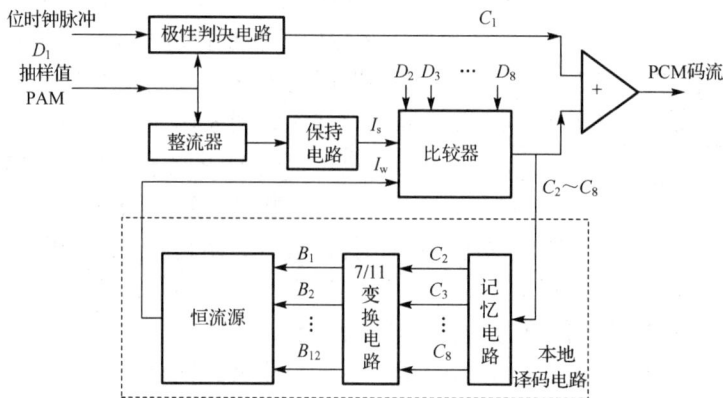

图5.20　逐次比较型编码器的原理图

　　极性判决电路用来确定信号的极性。由于输入的 PAM 信号是双极性信号，当其抽样值为正时，在位时钟脉冲到来时刻出"1"码；当抽样值为负时，出"0"码。同时，将该双极性信号经过全波整流变为单极性信号。下面介绍各部分的组成及作用。

　　（1）比较器是编码器的核心。它的作用是通过比较样值脉冲 I_s 和标准电流 I_w，从而对输入信号抽样值实现非线性量化和编码。每比较一次，输出一位二进制码，并且当 $I_s > I_w$ 时，出"1"码；反之出"0"码。由于在 13 折线法中用 7 位二进制码来代表段落码和段内码，因此对一个输入信号的抽样值需要进行 7 次比较，每次所需的标准电流 I_w 均由本地译码电路提供。

　　（2）本地译码电路包括记忆电路、7/11 变换电路和恒流源。其中，记忆电路用来寄存二进制码，因为除第一次比较外，其余各次比较都要依据前几次比较的结果来确定标准电流 I_w 的值。因此，7 位码组中的前 6 位状态均应由记忆电路寄存。7/11 变换电路就是前面非均匀量化中提及的数字压缩器。因为采用非均匀量化的 7 位非线性编码等效于 11 位线性码，而比较器只能编 7 位码，所以反馈到本地译码电路的全部码也只有 7 位。因为恒流源有 11 个基本权值电流支路，需要 11 个控制脉冲来控制，所以必须经过变换把 7 位码变成 11 位码，实际上就是完成非线性码和线性码之间的变换，其变换关系如表 5.5 所示。

表 5.5　A 律 13 折线非线性码与线性码间的关系

段落序号	非线性码						线性码											
	起始电平	段落码 $M_2M_3M_4$	段内码权值（Δ）$M_5M_6M_7M_8$				B_1	B_2	B_3	B_4	B_5	B_6	B_7	B_8	B_9	B_{10}	B_{11}	B_{12}
							1024	512	256	128	64	32	16	8	4	2	1	1/2
8	1024	111	512	256	128	64	1	M_5	M_6	M_7	M_8	1*						
7	512	110	256	128	64	32		1	M_5	M_6	M_7	M_8	1*					
6	256	101	128	64	32	16			1	M_5	M_6	M_7	M_8	1*				
5	128	100	64	32	16	8				1	M_5	M_6	M_7	M_8	1*			
4	64	011	32	16	8	4					1	M_5	M_6	M_7	M_8	1*		
3	32	010	16	8	4	2						1	M_5	M_6	M_7	M_8	1*	
2	16	001	8	4	2	1							1	M_5	M_6	M_7	M_8	1*
1	0	000	8	4	2	1								M_5	M_6	M_7	M_8	1*

　　注：表中 1*项为接收端译码时的补差项，在发送端编码时，该项均为零。

　　（3）恒流源（也称 11 位线性译码电路或电阻网络）用来产生各种标准电流 I_w。为了获得各种标准电流 I_w，在恒流源中有数个基本权值电流支路。基本权值电流的个数与量化级数有关，在 A 律 13 折线编码过程中，它要求 11 个基本权值电流支路中的每个支路均有一个控制开关。每次由哪几个开关接通组成比较用的标准电流 I_w，由前面的比较结果经变换后得到的控制信号控制。

　　（4）保持电路的作用是保持输入信号的抽样值在整个比较过程中具有确定不变的幅度。由于逐次比较型编码器编 7 位码（极性码除外），需要在一个抽样周期 T_s 内完成 I_s 与 I_w 的 7 次比较，因此，在整个比较过程中都应保持输入信号的幅度不变，这在实际中要用平顶抽样，通常由抽样保持电路实现。顺便指出，从原理上讲，模拟信号数字化的过程是抽样、量化以后才进行编码的，但实际上量化是在编码过程中完成的，也就是说，编码器本身包含量化和编码两项功能。

【**例 5-2-2**】设样值脉冲 $I_s = 1270\Delta$（Δ 为一个量化单位，表示输入信号归一化值的 1/2048），采用逐次比较型编码器，按 A 律 13 折线编码成 8 位码

$$M_1 M_2 M_3 M_4 M_5 M_6 M_7 M_8$$

解　编码过程如下。

（1）确定极性码 M_1。由于样值脉冲 I_s 为正，因此极性码 $M_1 = 1$。

（2）确定段落码 $M_2 M_3 M_4$。由表 5.5 可知，由于段落码中的 M_2 用来表示样值脉冲是处于 8 个段落的前 4 段还是后 4 段，因此输入比较器的标准电流应为 $I_w = 128\Delta$。现在样值脉冲 $I_s = 1270\Delta$，大于标准电流，故第 1 次比较结果为 $I_s > I_w$，$M_2 = 1$，它表示样值脉冲处于 8 个段落中的后 4 段（第 5~8 段）。

M_3 用来进一步确定它处于第 5~6 段还是第 7~8 段，因此标准电流应为 $I_w = 512\Delta$。第 2 次比较结果为 $I_s > I_w$，故 $M_3 = 1$，它表示输入信号处于第 7~8 段。

同理，确定 M_4 的标准电流应为 $I_w = 1024\Delta$。第 3 次比较结果为 $I_s > I_w$，故 $M_4 = 1$。由以上 3 次比较得段落码为 "111"，因此，样值脉冲 $I_s = 1270\Delta$，应处于第 8 段。

（3）确定段内码 $M_5 M_6 M_7 M_8$。由编码原理可知，段内码是在已经确定输入信号所处段落的基础上，用来表示输入信号处于该段落的哪一量化级的。$M_5 M_6 M_7 M_8$ 的取值与量化级之间的关系如表 5.5 所示。前面已经确定输入信号处于第 8 段，该段中的 16 个量化级之间的间隔均为 64Δ，故确定 M_5 的标准电流应为

$$I_w = 段落起始电平 + 8 \times 量化间隔 = 1024\Delta + 8 \times 64\Delta = 1536\Delta$$

第 4 次比较结果为 $I_s < I_w$，故 $M_5 = 0$。说明样值脉冲应处于第 8 段中的第 0~7 量化级。同理，确定 M_6 的标准电流应为

$$I_w = 段落起始电平 + 4 \times 量化间隔 = 1024\Delta + 4 \times 64\Delta = 1280\Delta$$

第 5 次比较结果为 $I_s < I_w$，故 $M_6 = 0$。说明样值脉冲应处于第 8 段中的第 0~3 量化级。确定 M_7 的标准电流应为

$$I_w = 段落起始电平 + 2 \times 量化间隔 = 1024\Delta + 2 \times 64\Delta = 1152\Delta$$

第 6 次比较结果为 $I_s > I_w$，故 $M_7 = 1$。说明样值脉冲应处于第 8 段中的第 2~3 量化级。最后，确定 M_8 的标准电流应为

$$I_w = 段落起始电平 + 3 \times 量化间隔 = 1024\Delta + 3 \times 64\Delta = 1216\Delta$$

第 7 次比较结果为 $I_s > I_w$，故 $M_8 = 1$。说明样值脉冲应处于第 8 段中的第 3 量化级。

经上述 7 次比较，编码出的 8 位码为 11110011。它表示样值脉冲处于第 8 段中的第 3 量化级，其量化电平为 1216Δ，故量化误差等于 $1270\Delta - 1216\Delta = 54\Delta$。

结合表 5.5 对非线性码和线性码之间变换的描述，除极性码外的 7 位非线性码组 1110011 相对应的 11 位线性码组为 10011000000。

3）译码原理

译码的作用是把接收端收到的 PCM 信号还原成相应的 PAM 信号，即实现数模转换（D/A 转换）。逐次比较型译码器原理如图 5.21 所示，与图 5.20 中逐次比较型编码器原理基本相同，所不同的是增加了极性控制和带有寄存读出的 7/12 变换电路，下面简单介绍各部分电路。

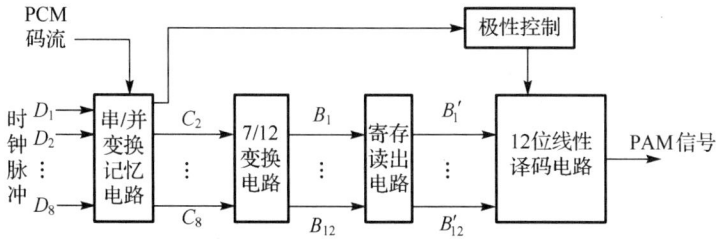

图 5.21 逐次比较型译码器原理

（1）极性控制的作用是根据收到的极性码 M_1 是"1"还是"0"，来辨别 PCM 信号的极性，使译码后的 PAM 信号的极性恢复成与发送端相同的极性。

（2）串/并变换记忆电路的作用是将输入的串行 PCM 码变为并行码，并记忆下来，与编码器中译码电路的记忆作用基本相同。

（3）7/12 变换电路可将 7 位非线性码变换为 12 位线性码。在编码器的本地译码电路中采用 7/11 变换，使量化误差有可能大于本段落量化间隔的 1/2。译码器的 7/12 变换电路使输出的线性码增加一位，人为地补半个量化间隔，使得第 i 段的最大量化误差不超过 $\Delta/2$，从而改善量化信噪比。两种码之间变换的基础是两个码组在各自的意义上所代表的权值必须相等。

（4）寄存读出电路是将输入的串行码在存储器中寄存起来，待全部接收后再一起读出，送入译码网络，其实际上是进行串/并变换。

（5）12 位线性译码电路主要是由恒流源和电阻网络组成的，与编码器中的译码网络类似。它在寄存读出电路的控制下，输出相应的 PAM 信号。

5.3 自适应差分脉冲编码调制

以较低的速率获得高质量编码，一直是语音编码追求的目标。通常，人们把话路速率低于 64kb/s 的语音编码方法称为语音压缩编码方法。语音压缩编码方法有很多，其中自适应差分脉冲编码调制（Adaptive Differential Pulse Code Modulation，ADPCM）是语音压缩编码方法中复杂度较低的一种编码方法，它可在 32kb/s 的比特率上达到 64kb/s 的 PCM 数字电话质量。近年来，ADPCM 已成为长途传输中一种新型的国际通用的语音编码方法。ADPCM 是在差分脉冲编码调制（Differential Pulse Code Modulation，DPCM）的基础上发展起来的。为此，下面先介绍 DPCM 的编码原理。

5.3.1 差分脉冲编码调制

差分脉冲编码调制是利用样本与样本之间存在的信息冗余度（预测抽样值与当前抽样值之差）来代替抽样值本身进行编码的一种数据压缩方法。差分脉冲编码调制可实现在量化间隔不变（量化噪声不变）的情况下，码位数显著减小，信号带宽大大压缩。根据过去的样本信号估算下一个样本信号的幅度，这个值称为预测值，对实际信号值与预测值的差进行量化编码，从而减小了表示每个样本信号的位数。

差分脉冲编码调制的系统原理框图如图 5.22 所示。差值信号 e_n 是输入信号抽样值 x_n 和预测器输出的估算值 $\tilde{x}_n$ 之差。注意，$\tilde{x}_n$ 是对 x_n 的预测值，而不是过去样本信号的实际值。DPCM 系统实际上就是采用预测编码技术，从输入中减去预测值，然后对预测误差进行量化，

量化器的输出为 e_{qn}，经过编码器后得到 c_n。若信道传输无误码，则 $\hat{c}_n$ 的形状与发送端的 c_n 完全相同，仅在时间上有一定的固定延迟。$\hat{c}_n$ 经过译码器得到 e_{qn}，与对过去样本信号的估算值 $\tilde{x}_n$ 求和得到 $\hat{x}_n$，同时作为预测器确定下一个样本信号估算值的输入信号。其中，若预测器采用多阶（p 阶）线性预测公式，通过前面 p 个抽样值来估计当前的抽样值，则所得信号为

$$\tilde{x}_n = c_1\tilde{x}_{k-1} + c_2\tilde{x}_{k-2} + \cdots + c_p\tilde{x}_{k-p} = \sum_{i=1}^{p} c_i\tilde{x}_{k-i}。$$ 译码器首先用以前的数据对当前抽样值进行预测，然后用误差编码重构原始抽样值。由此可见，DPCM 系统是一个负反馈系统，采用这种结构可以避免量化误差的积累。

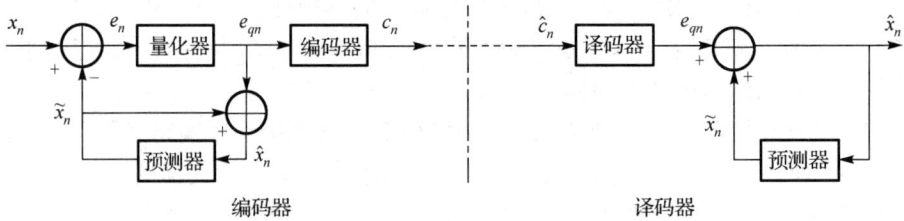

图 5.22　DPCM 的系统原理框图

在 PCM 中，每个波形抽样值都独立编码，与其他抽样值无关，抽样值的整个幅值编码需要较大的位数，比特率较高，数字化的信号带宽大。然而，大多数以奈奎斯特或更高频率抽样的信源信号在相邻抽样间表现出很强的相关性，利用信源的这种相关性的一种比较简单的解决方法是对相邻抽样值的差值而不是抽样值本身进行编码。由于相邻抽样值的差值比抽样值本身小，可以用较小的比特数表示差值。如果抽样值的差值仍用 N 位编码传输，则 DPCM 系统的量化信噪比显然优于 PCM 系统。

1. 预测抽样值

利用前面的 k 个抽样值预测当前时刻的抽样值预测值。DPCM 系统如图 5.22 所示，x_n 表示当前的输入信号抽样值，预测器的输入代表重建语音信号。预测器的输出为

$$\tilde{x}_n = \sum_{i=1}^{k} c_i\hat{x}_{n-i} \tag{5-3-1}$$

2. 冗余差值 $e_n = x_n - \tilde{x}_n$

e_n 作为量化器输入，e_{qn} 代表量化器输出，量化后的每个预测误差 e_{qn} 都被编码成二进制数字序列，通过信道传输到目的地。该误差 e_{qn} 同时被加到本地估算值 $\tilde{x}_n$ 从而得到 $\hat{x}_n$。在接收端装有与发送端相同的预测器，它的输出 $\tilde{x}_n$ 与 e_{qn} 相加产生 $\hat{x}_n$。在传输无误码的条件下，译码器输出的重建信号 $\hat{x}_n$ 与编码器中的 $\hat{x}_n$ 相同。

3. 量化误差

DPCM 系统的总量化误差定义为输入信号抽样值 x_n 与量化后带有量化误差的抽样值 $\hat{x}_n$ 之差，即

$$n_q = x_n - \hat{x}_n = (e_n + \tilde{x}_n) - (\tilde{x}_n + e_{qn}) = e_n - e_{qn} \tag{5-3-2}$$

由式（5-3-2）可知，这种 DPCM 系统的总量化误差 n_q 仅与差值信号 e_n 的量化误差有关。n_q 与 x_n 都是随机量，因此 DPCM 系统总的量化信噪比可表示为

$$\left(\frac{S}{N}\right)_{\mathrm{DPCM}} = \frac{E[x_n^2]}{E[n_q^2]} = \frac{E[x_n^2]}{E[e_n^2]} \cdot \frac{E[e_n^2]}{E[n_q^2]} = G_{\mathrm{p}} \cdot \left(\frac{S}{N}\right)_q \qquad (5\text{-}3\text{-}3)$$

式中，$(S/N)_q$ 为差值信号作为信号时量化器的量化信噪比，与 PCM 系统考虑量化误差时所计算的信噪比相当；G_{p} 为预测增益，它是 DPCM 系统相对于 PCM 系统而言的信噪比增益，选择合理的预测规律，G_{p} 就会大于 1，该系统就能获得增益。对 DPCM 系统的研究就是围绕如何使 G_{p} 和 $(S/N)_q$ 这两个参数取最大值而逐步完善起来的。通常，G_{p} 为 6～11dB。

由前式可见，DPCM 系统总的量化信噪比远大于量化器的信噪比。因此，要求 DPCM 系统达到与 PCM 系统相同的信噪比，就可降低对量化器信噪比的要求，即可减小量化级数，从而减小码位数，降低比特率。

5.3.2　自适应脉冲编码调制

自适应脉冲编码调制（APCM）是根据输入信号幅度来改变量化间隔的一种波形编码技术。它对实际信号与按其前一些信号而得的预测值间的差值信号进行编码。在 ADPCM 中所用的量化间隔还可按差值信号的统计结果自动适配，达到最佳量化目的，从而使因量化造成的失真最小。

1. 预测自适应和量化自适应

自适应包含预测自适应和量化自适应两种。这里自适应的主要特点是用自适应量化取代固定量化，用自适应预测取代固定预测。自适应量化是指量化间隔随信号的变化而变化，使量化误差减小；自适应预测是指预测器系数 $\{c_i\}$ 可以随信号的统计特性而自适应调整，提高了预测信号的精度，从而得到高预测增益。这两点改进可大大提高输出信噪比和拓宽编码动态范围。

例如，若 DPCM 的预测增益为 6～11dB，则自适应预测可使信噪比改善 4dB，自适应量化可使信噪比改善 4～7dB，则 ADPCM 相比 PCM 可改善 16～21dB，相当于码位数减小 3～4 位。因此，在保持相同的语音质量的情况下，ADPCM 允许用 32kb/s 比特率编码，这是标准 64kb/s PCM 的一半。

2. 前向自适应和后向自适应

改变量化间隔的方法有两种：一种称为前向自适应（Forward Adaptation）；另一种称为后向自适应（Backward Adaptation）。前者根据未量化的样本值的均方根值来估算输入信号的电平，以此来确定量化间隔，并对其电平进行编码然后作为边信息（Side Information）传输到接收端。后者从量化器刚输出的过去样本中提取量化间隔信息。由于后向自适应能在发、收两端自动生成量化间隔，因此它不需要传输边信息，如图 5.23 所示，$s(k)$ 是发送端编码器的输入信号，$s_{\mathrm{r}}(k)$ 是接收端译码器的输出信号。

（a）前向自适应

（b）后向自适应

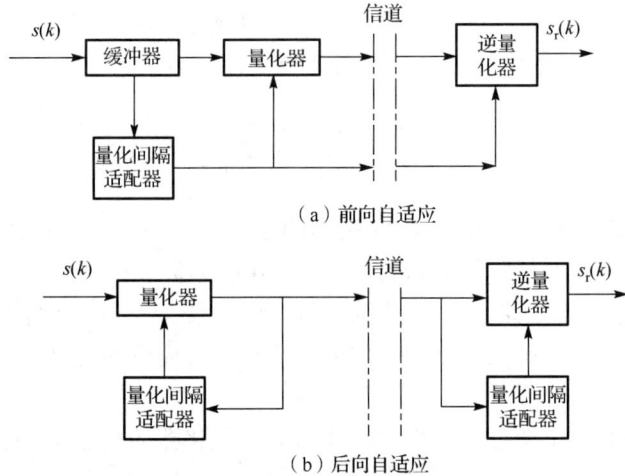

图 5.23　APCM 方框图

5.3.3　自适应差分脉冲编码调制原理

　　差分脉冲编码调制系统性能的改善是以最佳的预测和量化为前提的。但对语音信号进行预测和量化是复杂的技术问题，这是因为语音信号在较大的动态范围内变化。为了能在相当宽的动态范围内获得最佳的性能，只能在 DPCM 基础上引入自适应系统。有自适应系统的 DPCM 称为自适应差分脉冲编码调制（ADPCM）。ADPCM 综合了 APCM 的自适应特性和 DPCM 系统的差分特性，是一种性能比较好的波形编码。它的核心思想是：① 利用自适应的方法改变量化间隔的大小，即使用小的量化间隔编码小的差值，使用大的量化间隔编码大的差值；②使用过去的样本值估算下一个输入样本的预测值，使实际样本值和预测值之间的差值最小。ADPCM 编码简化框图如图 5.24 所示。接收端的译码器使用与发送端相同的算法，利用传输来的信号确定量化器和逆量化器中的量化间隔，并且用它来预测下一个接收信号的预测值。

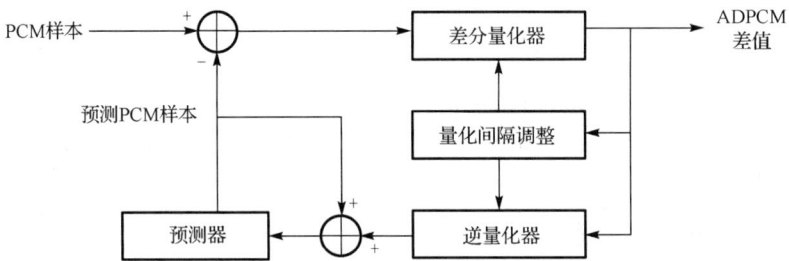

图 5.24　ADPCM 编码简化框图

　　G.721 ADPCM 编译码器：自适应差分脉冲编码调制是利用样本与样本之间的高度相关性和量化间隔自适应来压缩数据的一种波形编码技术，CCITT 为此制定了 G.721 推荐标准。CCITT 推荐的 G.721 ADPCM 标准是一个代码转换系统，它使用 ADPCM 转换技术，实现 64kb/s A 律或 μ 律 PCM 速率和 32kb/s 速率之间的相互转换。G.721 ADPCM 的简化框图如图 5.25 所示。

　　在图 5.25（a）所示的 ADPCM 编码器中，首先将 A 律或 μ 律 PCM 输入信号转换成均匀的 PCM 信号，把均匀的 PCM 输入信号与预测信号之差作为差分信号送入自适应量化器。在自适应量化器用 4 位二进制码表示差分信号，为防止出现全"0"信号，只用其中的 15 个

数（15 个量级）表示差分信号。逆自适应量化器从这 4 位二进制码中恢复量化差分信号。预
测信号和恢复的量化差分信号相加产生重构信号。自适应预测器根据重构信号和量化差分信
号产生输入信号的预测信号，这样就构成了一个负反馈回路。

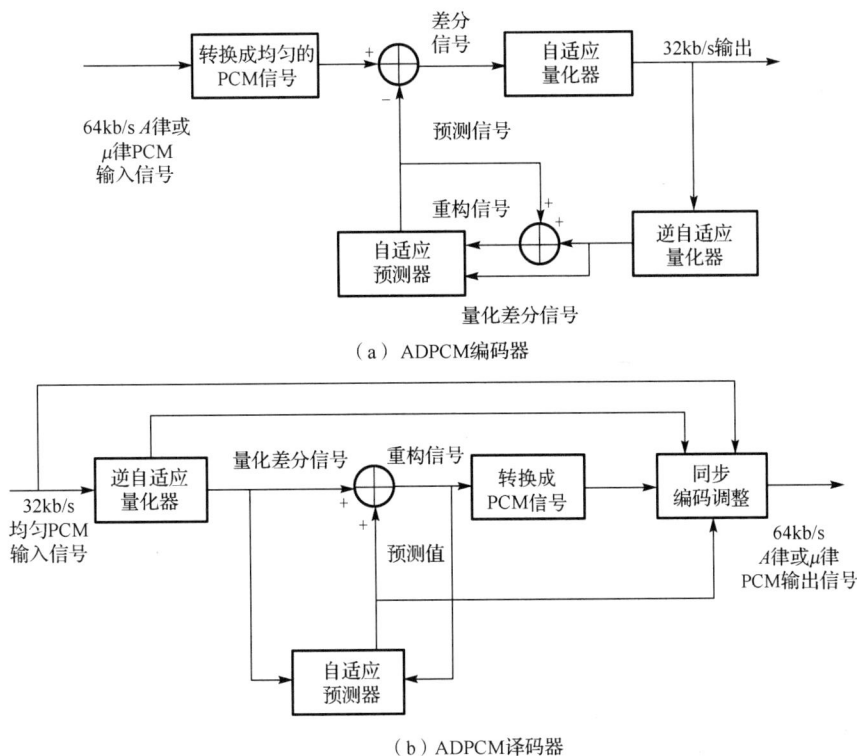

（a）ADPCM编码器

（b）ADPCM译码器

图 5.25　G.721 ADPCM 的简化框图

在图 5.25（b）所示的 ADPCM 译码器中，译码器的部分结构与编码器负反馈回路部分
相同。此外，还包含均匀 PCM 输入信号到 A 律或 μ 律 PCM 输出信号的转换部分，以及同步
编码调整（Synchronous Coding Adjustment）部分。设置同步（串行）编码调整的目的是防止
在同步（串行）编码期间出现累积信号失真。

5.4　增 量 调 制

5.4.1　增量调制的基本概念

增量调制也称Δ调制（Delta Modulation，DM 或ΔM），是一种预测编码技术，可以看成
差分脉冲编码调制（DPCM）的一个重要特例，即 1b 量化的差分脉冲编码调制。它是继 PCM
后出现的又一种模拟信号数字传输的方法，目的在于简化模拟信号的数字化方法。增量调制
与 PCM 的比较如下。

（1）增量调制一般采用的数据率为 32kb/s 或 16kb/s，在比特率较低（数据率低于 40kb/s）
时，增量调制的量化信噪比高于 PCM。

（2）增量调制的抗误码性能好，可用于比特误码率为 10^{-3}～10^{-2} 的信道，而 PCM 则要
求比特误码率为 10^{-6}～10^{-4}。

（3）增量调制通常采用单纯的比较器和积分器作为编译码器（预测器），结构比 PCM 简单。

增量调制主要被应用在军事部门和工业部门的专用通信网与卫星通信中，近年来在高速大规模集成电路中的 A/D 转换器、散射通信和农村电话网等中等质量的通信系统中也得到应用。增量调制技术还可应用于图像信号的数字化处理。

5.4.2 简单增量调制

1. 简单ΔM 系统框图

（1）如图 5.26 所示，发送端编码器是由相减器、判决器、积分器及脉冲发生器（极性变换电路）组成的一个闭环反馈电路。其中，相减器的作用是取出差值 $e(t)$；判决器也称比较器或数码形成器，它的作用是对差值 $e(t)$ 的极性进行识别和判决，以便在抽样时刻输出数码（增量码）$c(t)$，即如果在给定抽样时刻 t_i 上有

$$e(t_i) = m(t_i) - m_1(t_i) \geq 0 \tag{5-4-1}$$

则判决器输出"1"码；如果有

$$e(t_i) = m(t_i) - m_1(t_i) < 0 \tag{5-4-2}$$

则输出"0"码。

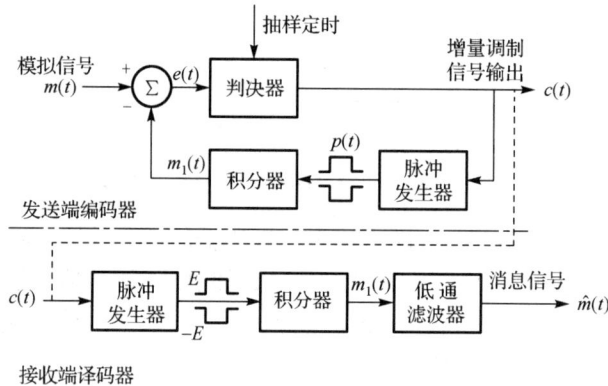

图 5.26 简单ΔM 系统框图（1）

积分器和脉冲发生器组成本地译码器，它的作用是根据 $c(t)$ 形成预测信号 $m_1(t)$，即 $c(t)$ 为"1"码时，$m_1(t)$ 上升一个量化间隔；$c(t)$ 为"0"码时，$m_1(t)$ 下降一个量化间隔，并送到相减器与 $m(t)$ 进行幅度比较。

注意，若将阶梯波作为预测信号，则抽样时刻 t_i 应改为 t_{i-1}，表示 t_i 时刻的前一瞬间，即相当于阶梯波形跃变点的前一瞬间。

（2）接收端译码器由译码器和低通滤波器组成。其中，译码器的电路结构和作用与发送端的本地译码器相同，由 $c(t)$ 恢复 $m_1(t)$。低通滤波器的作用是滤除 $m_1(t)$ 中的高次谐波，使输出波形平滑，更加逼近原来的模拟信号 $m(t)$。

由于ΔM 是前、后两个抽样值差值的量化编码，所以ΔM 实际上是最简单的一种 DPCM 方案，预测值仅用前一个抽样值来代替，即当图 5.24 所示的 ADPCM 系统的预测器是一个延

迟单元，量化电平取 2 时，该 ADPCM 系统就是一个简单的ΔM 系统，如图 5.27 所示，用它进行理论分析将更准确、合理。

2．简单增量调制的编译码

1）基本原理

如图 5.27 所示，增量调制的基本原理是将信号瞬时值与前一个抽样时刻的量化值之差进行量化，量化时仅对差值的符号进行编码，因此可只限于正和负两个电平，只用 1b 传输一个抽样值。如果差值是正的，就发"1"码；如果差值为负，就发"0"码。此时，"1"码和"0"码只表示信号相对于前一时刻的增减，不代表信号的绝对值。同样，在接收端，每收到一个"1"码，译码器的输出相对于前一个时刻的值就上升一个量化间隔；每收到一个"0"码，就下降一个量化间隔。当收到连"1"码时，表示信号连续增长；当收到连"0"码时，表示信号连续下降。译码器的输出经过低通滤波器滤去高频量化噪声，从而恢复原信号，只要抽样频率足够高，量化间隔大小适当，接收端恢复的信号就与原信号非常接近，量化噪声就可以很小。

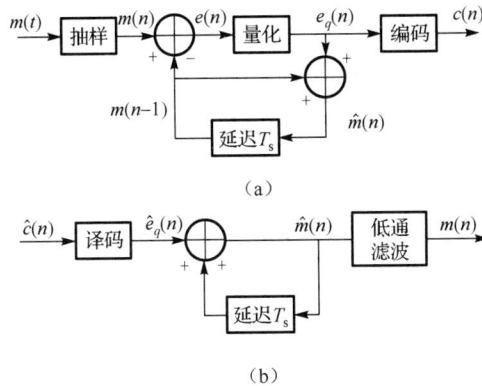

(a)

(b)

图 5.27　简单ΔM 系统框图（2）

2）增量调制信号的编码

以图 5.28 为例，$m(t)$ 代表时间连续变化的模拟信号（为作图方便，令 $m(t) \geq 0$），可用一时间间隔为Δt、相邻幅度差为$\pm\sigma$的阶梯信号 $m'(t)$ 逼近它。显然，只要Δt 足够小，即抽样频率 $f_s = \dfrac{1}{\Delta t}$ 足够高，且σ足够小，$m'(t)$ 与 $m(t)$ 的相似程度就会较高，$m'(t)$便可以相当近似 $m(t)$。σ 称为量化间隔，$\Delta t = T_s$ 称为抽样间隔。

在图 5.28 中，横坐标表示时间，以码元间隔作为基本单元，码元间隔上的电平代表一位二进制码，纵坐标表示模拟信号输入幅度，以量化间隔σ作为基本单元。用 i 表示抽样点的位置，$x(i)$ 表示在 i 点的编码输出。输入信号的实际值用 $y(i)$ 表示，输入信号的预测值用 $y(i+1) = y(i) \pm \sigma$ 表示。假设采用均匀量化，量化间隔为σ，在开始位置的输入信号 $y(0) = 0$，预测值 $y(0) = 0$，编码输出 $x(0) = 1$。设在抽样点 $i = 1$ 处，预测值 $y(1) = \sigma$，由于实际输入信号大于预测值，因此 $x(1) = 1$；以此类推；在抽样点 $i = 4$ 处，预测值 $v(4) = 4\sigma$，同样由于实际输入信号大于预测值，因此 $x(4) = 1$。其他情况以此类推。

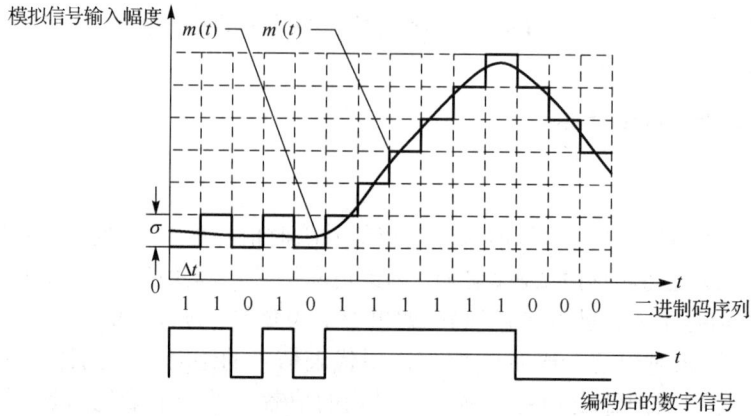

图 5.28　增量调制编码波形示意图

首先，根据信号的幅度和抽样频率确定阶梯信号的台阶（量化间隔）σ。在抽样时刻 t_i，比较信号 $m(t_i)$ 前一时刻的阶梯信号取值 $m'(t_i - \Delta t)$，其中 $\Delta t = \dfrac{1}{f_s}$，有以下两种情况：

（1）若 $m(t_i) > m'(t_i - \Delta t)$，则 $m(t_i)$ 用 $m'(t_i - \Delta t)$ 上升一个 σ 表示，此时编码器输出"1"码；

（2）若 $m(t_i) < m'(t_i - \Delta t)$，则 $m(t_i)$ 用 $m'(t_i - \Delta t)$ 下降一个 σ 表示，此时编码器输出"0"码。

下次编码按上述方法将 $m'(t_i - \Delta t)$ 与 $m(t_i)$ 进行比较，使之上升或下降一个 σ 以逼近模拟信号。如果抽样频率足够高，σ 足够小，则阶梯信号 $m'(t)$ 近似为 $m(t)$，而上升和下降的二进制码分别用"1"和"0"表示，这个过程就是增量编码。图 5.28 所示的模拟信号 $m(t)$ 采用增量调制编码编出的二进制码为 11010111111000。

需要注意的是，对 $m'(t)$ 进行滤波处理，去掉高频波动，所得到的曲线将会很好地与原曲线重合，这意味着 $m'(t)$ 可以携带 $m(t)$ 的全部信息（这一点很重要），因此，$m'(t)$ 可以看成用一个给定的台阶 σ 对 $m(t)$ 进行抽样与量化后的曲线。台阶的高度 σ 称为增量，用"1"表示正增量，代表向上增大一个 σ；用"0"表示负增量，代表向下减小一个 σ。这种阶梯状曲线可用一个"0""1"数字序列来表示，即对 $m'(t)$ 的编码只用一位二进制码。此时的二进制码序列不代表某一时刻的抽样值，每位码值反映的都是曲线向上或向下的变化趋势。

从图 5.28 可以看到，在持续上升或者下降阶段，增量调制器的输出有可能会不能跟踪输入信号的快速变化，这种现象就称为增量调制器的"斜率过载"（Lope Overload）。一般来说，斜率过载是在输入信号的变化速度超过反馈回路输出信号的最大变化速度时产生的，主要是由反馈回路输出信号的最大变化速率受到量化间隔大小的限制所致的。由于量化间隔的大小是固定的，而且在 ΔM 中每个抽样间隔内只允许有一个量化电平的变化，因此当输入信号的斜率比抽样周期决定的固定斜率大时，量化间隔的大小便跟不上输入信号的变化，因而产生斜率过载失真（或称为斜率过载噪声）。

在输入信号变化快的区域，斜率过载是关心的焦点；而在输入信号变化慢的区域，关心的焦点是粒状噪声（Granular Noise）。在输入信号缓慢变化部分，即输入信号与预测信号的差值接近零的区域，增量调制器的输出出现随机交变的"0"和"1"，称为增量调制器的粒状噪声。为了尽可能避免出现斜率过载，就要增大量化间隔 σ，但这样做会加大粒状噪声；相反，如果要减小粒状噪声，就要减小量化间隔 σ，但这会使斜率过载更加严重，这就促进了对自适应增量调制（Adaptive Delta Modulation，ADM）的研究。

3）增量调制信号的译码

译码过程与编码过程刚好相反，若接收端收到"1"码，就会使输出上升一个台阶 σ；若收到"0"码，就会使输出下降一个台阶 σ。这些上升和下降的 σ 的累积可以近似地恢复出阶梯信号 $m'(t)$。

增量调制信号的译码器可由一个积分器来实现，如图 5.29 所示，当积分器的输入为"1"码（输入为 E 脉冲电压时），以固定斜率上升一个 ΔE（$\Delta E = \sigma$）；当积分器的输入为"0"码（输入为 $-E$ 脉冲电压）时，以固定斜率下降一个 ΔE。

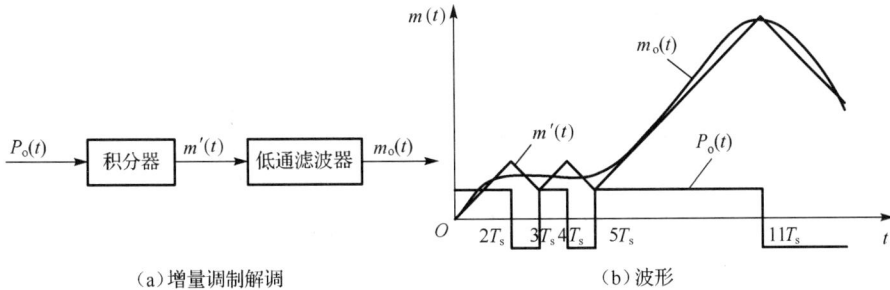

（a）增量调制解调   （b）波形

图 5.29   增量调制信号的译码

图 5.29（b）所示为积分器的输入和输出波形。积分器的输出波形并不是阶梯波形，而是一个斜变波形。因为 $\Delta E = \sigma$，所以在所有抽样时刻 t_i 上斜变波形与阶梯波形的值相同，因此，斜变波形与原来的模拟信号波形也近似。由于积分器实现起来容易，且能满足译码要求，因此通常采用 RC 积分器，其乘积 RC 应远大于一个二进制码的脉冲宽度。积分器输出虽已接近原模拟信号，但往往含有不必要的高次谐波分量，故需经低通滤波器平滑，这样就可得到十分接近模拟信号的输出信号。

5.4.3 增量调制系统的量化噪声

从增量调制的工作原理可以看出，ΔM 信号是按 σ 来量化的，所以译码器输出信号与原模拟信号相比存在一定的失真 $e_q(t)$，即存在量化噪声 $e_q(t) = m(t) - m'(t)$，ΔM 系统中的量化噪声有两种：过载量化噪声和一般量化噪声，这两种噪声如图 5.30 所示。

仔细分析两种噪声波形可以发现，两种噪声的大小与阶梯信号的抽样间隔 Δt 和增量 σ 有关。定义 K 为阶梯信号一个台阶的斜率，设抽样间隔为 Δt（抽样频率 $f_s = \dfrac{1}{\Delta t}$），则一个量化间隔 σ 上的最大斜率 K 称为译码器的最大跟踪斜率，表达式为

$$K = \frac{\sigma}{\Delta t} = \sigma \cdot f_s \tag{5-4-3}$$

式中，f_s 为抽样频率。

当信号斜率大于最大跟踪斜率时，称为过载条件，此时就会出现过载现象；当信号斜率等于最大跟踪斜率时，称为临界条件；当信号斜率小于最大跟踪斜率时，称为不过载条件。

1. 过载量化噪声

由图 5.30 可知，当输入模拟信号的斜率陡变时，由于 σ 是固定的，而且每秒的台阶数是

确定的（抽样频率一定），因此如果原模拟信号的变化率超过调制曲线的最大斜率，本地译码器输出信号 $m'(t)$ 的阶梯波形就会跟不上模拟信号 $m(t)$ 的变化，如图 5-30（b）所示，从而引起译码后信号的严重失真。这种因调制信号跟不上原始信号变化的现象称为过载现象，由此产生的波形失真或者信号误差称为过载失真或过载噪声。影响过载噪声的因素有很多，其中最大跟踪斜率是评价能否产生过载失真的重要依据。

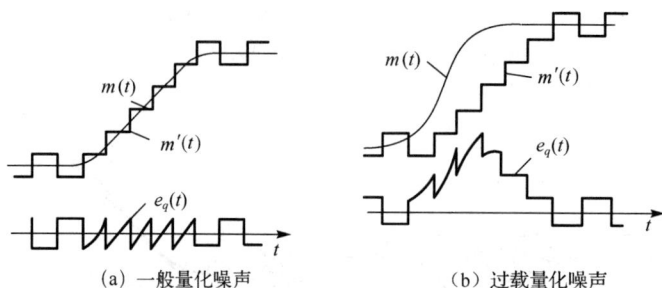

（a）一般量化噪声　　　　　　　　（b）过载量化噪声

图 5.30　一般量化噪声和过载量化噪声

2. 一般量化噪声

由于增量调制是利用调制信号和原始信号的差值进行编码的，也就是利用增量进行量化，因此在调制信号和原始信号之间存在误差，这种误差称为一般量化误差或一般量化噪声。当译码器的最大跟踪斜率 K 大于或等于模拟信号 $m(t)$ 曲线的最大变化斜率时，即

$$K \geqslant \left| \frac{\mathrm{d}m(t)}{\mathrm{d}t} \right|_{\max} \tag{5-4-4}$$

译码器输出 $m'(t)$ 能够跟上输入信号 $m(t)$ 的变化，不会发生过载现象，因而不会产生很大的失真。当然，这时 $m'(t)$ 与 $m(t)$ 之间仍存在一定的误差 $e_q(t)$，它局限在 $[-\sigma, \sigma]$ 区间内变化。对于一般量化噪声，若 σ 大，则一般量化噪声大；若 σ 小，则一般量化噪声小，采用大的 σ 虽然能减小过载量化噪声，但增大了一般量化噪声，因此 σ 值应适当选取。

3. 量化失真的改善

首先考虑过载失真的改善，影响斜变波形上升（或下降）的最大斜率是引起过载失真的关键因素。从图 5-30 可以看出斜变波形的最大变化斜率出现在连续 "1" 码或连续 "0" 码时，其波形的最大斜率为

$$\frac{\sigma}{\Delta t} = \sigma f_s \tag{5-4-5}$$

式中，f_s 为抽样频率。信号的变化斜率为 $\dfrac{\mathrm{d}m(t)}{\mathrm{d}t}$，当信号的变化斜率大于斜变波形最大斜率，即

$$\frac{\mathrm{d}m(t)}{\mathrm{d}t} > \sigma f_s \tag{5-4-6}$$

时，编码器产生过载失真。

假设输入信号 $m(t) = A\cos(\omega_c t)$，则

$$\left| \frac{\mathrm{d}m(t)}{\mathrm{d}t} \right| = \omega_c A \sin(\omega_c t) \tag{5-4-7}$$

由式（5-4-7）可知，信号的最大变化率是当 $\sin(\omega_c t) = 1$ 时，为

$$\left| \frac{\mathrm{d}m(t)}{\mathrm{d}t} \right|_{\max} = \omega_c A \qquad (5\text{-}4\text{-}8)$$

在输入信号为正弦信号的情况下，不过载条件为

$$\omega_c A \leqslant \sigma f_s \qquad (5\text{-}4\text{-}9)$$

由式（5-4-9）可以看出，当输入信号的幅度过大或频率过高时，容易引起过载失真。为了不发生过载失真，可以增大 f_s 或 σ。但由于简单增量调制的量化间隔 σ 是固定的，增大 σ 时，一般量化噪声也增大，因此很难同时满足两个方面的要求。显然，通过改变量化间隔进行降噪出现了矛盾，因此，必须两头兼顾，适当选取 σ 值。而提高 f_s，对减小一般量化噪声和过载量化噪声都有利。因此，在实际应用中，ΔM 系统的抽样频率要比 PCM 系统高得多（一般在 2 倍以上，对于语音信号，典型值为 16kHz 和 32kHz）。

【例 5-4-1】 已知一个语音信号的最高频率分量 $f_H = 3.4\text{kHz}$，幅度 $A = 1\text{V}$。若抽样频率 $f_s = 32\text{kHz}$，则增量调制的 σ 为多少？

解　首先要找出语音信号的最大斜率。若信号为单频正弦信号 $f(t) = A\sin(\omega t)$，则其斜率就是它的导数

$$k(t) = \frac{\mathrm{d}f(t)}{\mathrm{d}t} = A\omega \cos(\omega t)$$

最大斜率为 $K = A\omega$。把语音信号的最高频率分量看成一个正弦信号，由式（5-4-9）可知当 $A 2\pi f_H \leqslant \sigma f_s$ 时，系统不过载，所以求出增量调制的 σ 应不小于 0.668V。

另外，当模拟信号为交流信号，且信号峰值小于 σ 时，增量调制器的输出将不随信号的变化而变化，只输出 "1" 和 "0" 交替出现的数字序列。只有当信号峰值大于 $\dfrac{\sigma}{2}$ 时，调制器才输出随交流信号的变化而变化的数字序列，因此，把 $\dfrac{\sigma}{2}$ 称为增量调制器的起始编码电平。

5.4.4　增量调制系统的抗噪声性能分析

增量调制系统的信噪比与 PCM 的信噪比相似，包括两部分：量化产生的量化信噪比和信道加性干扰噪声的误码信噪比。

1. 量化产生的量化信噪比

在分析存在量化噪声的系统性能时，认为信道加性干扰噪声很小，不造成误码，接收端检测器输出的 $\hat{p}(t)$ 近似为 $p(t)$，而接收端积分器的输出为 $m_q(t)$，积分器输出端的误差波形正是量化误差 $\xi_q(t)$ 波形，因此若求出 $\xi_q(t)$ 的平均功率，则可求出系统的量化噪声功率。由前面的叙述可知，量化噪声分为过载量化噪声和一般量化噪声两种，由于在实际应用中都防止工作到过载区域，因此这里仅考虑一般量化噪声。

假设在不过载情况下，量化误差 $|\xi_q(t)| < \sigma$，若 $\xi_q(t)$ 在区间 $[-\sigma, \sigma]$ 内均匀分布，则 $\xi_q(t)$ 的一维概率密度函数可表示为

$$f_q(\xi) = \frac{1}{2\sigma}, \quad -\sigma \leqslant \xi \leqslant \sigma \qquad (5\text{-}4\text{-}10)$$

则量化误差 $\xi_q(t)$ 的平均功率为

$$E[\xi_q^2(t)] = \int_{-\sigma}^{\sigma} \xi^2 f_q(\xi)\mathrm{d}\xi = \frac{1}{2\sigma}\int_{-\sigma}^{\sigma}\xi^2\mathrm{d}\xi = \frac{\sigma^2}{3} \tag{5-4-11}$$

式中，σ 为量化间隔。

从 $\xi_q(t)$ 的波形图可以粗略地看出：$\xi_q(t)$ 的变化频率最高为抽样频率 f_s，最低为 0。假定 $\xi_q(t)$ 的功率在其频域内为均匀分布，则 $\xi_q(t)$ 的功率谱密度为

$$P_s(f) = \frac{\sigma^2}{3f_s}, \quad 0 < f < f_s \tag{5-4-12}$$

$\xi_q(t)$ 通过低通滤波器后的量化噪声功率为

$$N_q = P_s(f)f_H = \frac{\sigma^2 f_H}{3f_s} \tag{5-4-13}$$

式中，f_H 为低通滤波器的截止频率。从式（5-4-13）可以看出，ΔM 系统输出的量化噪声功率与量化间隔 σ 及 $\frac{f_H}{f_s}$ 有关，而与输入信号的幅度无关。值得注意的是，上述条件是在未过载的情况下得到的。

由式（5-4-9）可知，在输入信号为正弦信号的情况下，不过载条件为 $\omega_c A \leqslant \sigma f_s$，所以临界的过载振幅 A_{max} 为

$$A_{max} = \frac{\sigma f_s}{\omega_c} \tag{5-4-14}$$

在临界条件下，系统输出信号的功率为最大值，此时，信号的功率为

$$S_{o\,max} = \frac{A_{max}^2}{2} = \frac{\sigma^2 f_s^2}{2\omega_c^2} = \frac{\sigma^2 f_s^2}{8\pi^2 f_c^2} \tag{5-4-15}$$

式中，f_c 为信号的频率。则最大的输出信噪比为

$$\left(\frac{S_o}{N_q}\right)_{max} = \frac{3}{8\pi^2}\frac{f_s^3}{f_c^2 f_H} \tag{5-4-16}$$

用分贝表示为

$$\left(\frac{S_o}{N_q}\right)_{maxdB} = 10\lg\left(0.04\frac{f_s^3}{f_c^2 f_H}\right) = 30\lg f_s - 20\lg f_c - 10\lg f_H - 14 \tag{5-4-17}$$

从式（5-4-17）可以看出，在临界条件下，量化信噪比与抽样频率的 3 次方成正比，与信号频率的平方成反比，与低通滤波器的截止频率成反比。所以，提高抽样频率对改善量化信噪比大有好处，即 f_s 每提高 1 倍，量化信噪比提高 9dB。因此，ΔM 系统的抽样频率至少要在 16kHz 以上，才能使量化信噪比达到 15dB 以上；而当抽样频率为 32kHz 时，量化信噪比约为 26dB，只能满足一般通信质量的要求。而 f_c 每提高 1 倍，量化信噪比下降 6dB，因此，当语音信号采用简单 ΔM 时，高频段的量化信噪比下降非常明显。

2. 信道加性干扰噪声的误码信噪比

加性干扰的影响会使数字信号产生误码。在 ΔM 调制中，不管是将"0"错成"1"，还是将"1"错成"0"，产生的误差绝对值都是一样的，都等于 $|\pm 2E|$，这样，一个码发生错码时所引起的功率误差即 $(2E)^2$。假定每个码的错误是独立的，且误码的可能性均等，总误码率为 P_e，则解调时脉冲调制器输出的误差脉冲的平均功率为

$$N_s = (2E)^2 P_e \tag{5-4-18}$$

以上功率经过积分器，再经过低通滤波器才输出误差信号。误码脉冲的功率谱密度为

$$P_s(\omega) = |ET_s \cdot \frac{\sin(\pi f_c T_s)}{\pi f_c T_s}|^2 \tag{5-4-19}$$

图 5.29 中的每个脉冲宽度都为 T_s，其单边功率谱主要集中在 0 到第一个零点 $f_s = \dfrac{1}{T_s}$ 之间。整个噪声功率并非均匀的，依据等效噪声带宽的定义，将整个噪声功率等效带宽设定为 $\dfrac{f_s}{2}$，因此，等效的噪声功率谱密度为

$$\hat{P}_c(\omega) = \frac{N_s}{\dfrac{f_s}{2}} = \frac{(2E)^2 P_e}{\dfrac{f_s}{2}} = \frac{8E^2 P_e}{f_s}, \quad 0 < f < \frac{f_s}{2} \tag{5-4-20}$$

为求解积分器输出的功率谱密度，必须先求出积分器的传输函数。积分器的输入信号为 $f_i(t)$，输出信号为 $f_o(t)$，积分器的传输特性为

$$
\begin{aligned}
H(\omega) &= \frac{F_o(\omega)}{F_i(\omega)} \\
&= \frac{\sigma \sin(\pi f_c T_s)}{\pi f_c T_s} e^{-j\omega_c \frac{T_s}{2}} \cdot \left(\frac{1}{j\omega_c}\right) \Bigg/ \left[ET_s \frac{\sin(\pi f_c T_s)}{\pi f_c T_s} e^{-j\omega_c \frac{T_s}{2}} \right] \\
&= \frac{\sigma}{ET_s}\left(-j\frac{1}{\omega_c}\right)
\end{aligned}
\tag{5-4-21}
$$

因此，积分器输出的功率谱为

$$P_o(\omega) = \hat{P}_c(\omega)|H(\omega)|^2 = \frac{8E^2 P_e}{f_s} \cdot \frac{\sigma^2}{E^2 T_s^2 \omega_c^2} = \frac{2\sigma^2 P_e}{T_s \pi^2 f_c^2}, \quad 0 < f < \frac{f_s}{2} \tag{5-4-22}$$

式（5-4-22）在 $f_c = 0$ 时无意义，但实际上信号的频率 f_c 总是大于 0 的，所以低通滤波器的频率范围应为 (f_1, f_H)，于是可求得解调器的输出噪声功率为

$$N_e = \int_{f_1}^{f_H} P_o(\omega)\, df = \int_{f_1}^{f_H} \frac{2\sigma^2 P_e}{T_s \pi^2 f^2}\, df = \frac{2\sigma^2 P_e}{T_s \pi^2}\left(\frac{1}{f_1} - \frac{1}{f_H}\right) \tag{5-4-23}$$

因为 $f_1 \ll f_H$，所以

$$N_e \approx \frac{2\sigma^2 P_e}{T_s \pi^2 f_1} \tag{5-4-24}$$

由上述公式可得误码信噪比为

$$\frac{S_o}{N_e} = \frac{\sigma^2 f_s^2}{8\pi^2 f^2} \bigg/ \left(\frac{2\sigma^2 P_e}{T_s \pi^2 f_1}\right) = \frac{f_1 f_s}{16 f^2 P_e} \tag{5-4-25}$$

从式（5-4-25）可以看出，在已知信号频率 f、抽样频率 f_s 及低通滤波器的低频截止频率 f_1 时，ΔM 系统输出的误码信噪比与误码率成反比。考虑到量化信噪比及误码信噪比，ΔM 系统输出总信噪比为

$$\frac{S_o}{N_q + N_e} = \frac{3 f_1 f_s^3}{8\pi^2 f_1 f_H + 48 P_e f^2 f_s^2} \tag{5-4-26}$$

5.4.5 改进的 ΔM 系统

由前面的介绍可知，对于一个实际的简单增量调制系统，系统对两种量化噪声性能的改善是有限的，而且简单增量调制的编码动态范围较小；语音信号使用简单增量调制进行低码率传输时，其编码动态范围无法满足要求。因此为了克服简单增量调制的缺点，在实际应用中多采用改进的 ΔM 系统，如增量总和调制、数字压扩自适应增量调制等。其中，增量总和调制的基本思想是对输入的模拟信号先进行一次积分处理，改变信号的变化性质，减小信号高频分量的幅度（从而使信号更适合增量调制）；然后进行简单增量调制，这里不再进行详细介绍。下面简要介绍数字压扩自适应增量调制原理。

数字压扩自适应增量调制通常采用改进 ΔM 动态范围的方式提高系统性能。其基本原理是采用自适应方法使量化间隔的大小随输入信号统计特性的变化而变化。如量化间隔能随信号瞬时压扩，则称为瞬时压扩 ΔM，记为 ADM。若量化间隔随音节时间间隔（5～20ms）中信号平均斜率而变化，则称为连续可变斜率增量调制，记为 CVSD。由于这种方法中信号斜率是根据码流中连"1"或连"0"的个数来检测的，因此又称为数字检测、音节压扩的自适应增量调制，简称数字压扩增量调制。图 5.31 给出了数字压扩增量调制的框图。

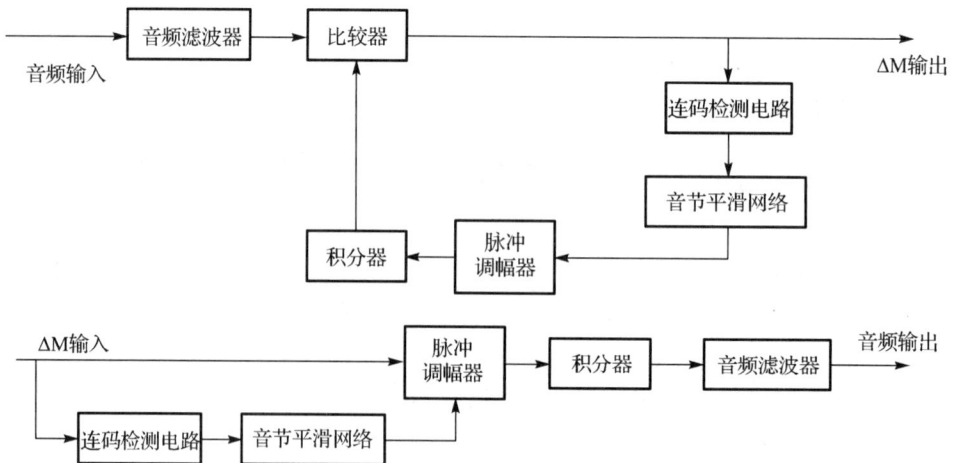

图 5.31　数字压扩增量调制的框图

数字压扩增量调制与普通增量调制相比，其差别在于增加了连"1"或连"0"数字检

测电路和音节平滑网络。由于 CVSD 的自适应信息（控制电压）是从输出码流中提取的，因此接收端不需要发送端传输专门的自适应信息就能自适应恢复原始信号，电路实现起来比较容易。

本 章 小 结

在数字通信系统中传输模拟信息时，需要对发送端的信源进行编码，以使数字通信系统传输模拟信息。提高系统性能的较好的办法是对信源进行最优编码，使每个码元所含有的信息量最大，在保持较低误码率的同时可提高传输效率。目前，出现最早、采用最广泛的一种信源编码的方法是脉冲编码调制。脉冲编码调制包括抽样、量化和编码三个过程。其中量化是指把经抽样所得的幅值连续的信号进行幅度离散变换的过程，可分为均匀量化和非均匀量化。编码则是指把量化后的信号电平值变换成二进制码组的过程。

本章在介绍抽样定理的基础上，着重讨论了用来传输模拟信号常用的脉冲编码调制、差分脉冲编码调制和增量调制的原理及性能。自适应脉冲编码调制是根据输入信号幅度大小来改变量化间隔大小的一种波形编码技术。为了能在相当宽的变化范围内获得最佳的性能，在 DPCM 基础上引入自适应系统的调制称为自适应差分脉冲编码调制。增量调制是一种预测编码技术，目的在于简化模拟信号的数字化方法。在实际应用中多采用改进的 ΔM 系统，如增量总和调制、数字压扩自适应增量调制等。

习 题 5

1．PCM 通信系统中 A/D 转换、D/A 转换分别经过哪几步？

2．自适应量化的基本思想是什么？

3．ADPCM 的优点是什么？

4．均匀量化的缺点是什么？如何解决？非均匀量化与均匀量化相比的优势是什么？

5．非均匀量化信噪比与均匀量化信噪比的关系是什么（假设忽略过载区的量化噪声功率）？

6．某模拟信号频谱如图 5.32 所示。

（1）求满足抽样定理时的抽样频率 f_s 并画出抽样信号的频谱。

（2）若 $f_s = 8\text{kHz}$，画出抽样信号的频谱，并说明此频谱出现什么现象。

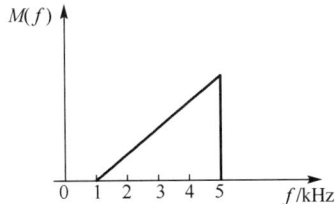

图 5.32　模拟信号频谱

7．均匀量化时，量化区和过载区的最大量化误差分别为多少？

8．对信号 $x(t) = \cos(2000\pi t) + 2\cos(4000\pi t)$ 进行理想抽样，为了在接收端能不失真地从已抽信号 $x_s(t)$ 中恢复 $x(t)$，应如何选择抽样间隔？若将抽样间隔定为 0.2ms，试画出已抽信号的频谱图。

9．对于 A 压缩律特性，求输入信号电平为 0dB 和–40dB、非均匀量化时的信噪比改善量。

10．A 律 13 折线译码器中，M_i 与线性编码 B_i 的关系是什么？

11．某 7 位非线性幅度码为 0110101，将其转换成 11 位线性幅度码。

12．如果某抽样值为–444Δ（Δ 为量化间隔），按 A 律 13 折线编 8 位码，写出极性码、段落码以及段内码的编码过程，并求出此时的量化误差。

13．设信号 $x(t)=9+A\cos(\omega t)$，其中 $A\leqslant 10\text{V}$。若 $x(t)$ 被均匀量化为 40 个电平，试确定所需的二进制码组的位数 K 和量化间隔 Δ。

14．采用 13 折线 A 律编译码电路，设接收端译码器收到的码组为 01010011，最小量化间隔为 1 个量化单位（Δ）。试求：

（1）译码器输出（按量化单位计算）；

（2）相应的 11 位（不包括极性码）线性码（均匀量化）。

第6章　多路复用技术与多址技术

学习目标

- 理解多路复用技术的原理
- 掌握频分多路复用技术
- 掌握时分多路复用技术
- 掌握码分多路复用技术和波分多路复用技术
- 掌握准同步数字体系
- 了解多址技术

本章知识结构

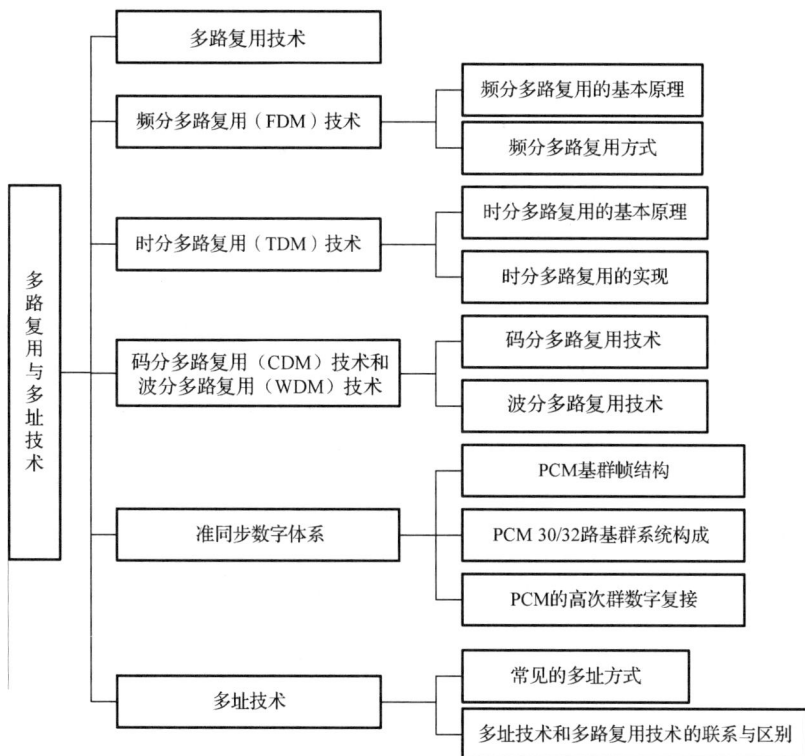

```
                              ┌─ 多路复用技术
                              │
                              ├─ 频分多路复用（FDM）技术 ─┬─ 频分多路复用的基本原理
                              │                          └─ 频分多路复用方式
                              │
                              ├─ 时分多路复用（TDM）技术 ─┬─ 时分多路复用的基本原理
            多                │                          └─ 时分多路复用的实现
            路                │
            复                ├─ 码分多路复用（CDM）技术和 ─┬─ 码分多路复用技术
            用                │  波分多路复用（WDM）技术     └─ 波分多路复用技术
            与                │
            多                ├─ 准同步数字体系 ─┬─ PCM基群帧结构
            址                │                  ├─ PCM 30/32路基群系统构成
            技                │                  └─ PCM的高次群数字复接
            术                │
                              └─ 多址技术 ─┬─ 常见的多址方式
                                          └─ 多址技术和多路复用技术的联系与区别
```

导入案例

案例一

地面无线通信技术的迅速发展促进了卫星通信技术的变革，集这两项技术于一体的星地一体化系统逐渐成为未来全球移动通信发展的趋势。正交频分多路复用（OFDM）技术因具有较强的抗多径损耗的鲁棒性和较高的频谱利用率而成为第四代（4G）移动通信系统（图 6.1）的核心技术，被广泛应用在地面无线网络中。

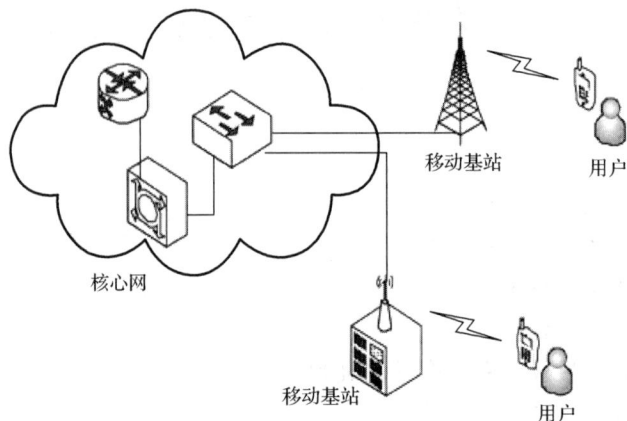

图 6.1　4G 移动通信系统示意图

案例二

光纤水听器（图 6.2）是一种重要的光纤压力传感器，通过水下的声波对光纤的应力作用改变光纤纤芯的折射率或长度，从而使在光纤中传播光束的光程改变，导致相位发生变化。采用干涉测量技术可检测出相位变化，并得到有关水声的信息。光纤水听器的频分多路复用（FDM）技术一般是指相位产生载波（PGC）的频分复用，即副载波频分复用，其基本原理是将由水声信号引起的各单元光纤水听器光学干涉信号的相位变化分别用不同频率的载波进行调制，每个载波频率对应一个节点处的单元光纤水听器，相邻载波频率的频差大于水声信号的频带上限的 2 倍，阵列中各节点信号被同一光电探测器检测后，利用一系列中心频率与各载波频率相对应的滤波器将其分开，而后可采用多种信号处理技术将调制到载波上的干涉信号解调出来，达到解复用的目的。

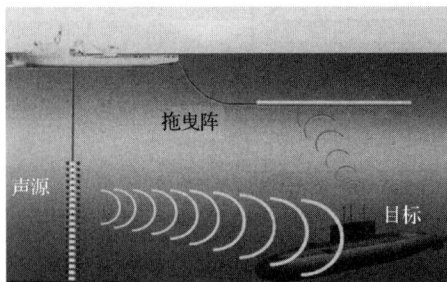

图 6.2　光纤水听器示意图

信道多路复用是指在两点之间的信道中同时传输互不干扰的多个相互独立的用户信号，而多址通信则是指在多点之间实现互不干扰的多方通信。由此可见，多路复用技术是多址技术的理论前提和基础。本章从信道传输能力的充分利用及提高传输效率出发，主要介绍信道的多路复用技术和多址技术，并讨论它们的联系与区别，重点介绍数字复接技术的原理、码速调整、二次群帧结构。

6.1　多路复用技术

在通信系统中，通信传输设备和线路工程的费用比数据终端的费用高得多，为了降低通信成本、充分利用频率资源及提高信道传输能力，进而提高信道利用率和扩大传输容量，在传输过程中多采用多路复用技术。复用是一种将若干彼此独立的信号合并为一个可在同一信道中传输的复合信号的方法。

（1）多路复用技术是一种信号的分割技术。从多路复用的实质上看，多路复用技术将一条物理信道分割成多条逻辑信道，每条逻辑信道单独传输一路数据信息，且信道间互不干扰，可以提高物理信道利用率和吞吐量。要实现一条传输信道的多路复用，关键在于把多路信号汇合到一条信道中之后在接收端必须正确地分割出各路信号。分割依据是信号在频率、占用时间、码型结构上的差别。

（2）多路复用技术是一种共享技术。从应用上看，多路复用技术使多个通信终端共享信道容量，多路信号沿同一信道传输而互不干扰，实现了信道资源的共享。

根据合并与区分各信号的方法不同，多路复用技术可分为频分多路复用、时分多路复用及码分多路复用等，目前最常用的两种是频分多路复用、时分多路复用。

6.2　频分多路复用（FDM）技术

在通信系统中，信道所能提供的带宽通常比传输一路信号所需的带宽大得多。为避免造成信道浪费和充分利用信道的带宽，多采用频分多路复用（Frequency Division Multiplexing，FDM）的方法。频分多路复用简称频分复用，是一种将载波带宽划分为多种不同频带的子信道，每个子信道可以并行传输一路信号的技术，它是其他数字多路复用技术的基础，常用于模拟传输的宽带网络中。

6.2.1　频分多路复用的基本原理

频分多路复用的基本原理是把每路信号都调制到不同的载波频率上，而各个载波频率之间保留足够大的距离，使相邻的频带不会重叠，并且有一定的保护间隔，使接收到的各路信号不但不会相互干扰，而且很容易用带通滤波器（BPF）把各路信号分割开来，恢复到多路复用前的分路情况。

在物理信道的可用带宽超过单个原始信号所需带宽的情况下，可将该物理信道的总带宽分割成若干与传输单个信号带宽相同（或略宽）的子信道，然后在每个子信道上传输一路信号，以实现在同一信道中同时传输多路信号。对于多路原始信号，在频分多路复用前，先要通过频谱搬移技术将各路信号的频谱搬移到物理信道频谱的不同段上，使各信号的带宽不相互重叠，然后用不同的频率调制每个信号，每个信号都在以它的载波频率为中心的某一特定带宽的通道上进行传输。复用信号的频谱结构示意图如图 6.3 所示。

图 6.3　复用信号的频谱结构示意图

经调制后的相邻信号在传输过程中若产生干扰就会使输出的信号失真。为避免信号互相干扰，可在各路信号频谱之间留一定的保护间隔来隔离每个通道。需要说明的是，合并后的复用信号原则上可以在信道中传输，但有时为了更好地利用信道的传输特性，也可以再次进行调制。

在频分多路复用系统的实现过程中，信道的可用频带被划分为若干互不交叠的频带，每路信号占据其中一个频带进行传输。频分多路复用系统的组成如图 6.4 所示。

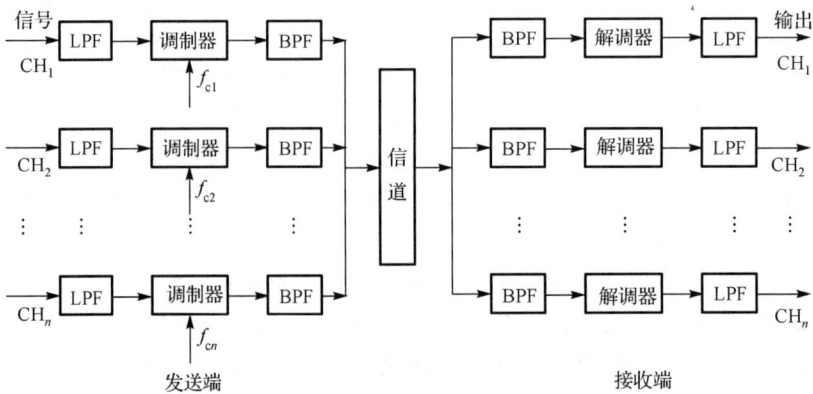

图 6.4　频分多路复用系统的组成

由于各个支路信号往往不是严格的限带信号，图 6.4 中的各路基带信号首先通过低通滤波器（LPF）限制基带信号的带宽。为避免各路信号的频谱相互混叠，也需要经过带通滤波器（BPF），然后各路信号分别对各自的载波进行调制、合成后送入信道传输。在接收端，采用不同中心频率的带通滤波器分别提取各路已调信号，然后经过解调、低通滤波后恢复出基带信号。

频分多路复用系统具有允许复用的路数大、信道复用率高、分路方便的优点，因此频分多路复用是目前模拟通信中常采用的一种复用方式，特别是在有线通信系统和微波通信系统中应用得十分广泛。但频分多路复用仍存在一些缺点，主要表现在设备生产较为复杂、传输过程中容易产生路间串扰。引起串扰的主要原因是滤波器特性不够理想和信道内部存在非线性特性。另外，系统非线性特性和已调信号的频谱展宽同样会影响传输效果。各路信号之间的串扰主要表现为邻近频带干扰（也称邻道干扰）和各路信号之间的互调干扰。由于调制器（MOD）的非线性特性会使已调信号的频谱展宽，虽然经过带通滤波，但是在实际系统中仍然可能有部分带外信号落入邻近频带并经过放大后发送出去，从而形成频带之间的串扰，接收机的频率选择性不理想也会引入邻道干扰。同样，由于调制器和放大器具有非线性作用，在系统中会产生互调信号，对频分多路复用系统产生一定的影响。调制器非线性造成的串扰可以部分地由发送滤波器消除，但是对于射频前端放大以及信道传输中的非线性产生的串扰往往无法消除。因此在频分多路复用系统中对系统的线性要求很高，同时需要合理地选择载波频率 $f_{c1}, f_{c2}, \cdots, f_{cn}$，尽量避免产生互调信号，并在各路频带之间留一定的保护间隔（如图 6.5 所示），从而减小各路信号之间的串扰。

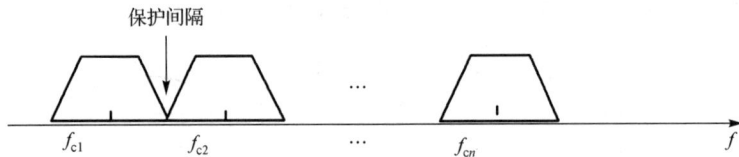

图 6.5　频分多路复用原理

需要说明的是，由于传统的频分复用本身存在很多技术局限，因而相应地提出了一种多载波调制技术——正交频分复用技术（Orthogonal Frequency Division Multiplexing，OFDM）。正交频分复用技术将调制信号分成多路，对多个在频率上等间隔分布且相互正交的子载波进行调制，然后经频分复用组合在一起。正交频分复用技术是欧洲数字视频广播（DVB）系统中地面电视广播的调制方案，也是数字音频广播（DAB）的调制方案。

6.2.2 频分多路复用方式

频分多路复用方式可分为直接法 FDM 和复级法 FDM 两种。当复用的路数不是很大时，可用直接法实现 FDM；当复用的路数很大时，可以采用复级法实现 FDM。下面分别对这两种复用方式的原理进行介绍。

1. 直接法 FDM

如图 6.6 所示，在某些信道中，总信号 $f_s(t)$ 可以直接在信道中传输，这时所需的最小带宽为

$$W_{\text{SSB}} = NW_{\text{m}} + (N-1)W_{\text{g}} \tag{6-2-1}$$

式中，W_{m} 为单个信道带宽；W_{g} 为信道间隔。

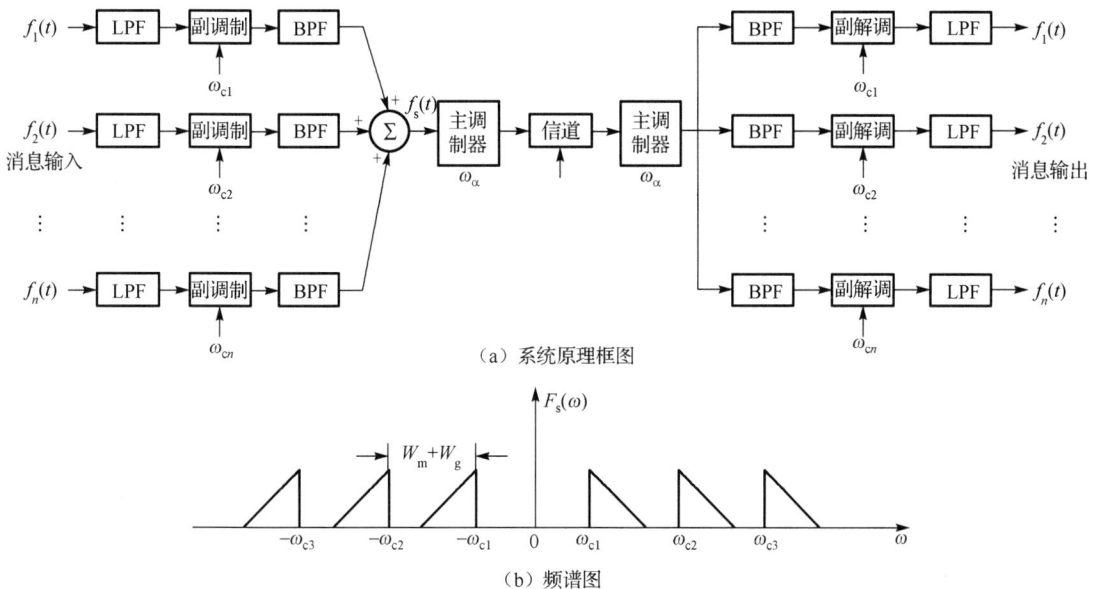

（a）系统原理框图

（b）频谱图

图 6.6 直接法 FDM 的系统原理框图及频谱图

在无线信道中，如果采用微波频分复用线路，总信号 $f_s(t)$ 就必须经过二次调制，这时所使用的主载波 ω_a 比副载波 ω_{cn} 高得多。最后，系统把载波为 ω_a 的已调信号送入信道发送出去。主载波调制器可以采用任意调制方式，视系统的具体情况而定，通常采用调频（FM）方式。

2. 复级法 FDM

如图 6.7 所示，通常利用多级调制产生合成信号 $f_s(t)$。考虑两级调制，若将 N 个信号分成 m 组，每组由 n 路单边带信号组成，每路调制在一个副载波上，则各组的副载波应当相同。具有相同频谱宽度的 m 个已调信号再进行第二次单边带调制，所用的 m 个主载波为 ω_{a1}，$\omega_{a2}, \cdots, \omega_{am}$。这些载波的间隔应大于 nW_{m}。最后，将 m 组单边带信号合成为总信号 $f_s(t)$ 并送入信道传输。

直接法和复级法的最大容量均为 $N=mn$，但直接法所用的载波数为 mn，复级法所用的载

波数为 $m+n$，故可节约载波数为 $mn-m-n$。在两级复用系统中，复级法需要 $mn+m$ 个调制器，而直接法需要 mn 个调制器，两级复用比单级复用多用 m 个调制器。

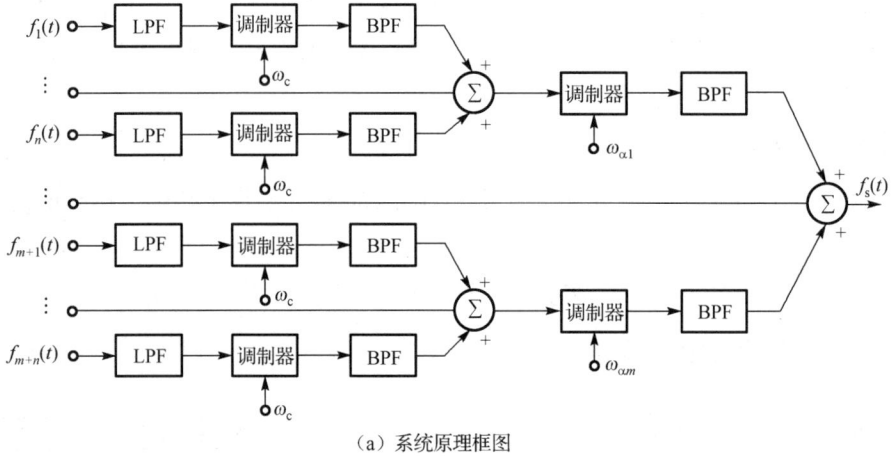

（a）系统原理框图

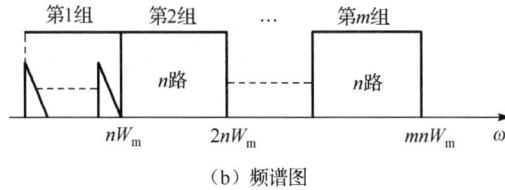

（b）频谱图

图 6.7　复级法 FDM 的系统原理框图及频谱图

6.3　时分多路复用（TDM）技术

时分多路复用（Time Division Multiplexing，TDM）简称时分复用，是指按时刻分割信号以实现多路传输的方法。时分多路复用技术是各种数字传输系统的常用技术，可同时在同一个通信介质上传输多个数字化数据、语音和视频信号等，常用于基带网络传输中。

由于在时分多路复用中，各路信息均以数字形式表示，各路信息所占信道的时刻各不相同且分开，在数字通信网中，模拟信号需要经过抽样、量化、编码和时分复用后才能进入信道传输。其中，可以确定每个信道何时使用线路的时分复用通信称为同步时分多路复用通信（STDM），反之则称为异步时分多路复用通信（ATDM）。

6.3.1　时分多路复用的基本原理

在频分多路复用系统中，各信号在频域上是分开的，而在时域上是混叠在一起的；在时分多路复用系统中，则恰恰相反，各信号在时域上是分开的，而在频域上是混叠在一起的。时分多路复用的基本原理就是把时间分成一些均匀的时隙，将各路信号的传输时间分配在不同的时隙内，使多路信号互相分开、互不干扰，分割开的多路信号经混合后再在线路上传输，从而实现了多路复用。

时分多路复用建立在抽样定理的基础上。抽样定理使连续的基带信号变成在时间上离散的抽样脉冲，当抽样脉冲占据较短时间时，抽样信号在时间上离散的相邻脉冲间便会留下很大的时间空隙。若在这些时间空隙中插入若干路其他抽样信号，只要保证各路抽样信号在时间上互不重叠并能相互区分，那么一个信道就有可能同时传输多路信号，达到多路复用的目的。

图 6.8 给出了两个基带信号的时分复用原理。图中，对 $m_1(t)$ 和 $m_2(t)$ 按相同的时间周期进行抽样，只要抽样脉冲宽度足够小，在两个抽样值之间就会留一定的时间空隙。

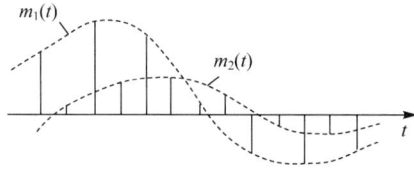

图 6.8　两个基带信号的时分复用原理

如果另一路信号的抽样时刻位于时间空隙,则两路信号的抽样值在时间上将不发生重叠。在接收端只要在时间上与发送端同步，两个信号就能分别正确恢复。上述概念也可以推广到对 n 个信号进行时分复用。

需要说明的是，时间参量是时分多路复用进行信号分割的参量，因此要求各路信号在时间轴上必须互不重叠。每路数据总使用一个时间片的固定时隙的时分复用方式称为"同步时分多路复用"。时分多路复用技术同样可以运用在多媒体数据传输上。若介质能达到的传输速率超过传输数据所需的数据传输速率，则可采用时分多路复用技术将一条物理信道按时间分成若干时间片，然后轮流分配给多个信号使用，每个时间片由复用的一个信号占用。这样，利用每个信号在时间上的交叉，就可以在一条物理信道上传输多个数字信号。时分多路复用不局限于传输数字信号，也可同时交叉传输模拟信号。

6.3.2　时分多路复用的实现

频分多路复用是指占有不同频带的多路信号合在一起在同一信道中传输，各路频带间要有防护频带；与频分多路复用相对应，时分多路复用则是指占有不同时隙的多路信号合在一起在同一信道中传输，各路时隙间要有防护时隙。本节以脉冲调幅（PAM）信号为例说明时分多路复用的实现，其他脉冲及脉冲数字调制方式也可以是时分多路复用的。

图 6.9（a）为时分多路复用系统的示意图，发送端的低通滤波器的作用是保证调制信号 $f(t)$ 的频带是带限的，最高角频率为 ω_m，通常情况下，$f(t)$ 会加上直流电压 A_0，其作用是使抽样出来的脉冲具有单极性。各路信号加到发送转换开关的相应位置上，发送转换开关每隔时间 T_s 顺序地接通各路信号一次，即对 N 路信号顺序地分别抽样一次。已知抽样信号 $f_1(t)$ 和 $f_2(t)$ 分别画在图 6.9（b）和图 6.9（c）中，都是单极性的 PAM 信号，合成的多路 PAM 信号是 N 路抽样信号的总和。在一个抽样周期 T_s 内，由各路信号的一个抽样值所组成的一组脉冲称为一帧，对于每路信号，一帧所占的时间称为一个路时隙，用 T_1 表示。为了防止邻路抽样脉冲相互重叠或连在一起，要求在邻路抽样脉冲间有一定的防护时隙 τ_g，所以每路所占的时间为

$$T_1 = \tau + \tau_g = \frac{T_s}{N} \qquad (6\text{-}3\text{-}1)$$

或者说，每路抽样脉冲的宽度 τ 应满足

$$\tau \leqslant \frac{T_s}{N} - \tau_g \qquad\qquad (6\text{-}3\text{-}2)$$

合成的 N 路 PAM 信号被顺序送入信道传输,在接收端,由线路或接收机的时分复用 PAM 信号经过抽样保持电路,抽样时刻由时钟控制使各路信号不同,从而达到恢复各路信号的抽样目的,再经相应的低通滤波器就可恢复出原来的调制信号。

不同种类和速率的任何信号,如语音、图像、视频、数据及音乐都可以采用时分多路复用方式在同一条信道中进行传输。与频分多路复用方式相比,时分多路复用方式的主要优点是便于信号的数字化和实现数字信号的传输与交换,便于采用数字电路实现等。

对于 TDM 电话通信系统,国际电信联盟远程通信标准化组制定了准同步数字体系（PDH）和同步数字体系（SDH）。

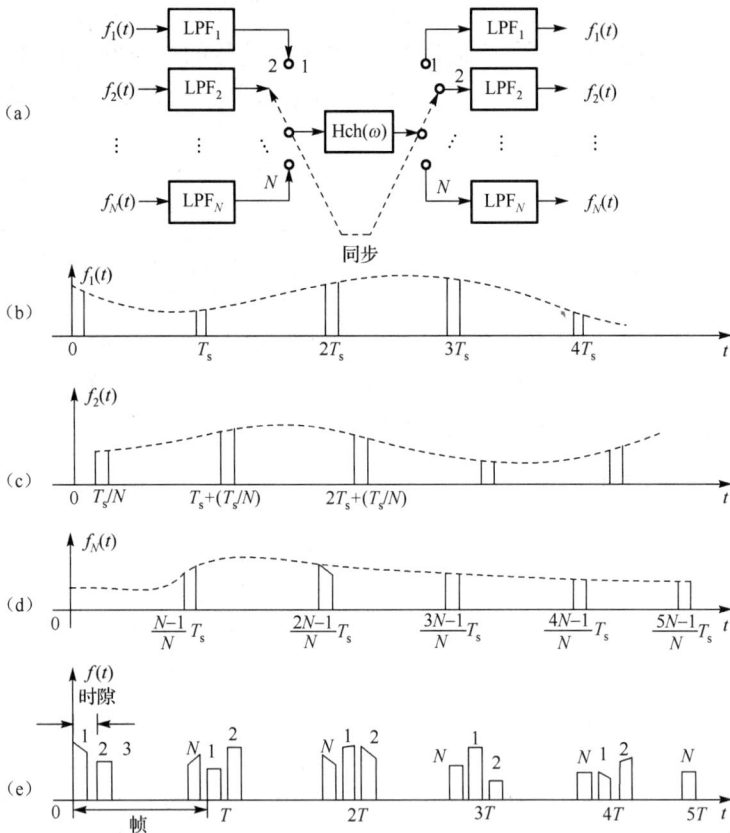

图 6.9　时分多路复用系统示意图

6.4　码分多路复用（CDM）技术和波分多路复用（WDM）技术

6.4.1　码分多路复用技术

码分多路复用又称码分多址（Code Division Multiple Access,CDMA）,可以实现多个用户同时使用相同的频率进行通信,CDM 与 FDM 和 TDM 不同,它既共享信道的频率,也共享时间,是一种真正的动态复用技术。

码分多路复用技术的基本原理如下。每比特时间被分成 m 个更短的时间槽，称为码片（chip），一个数据信号（如逻辑 1 或 0）通常要用多个编码信号进行编码，其中一个编码信号就称为一个码片，通常情况下每比特有 64 个或 128 个码片，每个站点（通道）被指定唯一的 m 位的代码或码片序列。当发送 1 时站点就发送码片序列，当发送 0 时站点就发送码片序列的反码。

对于某个站点来说，假设码片序列（8b）为

$$00011011 = -1-1-1+1+1-1+1+1 \tag{6-4-1}$$

$$发送 1：00011011 = -1-1-1+1+1-1+1+1 \tag{6-4-2}$$

$$发送 0：11100100 = +1+1+1-1-1+1-1-1 \tag{6-4-3}$$

当两个或多个站点同时发送时，各路数据在信道中被线性叠加。

各用户的码片序列都是唯一的，为了从信道中分离出各路信号，要求各个站点的码片序列是相互正交的。

下面结合图 6.10 所示的码分多路复用技术的原理框图来分析信号的处理过程。

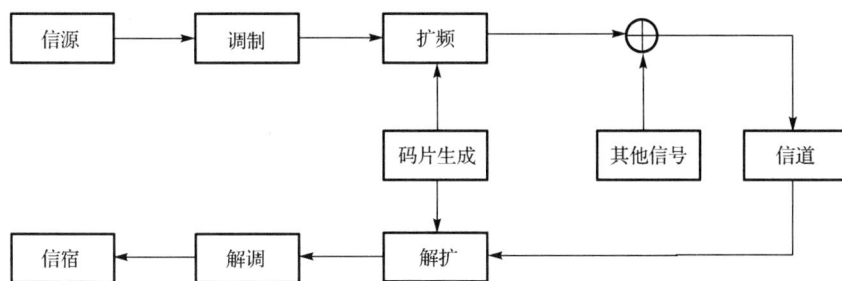

图 6.10　码分多路复用技术的原理框图

1. 发送端

首先由信源生成将要发送的数据，以比特为单位，经过双极性调制。然后用一条 8b 的 m 序列将其扩频，进行相关运算[数据单位为码片（chip）]，就得到调制后的信号。

2. 信道

将经过扩频并加入多个信号的合成信号发送到无线信道中。

3. 接收端

在接收端，系统通常对信号进行相关接收。在从信道中检测到信号后，接收端首先对接收的信号进行解扩处理，通过扩频码的正交性去除多址干扰从而恢复为扩频前的原始数据。接收端的码片序列与发送端的码片序列不仅要求码字相同，而且要求码字的相位相同，才能正确解扩。然后进行解调处理，恢复出信息码元。输出的信号经过限幅，将接收恢复出的数据比特并送至信宿。

6.4.2　波分多路复用技术

波分多路复用（Wavelength Division Multiplexing，WDM）技术用于光纤通信中，波分多

路复用用同一根光纤传输多路不同波长的光信号，提高单根光纤的传输能力。因为光通信的光源在光通信的"窗口"上只占用了很窄的一部分，所以还有很大的范围没有利用。

波分多路复用技术的基本原理如下。

可以认为 WDM 是 FDM 应用于光纤信道的一个变例。如果让不同波长的光信号在同一根光纤上传输而互不干扰，利用多个波长适当错开的光源同时在一根光纤上传输各自携带的信息，就可以增大所传输的信息容量。由于用不同的波长传输各自的信息，因此即使在同一根光纤上也不会相互干扰。在接收端转换成电信号时，可以独立地保持每个不同波长的光源所传输的信息，这种方式就叫作"波分复用"。

如果将一系列载有信息的不同波长的光载波在光领域内以 1nm 至几百 nm 的波长间隔合在一起沿单根光纤传输，在接收器再采用一定的方法将各个不同波长的光载波分开。在光纤的工作窗口上安排 100 个波长不同的光源，同时在一根光纤上传输各自携带的信息，就能使光纤通信系统的容量增大 100 倍，这是 FDM 在光纤信道的一个变例。也就是说，在一根光纤上不是只传输一个载波，而是同时传输多个波长不同的光载波。这样一来，原来在一根光纤上只能传输一个光载波的单一信道变为可传输多个不同波长光载波的信道，从而使光纤的传输能力成倍增加。

波分多路复用的特点如下。

（1）充分利用光纤的低损耗波段，增大光纤的传输容量，使一根光纤传输信息的物理限度增大为原来的两倍至数倍。我们只是利用了光纤低损耗谱（1310～1550nm）的极小一部分，波分复用可以充分利用单模光纤的巨大带宽（约 25THz），传输带宽充足。

（2）具有在同一根光纤中传输两个或数个非同步信号的能力，有利于数字信号和模拟信号的兼容，与数据传输速率和调制方式无关，在线路中间可以灵活取出或加入信道。

（3）对于已建的光纤系统，尤其是早期铺设的芯数不多的光缆，只要原系统有功率余量，就可进一步增容，实现多个单向信号或双向信号的传输而不用对原系统进行大改动，具有较高的灵活性。

（4）由于减小了光纤的使用量，因此大大降低了建设成本；由于光纤数量小，因此当出现故障时，恢复起来迅速且方便。

（5）有源光设备具有共享性，对多个信号的传输或新业务的增加降低了成本。

（6）系统中有源设备大幅减少，提高了系统的可靠性。

WDM 本质上是光域上的频分复用技术，WDM 系统的每个信道通过频域的分割来实现。每个信道占用一段光纤的带宽，与过去同轴电缆系统的不同点如下。

（1）传输介质不同，WDM 系统是光信号上的频率分割，而同轴电缆系统是电信号上的频率分割。

（2）在每个通路上，同轴电缆系统传输的是模拟的 4kHz 语音信号，而 WDM 系统每个通路上传输的是同步数字体系（SDH）2.5Gb/s 或更高速率的数字信号。

6.5　准同步数字体系

我国在 1995 年以前一般均采用准同步数字体系（PDH）的复用方式。1995 年以后，随着光纤通信网的大量使用，开始采用同步数字体系（SDH）的复用方式。原有的 PDH 数字传输网逐步纳入 SDH 网。

6.5.1　PCM 基群帧结构

从前面介绍的时分复用的基本原理可知，复用方式是将时间分割成若干时隙，给每路信号分配一个时隙，这种按时隙分配的重复性比特即帧结构。在 PCM 基群设备中以帧结构为单位，将各种信息规律性地相互交叉汇成 2048kb/s 的高速码流。通常为帧同步码和其他业务信号、信令信号再分配一个或两个时隙。目前，国际上推荐的 PCM 基群有两种标准，即 PCM 30/32 路（A 律压缩特性）制式和 PCM 24 路（μ 律压缩特性）制式，并规定国际通信时，以 A 律压缩特性为标准。我国也规定采用 PCM 30/32 路制式，下面详细介绍 PCM 30/32 路制式基群帧结构。

根据 CCITT 建议，PCM 30/32 路制式基群帧结构如图 6.11 所示，共由 32 路组成，其中 30 路用来传输用户语音，2 路用于勤务。由于 PCM 基群的话路只占用 30 个时隙，而帧同步码及每个话路的信令信号等非语音信息占用 2 个时隙，因此这种帧结构的基群称为 PCM 30/32 路系统。PCM 30/32 路系统的高次群（如二次群、三次群等）均是以基群系统为基本单元的，所以 PCM 基群也称一次群。

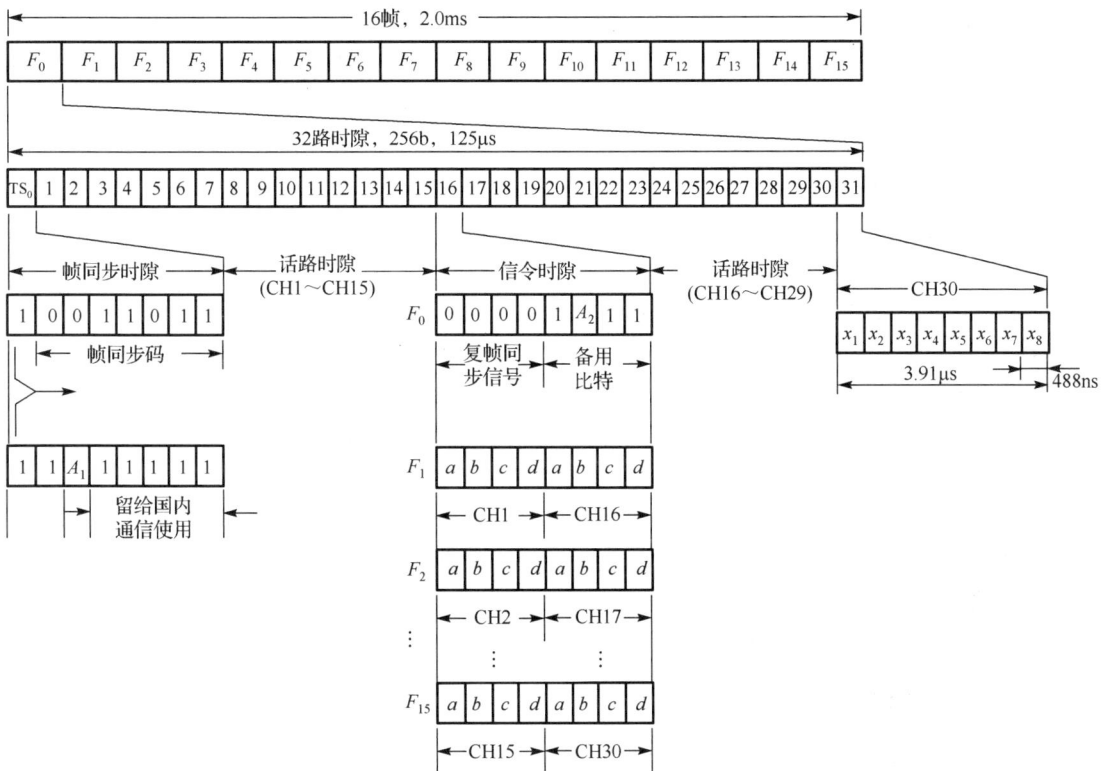

图 6.11　PCM 30/32 路制式基群帧结构

PCM 30/32 路基群的最大帧结构是复帧，1 个复帧内有 16 个子帧，编号为 $F_0, F_1, \cdots, F_{15}$，其中称 $F_0, F_2, \cdots, F_{14}$ 为偶帧，称 $F_1, F_3, \cdots, F_{15}$ 为奇帧，复帧的重复频率为 500Hz，周期为 2ms。每个子帧有 32 个时间间隔，称为时隙，各个时隙按 0~31 顺序编号，分别记为 $TS_0, TS_1, \cdots, TS_{31}$，每个时隙内有 8b，构成一个码字，一帧共包含 256b。当某一时隙用于传输语音信号时，时隙内的 8b 就是该路语音信号的 PCM 码字。由于 PCM 30/32 路基群语音信号抽样值的抽样频率为

8kHz，故对应的帧周期 $T_s = 125\mu s$。当然，各时隙也可传输非语音编码的数字信号。

由图 6.11 给出的 PCM 30/32 路时分多路时隙的分配图可以看出，将两个相邻抽样值间隔分成 32 个时隙，其中 30 个时隙用来传输 30 路语音信号，1 个时隙（TS_0）用来传输帧同步码，1 个时隙（TS_{16}）用来传输各话路的标志信号码（如拨号脉冲、被叫摘机、主叫挂机等）。第 1～15 话路的码组依次安排在时隙 $TS_1, TS_{12}, \cdots, TS_{15}$ 中传输，而第 16～30 话路依次在时隙 $TS_{17}, TS_{18}, \cdots, TS_{31}$ 中传输。根据帧结构，由抽样理论可知，PCM 30/32 路系统的总信息传输速率为

$$V_b = 8000 \times 32 \times 8 = 2.048 \text{Mb/s}$$

每个子帧内含的比特数为 $32 \times 8 = 256b$，因为帧周期 $T_s = 125\mu s$，每个时隙占用的时间为

$$\tau_1 = 8\tau_b = \frac{125}{32} \approx 3.91\mu s$$

每比特码的时间宽度 $\tau_b = \dfrac{1}{f_b} \approx 0.489\mu s$，而复帧周期为 $125\mu s \times 16 = 2ms$。

图 6.11 中子帧的 32 个时隙的传输用途如下。

（1）偶帧 $F_0, F_2, \cdots, F_{14}$ 的 TS_0 用于传输帧同步码，码型为 0011011。

（2）奇帧 $F_1, F_3, \cdots, F_{15}$ 的 TS_0 用于传输帧失步对告码等，码型为 $\{\times 1A_1SSSSS\}$，其中 A_1 是对端告警码，$A_1 = 0$ 时表示帧同步，$A_1 = 1$ 时表示帧失步；S 为备用比特，可用来传输业务码；$\times$（每个子帧的 TS_0 的第 1 比特）为国际备用比特或用于传输循环冗余校验码（CRC 码），不用时为 1，它可用于监视误码。

（3）$TS_1, TS_2, \cdots, TS_{15}$ 及 $TS_{17}, TS_{18}, \cdots, TS_{31}$ 共 30 个时隙用于传输第 1～30 路的话路信号。

（4）TS_{16} 用于传输复帧同步信号、复帧失步对告码及各路的信令（挂机、拨号、占用等）信号。F_0 帧的 TS_{16} 时隙的前 4 位码为复帧同步码，其码型为 0000；A_2 为复帧失步对告码。当 TS_{16} 用于传输随路信令信号时，它的安排是子帧 F_0 的 TS_{16} 时隙用于传输复帧失步对告码及复帧同步码，子帧 F_1 的 TS_{16} 时隙传输第 1 路和第 16 路信令信号，F_2 子帧的 TS_{16} 时隙传输第 2 路和第 17 路信令信号，以此类推，每个子帧内的 TS_{16} 时隙只能传输 2 路信令信号，这样 30 路的信令信号传输一遍需要 15 个子帧的 TS_{16} 时隙，每个话路信令信号的重复周期为一个复帧周期。复帧同步码为 0000，为避免出现假复帧同步，各话路的信令信号比特 abcd 不可同时为 0，到目前为止，d 不用，此时要固定发 1，若 bcd 均不用，要固定发 101。当前所用的基群设备中，TS_{16} 一般用于传输随路信令信号，TS_{16} 时隙也可用于传输速率达到 64kb/s 的公共信道信令获得信号定位，可组成特定公共信道信令规范的一部分。

6.5.2 PCM 30/32 路基群系统构成

1. 群路编译码系统

群路编译码系统的多个话路公用一套编译码电路，在低成本的单路 PCM 编译码器问世以前大多采用这种系统。图 6.12 给出了按群路编译码方式画出的 PCM 30/32 路设备框图。

群路编译码系统的工作过程是：首先用户的语音信号经二/四线圈送入 PCM 系统的发送端，通过每个单路设置的放大器、低通滤波器再经单路抽样信号抽样后进行多路合成，在编码电路中对合成的群路抽样值进行编码，其编码由 8 个位时钟脉冲控制，每个抽样值编 8 位码，合成后的 30 路语音编码信号再与帧同步码及信令信号在合成电路中合成，然后由信道码

型变换电路将信源码变换成适合信道传输的信道码,再送往信道;接收端将接收的信号经整
形、再生及码型反变换,再由帧同步系统调整接收端的时钟系统产生译码所需的位时钟脉冲
和分路所需的各路时钟脉冲,在位时钟脉冲的控制下对 PCM 信号进行译码,由各路时钟脉
冲控制分路;最后经低通滤波器和放大器后经二/四线圈的 4-1 端送往用户。

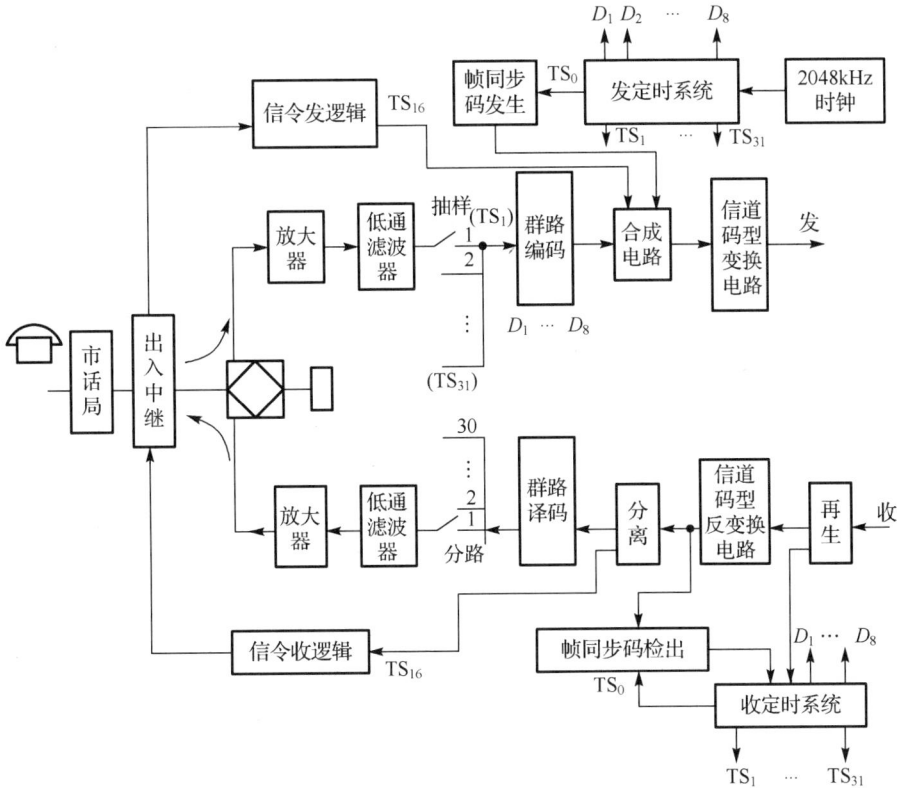

图 6.12　按群路编译码方式画出的 PCM 30/32 路设备框图

　　近年来,随着大规模集成电路的发展,PCM 多路电话系统的组成也有所变化,由原来采
用群路编译码电路改用单路编译码电路来实现编码和译码,编码和译码可做在一个芯片上,
称为单路编译码器。目前,厂家生产的 PCM 30/32 路系统几乎都是由单路编译码器构成的,
这时每个话路的相应抽样值各自组成 8 位码后再合成总的话音码流,最后与帧同步码和信令
信号合成,经码型变换后发送出去。

2. 单路编译码系统

　　图 6.13 给出了由单路编译码器构成的 PCM 30/32 路框图。在发送端,模拟信号经二线进
入混合线圈,然后送入低通滤波器,低通滤波器的输出直接加到单路编译码器,而在单路编
译码器的输出端可获得数字信息。各个单路编译码器的输出都接至发送总线,构成多路 PCM
信号输出。接收端数字信息从 PCM 收信总线进入单路编译码器的输出端,在低通滤波器的
接收端还原后的模拟信号再经低通滤波器和混合线圈送至用户。

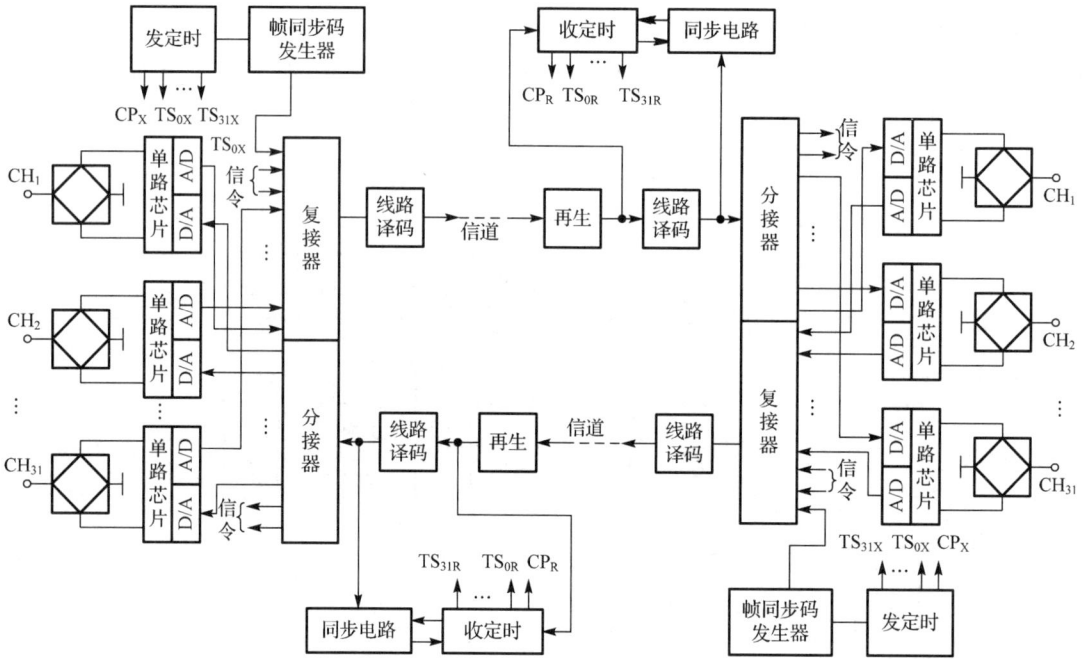

图 6.13　由单路编译码器构成的 PCM 30/32 路框图

6.5.3　PCM 的高次群数字复接

在数字通信系统中，为了进一步扩大通信网的传输容量，通常需要对基群数字信号进行多次复用以合成高次群（2～5 次群）的高速数字信号，然后通过高速信道进行传输；在接收端则按照要求分解成原来的基群数字信号并进行信息提取。这种将若干低次群的支路信号合成高次群复合信号的过程称为数字复接，在接收端将复合信号分离成各支路信号的过程称为数字分接。

1．复接等级和速率系列

对于数字基群，国际上建议采用两种标准制式，所以数字信号的二次群也相应有两种制式，即以 PCM 30/32 路制式为基群的 8448kb/s 的 120 路制式及以 PCM 24 路制式为基群的 6312kb/s 的 96 路制式。中国和欧洲采用以 PCM 30/32 路制式为基础的高次群复合方式，北美和日本采用以 PCM 24 路制式为基础的高次群复合方式。两种标准系列和高次群速率如表 6.1 所示。

表 6.1　两种标准系列和高次群速率

地区	一次群（基群）	二次群	三次群		四次群		五次群	
日本、北美	24 路 1544kb/s	96 路（24×4） 6312kb/s	672 路 （96×7） 44736kb/s	480 路 （96×5） 32064kb/s	4032 路 （672×6） 274176kb/s	1440 路 （480×3） 97728kb/s	8064 路 （4032×2） 560160kb/s	5760 路 （1440×4） 397200kb/s
中国、欧洲	30 路 2048kb/s	120 路（30×4） 8448kb/s	480 路（120×4） 34368kb/s		1920 路（480×4） 139264kb/s		7680 路（1920×4） 565148kb/s	

1）北美、日本采用的数字 TDM 等级结构

北美、日本采用的数字 TDM 等级结构如图 6.14 所示。每路 PCM 数字化速率都为 64kb/s，表示为 DS-0。由 24 路 PCM 数字复接为一个基群（或称一次群），表示为 DS-1。一次群包括 24 路用户数字化，传输速率为 1.544Mb/s。

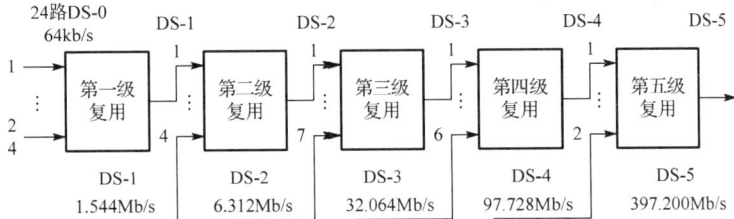

图 6.14　北美、日本采用的数字 TDM 等级结构

由 4 个一次群复接为一个二次群，表示为 DS-2。日本、北美的二次群包括 96 路用户数字化，传输速率为 6.312Mb/s。北美由 7 个二次群复接为一个三次群，表示为 DS-3，包括 672 路用户数字化，传输速率为 44.736Mb/s；日本由 5 个二次群复接为一个三次群，表示为 DS-3，包括 480 路用户数字化，传输速率为 32.064Mb/s。北美由 6 个三次群复接为一个四次群，表示为 DS-4，包括 4032 路用户数字化，传输速率为 274.176Mb/s；日本由 3 个三次群复接为一个四次群，表示为 DS-4，包括 1440 路用户数字化，传输速率为 97.728Mb/s。北美由两个四次群复接为一个五次群，表示为 DS-5，包括 8064 路用户数字化，传输速率为 560.160Mb/s；日本由 4 个四次群复接为一个五次群，表示为 DS-5，包括 5760 路用户数字化，传输速率为 397.200Mb/s。

2）ITU-T（CCITT）建议的数字 TDM 等级结构

ITU-T（CCITT）建议的数字 TDM 等级结构如图 6.15 所示，它是中国和欧洲大部分国家所采用的标准。ITU-T 建议的标准与北美标准类似，由 30 路 PCM 用户电话复用成一次群，传输速率为 2.048Mb/s。由 4 个一次群复接为一个二次群，包括 120 路用户数字化，传输速率为 8.448Mb/s。由 4 个二次群复接为一个三次群，包括 480 路用户数字化，传输速率为 34.368Mb/s。由 4 个三次群复接为一个四次群，包括 1920 路用户数字化，传输速率为 139.264Mb/s。由 4 个四次群复接为一个五次群，包括 7680 路用户数字化，传输速率为 565.148Mb/s。

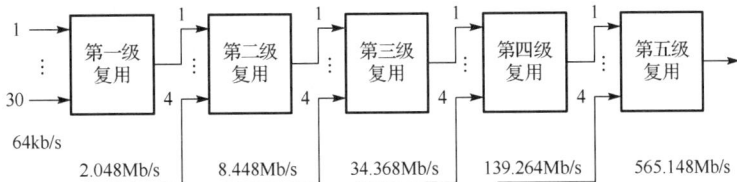

图 6.15　ITU-T（CCITT）建议的数字 TDM 等级结构

ITU-T 建议标准与北美标准的每一等级群路都可以用来传输多路数字电话，也可以用来传输其他相同速率的数字信号，如可视电话信号、数字电视信号等。

2．数字复接原理

数字复接实际上是对数字信号的时分多路复用。但由于在时分多路数字电话系统中每帧的长度为 125μs，因此，传输的路数越大，每比特占用的时间就越短，实现的技术难度也就越高。数字复接系统框图如图 6.16 所示。

数字复接系统由数字复接器和数字分接器组成。一般把两者做成一个设备，称为数字复接器。

数字复接器是将若干低速支路数字信号合并为一个高速合路数字信号的设备，它由定时单元、码速调整单元和复接单元等组成。它的工作步骤是：定时单元提供统一的基本时钟，码速调整单元将时钟频率不同的各支路信号调整成与复接定时信号完全同步的数字信号，以便复接单元进行低次群信号的复接。在复用的过程中还需要插入帧同步信号。

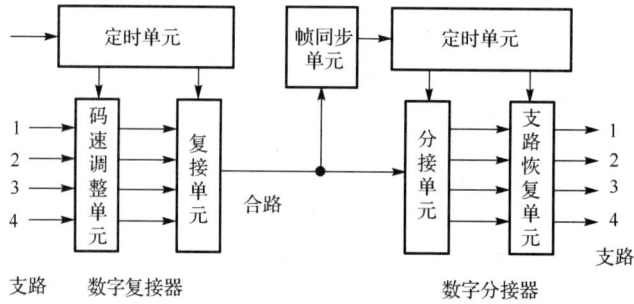

图 6.16　数字复接系统框图

数字分接器则是将高速合路数字信号分解成原来的低速支路数字信号的设备，它由定时单元、帧同步单元、分接单元和支路恢复单元等组成。它的工作步骤是：定时单元从接收到的合路信号中提取定时时钟，并分送给各支路恢复单元以便从高次复合信号中正确分解各支路信号；帧同步单元从合路信号中提取帧同步信号，用它来控制定时单元；支路恢复单元用来分离原来的各支路数字信号。

3．数字复接分类

在数字复接器中，如果复接器输入端的各支路数字信号与本机定时信号是同步的，则称为同步复接器；如果其不是同步的，则称为异步复接器。如果输入各支路数字信号与本机定时信号的标称速率相同，但实际上有一个很小的容差，这种复接器就称为准同步复接器。

1）同步复接

同步复接是用一个高稳定的主时钟来控制被复接的几个低次群，使这几个低次群的码速统一在主时钟的频率上，从而达到系统同步的目的。同步数字复接终端包括同步数字复接器（Synchronous Digital Multiplexer）和同步数字分接器（Synchronous Digital Demultiplexer）两部分，如图 6.17 所示。数字复接器把两个或两个以上的支路数字信号按时分复用方式合并成单一的合路数字信号；数字分接器把单一的合路数字信号分解为原来的各支路数字信号。通常把数字复接器和数字分接器装在一起做成一个设备，称为复接分接器（muldex），也称数字复接设备。

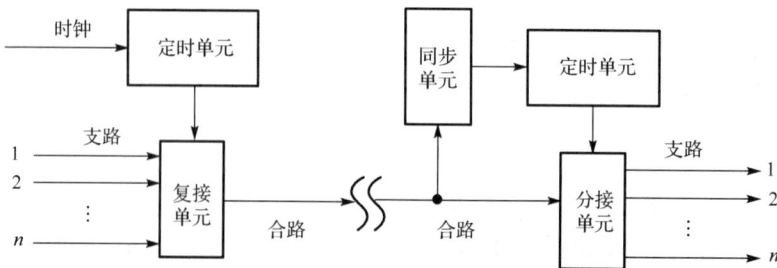

图 6.17　同步数字复接终端

同步数字复接器由定时单元和复接单元组成，而同步数字分接器则由同步单元、定时单元和分接单元组成。定时单元给设备提供各种定时信号，同步数字复接器的主时钟可由内部产生，也可由外部提供，而同步数字分接器主时钟则从接收信号中提取，并通过同步电路的调整控制，使得同步数字分接器基准时序信号与同步数字复接器基准时序信号保持正确的相位关系，即收发同步。同步的建立由同步单元实现。同步方式可分为位同步、帧同步和群同步等。下面简单介绍位同步和帧同步两种同步方式。

（1）位同步。在数字通信中，位同步是最基本的一种同步。位同步的基本含义就是接收端和发送端的时钟信号必须同频同相，这样接收端才能正确接收和判决发送端送来的每个码元。为了达到同频同相，接收端需要从收到的码流中提取发送端的时钟信号来控制接收端时钟，从而做到位同步。实现位同步的方法分为插入导频法和直接法两类。直接法按照提取同步信号的方式，又大致可分为滤波法和锁相法。锁相法的原理是：在接收端用鉴相器比较接收码元和本地产生的位同步信号的相位，如果两者不一致，则用鉴相器输出误差信号以控制本地同步信号的相位，直至本地的位同步信号的相位与接收信号的相位一致。

（2）帧同步。在复接、分接器中，如果只循环交织地复接各支路数字信号，那么一旦合并为一个合路数字信号后，就难以正确地实施分接。为了保证接收端分路系统能和发送端一致，在保持位同步的基础上还必须有一个帧同步系统，以实现发送端与接收端的帧同步。实现帧同步的基本方法是在发送端预先规定的时隙（帧同步码时隙）中插入一组特殊码型的帧同步码组，在接收端由帧同步检测电路检测该码组以保证收发帧同步。帧同步检测状态有失步态、同步校核态、同步态和同步保护态 4 种。

由于以上同步方法均存在一定的缺点，如主时钟一旦出现故障，相关的通信系统就会全部中断，因此同步复接只限于在局部区域内使用。由于异步复接是指各低次群使用各自的时钟，各低次群的时钟速率不一定相等，因此在复接时先要进行码速调整，使各低次群同步后再复接，这样就可以很好地弥补同步复接的不足。

2）异步复接

在异步复接中，参与复接的各支路信号时钟与复接器的时钟由不同时钟源提供，并要求各支路的标称数码率相等，即允许时钟频率在规定的容差范围内任意变动。对此，要严格实现各异步支路时钟的同步，还需要进行码速调整。从这一角度考虑，异步复接可看成码速调整和同步复接功能的综合。在数字复接器中，码速调整单元完成对输入各支路信号的速率和相位的调整，形成与本机定时信号完全同步的数字信号，使输入复接单元的各支路信号同步。图 6.18 所示为异步复接原理框图。

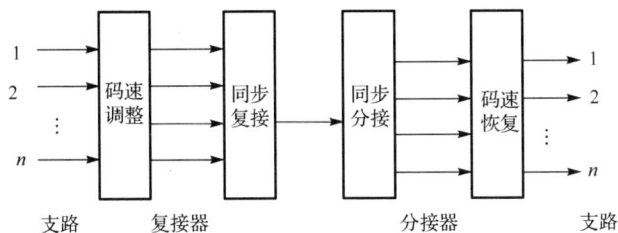

图 6.18　异步复接原理框图

3）正码速调整

码速调整技术可分为正码速调整、正/负码速调整和正/零/负码速调整三种。由于正码速调整的优点较多，因此应用得最普遍。我国 PDH 采用正码速调整的异步复接帧结构。

正码速调整的含义是使调整以后的速率比任意支路可能出现的最高速率还要高。码速恢复过程则把因调整速率而插入的调整码元及帧同步码元等去掉，恢复出原来的支路码流。正码速调整的原理如图 6.19 所示。

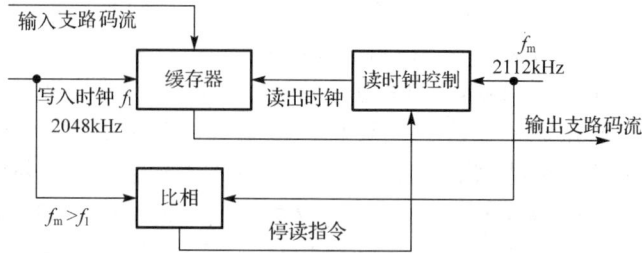

图 6.19 正码速调整的原理

实现正码速调整通常采用脉冲插入法（或称脉冲填充法），它是在各支路信号中人为地插入一些必要的脉冲，通过控制插入脉冲的多少来使各支路信号的瞬时数码率一致，从而为下一步实现同步复用提供条件。这里的码速变换任务主要由缓存器来完成。

码速调整装置的主体是缓存器。所谓正码速调整，就是因 $f_m > f_1$ 而得名的。假定缓存器中的信息原来处于半满状态，随着时间的推移，由于读出时钟 f_m 大于写入时钟 f_1，缓存器中的信息势必越来越少，如果不采取特别措施，终将导致缓存器中的信息被取空，读出的信息将是虚假的信息。

为了防止缓存器的信息被取空，需要采取一些措施。在图 6.20 中，假设某支路输入数据率为 f_m，在写入时钟的作用下，将信码写入缓存器，读出时钟的频率是 f_1，一旦缓存器中的信息比特数降到规定数量，就发出控制信号，这时控制门关闭，读出时钟被扣除 1b。由于没有读出时钟缓存器中的信息就不能读出去，而这时信息仍往缓存器存入，因此缓存器中的信息就增加 1b。如此重复，就可将码流通过缓存器传输出去，而输出信码的速率则增大为 f_1。由于 $f_m > f_1$，因此缓存器处于慢写快读的状态，最后将会出现"取空"现象。如果在设计电路时加入一个控制门，当缓存器中的信息尚未"取空"而快要"取空"时，就让它停读一次，同时插入一个脉冲（这是非信息码），以提高数码率。

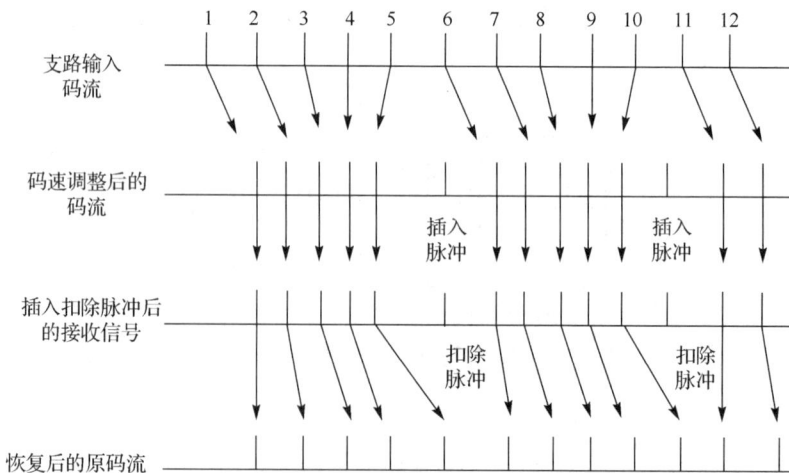

图 6.20 脉冲输入方式码速调整示意图

6.6　多　址　技　术

多址技术是指通信网内处于不同位置的多对用户同时进行通信的技术，它是与上述多路复用方法不同的一种复用方式。在移动通信系统中，有许多用户需要同时通过同一个基站和其他用户进行通信，因而必须为不同用户台发出的信号赋予不同特征，使基站能从众多用户台的信号中区分出是哪个用户台发出来的信号，而各用户台又能识别出基站发出的信号中哪个是发给自己的信号，保证多用户同时通信时各通信信号能够分别进行接收，且避免相互干扰。

6.6.1　常见的多址方式

由信号的描述特征可知，信号的不同表现在工作频率、出现时间、波形等多个方面，因此目前可根据信号特征，将已使用的多址方式划分为频分多址（Frequency Division Multi-Address，FDMA）、时分多址（Time Division Multi-Address，TDMA）、码分多址（Code Division Multi-Address，CDMA）。

在多址通信中，各路信息无须集中在一起，而是各自经过调制送到信道上，以及各自从信道上取下经调制而得到的所需信息。卫星通信就是典型的多址通信，卫星通信系统中的信道是一个转发器，各地面站将信息（包括多路信息）经调制后送到信道上，同时能接收从信道上来的信号并解调成本站所需的信息。

这里要研究的问题是如何区分多个信道，使各信道互不干扰。

1.　频分多址方式

对于不同地址的用户进行通信，当信号被调制到不同频段后在信道中传输时，此时的接入方式称为频分多址方式。在频分多址中，不同地址用户占用不同的频率，即采用不同的载波频率，通过滤波器选取信号并抑制无用干扰，各信道可同时使用。

FDMA 是比较成熟的多址复用方式之一，第一代蜂窝式移动电话系统采用的就是 FDMA 技术。采用 FDMA 接入方式的系统中心站具有 N 个信道，每个信道对应一个中心载频；所有的远端站可以共享中心站的信道资源，即在中心站的控制下，远端站可工作在任意载频信道上。目前，我国运行的模拟蜂窝式移动电话系统均使用频分多址技术。

FDMA 的特点是技术成熟、稳定、容易实现且成本较低，当然，也存在一定的缺点。由于每个用户（远端站）都要占用一定的频带，尤其在空中带宽资源有限的情况下，FDMA 系统难于形成多扇区基站，因此 FDMA 的频谱利用率较低。由于 FDMA 存在缺点，因此单纯采用 FDMA 作为多址接入方式的情况已经很少见，实用系统多采用 TDMA 方式或采用 FDMA/TDMA 方式。

2.　时分多址方式

不同地址的用户占用同一频带的同一载波，但从时间上区分各个信道的接入方式称为时分多址方式。同一载波可供若干用户同时进行通信，各用户只在规定的时隙内以突发的形式发射它的已调信号，各用户信号在时间上是严格依次排列、互不重叠的。每个信道的时隙依次排列，一个时隙称为　帧。时分多址通信系统是一种数字传输系统，既可传输话音，也可传输数据。但时分多址通信系统需要精确定时和同步，以保证各用户发送的信号不会发生重叠。

在同样频段的情况下，采用 TDMA 比 FDMA 能容纳更多的用户，即频谱利用率更高。第二代蜂窝式移动电话系统就是采用数字化时分多址技术的。TDMA 技术在国外应用得已较普遍，例如，欧洲的 GSM、北美的 ADC 和日本的 JDC 系统，均采用 TDMA 技术的数字蜂窝系统。

3. 码分多址方式

不同地址的用户占用相同的频率和同一地址段，但各有不同的伪随机码（PN 码），即以伪随机码来区分不同信道的接入方式称为码分多址方式。码分多址是以扩频信道为基础的，数字信息经信息调制（PSK 或 FSK 等）形成已调数字信号，然后用 PN 码产生器产生的 PN 码调制数字信号，使其频谱展宽后再发送。接收端收到信号后，首先通过同步电路捕捉发送 PN 码的准确相位，由此产生与发送来的伪随机码完全一致的接收用 PN 码，作为扩频解调用的本地信号，扩频解调后的信号再经信息解调后恢复为原调制信息。

卫星通信已成功地应用了 CDMA 技术。美国在 1992 年推出的码分多址数字蜂窝移动通信系统，采用直接序列扩频码分多址技术，能提供数字 GSM 系统（时分多址）6 倍的容量及模拟 AMPS 系统（频分多址）10～20 倍的容量。

4. 空分多址方式

利用空间分割构成不同信道的多址接入方法称为空分多址方式。

空分多址方式通常不是单独使用的，它与时分多址方式结合起来，称为空分多址-卫星切换-时分多址方式（SDMA-SS-TDMA）。由于空分多址方式能灵活利用多波束卫星和时分多址的各种优点，并具有很高的处理能力，能实现与模拟调频和时分多址兼容，因此已被应用在通信卫星中。在卫星通信系统中，只要卫星发向各地的波束互不重叠，就可利用卫星转发器中的切换开关矩阵进行线路分配。卫星上的切换开关相当于一部国际业务的电话交换机，例如，使用同一根电缆或光缆中的不同线对，可同时使用相同的频带进行通信，以增大通信容量。空分多址有时在构成小范围通信网时比较经济实用。

从上述对几种多址方式的比较和分析来看，每种连接技术都有不同的特点及技术优势，其中 CDMA 技术以独特的优点成为实现移动通信、无线多媒体通信、无线传输等的理想技术。在实际应用中，选择哪种多址方式应由具体情况决定。

6.6.2　多址技术和多路复用技术的联系与区别

多址技术和多路复用技术是信号分割理论的具体应用，它们很相似，但又有区别。多址技术是多个通信站的射频信号在射频信道上进行的多路复用，以达到多个通信站间多边通信的目的；而多路复用技术是一个通信站的多路群信号在中频信道上进行的多路复用，以达到两个站间的双边多路通信的目的。在实际的通信系统中，常常将多址技术和多路复用技术进行结合，下面以卫星通信系统为例，简单介绍多址技术和多路复用技术的联系。

在卫星通信系统中，采用 FDMA 时，给每个地球站分配一个专用的载波，且所有地球站的载波互不相同。为了载波互不干扰，它们之间应有足够的间隔，即频分多路复用-调频方式-频分多址接入（FDM-FM-FDMA）。具体实现步骤是：首先将电话信号经长途电信局送到载波终端，按频分多路复用方式把信号复用在 60 路标准基带中，整个基带包括 5 个基群，每个基群有 12 个话路，将它们按预先的分配方式分配给一个地球站；然后把 60 路群信号用 FM

方式调制到分配给地球站的载波上，经本站天线系统向卫星发射。通过卫星中的转发器将上行频率变换成下行频率，并发向各地球站，这些地球站将接收到的信号解调便得到 60 路群信号，再从群信号中滤出发给本站的基群信号。

本 章 小 结

在通信系统中，为了降低通信成本、提高信道利用率及增大传输容量，多采用多路复用技术。多路复用技术根据合并与区分各信号的方法不同，可分为频分多路复用技术、时分多路复用技术、码分多路复用技术和波分多路复用技术，目前最常用的两种是频分多路复用技术、时分多路复用技术。

频分多路复用是一种按照频率进行信道分割的复用方式。实现频分多路复用的方法是将用于传输信道的总带宽划分成若干子频带（或称子信道），每个子信道传输一路信号，同时在各子信道之间应设立隔离带，以保证各子信道中所传输的信号互不干扰。

时分多路复用是指以时间为信号分割的参量，采用同一信道、不同时段的传输方式以达到传输多路信号的目的。时分多路复用技术多适用于传输离散的数字信号。对于 TDM 电话通信系统，ITU-T 制定了准同步数字体系（PDH）和同步数字体系（SDH）。

码分多路复用是指各路信号依靠各自不同的码元来区分各路信道的一种复用方式，它主要和各种多址技术结合在一起产生各种接入技术。当码分多路复用技术被应用于多地址通信时，被称为码分多址技术。

波分多路复用是一种在一根光纤上使用不同的波长同时传输多路光波信号的技术，多应用于光纤信道。

本章最后介绍了多址技术，常见的多址方式有频分多址（FDMA）方式、时分多址（TDMA）方式和码分多址（CDMA）方式。

习　题　6

1．时分多路复用的概念是什么？

2．PCM 时分多路复用通信系统中的发送端的低通滤波器的作用是什么？保持间隔的目的是什么？

3．PCM 30/32 路系统的主要技术指标包括哪些？

4．PCM 30/32 路系统中 1 帧有多少比特？1s 传输多少帧？假设 $l = 7$，数码率为多少？

5．在 PCM 30/32 路定时系统中，为什么位脉冲的重复频率选为 256kHz？

6．高次群的形成采用什么方法？为什么？

7．为什么复接前首先要解决同步问题？

8．数字复接的方法有哪几种？PDH 采用哪一种？

9．画出数字复接系统框图，并说明各部分的作用。

10．为什么同步复接要进行码速变换？

11．异步复接中的码速调整与同步复接中的码速变换有什么不同？

第7章　数字信号的基带传输

- 理解数字基带信号的原理
- 掌握数字基带传输系统
- 掌握无码间串扰的基带传输系统
- 了解眼图
- 了解时域均衡技术
- 熟悉部分响应技术

本章知识结构

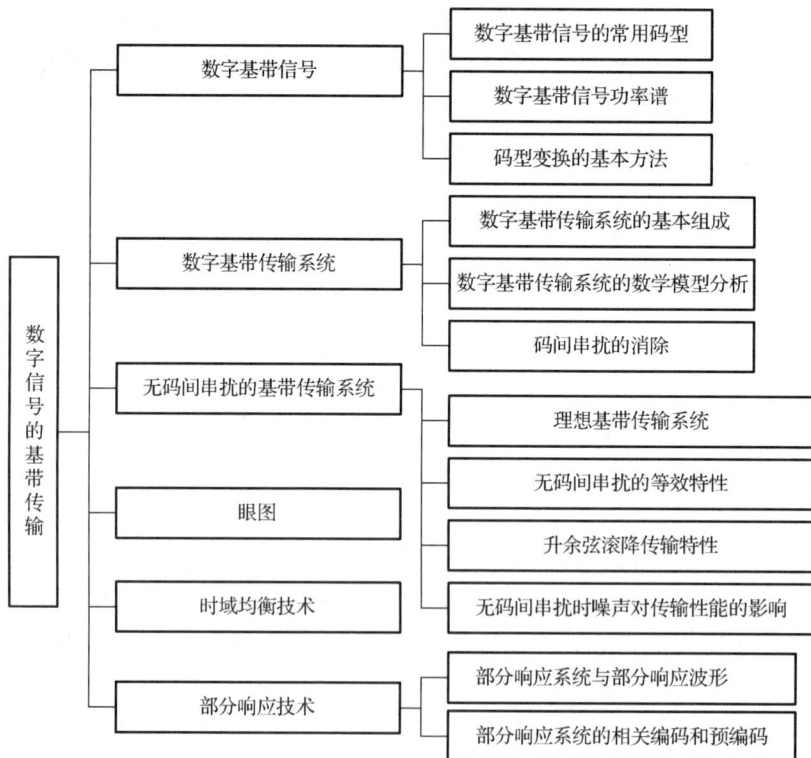

导入案例

案例一

基带传输器品种繁多，世界各地都生产基带传输器，基带传输器根据用户的选择情况分为有源产品和无源产品两大类。有源产品的性能比较好，无源产品的传输距离近、稳定性差。

最好选择一种功能强、指示直观、安装方便、维护方便、传输速率和距离达到自己网络指标的基带传输器。基带传输器在利用对称电缆构成的近程通信系统中有广泛应用，如计算机局域网中双绞线的低速数据传输（图 7.1）。

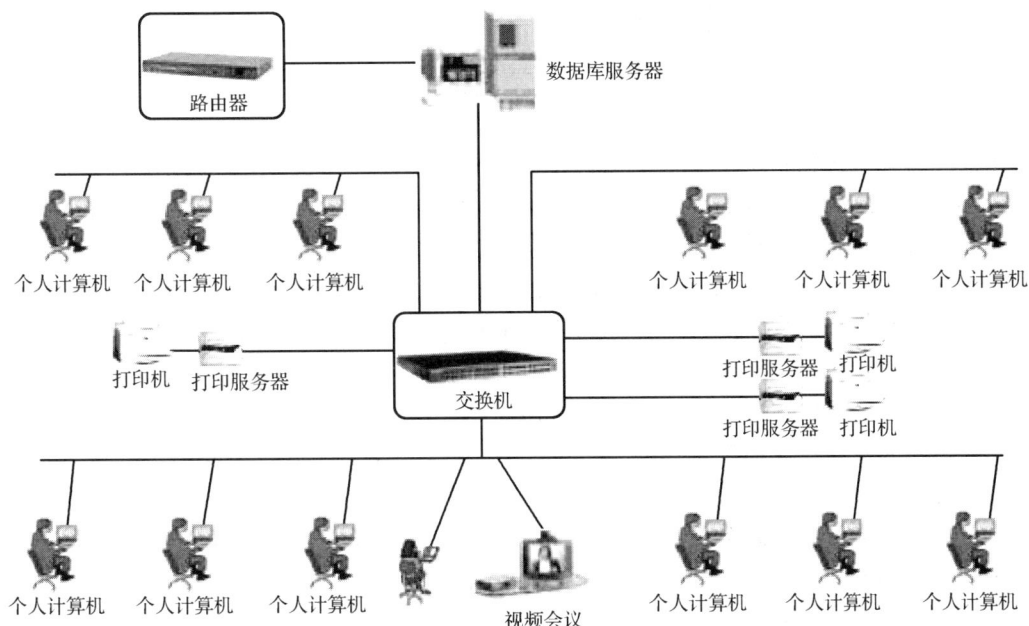

图 7.1 计算机局域网中双绞线的低速数据传输

案例二

Terra 和 Aqua 是美国 EOS（地球观测系统）中两颗重要的卫星，MODIS（中分辨率成像光谱仪）是搭载在 Terra 和 Aqua 上的一个重要的传感器，它是卫星上唯一将实时的地球观测数据通过 X 波段向全世界直接广播，并可以免费接收的星载仪器。MODIS 数据产品对气象、农业、军事和对地观察等应用均有重大意义。目前，国内厂家及科研机构对 EOS 接收系统的研究还处于调研、技术储备和前期开发阶段，而国外进口的整套系统的造价非常高，因此自主开发 MODIS 数据的接收系统变得非常必要。鉴于此，我国提出基于 MSP430 单片机和 FPGA 的 MODIS 信号基带数字接收的开发，利用基带的解调、译码等技术恢复 MODIS 原始数据（图 7.2）。

图 7.2 搭载 MODIS 的卫星外形图

在数字通信中，来自数据终端的原始数据信号（如计算机输出的二进制序列）、电传机输出的代码和模拟信号经数字化处理后的 PCM 码组等都是数字信号，这些信号往往包含丰富的低频分量，甚至直流分量，称为数字基带信号。在某些有线信道中，特别是传输距离不太远的情况下，数字基带信号可以直接传输，称为数字基带传输。而在大多数信道，如各种无线信道和光信道中，数字基带信号必须经过载波调制，把频谱搬移到载波上才能在信道中传输，这种传输称为数字频带（调制或载波）传输。本章将研究数字基带传输的基本原理、方法及性能。

7.1 数字基带信号

7.1.1 数字基带信号的常用码型

1. 传输信道对基带传输码型的要求

在实际的基带传输系统中，并不是所有的电信号都能在信道中传输。含有丰富直流和低频成分的基带信号不便提取位同步信息，有可能使信号产生畸变，因此不适宜在信道中传输，单极性基带波形就属于这种情况。因此，选择何种信号形式是基带传输系统中的首要问题。为了获得优良的传输特性，一般要将信号码变换为适合信道传输特性的传输码（又叫线路码）。在较为复杂的基带传输系统中，对传输码的要求有以下几点。

（1）码型中的直流、低频、高频分量尽量少。

（2）码型中应包含定时信息。

（3）码型变换设备要简单、可靠。

（4）码型具有一定检错能力。

（5）编码方案对信源具有透明性。

（6）低误码增值。

（7）有较高的编码效率。

2. 常用的传输码型

所选码型的电波类型有很多，常见的有矩形脉冲、三角波、高斯脉冲和升余弦脉冲等。最常用的是矩形脉冲，因为矩形脉冲易于形成和变换，下面就以矩形脉冲为例介绍几种常用码型。

1）单极性不归零（NRZ）码

在表示一个码元时，电压无须回到零，称为不归零码，如图 7.3 所示。此码型中，"1"和"0"分别对应正电平和零电平（或负电平和零电平）。通常，编码器直接输出的就是这种最简单的码型。其特点如下。

（1）有直流分量。

（2）连"0"或连"1"时不能直接提取位同步信息。

（3）在信道上占用的频带较窄。

（4）发送能量大，利于提高接收端信噪比。

（5）对信道特性变化比较敏感。

一般来说，单极性不归零码只适合极短距离传输，数字基带传输中很少采用这种码型。

2）双极性不归零码

此码型中，"1"和"0"分别对应正电平和负电平，如图 7.3 所示，其特点如下。

（1）当"1"和"0"的数量各占一半时无直流分量，但当"1"和"0"出现的概率不相等时，有直流分量。

（2）连"0"或连"1"时不能直接提取位同步信息。

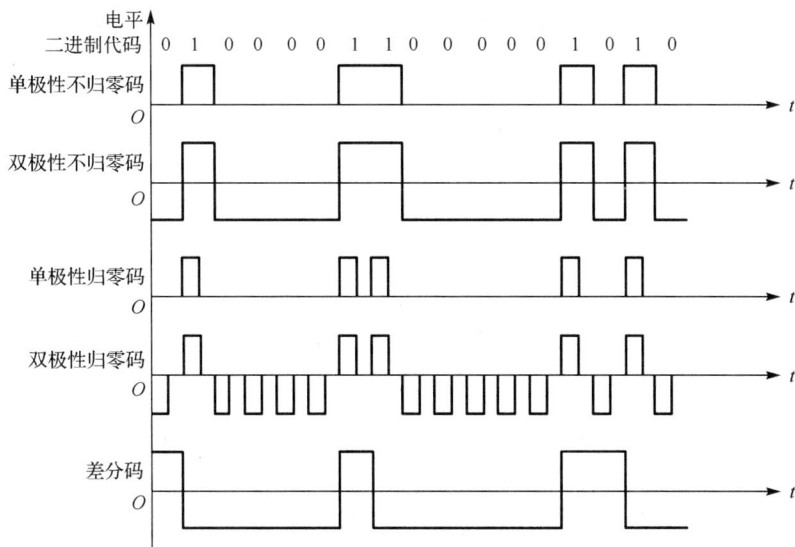

图 7.3 数字基带信号码型

（3）对信道特性变化不敏感。

（4）可在电缆等无接地线上传输。

近年来，随着 100Mb/s 高速网络技术的发展，双极性不归零码成为主流编码技术。

3）单极性归零（RZ）码

单极性归零码所用脉冲宽度比码元宽度窄，即还没有到一个码元终止时刻就回到零值，因此称为单极性归零码，如图 7.3 所示。当传输"1"时，发送 1 个宽度小于码元宽度的归零脉冲；当传输"0"时，不发送归零脉冲。此码型与单极性不归零码的主要区别是占空比不同。脉冲宽度 τ 与码元宽度 T_b 之比 τ/T_b 称为占空比，RZ 码的占空比为 NRZ 码的占空比的一半。RZ 码也不适合在信道中传输，因为它具有单极性码的一般缺点。虽然单极性 RZ 码可以直接提取位同步信息，但这并不意味着单极性 RZ 码能被广泛应用，它是其他码型提取位同步信息需采用的一种过渡码型。

4）双极性归零码

如图 7.3 所示，类似于单极性归零码，在双极性归零码中，"1"和"0"分别用正脉冲和负脉冲表示，且相邻脉冲之间必有零电平区域。除了具有双极性不归零码波形的特点，还有利于位同步信息的提取，即收发之间无须特别定时，且各符号独立地构成起止方式，此方式也称自同步方式。双极性归零码具有抗干扰能力强及码中不含直流分量的优点，因此得到了广泛应用。

5）差分码

差分码是以相邻脉冲电平的相对变化来表示代码的，因此也称相对码。"0"差分码利用相邻前后码元的电平极性改变表示"0"，不变表示"1"。而"1"差分码则利用相邻前后码元的极性改变表示"1"，不变表示"0"，如图 7.3 所示。它的特点是：用差分波形传输代码可以消除设备初始状态的影响，特别是在相位调制系统中可用于解决载波相位模糊问题。

6）交替极性（AMI）码

（1）编码规则。将消息代码"1"（传号）交替地变换为传输码的"+1"和"−1"，而"0"

（空号）保持不变，即把一个二进制符号变换成一个三进制符号，成为 1B/1T 码。

（2）编码效率为

$$\eta = \frac{1}{\log_2 3} \tag{7-1-1}$$

（3）特点：①无直流分量，且零频附近低频分量小，对信源有透明性；②码型具有一定的检错能力，即使接收端接收到的码元极性与发送端完全相反，也能正确判决；③用归零码便于提取位同步信息，但当信码出现连"0"串时，提取位同步信息困难。

μ 律 PCM 的一次、二次、三次群的接口码型均为经扰码后的 AMI 码。

7）三阶高密度双极性码（HDB$_3$ 码）

（1）编码规则。当信码的连"0"个数不超过 3 时，仍按 AMI 码的规则编码；当有 4 个连"0"时，将第 4 个"0"改为非"0"脉冲，记为+V 或–V，称为破坏脉冲。相邻 V 码的极性必须交替出现；V 码的极性应与其前一个非"0"脉冲的极性相同，否则，将 4 连"0"串的第一个"0"改为与该破坏脉冲相同极性的脉冲，并记为+B 或–B；破坏脉冲之后的传号码极性也要交替。

（2）编码效率。三阶高密度双极性码仍为 1B/1T 码，编码效率同 AMI 码的编码效率。

（3）特点：①和 AMI 码的大多数特点相同；②连"0"串不超过 3 个，便于提取位同步信息；③编码复杂，译码设备简单。

HDB$_3$ 码是应用最为广泛的一种码型，A 律 PCM 四次群以下的接口码型均为 HDB$_3$ 码。

AMI 码与 HDB$_3$ 码波形如图 7.4 所示。

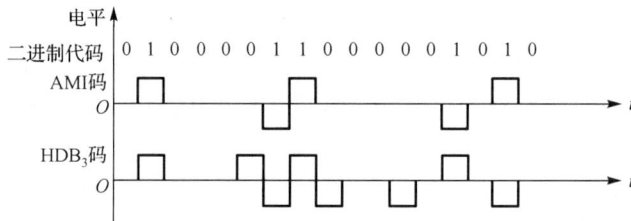

图 7.4　AMI 码与 HDB$_3$ 码波形

8）PST 码

PST 码是成对选择三进制码。其编码过程是：先将二进制码两两分组，然后把每一码组编码成两个三进制数字（+、–、0）。PST 码编码模式如表 7.1 所示。

表 7.1 列出了其中一种使用最广泛的格式。为防止 PST 码的直流漂移，当在一个码组中仅发送单个脉冲时，两种模式应交替变换。例如：

表 7.1　PST 码编码模式

二进制码	+模式	−模式
00	− +	− +
01	0 +	0 −
10	+ 0	− 0
11	+ −	+ −

二进制码	01	00	11	10	10	11	00
PST 码	0+	−+	+−	−0	+0	+−	−+
或	0−	−+	+−	+0	−0	+−	−+

PST 码能提供足够的位同步信息，且无直流分量，编码过程较简单。但这种码在识别时需要提供"分组"信息，即需要建立帧同步。

9）双相码

（1）编码规则之一："0"码用"01"两位码表示，"1"码用"10"两位码表示。以太网就采用双相码，数据通信的令牌网采用差分双相码。

（2）编码效率：1B/2B 码的编码效率为 50%。

（3）特点：①富含位同步信息；②无直流分量；③编码过程简单；④带宽是原信码的 2 倍。

双相码[也称曼彻斯特码]适用于数据终端设备在中速短距离上传输，如以太网采用双相码作为线路传输码型。

10）米勒码

米勒（Miller）码又称延迟调制码，其编码规则如下。"1"码用码元间隔中心点出现电平跃变来表示，即用"10"或"01"表示。"0"码有两种情况：单个"0"时，在码元间隔内不出现电平跃变，且与相邻码元的边界处也不跃变；连"0"时，在两个"0"码的边界处出现电平跃变，即"00"与"11"交替。

双相码、米勒码与 CMI 码波形如图 7.5 所示。

米勒码流中的最大电平不跳变宽度为 $2T_s$，即两个码元周期，这一性质可用来进行宏观检错。米勒码最初用于气象卫星和磁记录，现在也用于低速基带数传机中。

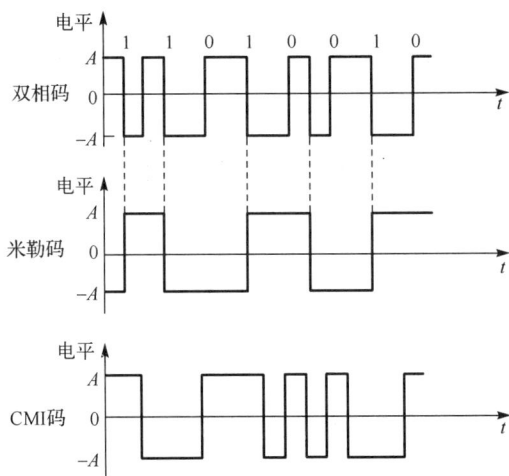

图 7.5　双相码、米勒码与 CMI 码波形

11）传号反转码（CMI 码）

（1）编码规则："1"码交替用"11"和"00"两位码表示；"0"码固定地用"01"表示。波形如图 7.5 所示。

（2）特点：①含有丰富的定时信息；②具有检错功能。

传号反转（CMI）码是国际电报电话咨询委员会（CCITT）推荐的 PCM 高次群采用的接口码型，在速率低于 8.448Mb/s 的光纤传输系统中有时也作为线路传输码型。

12）多进制码

前 11 种码都是二进制码型，实际应用中还会用到多进制码型。图 7.6（a）、图 7.6（b）分别为两种四进制码波形。图 7.6（a）为四进制单极性码，图 7.6（b）为四进制双极性码。

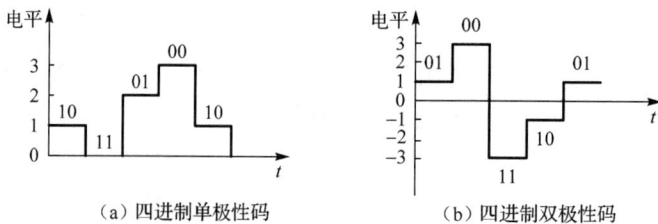

（a）四进制单极性码　　　　　（b）四进制双极性码

图 7.6　四进制码波形

7.1.2　数字基带信号功率谱

在数字通信中，数字基带信号通常为随机脉冲序列。若数字通信系统中所传输的数字序列不是随机的，而是确定的，则表示消息不携带任何信息，这样的通信就失去了意义。要获取随机脉冲序列所携带的信息，需要研究随机脉冲序列的频谱，必须从统计学角度研究它的功率谱密度。

用 $g_1(t)$ 表示"0"码，$g_2(t)$ 表示"1"码。现在假设序列中任意码元周期 T_b 内 $g_1(t)$ 和 $g_2(t)$ 出现的概率分别为 p 和 $1-p$，且认为它们的出现是统计独立的，则随机脉冲序列 $x(t)$ 的功率谱密度为

$$P_x(\omega) = f_b(1-p)|G_1(f) - G_2(f)|^2 + \sum_{m=-\infty}^{\infty} f_b[pG_1(mf_b) + (1-p)G_2(mf_b)]^2 \delta(f - mf_b) \qquad (7\text{-}1\text{-}2)$$

单极性 NRZ 码：若设 $g_1(t)=0$，$g_2(t)=g(t)$ 为门函数，则等概（$p=1/2$）时，随机脉冲序列的功率谱密度为

$$P_x(\omega) = \frac{1}{4}T_b \text{Sa}^2(\pi f T_b) + \frac{1}{4}\delta(f) \qquad (7\text{-}1\text{-}3)$$

双极性 NRZ 码：若设 $g_1(t)=-g_2(t)=g(t)$，则等概（$p=1/2$）时，其功率谱密度为

$$P_x(\omega) = T_b \text{Sa}^2(\pi f T_b) \qquad (7\text{-}1\text{-}4)$$

由以上随机脉冲序列的功率谱密度表达式，可以得出两条结论。

【结论 1】

（1）随机脉冲序列的功率谱密度可能包含连续谱和离散谱。

（2）对于连续谱而言，由于代表数字信息的 $g_1(t)$ 及 $g_2(t)$ 不能完全相同，故 $G_1(f) \neq G_2(f)$，因而连续谱总是存在的，而离散谱是否存在取决于 $g_1(t)$ 及 $g_2(t)$ 的波形及其出现的概率 p。

单极性 RZ 码：若设 $g_1(t)=0$，$g_2(t)=g(t)$ 为门函数，则等概（$p=1/2$）时，随机脉冲序列的功率谱密度为

$$P_x(\omega) = \frac{\gamma^2}{4}T_b \text{Sa}^2(\gamma \pi f T_b) + \frac{\gamma^2}{4}\sum_{m=-\infty}^{\infty} \text{Sa}^2(\gamma \pi f T_b)\delta(f - mf_b) \qquad (7\text{-}1\text{-}5)$$

双极性 RZ 码：若设 $g_1(t)=-g_2(t)=g(t)$，则等概（$p=1/2$）时，其功率谱密度为

$$P_x(\omega) = \gamma^2 T_b \text{Sa}^2(\gamma \pi f T_b) \qquad (7\text{-}1\text{-}6)$$

式（7-1-5）和式（7-1-6）中，γ 为占空比。单极性码和双极性码的功率谱密度如图 7.7 所示。

【结论 2】

随机脉冲序列的带宽主要依赖单个码元波形的频谱函数 $G_1(f)$ 或 $G_2(f)$，应取两者中较

大的带宽作为序列带宽，其带宽等于脉宽 τ 的倒数，即 $B=1/\tau$。利用离散谱是否存在这一特点，明确是否可以提取位同步信息 $1/T_b$。

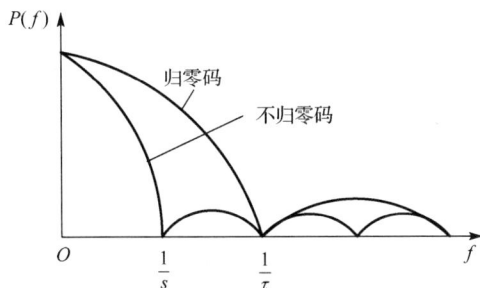

图 7.7　单极性码和双极性码的功率谱密度

综上所述，研究随机脉冲序列的功率谱是十分有意义的：一方面，可以根据它的连续谱来确定序列的带宽；另一方面，可以根据它的离散谱是否存在这一特点，明确能否从中直接提取位同步信息，以及采用怎样的方法从中获得所需的离散分量，这一点，在研究位同步、载波同步等问题时是十分重要的。

7.1.3　码型变换的基本方法

前面已经介绍了一些应用较多的线路码型，在实际通信过程中，在发送端需要把简单的二进制码型变成所需的线路码型，以适应传输信道的特性；而在接收端译码则只需使用码型的反变换还原传输的数据。码型变换的方法有多种，而译码通常采用一种方法。下面就介绍几种常用的编、译码方法。

1．码表存储法

码表存储法的框图如图 7.8 所示。该方法是将二进制码型与所需线路码型的变换表（对应关系表）写入可编程只读存储器（PROM）中，将待变换的码字作为地址码，在数据线上可得到变换后的码。对于译码器，在地址线上输入编码码字，在数据线上输出还原了的二进制原码。

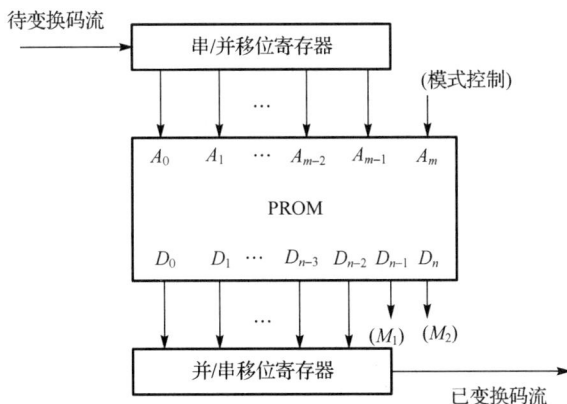

图 7.8　码表存储法的框图

码表存储法的最大优点是在码型反变换的同时用很少的器件就可实现不中断业务的误码监测，比较适合有固定码结构的线路码型，如 5B6B 码等，但受到存储器存储量和工作速率的限制。一般来说，编组码元数要小于或等于 7。

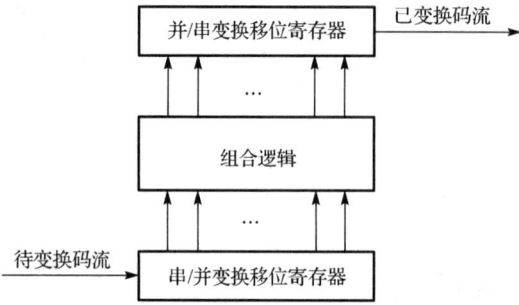

图 7.9　布线逻辑法原理

2．布线逻辑法

布线逻辑法又称组合逻辑法，它根据数字逻辑部件的要求，按组合逻辑设计的方法实现码型变换。其原理如图 7.9 所示，在某些情况下可以看成用组合逻辑代替码表存储法中的 PROM。对一些码（如 1B2B、2B3B 等）来说，此方法比码表存储法简单且易行。图 7.10 所示为用布线逻辑法实现的 CMI 编、译码器及各点的波形。

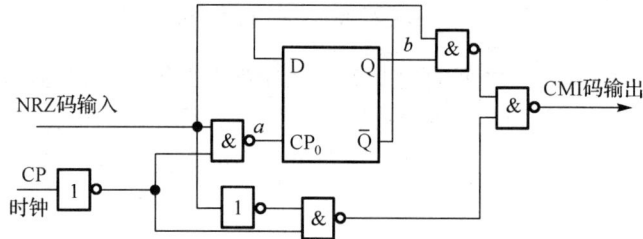

（a）CMI编码器电路

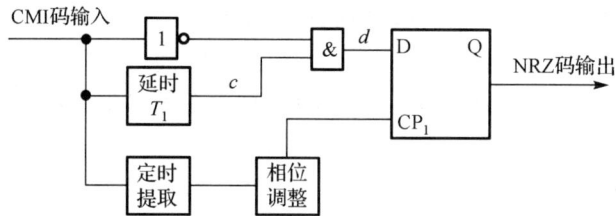

（b）CMI译码器电路

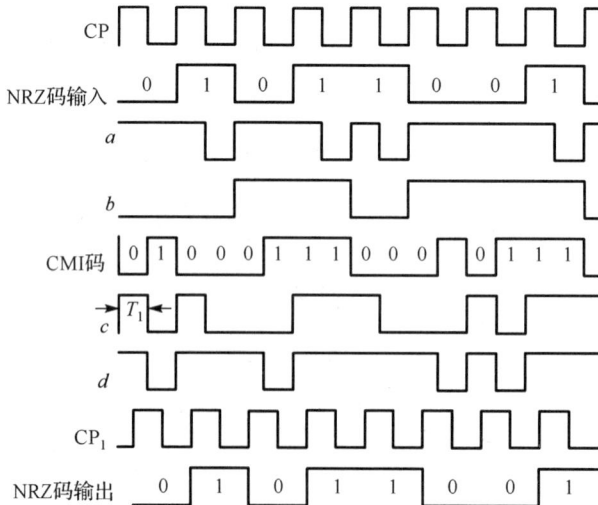

（c）各点波形

图 7.10　用布线逻辑法实现的 CMI 编、译码器及各点的波形

3. 单片 HDB$_3$ 编、译码

器件 CD22103 可同时实现 HDB$_3$ 编、译码，误码检测及告警指示信号（AIS）检出等功能。实用 HDB$_3$ 编、译码电路如图 7.11 所示，其主要特点如下。

（1）编、译码规则符合 CCITT G703 建议，工作速率为 50kb/s～10Mb/s。

（2）有 HDB$_3$ 和 AMI 编、译码选择功能。

（3）接收部分具有误码检测及告警指示信号（AIS）检测功能。

（4）所有输入接口、输出接口都与 TTL 电路兼容。

（5）具有内部自环测试能力。

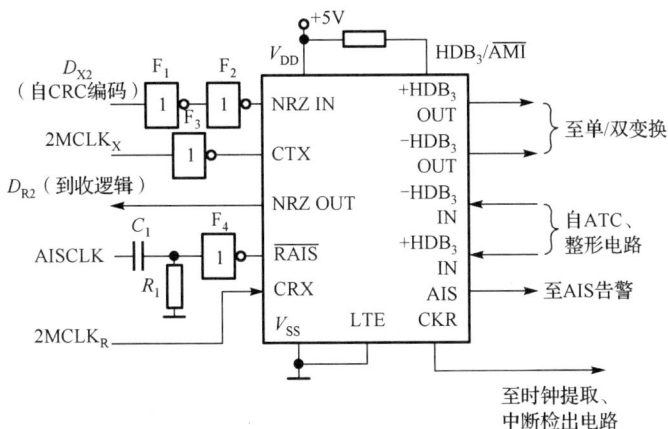

图 7.11　实用 HDB$_3$ 编、译码电路

4. 缓存插入法

缓存插入法主要用于 mB1P、mB1C 和 mB1H 等类型的码型变换。码型变换器设置一个适当长度的缓存器，用输入码的速度写入，再以变换后的速度读出，在需要的时刻插入相应的插入码，如图 7.12 所示。

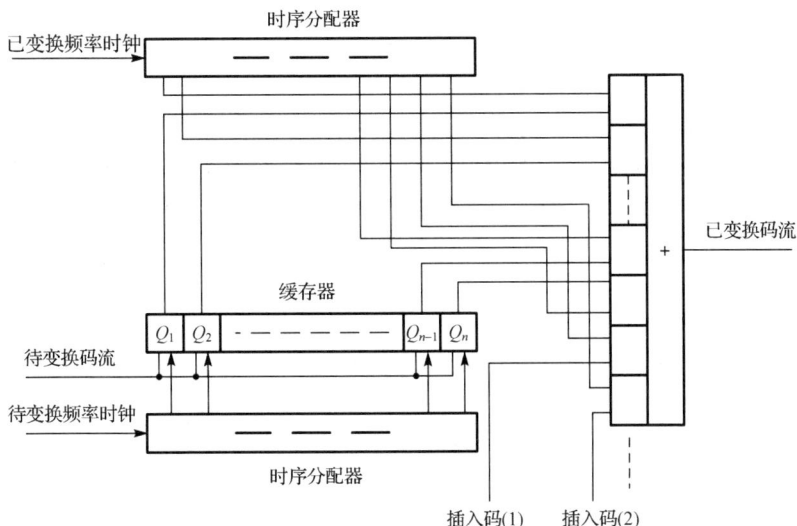

图 7.12　缓存插入法框图

7.2　数字基带传输系统

7.2.1　数字基带传输系统的基本组成

如图 7.13 所示，数字基带传输系统由信道信号形成器、信道、接收滤波器、同步时钟提取电路以及抽样判决器组成。

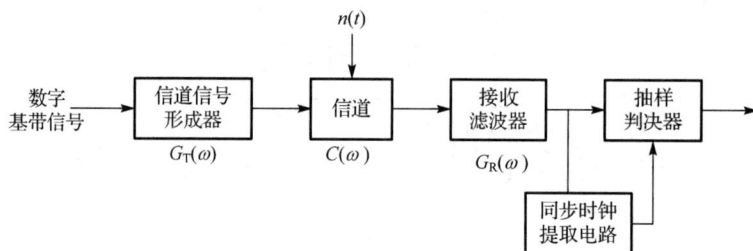

图 7.13　数字基带传输系统

图 7.13 中的某些组成部分的作用如下。

（1）信道信号形成器。数字基带传输系统的输入是由终端设备或编码器产生的脉冲序列，它往往不适合直接送到信道中传输。信道信号形成器的作用就是把原始基带信号变换成适合信道传输的基带信号，这种变换主要是通过码型变换和波形变换来实现的，其目的是与信道匹配、便于传输、减小码间串扰、利于同步提取和抽样判决。

（2）信道。信道是允许数字基带信号通过的介质，通常为有线信道，如市话电缆、架空明线等。信道的传输通常不满足无失真传输条件，甚至是随机变化的，另外，信道中还会存在噪声。在通信系统的分析中，常常把噪声 $n(t)$ 等效并集中在信道中。

（3）接收滤波器。它的主要作用是滤除带外噪声，使信道特性均衡，使输出的基带波形有利于抽样判决。

（4）抽样判决器。它是在传输特性不理想及噪声背景下，在规定时刻（由位定时脉冲控制）对接收滤波器的输出波形进行抽样判决，以恢复或再生基带信号。用来抽样的位定时脉冲则依靠同步时钟提取电路从接收信号中提取，位定时的准确与否将直接影响判决效果。

实际抽样判决值不仅有本码元的值，还有其他码元在该码元抽样时刻的串扰值及噪声。接收端能否正确恢复信息，在于能否有效地抑制噪声和减小码间串扰。图 7.14 所示为数字基带传输中码间串扰的示意图。

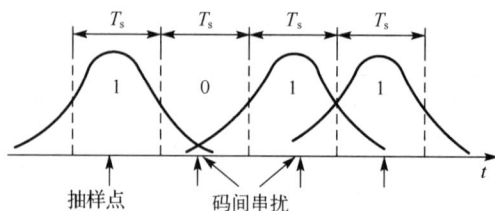

图 7.14　码间串扰的示意图

7.2.2　数字基带传输系统的数学模型分析

利用数学模型来分析数字基带传输系统，可以将图 7.13 简化为图 7.15，该模型中数字基带传输系统总的传输函数 $H(\omega)$ 为

$$H(\omega) = G_T(\omega)C(\omega)G_R(\omega) \qquad (7\text{-}2\text{-}1)$$

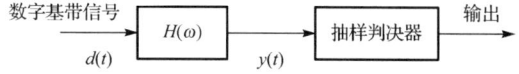

图 7.15　数字基带传输系统的简化模型

假定输入数字基带信号的基本脉冲为单位冲激响应 $\delta(t)$，则发送滤波器的输入信号可以表示为 $d(t)$，接收端抽样判决器的输入信号表示为 $y(t)$。其中

$$d(t) = \sum_{k=-\infty}^{\infty} a_k \delta(t - kT_b) \qquad (7\text{-}2\text{-}2)$$

$$y(t) = \sum_{k=-\infty}^{\infty} a_k h(t - kT_b) + n_R(t) \qquad (7\text{-}2\text{-}3)$$

在 t_0 时刻接收端的抽样值为

$$y(jT_b + t_0) = \sum_{k=-\infty}^{\infty} a_k h[(jT_b + t_0) - kT_b] + n_R(jT_b + t_0)$$

$$= \sum_{k=-\infty}^{\infty} a_k h[(j-k)T_b + t_0] + n_R(jT_b + t_0) \qquad (7\text{-}2\text{-}4)$$

$$= a_j h(t_0) + \sum_{k \neq j} a_k h[(j-k)T_b + t_0] + n_R(jT_b + t_0)$$

影响第 j 个抽样值的因素如下。

（1）第一项 $a_j h(t_0)$ 是第 j 个码元波形的抽样值，包括大小、极性，以及受滤波器、信道的影响，它是确定 a_j 的依据。

（2）第二项 $\sum_{k \neq j} a_k h[(j-k)T_b + t_0]$ 是除第 j 个码元外的其他码元波形在第 j 个抽样时刻上的总和，它对当前码元 a_j 的判决起着干扰的作用，所以称为码间串扰。

（3）第三项 $n_R(jT_b + t_0)$ 是信道加性噪声在抽样瞬间的值，它是一种随机干扰，也影响对第 j 个码元的正确判决。

7.2.3　码间串扰的消除

由前面可知，要消除码间串扰，要求

$$\sum_{k \neq j} a_k h[(j-k)T_b + t_0] = 0 \qquad (7\text{-}2\text{-}5)$$

但 a_k 随机变化，无法通过各项互相抵消使码间串扰为 0。从码间串扰的各项影响来说，当然前一码元的影响最大，因此最好让前一码元的波形在到达后一码元抽样判决时刻时已衰减到 0，如图 7.16（a）所示。但这样的波形不易实现，因此采用图 7.16（b）所示的理想的传输波形。这时，要求

（1）
$$h[(j-k)T_b + t_0] = 0, \quad j \neq k \qquad (7\text{-}2\text{-}6)$$

（2）要求 $h(t)$ 衰减得快一些，即尾巴不要拖得太长。

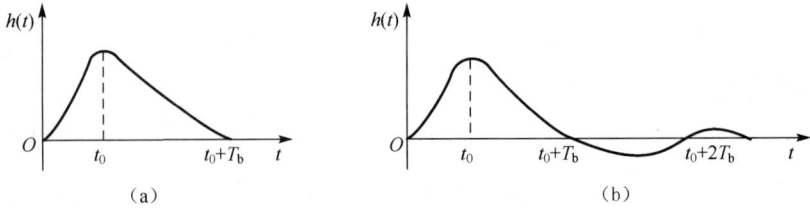

图 7.16　传输波形

7.3　无码间串扰的基带传输系统

7.3.1　理想基带传输系统

由图 7.17 可知，理想基带传输系统具有理想低通特性，其传输函数为

$$H(\omega)=\begin{cases}1（或其他常数），& |\omega|\leqslant\dfrac{\omega_{b}}{2}\\0，& |\omega|>\dfrac{\omega_{b}}{2}\end{cases} \tag{7-3-1}$$

其中，带宽 $B=(\omega_{b}/2)/2\pi=f_{b}/2$（Hz）。对其进行傅里叶反变换为

$$h(t)=\frac{1}{2\pi}\int_{-\infty}^{\infty}H(\omega)\mathrm{e}^{\mathrm{j}\omega t}\mathrm{d}\omega=2B\mathrm{Sa}(2\pi Bt) \tag{7-3-2}$$

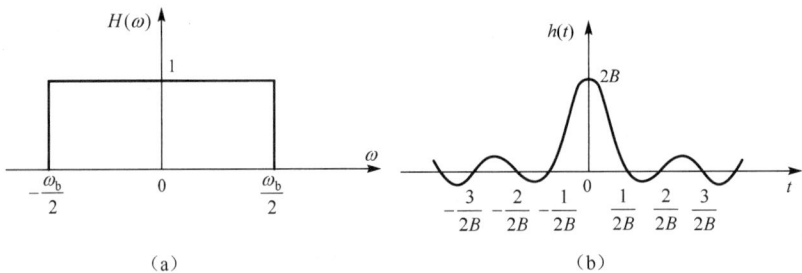

图 7.17　理想基带传输系统的 $H(\omega)$ 和 $h(t)$

7.3.2　无码间串扰的等效特性

如果信号经传输后整个波形发生变化，但只要其特定点的抽样值保持不变，那么用再次抽样的方法（这在抽样判决器中完成），仍然可以准确无误地恢复原始信码，这就是奈奎斯特第一准则（又称第一无失真条件）的本质。

理想基带传输系统中，各码元之间的间隔 $T_{b}=1/(2B)$ 称为奈奎斯特间隔，码元速率 $R_{B}=1/T_{b}=2B$。

所谓频带利用率，是指码元速率 R_{B} 和带宽 B 的比值，即单位频带所能传输的码元速率，其表达式为

$$\eta = \frac{R_B}{B} = 2\text{Baud/Hz} \tag{7-3-3}$$

先把 $h(kT_b) = \dfrac{1}{2\pi}\displaystyle\int_{-\infty}^{\infty} H(\omega)\,e^{j\omega kT_b}\,d\omega$ 的积分区

间用角频率间隔 $2\pi/T_b$ 分割，如图 7.18 所示，再
做变量代换，则可得

$$H_{eq}(\omega) = \sum_i H\left(\omega + \frac{2\pi i}{T_b}\right) = \begin{cases} T_b, & |\omega| \leqslant \dfrac{\omega_b}{2} \\[2mm] 0, & |\omega| > \dfrac{\omega_b}{2} \end{cases} \tag{7-3-4}$$

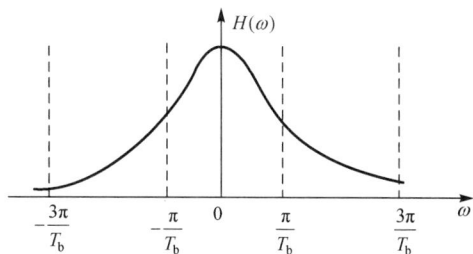

图 7.18　$H(\omega)$ 的分割

式中，$\displaystyle\sum_i H(\omega + 2\pi i / T_b)$ 表示把 $H(\omega)$ 的分割各段平移到 $[-\pi / T_b,\ \pi / T_b]$ 的区间对应叠加求和，
因此，它仅存在于 $|\omega| \leqslant \pi / T_b$ 内。

式（7-3-4）表明，把一个基带传输系统的传输特性 $H(\omega)$ 分割为 $2\pi / T_b$ 宽度，各段在
$(-\pi / T_b, \pi / T_b)$ 区间内能叠加成一个矩形频率特性，那么它在以 f_b 速率传输基带信号时，就
能做到无码间串扰。如果不考虑系统的频带，而从消除码间串扰的角度来说，传输函数 $H(\omega)$
的形式并不是唯一的。

7.3.3　升余弦滚降传输特性

理想低通系统在实际应用中存在两个问题：①理想矩形特性的物理实现极为困难；
②理想冲激响应 $h(t)$ 的"尾巴"很长，衰减很慢。当定时存在偏差时，可能出现严重的码
间串扰现象，因此，一般不能采用 $H_{eq}(\omega) = H(\omega)$，而只把这种情况作为理想的"标准"或者
作为与其他系统特性进行比较时的基准。理想冲激响应 $h(t)$ 的"尾巴"衰减慢的原因是系统
的频率截止特性过于陡峭。这种设计可看成理想低通特性按奇对称条件进行"圆滑"的结果，
此处的"圆滑"通常称为"滚降"。定义滚降系数为

$$\alpha = \frac{\omega_2}{\omega_1} \tag{7-3-5}$$

式中，ω_1 为无滚降时的截止频率；$\omega_1 + \omega_2$ 为滚降时的截止频率。

滚降特性构成示意图如图 7.19 所示。

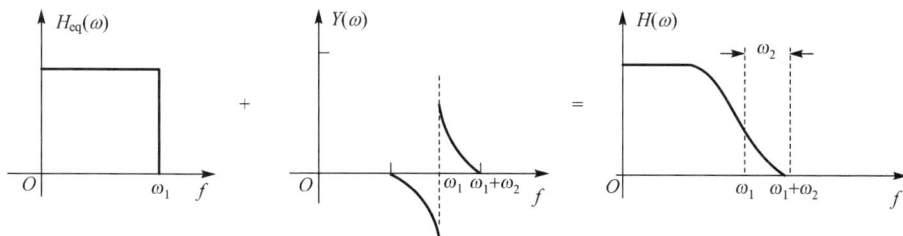

图 7.19　滚降特性构成示意图

升余弦滚降传输特性使用得较多。升余弦滚降传输函数 $H(\omega)$ 可表示为

$$H(\omega) = H_0(\omega) + H_1(\omega) \tag{7-3-6}$$

如图 7.20 所示，令 $\alpha = \omega_1 / \omega_b$ 称为滚降系数。升余弦滚降系统的冲激响应 $h(t)$ 为

$$h(t) = \frac{\sin\left(\dfrac{\pi t}{T_b}\right)}{\dfrac{\pi t}{T_b}} \cdot \frac{\cos\left(\dfrac{\pi \alpha t}{T_b}\right)}{1 - \left(\dfrac{2\alpha t}{T_b}\right)^2} \qquad (7\text{-}3\text{-}7)$$

显然，$0 \leqslant \alpha \leqslant 1$。不同的 α 有不同的滚降特性。图 7.20 画出了按升余弦滚降的三种滚降特性曲线和冲激响应曲线。具有滚降系数 α 的升余弦滚降传输函数 $H(\omega)$ 可表示为

$$H(\omega) = \begin{cases} T_b, & 0 \leqslant |\omega| < \dfrac{(1-\alpha)\pi}{T_b} \\ \dfrac{T_b}{2}\left[1 + \sin\dfrac{T_b}{2\alpha}\left(\dfrac{\pi}{T_b} - \omega\right)\right], & \dfrac{(1-\alpha)\pi}{T_b} \leqslant |\omega| < \dfrac{(1+\alpha)\pi}{T_b} \\ 0, & |\omega| \geqslant \dfrac{(1+\alpha)\pi}{T_b} \end{cases} \qquad (7\text{-}3\text{-}8)$$

实际的 $H(\omega)$ 可按不同的 α 值来选取。由图 7.20 可以看出：$\alpha = 0$ 时，$H(\omega)$ 就是理想低通特性；$\alpha = 1$ 时，$H(\omega)$ 是实际常采用的升余弦频谱特性。$\alpha = 1$ 时，$H(\omega)$ 可表示为

$$H(\omega) = \begin{cases} \dfrac{T_b}{2}\left(1 + \dfrac{\omega T_b}{2}\right), & |\omega| \leqslant \dfrac{2\pi}{T_b} \\ 0, & |\omega| > \dfrac{2\pi}{T_b} \end{cases} \qquad (7\text{-}3\text{-}9)$$

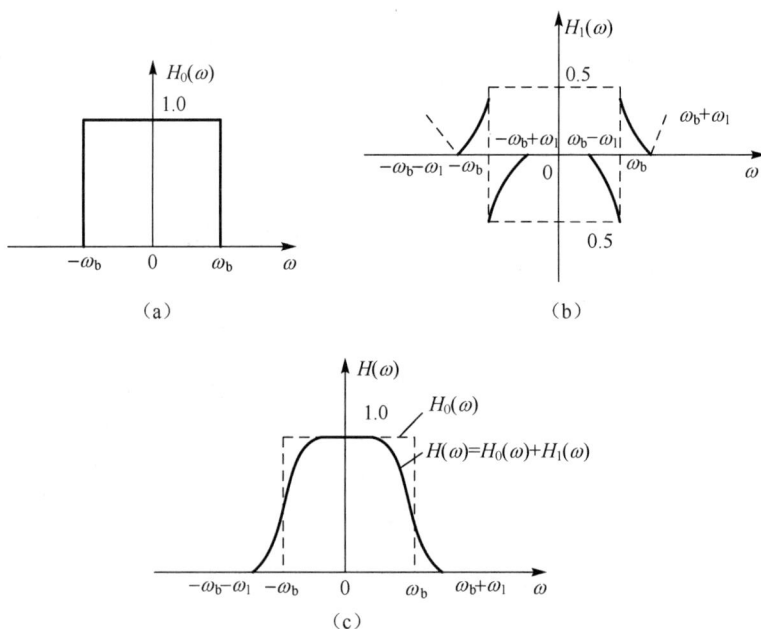

图 7.20 升余弦滚降传输特性曲线

不同 α 值的传输特性曲线与冲激响应曲线如图 7.21 所示，由图可以看出以下几点。

（1）当 $\alpha = 0$ 时，无"滚降"，为理想基带传输系统，"尾巴"按 $1/t$ 的规律衰减；当 $\alpha \neq 0$，即采用升余弦滚降时，α 越大，衰减得越快，码间串扰越小，错误判决的可能性越小。

（2）输出信号频谱所占据的带宽 $B = (1+\alpha)f_b/2$。

（3）当 $\alpha = 1$ 时，它的尾部衰减快，但它的带宽是理想低通特性的 2 倍，频带利用率只有 1Baud/Hz。

升余弦滚降特性的实现比理想低通容易得多，因此其被广泛应用于频带利用率不高，但允许定时系统和传输特性有较大偏差的场合。

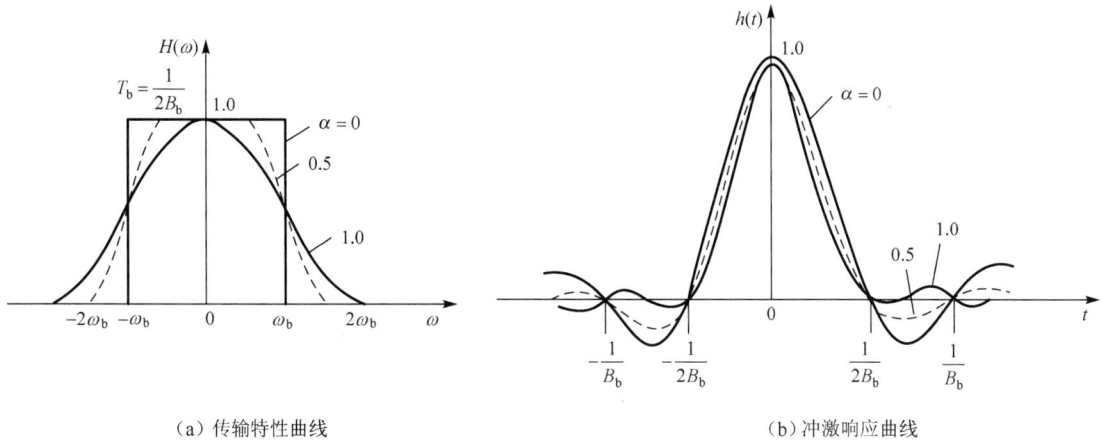

（a）传输特性曲线 （b）冲激响应曲线

图 7.21 不同 α 值的传输特性曲线与冲激响应曲线

7.3.4 无码间串扰时噪声对传输性能的影响

码间串扰和信道噪声是影响接收端判决而造成误码的两个因素。7.3.3 节讨论了不考虑噪声影响时能够消除码间串扰的基带传输特性。本节讨论在无码间串扰的条件下噪声对基带信号传输性能的影响，即计算噪声引起的误码率。

若认为信道噪声只对接收端产生影响，则抗噪声性能分析模型如图 7.22 所示。设二进制接收波形为 $s(t)$，信道噪声 $n(t)$ 通过接收滤波器后的输出噪声为 $n_R(t)$，则接收滤波器的输出是信号加噪声的混合波形，即

$$x(t) = s(t) + n_R(t) \qquad (7\text{-}3\text{-}10)$$

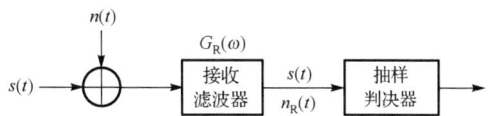

图 7.22 抗噪声性能分析模型

若二进制基带信号为双极性，设它在抽样时刻的电平取值为 A 或 $-A$（分别对应信码"1"或"0"），则 $x(t)$ 在抽样时刻的取值为

$$x(kT_b) = \begin{cases} A + n_R(kT_b), & \text{发送"1"时} \\ -A + n_R(kT_b), & \text{发送"0"时} \end{cases} \qquad (7\text{-}3\text{-}11)$$

设判决电路的判决门限电平为 V_d，则判决规则为

$$x(kT_h) \geqslant V_d，\text{判为"1"码}$$

$$x(kT_b) < V_d，\text{判为"0"码}$$

上述判决电路的典型波形如图 7.23 所示。其中，图 7.23（a）是无噪声影响时的信号波

形，图 7.23（b）是图 7.23（a）所示波形叠加噪声后的混合波形。

显然，这时的判决门限电平应选择在 0 电平处，不难看出，对图 7.23（a）所示的波形能够毫无差错地恢复基带信号，但对图 7.23（b）所示的波形就可能出现两种判决错误：原"1"错判成"0"或原"0"错判成"1"，图中带"＊"的码元就是错码。下面具体分析由信道加性噪声引起这种误码的概率 P_e，简称误码率。

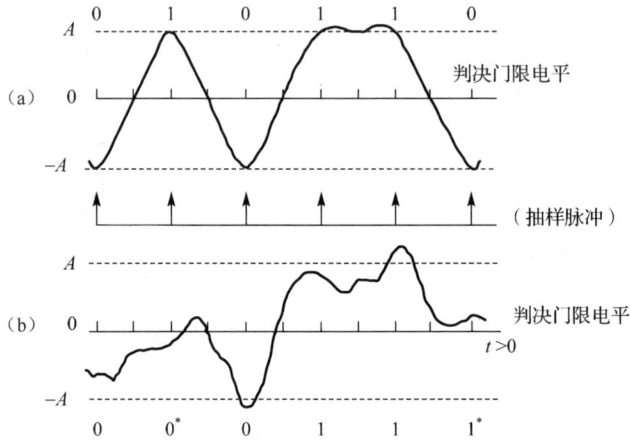

图 7.23　判决电路的典型波形

信道噪声 $n(t)$ 通常被假设为均值为 0、双边功率谱密度为 $n_0/2$ 的平稳高斯白噪声，而接收滤波器又是一个线性网络，故抽样判决器的输入噪声 $n_R(t)$ 是均值为 0 的平稳高斯白噪声，且它的功率谱密度 $P_n(\omega)$ 为

$$P_n(\omega) = \frac{n_0}{2}\left|G_R(\omega)\right|^2 \qquad (7\text{-}3\text{-}12)$$

方差（噪声平均功率）为

$$\sigma_n^2 = \frac{1}{2\pi}\int_{-\infty}^{\infty}\frac{n_0}{2}\left|G_R(\omega)\right|^2 \mathrm{d}\omega \qquad (7\text{-}3\text{-}13)$$

可见，$n_R(t)$ 是均值为 0、方差为 σ_n^2 的高斯白噪声，因此它的瞬时值的统计特性可用一维概率密度函数描述为

$$f(v) = \frac{1}{\sqrt{2\pi}\sigma_n}\mathrm{e}^{-v^2/2\sigma_n^2} \qquad (7\text{-}3\text{-}14)$$

式中，v 为噪声的瞬时取值 $n_R(kT_b)$。根据式（7-3-14）可知，当发送"1"码时，$A+n_R(kT_b)$ 的一维概率密度函数为

$$f_1(x) = \frac{1}{\sqrt{2\pi}\sigma_n}\exp\left[-\frac{(x-A)^2}{2\sigma_n^2}\right] \qquad (7\text{-}3\text{-}15)$$

而当发送"0"码时，$-A+n_R(kT_b)$ 的一维概率密度函数为

$$f_0(x) = \frac{1}{\sqrt{2\pi}\sigma_n}\exp\left[-\frac{(x+A)^2}{2\sigma_n^2}\right] \qquad (7\text{-}3\text{-}16)$$

与式（7-3-16）相对应的 $x(t)$ 的概率密度函数曲线如图 7.24 所示。这时，在 $-A \sim A$ 之间选择一个适当的电平 V_d 作为判决门限电平，根据判决规则将会出现以下几种情况。

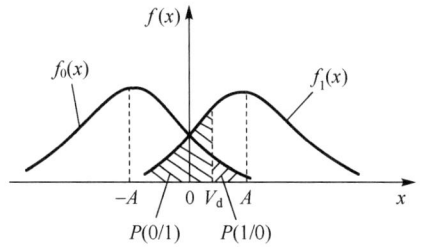

对"1"码：当 $x \geqslant V_d$ 时，判为"1"码（判决正确）；
　　　　　当 $x < V_d$ 时，判为"0"码（判决错误）。
对"0"码：当 $x \geqslant V_d$ 时，判为"0"码（判决正确）；
　　　　　当 $x > V_d$ 时，判为"1"码（判决错误）。

图 7.24　$x(t)$ 的概率密度函数曲线

可见，在二进制基带信号传输过程中，噪声会引起以下两种误码概率。

发"1"码错判为"0"码的概率 $P(0/1)$，发"0"码错判为"1"码的概率 $P(1/0)$。其中

$$
\begin{aligned}
P(0/1) = P(x < V_d) &= \int_{-\infty}^{V_d} f_1(x)\,\mathrm{d}x \\
&= \int_{-\infty}^{V_d} \frac{1}{\sqrt{2\pi}\sigma_n} \exp\left[-\frac{(x-A)^2}{2\sigma_n^2}\right]\mathrm{d}x \\
&= \frac{1}{2} - \frac{1}{2}\operatorname{erf}\left[\frac{V_d + A}{\sqrt{2}\sigma_n}\right]
\end{aligned}
\tag{7-3-17}
$$

同理，$P(1/0)$ 可以类比得出。$P(0/1)$ 和 $P(1/0)$ 分别如图 7.24 中的阴影部分所示。若发送"1"码的概率为 $P(1)$，发送"0"码的概率为 $P(0)$，则基带传输系统的总误码率可表示为

$$
P_e = P(1)P(0/1) + P(0)P(1/0)
\tag{7-3-18}
$$

从式（7-3-18）可以看出，误码率与 $P(1)$、$P(0)$、$f_0(x)$、$f_1(x)$ 和 V_d 有关，而 $f_0(x)$ 和 $f_1(x)$ 又与信号的峰值 A 和噪声平均功率 σ_n^2 有关。通常 $P(1)$ 和 $P(0)$ 是给定的，因此误码率最终由 A、σ_n^2 和判决门限电平 V_d 决定。在 A 和 σ_n^2 一定的条件下，可以找到一个使误码率最小的判决门限电平，这个门限电平称为最佳门限电平。

若 $\dfrac{\mathrm{d}P_e}{\mathrm{d}V_d} = 0$，则可求得最佳门限电平为

$$
V_d^* = \frac{\sigma_n^2}{2A}\ln\frac{P(0)}{P(1)}
\tag{7-3-19}
$$

当 $P(1) = P(0) = 1/2$ 时，$V_d^* = 0$，这时，基带传输系统的总误码率为

$$
P_e = \frac{1}{2}P(0/1) + \frac{1}{2}P(1/0) = \frac{1}{2}\left[1 - \operatorname{erf}\left(\frac{A}{\sqrt{2}\sigma_n}\right)\right] = \frac{1}{2}\operatorname{erfc}\left(\frac{A}{\sqrt{2}\sigma_n}\right)
\tag{7-3-20}
$$

由该式可知，在发送概率相等时，在最佳门限电平下，系统的总误码率仅依赖信号峰值 A 与噪声均方根值 σ_n 的比值，而与采用什么样的信号形式无关（当然，这里的信号形式必须是能够消除码间串扰的）。比值 A/σ_n 越大，P_e 就越小。

以上分析的是双极性基带信号的情况。对于单极性基带信号，电平取值为 A（对应"1"码）或 0（对应"0"码）。因此，在发"0"码时，只需将图 7.24 中 $f_0(x)$ 曲线的分布中心由 A 移到 0，这时式（7-3-19）和式（7-3-20）将分别变成

$$V_{\mathrm{d}}^{*} = \frac{A}{2} \tag{7-3-21}$$

$$P_{\mathrm{e}} = \frac{1}{2}\left[1 - \mathrm{erf}\left(\frac{A}{2\sqrt{2}\sigma_{\mathrm{n}}}\right)\right] = \frac{1}{2}\mathrm{erfc}\left(\frac{A}{2\sqrt{2}\sigma_{\mathrm{n}}}\right) \tag{7-3-22}$$

式中，A 为单极性基带信号的峰值。

　　比较式（7-3-21）与式（7-3-22）可知，当单极性基带信号与双极性基带信号的峰值 A 相等、噪声均方根值 σ_{n} 也相同时，单极性基带系统的抗噪声性能不如双极性基带系统。此外，在等概率条件下，单极性基带信号的最佳判决门限电平为 $A/2$，当信道特性发生变化时，信号峰值 A 也将变化，故判决门限电平也随之改变，而不能保持最佳状态，从而导致误码率增大。而双极性基带信号的最佳判决门限电平为 0，与信号峰值无关，因而不随信道特性的变化而变化，故能保持最佳状态。因此，基带系统多采用双极性基带信号进行传输。

7.4　眼　　图

　　滤波器部件调试不理想或信道特性变化等因素都可能使 $H(\omega)$ 改变，从而使系统性能恶化。在码间串扰和噪声同时存在的情况下，系统性能的定量分析更困难，因此在实际应用中，需要用简便的实验方法定性地测量系统的性能，其中一种有效的实验方法是观察接收信号的眼图。将一个示波器跨接在接收滤波器的输出端，然后调整示波器的水平扫描周期，使其与接收码元的周期同步。此时，可以从示波器显示的图形上观察出码间串扰和噪声的影响，从而估计系统性能的优劣程度。因为在传输二进制信号波形时，示波器显示的图形很像人的眼睛，故名为"眼图"，如图 7.25 所示。

　　图 7.25（a）是接收滤波器输出的无码间串扰的双极性基带信号波形，扫描所得的每个码元波形重叠在一起，形成图 7.25（c）所示的迹线细而清晰的大"眼睛"；图 7.25（b）是有码间串扰的双极性基带信号波形，由于存在码间串扰，此波形已经失真，示波器的扫描迹线就不完全重合，于是形成的眼图迹线杂乱，"眼睛"张开得较小，且眼图不端正，如图 7.25（d）所示。对比图 7.25（c）和图 7.25（d）可知，眼图的"眼睛"张开得越大，眼图越端正，表示码间串扰越小；反之，码间串扰越大。

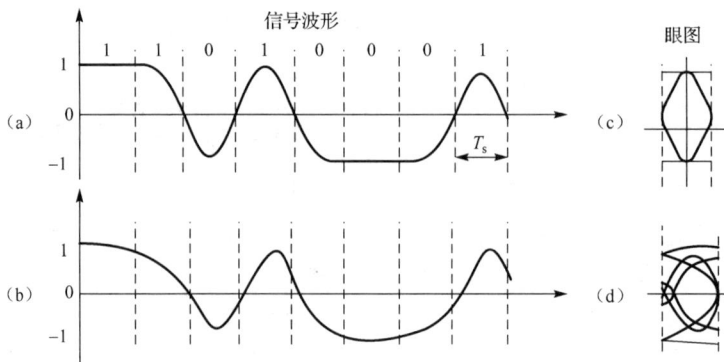

图 7.25　基带信号波形及眼图

　　当存在噪声时，眼图的迹线就变成了比较模糊的带状的线，噪声越大，线条越宽、越模糊，"眼睛"张开得越小。由以上分析可知，眼图可以定性地反映码间串扰的大小和噪声的大小。为了说明眼图和系统性能之间的关系，本节把眼图简化为一个模型，如图 7.26 所示。

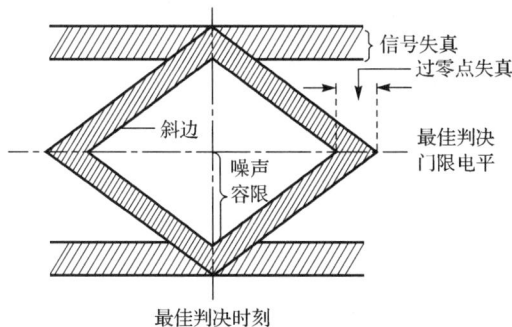

图 7.26　眼图的模型

眼图模型的说明如下。

（1）最佳抽样时刻应是"眼睛"张开最大的时刻。

（2）眼图斜边的斜率决定了系统对抽样定时误差的灵敏程度：斜率越大，对抽样定时误差越灵敏。

（3）图的阴影区的垂直高度表示信号的畸变范围。

（4）图中央的横轴位置对应判决门限电平。

（5）在抽样时刻上，上下两阴影区的间隔距离的一半为噪声容限，噪声瞬时值超过它就可能发生错误判决。

（6）图中倾斜阴影带与横轴相交的区间表示接收波形零点位置的变化范围，即过零点畸变，它对利用信号零交点的平均位置来提取定时信息的接收系统有很大影响。

图 7.27（a）和图 7.27（b）分别是二进制升余弦频谱信号在示波器上显示的两张眼图照片。图 7.27（a）是在几乎无噪声和无码间串扰下得到的，而图 7.27（b）则是在一定噪声和码间串扰下得到的。顺便指出，接收二进制波形时，在一个码元周期 T_s 内只能看到一只"眼睛"；若接收的是 M 进制波形，则在一个码元周期内可以看到纵向显示的 $M-1$ 只"眼睛"；另外，若扫描周期为 nT_s，则可以看到并排的 n 只"眼睛"。

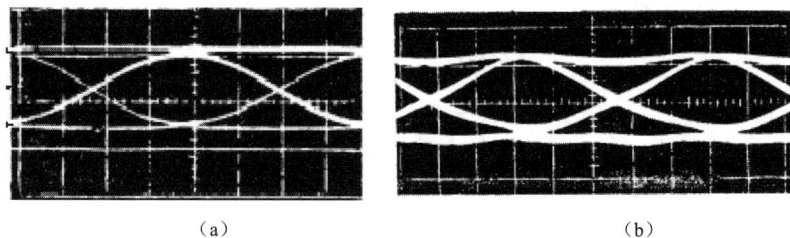

（a）   （b）

图 7.27　眼图照片

7.5　时域均衡技术

在信道特性 $C(\omega)$ 确知的条件下，人们可以精心设计接收滤波器与发送滤波器以达到消除码间串扰和尽量减小噪声影响的目的。但在实际实现时，由于难免存在滤波器的设计误差和信道特性的变化，无法实现理想的传输特性，因此会引起波形的失真并产生码间串扰，系统的性能也必然下降。理论和实践均证明，在基带系统中插入一种可调（或不可调）滤波器可以校正或补偿系统特性，减小码间串扰的影响，这种起补偿作用的滤波器称为均衡器。

均衡可分为频域均衡和时域均衡。频域均衡是指从校正系统的频率特性出发，使包括均衡器在内的基带系统的总特性满足无失真传输条件。时域均衡是指利用均衡器产生的时间波形直接校正已畸变的波形，使包括均衡器在内的整个系统的冲激响应满足无码间串扰条件。

频域均衡在信道特性不变且在传输低速数据时是适用的；而时域均衡可以根据信道特性的变化进行调整，能够有效地减小码间串扰，故在高速数据传输中得以广泛应用。本节主要讨论时域均衡原理。

对于图 7.13 所示的数字基带传输系统，其总特性如式（7-5-1）所示，当 $H(\omega)$ 不满足无码间串扰条件时，就会形成有码间串扰的响应波形。现在来证明：如果在接收滤波器和抽样判决器之间插入一个称为横向滤波器的可调滤波器，其冲激响应为

$$h_{\mathrm{T}}(t) = \sum_{n=-\infty}^{\infty} C_n \delta(t - nT_{\mathrm{s}}) \tag{7-5-1}$$

式中，C_n 完全依赖 $H(\omega)$，理论上就可消除抽样时刻的码间串扰。设插入滤波器的频率特性为 $T(\omega)$，则当

$$T(\omega)H(\omega) = H'(\omega) \tag{7-5-2}$$

时，满足

$$\sum_i H'\left(\omega + \frac{2\pi i}{T_{\mathrm{s}}}\right) = T_{\mathrm{s}}, \quad \omega \leqslant \frac{\pi}{T_{\mathrm{s}}} \tag{7-5-3}$$

如果 $T(\omega)$ 是以 $2\pi/T_{\mathrm{s}}$ 为周期的周期函数，则 $T(\omega)$ 与 i 无关，于是有

$$T(\omega) = \frac{T_{\mathrm{s}}}{\displaystyle\sum_i H\left(\omega + \frac{2\pi i}{T_{\mathrm{s}}}\right)} \tag{7-5-4}$$

既然 $T(\omega)$ 是周期为 $2\pi/T_{\mathrm{s}}$ 的周期函数，那么 $T(\omega)$ 可用傅里叶级数来表示，即

$$T(\omega) = \sum_{n=-\infty}^{\infty} C_n \mathrm{e}^{-\mathrm{j}nT_{\mathrm{s}}\omega} \tag{7-5-5}$$

$$C_n = \frac{T_{\mathrm{s}}}{2\pi} \int_{-\pi/T_{\mathrm{s}}}^{\pi/T_{\mathrm{s}}} T(\omega)\, \mathrm{e}^{\mathrm{j}n\omega T_{\mathrm{s}}} \mathrm{d}\omega \tag{7-5-6}$$

$$C_n = \frac{T_{\mathrm{s}}}{2\pi} \int_{-\pi/T_{\mathrm{s}}}^{\pi/T_{\mathrm{s}}} \frac{T_{\mathrm{s}}}{\displaystyle\sum_i H\left(\omega + \frac{2\pi i}{T_{\mathrm{s}}}\right)} \mathrm{e}^{\mathrm{j}n\omega T_{\mathrm{s}}} \mathrm{d}\omega \tag{7-5-7}$$

由式（7-5-7）看出，傅里叶级数系数 C_n 由 $H(\omega)$ 决定。对式（7-5-7）求傅里叶反变换，则可求得其单位冲激响应 $h_{\mathrm{T}}(t)$ 为

$$h_{\mathrm{T}}(t) = \mathscr{F}^{-1}[T(\omega)] = \sum_{n=-\infty}^{\infty} C_n \delta(t - nT_{\mathrm{s}}) \tag{7-5-8}$$

这就是我们需要证明的。它的功能是将输入端（接收滤波器输出端）在抽样时刻有码间串扰的响应波形变换（利用它产生的无限多响应波形之和）成在抽样时刻无码间串扰的响应波形。由于横向滤波器的均衡原理是建立在响应波形上的，故把这种均衡称为时域均衡。

由以上分析可知，横向滤波器可以实现时域均衡。无限长的横向滤波器可以（至少在理论上可以）消除抽样时刻的码间串扰，但其实际上是不可实现的。因为均衡器的长度不仅受经济条件的限制，还受每个抽头系数 C_i 调整准确度的限制。如果 C_i 的调整准确度得不到保证，则增大长度所获得的效果也不会显示出来。因此，有必要进一步讨论有限长横向滤波器的抽头增益调整问题。图 7.28 所示为有限长横向滤波器及其输入、输出单脉冲响应波形。

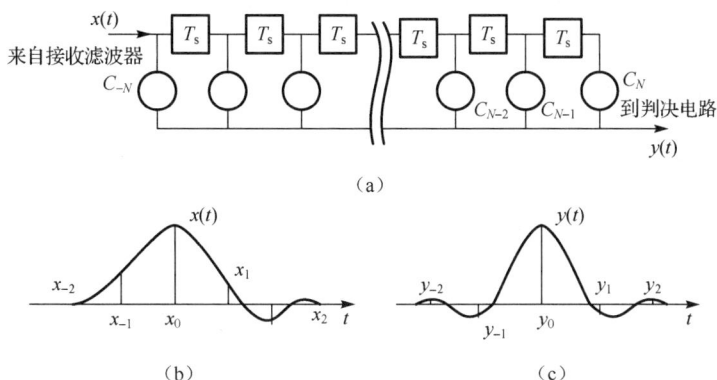

图 7.28　有限长横向滤波器及其输入、输出单脉冲响应波形

设在基带传输系统的接收滤波器与判决电路之间插入一个具有 $2N+1$ 个抽头的有限长横向滤波器，如图 7.28（a）所示，它的输入（接收滤波器的输出）为 $x(t)$，$x(t)$ 是被均衡的对象，并设它不附加噪声，如图 7.28（b）所示。

若有限长横向滤波器的单位冲激响应为 $e(t)$，相应的频率特性为 $E(\omega)$，则

$$e(t) = \sum_{i=-N}^{N} C_i \delta(t - iT_s) \tag{7-5-9}$$

其相应的频率特性为

$$E(\omega) = \sum_{i=-N}^{N} C_i e^{-j\omega T_s} \tag{7-5-10}$$

由此看出，$E(\omega)$ 由 $2N+1$ 个 C_i 确定，显然，不同的 C_i 将对应不同的 $E(\omega)$。因此，如果各抽头系数是可调整的，则图 7.28 所示的滤波器是通用的。另外，如果抽头系数设计成可调的，那么其为随时校正系统的时间响应提供了可能条件。现在考察均衡器的输出波形。因为有限长横向滤波器的输出 $y(t)$ 是 $x(t)$ 和 $e(t)$ 的卷积，故利用式（7-5-9）的特点，可得

$$y(t) = x(t) * e(t) = \sum_{i=-N}^{N} C_i x(t - iT_s) \tag{7-5-11}$$

于是，在抽样时刻 $kT_s + t_0$ 有

$$y(kT_s + t_0) = \sum_{i=-N}^{N} C_i x(kT_s + t_0 - iT_s) = \sum_{i=-N}^{N} C_i x\big[(k-i)T_s + t_0\big] \tag{7-5-12}$$

或者简写为

$$y_k = C_i^* x_{k-i} \qquad (7\text{-}5\text{-}13)$$

式（7-5-13）说明，均衡器在第 k 个抽样时刻得到的抽样值 y_k 将由 $2N+1$ 个 C_i（C_i^*）与 x_{k-i} 乘积之和来确定。显然，其中除 y_0 外的所有 y_k 都属于波形失真引起的码间串扰。当输入波形 $x(t)$ 给定，即各种可能的 x_{k-i} 确定时，通过调整 C_i 使指定的 y_k 等于零是容易办到的，但同时要求所有的 y_k（除 $k=0$ 外）都等于零是一件很难的事。下面通过一个例子来说明。

【例 7-5-1】设有一个三抽头的有限长横向滤波器，其 $C_{-1}=-1/4$，$C_0=1$，$C_{+1}=-1/2$，均衡器输入 $x(t)$ 在各抽样时刻的抽样值分别为：$x_{-1}=1/4$，$x_0=1$，$x_{+1}=1/2$，其余都为零。试求均衡器输出 $y(t)$ 在各抽样时刻的值。

解：根据式（7-5-13）

$$y_k = C_i^* x_{k-i}$$

当 $k=0$ 时，可得

$$y_0 = C_i^* x_{-i} = C_{-1}x_1 + C_0 x_0 + C_1 x_{-1} = \frac{3}{4}$$

当 $k=1$ 时，可得

$$y_{+1} = C_i^* x_{1-i} = C_{-1}x_2 + C_0 x_1 + C_1 x_0 = 0$$

由此例可知，除 y_0 外，得到 $y=0$，说明利用有限长横向滤波器减小码间串扰是可能的，但完全消除是不可能的，总会存在一定的码间串扰。所以，我们需要讨论在抽头数有限的情况下如何兼顾这些码间串扰的大小，如何调整抽头系数以获得最佳的均衡效果。

7.6 部分响应技术

7.3 节分析了两种无码间串扰系统：理想低通滤波特性系统和升余弦滚降系统。理想低通滤波特性系统的频带利用率虽达到基带传输系统的理论极限值 2Baud/Hz，但难以实现，且其 $h(t)$ 的"尾巴"振荡幅度大、收敛慢，从而对定时要求十分严格。升余弦滚降特性虽然克服了上述缺点，但所需频带加宽，频带利用率下降，因此不能适应高速传输的发展。以上两种系统都是将冲激响应完全传输的系统，所以称为完全响应系统。那么，是否存在一种频带利用率既高又使"尾巴"衰减大、收敛快的传输波形呢？本节将介绍此种波形。通常把这种波形称为部分响应波形，形成部分响应波形的技术称为部分响应技术，利用这种波形的传输系统称为部分响应系统。

7.6.1 部分响应系统与部分响应波形

1. 部分响应系统

部分响应系统采用增加有规律和受控制的码间串扰的方法，使干扰信号的拖尾和信号拖尾互相抵消。系统既能使频带利用率提高到理论上的最大值，又可形成"尾巴"衰减大、收敛快的传输波形，从而降低对定时抽样精度的要求，改善了系统的频率特性和提高了传码率。

2. 部分响应波形的产生原理

由图 7.29 所示的 $s(t)$（$\sin x/x$）波形可知，相距一个码元间隔的两个 $\sin x/x$ 波形的"拖尾"

刚好正负相反，利用这样的波形组合可以构成"拖尾"衰减很快的脉冲波形。根据这一思路，可用两个间隔为一个码元间隔 T_s 的 $\sin x/x$ 的合成波形来代替 $\sin x/x$，如图 7.30（a）所示。合成波形可表示为

$$g(t) = \frac{\sin\left[\frac{\pi}{T_s}\left(t+\frac{T_s}{2}\right)\right]}{\frac{\pi}{T_s}\left(t+\frac{T_s}{2}\right)} + \frac{\sin\left[\frac{\pi}{T_s}\left(t-\frac{T_s}{2}\right)\right]}{\frac{\pi}{T_s}\left(t-\frac{T_s}{2}\right)} \tag{7-6-1}$$

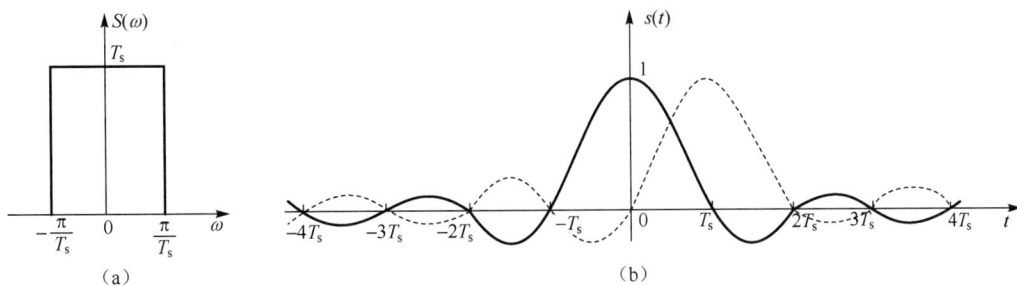

图 7.29　$\sin x/x$ 波形及延时 T_s 的 $\sin x/x$ 波形

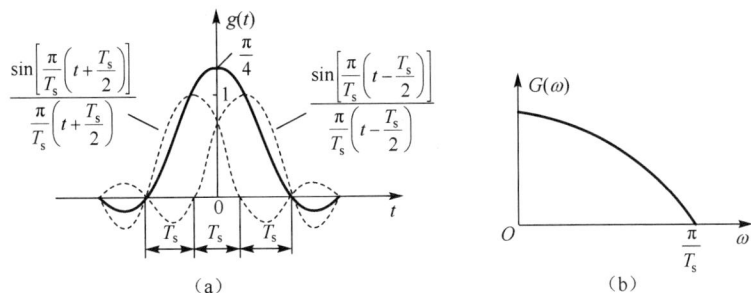

图 7.30　两个间隔为 T_s 的合成波 $g(t)$ 及其频谱 $G(\omega)$

经简化后得

$$g(t) = \frac{4}{\pi}\left[\frac{\cos(\pi t/T_s)}{1-4t^2/T_s^2}\right] \tag{7-6-2}$$

由图 7.30（a）可知，除了在相邻的抽样时刻 $t=\pm T_s/2$ 处 $g(t)=1$，在其余的抽样时刻 $g(t)$ 具有等间隔零点。对式（7-6-2）进行傅里叶变换，可得 $g(t)$ 的频谱函数为

$$G(\omega) = \begin{cases} 2T_s\cos\dfrac{\omega T_s}{2}, & |\omega| \leqslant \dfrac{\pi}{T_s} \\ 0, & |\omega| > \dfrac{\pi}{T_s} \end{cases} \tag{7-6-3}$$

显见，$g(t)$ 的频谱限制在 $[-\pi/T_s, \pi/T_s]$ 内，且呈缓变的半余弦滤波特性，如图 7.30（b）所示，这里只画了 $[0, \pi/T_s]$ 范围。其传输带宽 $B=1/(2T_s)$，频带利用率为

$$\eta = \frac{R_B}{B} = \frac{\dfrac{1}{T_s}}{\dfrac{1}{2T_s}} = 2\text{Baud}/\text{Hz}$$

即达到基带传输系统在传输二进制序列时的理论极限值。

由图 7.30 可以总结出 $g(t)$ 的波形具有以下特点。

（1）由式（7-6-2）可知，$g(t)$ 波形的"拖尾"幅度与 t^2 成反比，而 $\sin x/x$ 波形的幅度与 t 成反比，这说明 $g(t)$ 波形"拖尾"的衰减速度加快了。从图 7.30（a）也可以看到，相距一个码元间隔的两个 $\sin x/x$ 波形的"拖尾"正负相反且相互抵消，使合成波形"拖尾"迅速衰减。

（2）若用 $g(t)$ 作为传输波形，且码元间隔为 T_s，则在抽样时刻上仅发生前一码元对本码元抽样值的串扰，而与其他码元不会发生串扰，如图 7.31 所示。从表面上看，由于前后码元的串扰很大，似乎无法按 $1/T_s$ 的速率进行传输，但由于这种"串扰"是确定的、可控的，在接收端可以消除，因此仍可按 $1/T_s$ 速率传输码元。

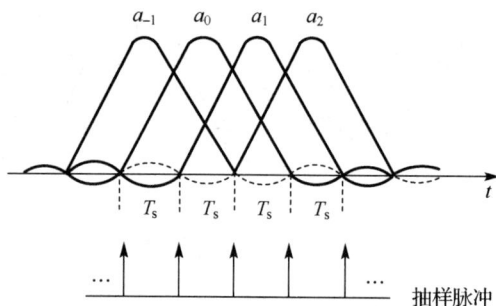

图 7.31　码元发生串扰的示意图

（3）前一码元留下的有规律的串扰，可能会造成误码的传播（或扩散）。设输入的二进制码元序列为 $\{a_k\}$，并设 a_k 的取值为 1 及 −1。当发送码元 a_k 时，接收波形 $g(t)$ 在第 k 个时刻上获得的抽样值 C_k 应是 a_k 与前一码元在第 k 个时刻上留下的串扰值之和，即

$$C_k = a_k + a_{k-1} \tag{7-6-4}$$

由于串扰值和信码抽样值的幅度相等，因此 C_k 可能有 −2、0、2 三种取值。如果 a_{k-1} 已经判定，则接收端可用收到的 C_k 减去 a_{k-1} 便可得到 a_k 的取值，即

$$a_k = C_k - a_{k-1} \tag{7-6-5}$$

3．差错传播

在前面的分析中，由于 a_k 的恢复不仅由 C_k 来确定，而且必须参考前一码元 a_{k-1} 的判决结果，因此产生了差错传播现象。如果 $\{C_k\}$ 序列中某个抽样值因干扰而发生差错，则不但会造成当前恢复的 a_k 值错误，而且会影响以后所有的 $a_{k+1}, a_{k+2}, \cdots$ 的抽样值，这种现象称为差错传播现象。例子如下。

输入信码	1	0	1	1	0	0	0	1	0	1	1
发送端 $\{a_k\}$	+1	−1	+1	+1	−1	−1	−1	+1	−1	+1	+1
发送端 $\{C_k\}$	—	0	0	+2	0	−2	−2	0	0	0	+2
接收端 $\{C_k'\}$	—	0	0	+2	0	−2	0×	0	0	0	+2
恢复端 $\{a_k'\}$	+1	−1	+1	+1	−1	−1	+1×	−1×	+1×	−1×	+3×

由此例可见，在 $\{C'_k\}$ 出现错误之后，接收端恢复的 $\{a'_k\}$ 全部是错误的。此外，在接收端恢复 $\{a'_k\}$ 时还必须有正确的起始值（+1），否则不可能得到正确的 $\{a'_k\}$ 序列。

7.6.2 部分响应系统的相关编码和预编码

前面提到部分响应系统的接收端在判决恢复数据时会存在差错传播现象，为了消除这种现象，通常将绝对码变换为相对码，然后进行部分响应编码。

1．预编码

先将输入信码 a_k 变成 b_k，其规则是

$$a_k = b_k \oplus b_{k-1} \tag{7-6-6}$$

或

$$b_k = a_k \oplus b_{k-1} \tag{7-6-7}$$

2．相关编码

把 $\{b_k\}$ 用双极性二元码波形表示为发送序列，形成由式（7-6-7）决定的发送波形序列，则此时对应的 $C_k = a_k + a_{k-1}$ 改写为

$$C_k = b_k + b_{k-1} \tag{7-6-8}$$

显然，对式（7-6-8）进行模 2（mod2）处理，则有

$$[C_k]_{\text{mod}2} = [b_k + b_{k-1}]_{\text{mod}2} = b_k \oplus b_{k-1} = a_k \tag{7-6-9}$$

上述整个过程不需要预先知道 a_{k-1}，故不存在错误传播现象。通常，把 a_k 变成 b_k 的过程称为预编码，而把 $C_k = b_k + b_{k-1}$（或 $C_k = a_k + a_{k-1}$）的过程称为相关编码。

重新引用上面的例子，由输入 a_k 到接收端恢复 a'_k 的过程如下：

a_k	1	0	1	1	0	0	0	1	0	1	1
b_{k-1}	0	1	1	0	1	1	1	1	0	0	1
b_k	1	1	0	1	1	1	1	0	0	1	0
C_k	0	+2	0	0	+2	+2	+2	0	−2	0	0
C'_k	0	+2	0	0	+2	+2	+2	0	0×	0	0
a'_k	1	0	1	1	0	0	0	1	1×	1	1

3．模 2 判决

判决规则为

$$C_k = \begin{cases} \pm 2, & \text{判0} \\ 0, & \text{判1} \end{cases} \tag{7-6-10}$$

此例说明，由当前 C_k 值可直接得到当前的 a_k，所以错误不会传播下去，而是局限在受干扰码元本身位置，这是因为预编码解除了码间的相关性。

4．部分响应波形的一般表达式

整个上述处理过程可概括为"预编码—相关编码—模 2 判决"。前面讨论的内容属于第 I

类部分响应波形，其系统组成框图如图 7.32 所示。其中图 7.32（a）为原理框图，图 7.32（b）为实际系统组成框图。

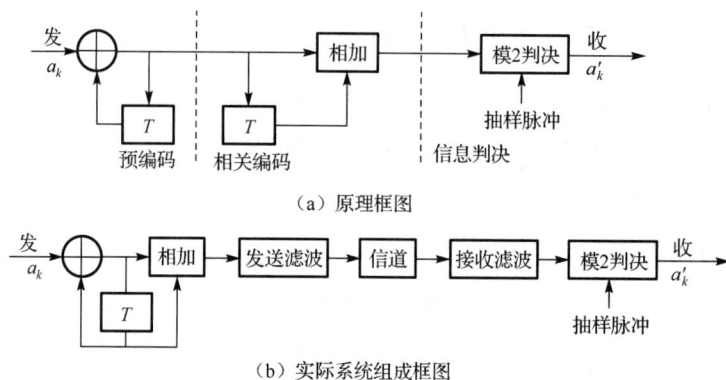

（a）原理框图

（b）实际系统组成框图

图 7.32　第 I 类部分响应系统组成框图

应当指出，部分响应信号是由预编码器、相关编码器、发送滤波器、信道和接收滤波器共同产生的。这意味着：如果相关编码器的输出为 δ 脉冲序列，那么发送滤波器、信道和接收滤波器的传输特性应为理想低通特性。但由于部分响应信号的频谱是滚降衰减的，因此对理想低通特性的要求可以略有放松。

部分响应波形的一般形式可以是 N 个 Sa(x) 波形之和，其表达式为式（7-6-11）。式中 R_1，$R_2, \cdots, R_N$ 为加权系数，其取值为正整数、负整数及零。例如，当取 $R_1=1$，$R_2=1$，其余系数 $R_i=0$ 时，就是前面所述的第 I 类部分响应波形。

$$g(t) = R_1 \mathrm{Sa}\left(\frac{\pi}{T_s}t\right) + R_2 \mathrm{Sa}\left[\frac{\pi}{T_s}(t - T_s)\right] + \cdots + R_N \mathrm{Sa}\left\{\frac{\pi}{T_s}\left[t - (N-1)T_s\right]\right\} \qquad (7\text{-}6\text{-}11)$$

对应式（7-6-11）所示部分响应波形的频谱函数为

$$G(\omega) = \begin{cases} T_s \displaystyle\sum_{m=1}^{N} R_m \mathrm{e}^{\mathrm{j}\omega(m-1)T_s}, & |\omega| \leqslant \dfrac{\pi}{T_s} \\[2mm] 0, & |\omega| > \dfrac{\pi}{T_s} \end{cases} \qquad (7\text{-}6\text{-}12)$$

可见，$G(\omega)$ 仅在 $[-\pi/T_s, \pi/T_s]$ 范围内存在。显然，R_i（$i=1,2,\cdots,N$）不同，将有不同类别的部分响应信号，相应有不同的相关编码方式。若输入数据序列为 $\{a_k\}$，相应的相关编码电平为 $\{C_k\}$，则

$$C_k = R_1 a_k + R_2 a_{k-1} + \cdots + R_N a_{k-(N-1)} \qquad (7\text{-}6\text{-}13)$$

为了避免因相关编码而引起的差错传播现象，一般要经过类似于前面介绍的"预编码—相关编码—模 2 判决"过程。先将 a_k 进行预编码

$$a_k = R_1 b_k + R_2 b_{k-1} + \cdots + R_N b_{k-(N-1)} \quad （按模 L 加） \qquad (7\text{-}6\text{-}14)$$

式中，a_k 和 b_k 已假设为 L 进制。然后，对预编码后的 b_k 进行相关编码

$$C_k = R_1 b_k + R_2 b_{k-1} + \cdots + R_N b_{k-(N-1)} \quad （算术加） \qquad (7\text{-}6\text{-}15)$$

最后对 C_k 做模 L 处理，并与式（7-6-15）比较可得所期望的结果。此时，不存在差错传播问题，且接收端的译码十分简单，只需直接对 C_k 按模 L 判决即可得 a_k。根据 R 取值的不同，表 7.2 列出了常见的几类部分响应波形、频谱特性和加权系数 R_N，分别命名为第Ⅰ类、第Ⅱ类、第Ⅲ类、第Ⅳ类、第Ⅴ类部分响应信号。为了便于比较，把具有 $\sin x/x$ 波形的理想低通也列在表内并称为第 0 类。从表 7.2 可看出，各类部分响应波形的频带宽度均不超过理想低通的频带宽度，但它们的频谱结构和对邻近码元抽样时刻的串扰不同。目前应用得较多的是第Ⅰ类部分响应信号和第Ⅳ类部分响应信号。第Ⅰ类频谱主要集中在低频段，适合频带中高频严重受限的信道场合。

第Ⅳ类部分响应信号无直流分量，且低频分量小，便于通过载波线路，便于边带滤波和实现单边带调制，因而在实际应用中，第Ⅳ类部分响应信号用得最为广泛，其系统组成框图可参照图 7.32 得到，这里不再画出。此外，以上两类部分响应信号的相关编码后的电平数比其他类别的小，这也是它们得以广泛应用的原因之一，当输入为 L 进制信号时，经部分响应传输系统得到的第Ⅰ类、第Ⅳ类部分响应信号相关编码后的电平数为 $2L-1$。

表 7.2　部分响应信号

类别	R_1	R_2	R_3	R_4	R_5	$g(t)$	$\|G(\omega)\|,\ \left\|\omega \leq \dfrac{\pi}{T_s}\right\|$	二进制输入时的 C_k 电平数
0	1							2
Ⅰ	1	1					$2T_s\cos\dfrac{\omega T_s}{2}$	3
Ⅱ	1	2	1				$4T_s\cos^2\dfrac{\omega T_s}{2}$	5
Ⅲ	2	1	-1				$2T_s\cos\dfrac{\omega T_s}{2}\sqrt{5-4\cos(\omega T_s)}$	5
Ⅳ	1		0		-1		$2T_s\sin^2(\omega T_s)$	3
Ⅴ	-1	0	2	0	-1		$4T_s\sin^2(\omega T_s)$	5

本 章 小 结

常用数字基带信号码型有单、双极性不归零码，单、双极性归零码，差分码，AMI 码，HDB_3 码，CMI 码，5B6B 码等。通过对其功率谱密度进行分析，可了解信号各频率分量大小，以便选择适合线路传输的序列波形，并对信道频率特性提出合理要求。码型变换的基本方法有码表存储法、布线逻辑法和缓存插入法，HDB_3 码可采用专用芯片完成编、译码。

基带信号传输时，要考虑码元间的相互干扰，即码间串扰问题。奈奎斯特第一准则给出了抽样无失真条件，理想低通型 $H(\omega)$ 和升余弦 $H(\omega)$ 都能满足奈奎斯特第一准则，但升余弦的频带利用率低于极限利用率 2Baud/Hz。

由于很难预先知道实际信道特性，因此码间串扰在所难免。为了实现最佳传输的效果，常用眼图监测系统性能，并采用均衡器和部分响应技术改善系统性能。

习 题 7

1. 码间串扰及其产生的原因是什么？它对通信质量有什么影响？为了消除码间串扰，基带传输系统的输出函数应满足什么条件？

2. 以理想低通网络传输 PCM 30/32 路系统信号时，所需传输通路的带宽为多少？如果以滚降系数 $\alpha=0.5$ 的滚降低通网络传输，那么带宽为多少？

3. 将基带传输系统等效为理想低通滤波器，其截止频率为 1000kHz，基带传输系统中传输的数字信号采用二进制，数码率为 2048kb/s，那么抽样判决点是否存在码间串扰？

4. 设数字信号序列为 10110000010000011101，试将其编成下列码型，并画出相应的波形。

（1）单极性归零码。

（2）AMI 码。

（3）HDB_3 码。

5. AMI 码的缺点是什么？

6. 某 CMI 码为 11000101110100，试将其还原为二进制码（NRZ 码）。

7. 请思考引起传输码型误码增值的原因。

8. 无码间串扰的基带传输系统传输单极性信号时，误码率与信噪功率比的关系是什么？

9. 如下图所示，为了传输码元速率为 $R_B=10^3$Baud 的数字基带信号，系统应采取哪种传输特性并说明理由。

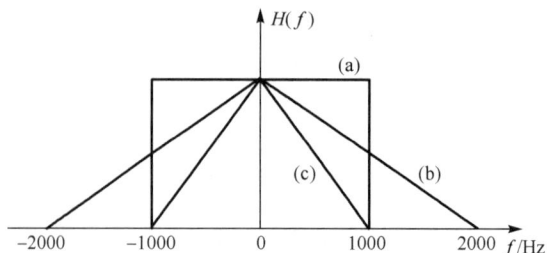

10. 将下列某段 NRZ 码分别变换成 HDB_3 码、AMI 码和 CMI 码。

NRZ 码：10110010000011110000100000101

11．已知某单极性不归零随机二进制脉冲序列，其码元速率 $R_B = 1200\text{Baud}$，"1"码为幅度为 A 的矩形脉冲，"0"码为 0，且"1"码出现的概率 $P=0.6$。

（1）确定该序列的带宽及直流功率。

（2）确定该序列有无定时信号。

12．一随机二进制序列为 101100100，"1"码用脉冲 $g(t) = \dfrac{1}{2}\left(1 + \cos\dfrac{2\pi t}{T}\right)$ 表示，"0"码用 $-g(t)$ 表示，码元持续时间为 T_s。

（1）当示波器扫描周期 $T_0 = T_s$ 时，试画出眼图。

（2）当 $T_0 = 2T_s$ 时，试画出眼图。

（3）比较以上两种眼图的最佳抽样判决时刻、判决门限电平。

第8章 数字载波调制传输

学习目标

- 理解数字调制与解调的概念
- 掌握数字调制方式的分类
- 掌握振幅键控、频移键控和相移键控的原理及方法
- 了解不同数字调制系统的性能
- 了解现代数字调制技术的分类
- 掌握典型现代数字调制技术的原理

本章知识结构

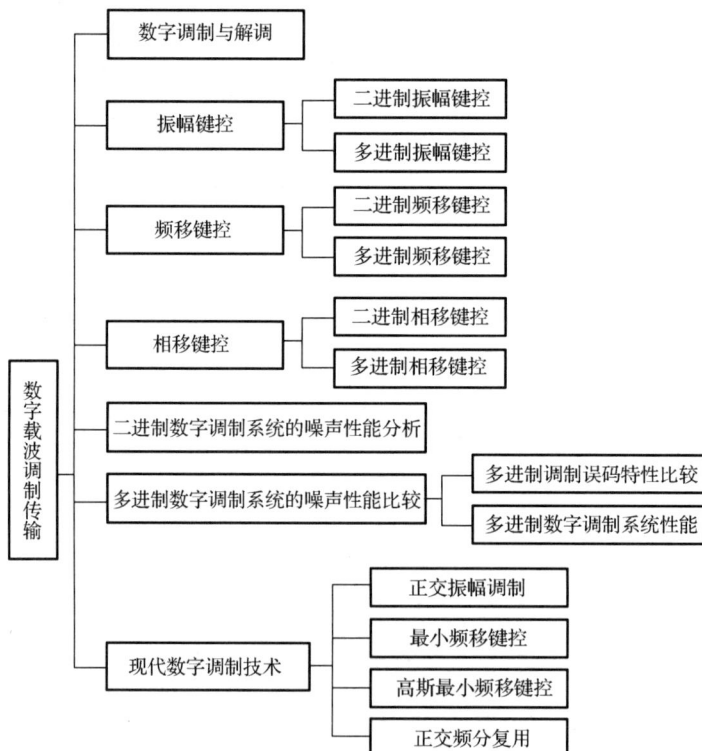

导入案例

案例一

随着数字通信技术的发展，以及人们对视听娱乐的要求不断提高，高清晰度数字电视

（HDTV）（图 8.1）进入人们的生活。HDTV 对信息传输速率的要求很高，主要是通过压缩编码和有效的数字调制技术实现的。其中，HDTV 使用的数字调制技术主要有正交振幅调制（QAM）、残留边带调制（VSB）、相移键控（PSK）和正交频分复用（OFDM）等。

　　案例二

　　数字蜂窝移动通信是在模拟蜂窝移动通信的基础上发展而来的，二者在网络组成、设备配置、网络功能等方面都有共同之处。但数字蜂窝网采用全数字传输，技术更先进，功能更完备，通信更可靠，而且更适合与其他数字通信网（如综合业务数字网 ISDN、公用数据网 PDN）互联。数字蜂窝移动通信网中广泛采用了四相相移键控（QPSK）、正交振幅调制（QAM）、高斯最小频移键控（GMSK）等数字调制技术。数字蜂窝移动通信系统如图 8.2 所示。

图 8.1　高清晰度数字电视　　　　　　　　图 8.2　数字蜂窝移动通信系统

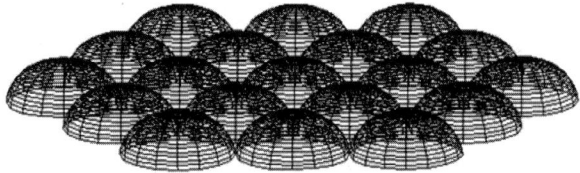

　　数字信号的传输有两种方式。第 7 章主要介绍了数字信号的基带传输，它是将信源发出的信号经过码型变换及波形形成后直接传输至接收端。虽然码型变换及波形形成可使信号频谱发生一些变化，但是其分布范围依旧在基带范围内。因此，数字基带信号不可能在无线信道、光纤信道等传播介质中直接传输，而是与模拟信号一样，必须经过调制才能传输。这种用数字基带信号调制载波后进行传输的方式称为载波调制传输，也称频带传输。其传输系统称为数字调制传输系统或数字频带传输系统。

　　数字调制有三种基本形式：振幅键控（ASK）、频移键控（FSK）和相移键控（PSK）。本章将对不同类型的数字调制系统进行详细介绍。下面首先介绍数字调制与解调的基本概念。

8.1　数字调制与解调

　　在实际的数字传输系统中，包括无线信道在内的大部分信道都具有带通传输特性，因而数字基带信号必须经过调制才能在信道中传输。在发送端可以用数字基带信号控制正弦型载波的幅度、频率或相位，形成数字振幅调制、数字频率调制和数字相位调制；也可以用数字基带信号同时改变正弦型载波的幅度、频率和相位，产生新型的数字调制。数字调制系统的基本结构如图 8.3 所示。

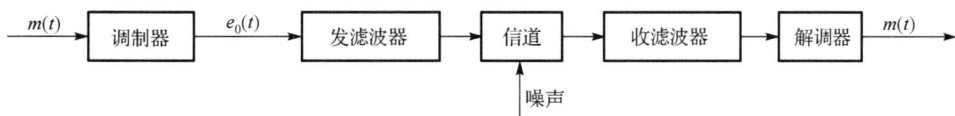

$m(t)$ →　调制器　→ $e_0(t)$ →　发滤波器　→　信道　→　收滤波器　→　解调器　→ $m(t)$

噪声

图 8.3　数字调制系统的基本结构

在数字调制传输系统中，调制的作用就是对数字基带信号进行某种变换，使其能在带通信道中传输。调制方式能在很大程度上影响数字调制传输系统的性能。调制的主要作用如下：

（1）便于实现信道复用；

（2）便于改善系统性能；

（3）把数字基带信号频谱搬移到高频处，便于以高频电磁波（电信号）的形式发射出去。

解调是从接收到的带通信号中分离出数字基带信号和载波信号，即调制的逆过程。

8.2 振 幅 键 控

8.2.1 二进制振幅键控（2ASK）

1. 一般原理

振幅键控，也称幅移键控（Amplitude Shift Keying，ASK），又称开关键控或通断键控（On Off Keying，OOK）。二进制振幅键控通常记为 2ASK。

振幅键控是一种线性调制。2ASK 是利用代表数字信息 "0" 或 "1" 的基带矩形脉冲键控一个连续的载波，使载波时断时续地输出，有载波输出时表示发送 "1"，无载波输出时表示发送 "0"。根据线性调制的原理，一个二进制的振幅键控信号可以表示成一个单极性矩形脉冲序列与一个正弦型载波的乘积，即

$$e(t) = \sum_n a_n g(t - nT_b) \cos(\omega_c t) \qquad (8\text{-}2\text{-}1)$$

式中，$g(t)$ 为持续时间为 T_b 的矩形脉冲；ω_c 为载波频率；a_n 为二进制数字。

$$a_n = \begin{cases} 1, & \text{概率为} P \\ 0, & \text{概率为} 1-P \end{cases} \qquad (8\text{-}2\text{-}2)$$

若令

$$s(t) = \sum_n a_n g(t - nT_b) \qquad (8\text{-}2\text{-}3)$$

则式（8-2-1）变为

$$e(t) = s(t) \cos(\omega_c t) \qquad (8\text{-}2\text{-}4)$$

由此可以得出实现二进制振幅键控的一般原理图，如图 8.4 所示。

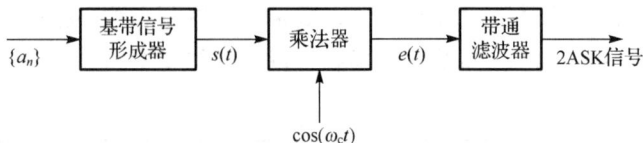

图 8.4 实现二进制振幅键控的一般原理图

在图 8.4 中，基带信号形成器把数字序列 $\{a_n\}$ 转换成所需的单极性基带矩形脉冲序列 $s(t)$，它与载波相乘后把 $s(t)$ 的频谱搬移到 $\pm f_c$ 附近，实现了 2ASK。带通滤波器滤出所需的已调信号，防止带外辐射产生影响。

2ASK 信号之所以称为 OOK 信号，是因为振幅键控的实现可以用开关电路完成，开关电路以数字基带信号为门脉冲来选通载波信号，从而在开关电路的输出端得到 2ASK 信号。开关电路得到的 2ASK 信号的模型框图及波形如图 8.5 所示。

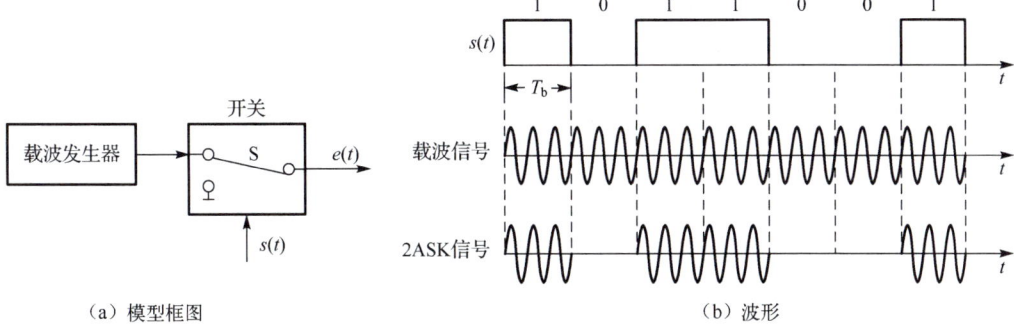

（a）模型框图　　　　　　　　　　　　（b）波形

图 8.5　2ASK 信号的模型框图及波形

2．ASK 信号的功率谱

若用 $G(f)$ 表示二进制数字序列中一个宽度为 T_b、高度为 1 的门函数 $g(t)$ 所对应的频谱函数，$P_s(f)$ 为 $s(t)$ 的功率谱密度，$P_{2ASK}(f)$ 为已调信号的功率谱密度，则有

$$P_{2ASK}(f) = \frac{1}{4}[P_s(f+f_c) + P_s(f-f_c)] \qquad (8\text{-}2\text{-}5)$$

2ASK 信号的功率谱如图 8.6 所示，其中，B_b 为基带信号带宽，B_{2ASK} 为 2ASK 信号带宽。

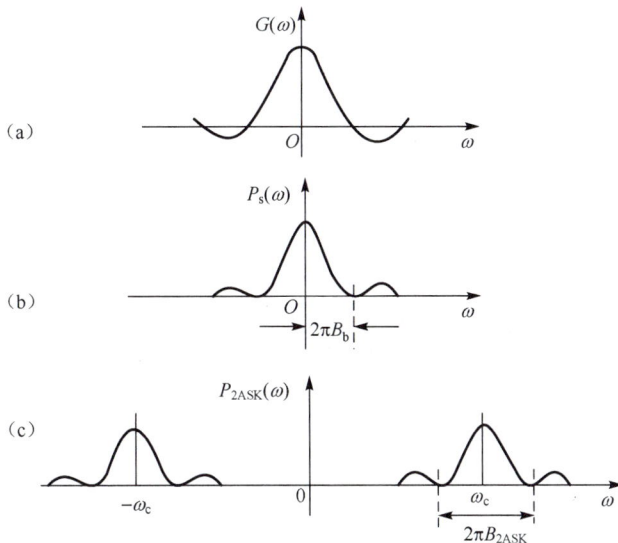

图 8.6　2ASK 信号的功率谱

3．2ASK 信号的解调及系统误码率

2ASK 信号的解调主要有两种方法：包络检波法（非相干解调）和同步解调法（相干解调）。

2ASK 信号的包络检波法的原理如图 8.7 所示。带通滤波器的作用是防止带外辐射，2ASK

信号能完整地通过带通滤波器得到信号 $y(t)$。$y(t)$ 经包络检波器后，系统输出其包络信号 $s(t)$。低通滤波器的作用是滤除高频杂波，使基带包络信号通过。抽样判决器包括抽样、判决及码元形成三部分，有时也称译码器。定时抽样脉冲是很窄的脉冲，通常位于每个码元的中央位置，其重复周期等于码元的宽度。不计噪声影响时，带通滤波器的输出为 2ASK 信号，即 $y(t) = s(t)\cos(\omega_c t)$。包络检波器的输出 $s(t)$ 经抽样、判决后将码元形成，即可恢复出数字序列 $\{a_n\}$。

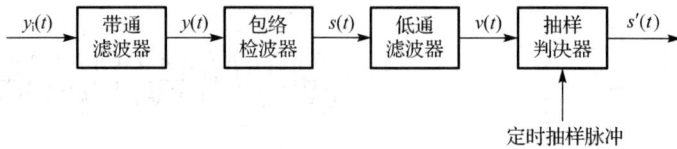

图 8.7 2ASK 信号的包络解调法的原理

2ASK 信号的同步解调原理框图如图 8.8 所示。同步解调时，接收机要产生一个与发送载波同频同相的本地载波信号，称为同步载波或相干载波，利用此载波与接收到的已调波相乘，有

$$z(t) = y(t) \cdot \cos(\omega_c t) = s(t) \cdot \cos^2(\omega_c t) = s(t) \cdot \frac{1}{2}[1 + \cos(2\omega_c t)] = \frac{1}{2}s(t) + \frac{1}{2}s(t)\cos(2\omega_c t) \quad (8\text{-}2\text{-}6)$$

其中，第一项是基带信号，第二项是以 $\cos(2\omega_c t)$ 为载波的成分，两者频谱相去很远。

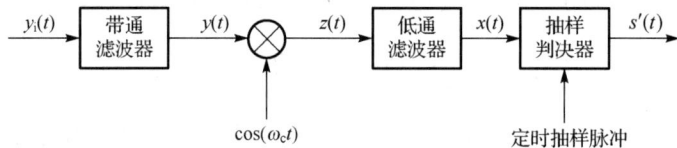

图 8.8 2ASK 信号的同步解调原理框图

经过低通滤波后，即可输出 $\dfrac{s(t)}{2}$。低通滤波器的截止频率与基带数字信号的最高频率相等。由于存在噪声的影响，加上传输特性不理想，低通滤波器的输出波形失真，经抽样、判决、码元形成后再生数字基带脉冲。

下面讨论 2ASK 解调系统的误码率。

当采用包络解调法时，2ASK 解调系统的误码率是发送"1"和发送"0"两种情况下产生的误码率之和。设信号的幅度为 A，信道中存在高斯白噪声，在带通滤波器恰好让 2ASK 信号通过的情况下，发"1"时包络的一维概率密度函数为莱斯分布，其主要能量集中在"1"附近；而发"0"时包络的一维概率密度函数为瑞利分布，2ASK 信号能量主要集中在"0"附近，但是这两种分布在 $A/2$ 附近重叠。假定发"1"的概率为 $P(1)$，发"0"的概率为 $P(0)$，并且当 $P(0) = P(1) = 1/2$ 时，抽样判决器的判决门限电平取值为 $A/2$，当包络的抽样值大于或等于 $A/2$ 时，判为"1"；当抽样值小于 $A/2$ 时，判为"0"。发"1"错判为"0"的概率为 $P(0/1)$，发"0"错判为"1"的概率为 $P(1/0)$，则系统的总误码率为

$$P_e = P(1)P(0/1) + P(0)P(1/0) = \frac{1}{2}[P(0/1) + P(1/0)] \quad (8\text{-}2\text{-}7)$$

实际上，P_e 就是图 8.9 中两块阴影面积之和的一半。$x = A/2$ 直线左边的阴影面积等于 P_{e1}，其值的一半表示漏报概率；$x = A/2$ 直线右边的阴影面积等于 P_{e0}，其值的一半表示虚报概率。采用包络检波的接收系统通常工作在大信噪比情况下，这时可近似地得出系统误码率

$$P_e \approx \frac{1}{2} e^{-\frac{r}{4}} \qquad (8\text{-}2\text{-}8)$$

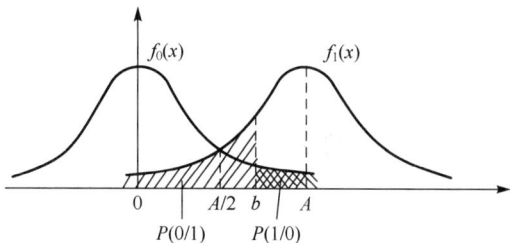

图 8.9　2ASK 信号概率分布曲线

式中，$r = A^2/(2\sigma_n^2)$ 为输入信噪比。

由此可见，2ASK 解调系统的误码率随输入信噪比 r 的增大，近似地按指数规律下降。

当计算 2ASK 同步解调系统的误码率时，通常认为经过带通滤波器、乘法器以及低通滤波器以后，输入抽样判决器的是信号和低频噪声，无论是发送"1"还是发送"0"，抽样判决器输入信号与低频噪声的混合物，其瞬时值的概率密度都是服从正态分布的，只是均值不同。当 $P(0) = P(1) = 1/2$ 时，假设判决门限电平为 $A/2$，则 $x \geqslant A/2$ 判为"1"，$x < A/2$ 判为"0"，发"1"判为"0"的概率为 $P(0/1)$，发"0"判为"1"的概率为 $P(1/0)$，这时，2ASK 同步解调系统的误码率为

$$P_e = P(1) \cdot P(0/1) + P(0) \cdot P(1/0) = \frac{1}{2} \text{erfc}\left(\frac{\sqrt{r}}{2}\right) \qquad (8\text{-}2\text{-}9)$$

当输入信噪比非常大时，系统的误码率可进一步近似为

$$P_e \approx \frac{1}{\sqrt{\pi r}} e^{-\frac{r}{4}} \qquad (8\text{-}2\text{-}10)$$

式（8-2-10）表明，随着输入信噪比的增大，系统的误码率将迅速地按指数规律下降。

【例 8-2-1】设 2ASK 信号的信息速率为 4.8×10^4 b/s，分别采用同步解调法和包络检波法对该信号进行解调。已知接收端输入信号幅度 $A = 1$ mV，信道等效加性高斯白噪声的单边功率谱密度 $n_0 = 2 \times 10^{-13}$ W/Hz。试求：

（1）采用同步解调法时系统的误码率；

（2）采用包络检波法时系统的误码率。

解　2ASK 信号的功率主要集中在其频谱的主瓣，因此，接收端带通滤波器带宽可取 2ASK 信号频谱的主瓣宽度，即

$$B = 2R_b = 9.6 \times 10^4 \text{ Hz}$$

带通滤波器的输出噪声功率为

$$\sigma_n^2 = n_0 B = 2 \times 10^{-13} \times 9.6 \times 10^4 = 1.92 \times 10^{-8} \text{ W}$$

信噪比为

$$r = \frac{A^2}{2\sigma_n^2} = \frac{10^{-6}}{2 \times 1.92 \times 10^{-8}} \approx 26$$

（1）采用同步解调法时

$$P_e = \frac{1}{2} \text{erfc}\left(\sqrt{\frac{r}{4}}\right) \approx \frac{1}{\sqrt{\pi r}} e^{-\frac{r}{4}} = \frac{1}{\sqrt{3.1416 \times 26}} e^{-6.5} \approx 1.66 \times 10^{-4}$$

（2）采用包络检波法时

$$P_{\mathrm{e}} \approx \frac{1}{2}\mathrm{e}^{-\frac{r}{4}} = \frac{1}{2}\mathrm{e}^{-6.5} \approx 7.5 \times 10^{-4}$$

8.2.2　多进制振幅键控（MASK）

在多进制数字调制中，每个符号间隔 T_{b}' 内可能发送 M 种符号，在实际应用中，通常取 $M = 2^n$，n 为大于 1 的正整数，也就是说，M 是一个大于 2 的整数。我们将这种状态数量大于 2 的调制信号称为多进制信号。将多进制数字信号（也可由基带二进制信号变换而成）对载波进行调制，在接收端进行相反的变换，这个过程就称为多进制数字调制与解调，简称多进制数字调制。其中，多进制振幅键控（MASK）就是用有 M 种离散电平值的基带信号调制一个正弦载波的幅度。

1. MASK 信号的原理

多进制振幅键控又称多电平调制。在 M 进制振幅键控信号中，载波振幅有 M 种取值，每个符号间隔 T_{b}' 内发送一种幅度的载波信号，其结果由多电平的随机基带矩形脉冲序列对余弦型载波进行振幅调制而成。已调波的表达式为

$$e(t) = s(t) \cdot \cos(\omega_{\mathrm{c}}t) = \left[\sum_{n=-\infty}^{\infty} a_n g(t - nT_{\mathrm{b}}')\right]\cos(\omega_{\mathrm{c}}t) \tag{8-2-11}$$

其中

$$a_n = \begin{cases} 0, & \text{概率为}P_0 \\ 1, & \text{概率为}P_1 \\ 2, & \text{概率为}P_2 \\ \vdots & \vdots \\ M-1, & \text{概率为}P_{M-1} \end{cases} \tag{8-2-12}$$

且

$$P_0 + P_1 + P_2 + \cdots + P_{M-1} = 1$$

$g(t)$ 是高度为 1、宽度为 T_{b}' 的门函数。

图 8.10（a）、图 8.10（b）分别为四进制数字序列 $s(t)$ 和已调信号 $e(t)$ 的波形图。图 8.10（b）的波形可以等效为图 8.10（c）各波形的叠加。

显然，图 8.10（c）的各波形可表示为

$$\begin{cases} e_0(t) = \sum_n c_0 g(t - nT_{\mathrm{b}}')\cos(\omega_{\mathrm{c}}t) \\ e_1(t) = \sum_n c_1 g(t - nT_{\mathrm{b}}')\cos(\omega_{\mathrm{c}}t) \\ e_2(t) = \sum_n c_2 g(t - nT_{\mathrm{b}}')\cos(\omega_{\mathrm{c}}t) \\ \vdots \\ e_{M-1}(t) = \sum_n c_{M-1} g(t - nT_{\mathrm{b}}')\cos(\omega_{\mathrm{c}}t) \end{cases} \tag{8-2-13}$$

其中

$$
\begin{cases}
c_0 = 0, & \text{概率为}1 \\[4pt]
c_1 = \begin{cases} 1, & \text{概率为}P_1 \\ 0, & \text{概率为}1-P_1 \end{cases} \\[12pt]
c_2 = \begin{cases} 2, & \text{概率为}P_2 \\ 0, & \text{概率为}1-P_2 \end{cases} \\[4pt]
\quad\vdots \\[4pt]
c_{M-1} = \begin{cases} M-1, & \text{概率为}P_{M-1} \\ 0, & \text{概率为}1-P_{M-1} \end{cases}
\end{cases}
\tag{8-2-14}
$$

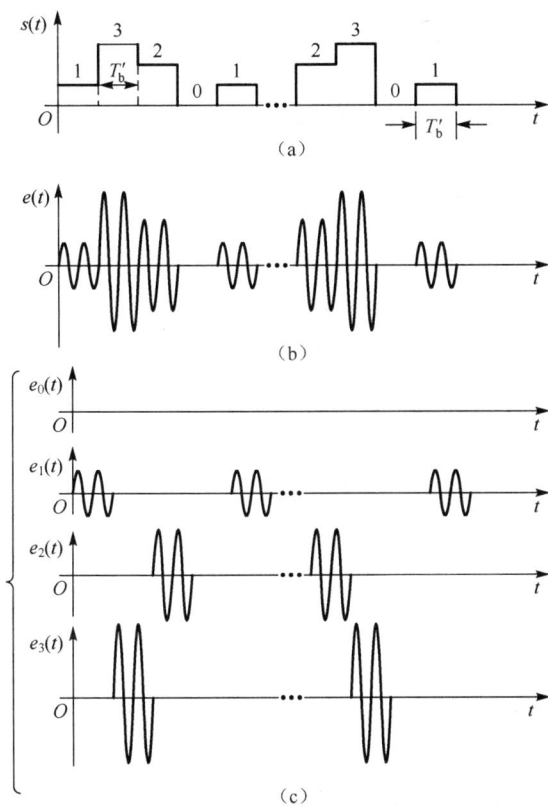

图 8.10 多电平调制波形

如图 8.10 所示，$e_1(t), e_2(t), \cdots, e_{M-1}(t)$ 均为 2ASK 信号，但它们的振幅互不相等，时间上互不重叠，$e_0(t)=0$ 时调制信号为 0，可以不考虑。因此，M 个电平的 MASK 信号 $e(t)$ 可以看成由振幅互不相等、时间上互不相容的 $M-1$ 个 2ASK 信号叠加而成，即

$$
e(t) = \sum_{i=1}^{M-1} e_i(t)
\tag{8-2-15}
$$

2. MASK 信号的带宽及频带利用率

MASK 信号的带宽可表示为

$$B_{\mathrm{MASK}} = 2f_{\mathrm{b}}' \qquad\qquad\qquad (8\text{-}2\text{-}16)$$

式中，$f_{\mathrm{b}}' = 1/T_{\mathrm{b}}'$，即多进制码元速率，它与信息速率 R_{b} 之间有以下关系

$$f_{\mathrm{b}}' = \frac{R_{\mathrm{b}}}{\log_2 M}(\mathrm{B}) \qquad\qquad (8\text{-}2\text{-}17)$$

若二进制码元速率为 f_{b}，当多进制码元速率和二进制码元速率相等，也就是 $f_{\mathrm{b}}' = f_{\mathrm{b}}$ 时，两者带宽相等，即

$$B_{\mathrm{MASK}} = B_{\mathrm{2ASK}} \qquad\qquad\qquad (8\text{-}2\text{-}18)$$

当两者的信息速率相等时，令 $k = \log_2 M$，则码元速率的关系为

$$kf_{\mathrm{b}}' = f_{\mathrm{b}} = R_{\mathrm{b}} \qquad\qquad\qquad (8\text{-}2\text{-}19)$$

此时，有

$$B_{\mathrm{MASK}} = \frac{1}{\log_2 M} B_{\mathrm{2ASK}} \qquad (B_{\mathrm{2ASK}} = 2f_{\mathrm{b}}) \qquad (8\text{-}2\text{-}20)$$

可见，当 MASK 信号和 2ASK 信号的信息速率相等时，前者的带宽是后者的 $\dfrac{1}{k}$。当以码元速率考虑频带利用率 r 时，有

$$r = \frac{f_{\mathrm{b}}'}{B_{\mathrm{MASK}}} = \frac{f_{\mathrm{b}}'}{2f_{\mathrm{b}}'} = \frac{1}{2}(\mathrm{Baud/Hz}) \qquad (8\text{-}2\text{-}21)$$

这与 2ASK 系统相同。但通常是以信息速率来考虑频带利用率的，因此有

$$r = \frac{kf_{\mathrm{b}}'}{B_{\mathrm{MASK}}} = \frac{kf_{\mathrm{b}}'}{2f_{\mathrm{b}}'} = \frac{k}{2}(\mathrm{b/(s \cdot Hz)}) \qquad (8\text{-}2\text{-}22)$$

它是 2ASK 系统的 k 倍。这说明在信息速率相等的情况下，MASK 系统的频带利用率比 2ASK 系统的频带利用率高。

3．MASK 信号的特点

（1）在接收机输入平均信噪比相等的情况下，MASK 系统的误码率比 2ASK 系统的误码率高；

（2）电平数 M 越大，设备越复杂；

（3）传输效率高；

（4）抗衰落能力差，MASK 信号只在恒参信道（如有线信道）中使用。

8.3　频 移 键 控

8.3.1　二进制频移键控（2FSK）

1．一般原理

数字频率调制又称频移键控（Frequency Shift Keying, FSK），二进制频移键控记为 2FSK。

频移键控用载波的频率来传输数字消息，即用所传输的数字消息控制载波的频率。由于数字消息只有有限个取值，相应地，已调 FSK 信号的频率也只能有有限个取值。2FSK 信号是符号 "1" 对应载频 ω_1、而符号 "0" 对应载频 ω_2（与 ω_1 不同的另一载频）的已调波形，而且 ω_1 与 ω_2 之间的改变是瞬间完成的。从原理上讲，数字调频可用模拟调频法来实现，也可用键控法来实现，后者较为方便。键控法就是利用受矩形脉冲序列控制的开关电路对两个不同的独立频率源进行选通的。图 8.11 是实现 2FSK 信号的原理框图及波形图，其中 $s(t)$ 为代表信息的二进制矩形脉冲序列，$e_0(t)$ 是实现 2FSK 信号。注意到相邻两个振荡波形的相位可能是连续的，也可能是不连续的，因此，有相位连续的 FSK 及相位不连续的 FSK 之分，并分别记为 CPFSK（Continuous Phase FSK）及 DPFSK（Discrete Phase FSK）。

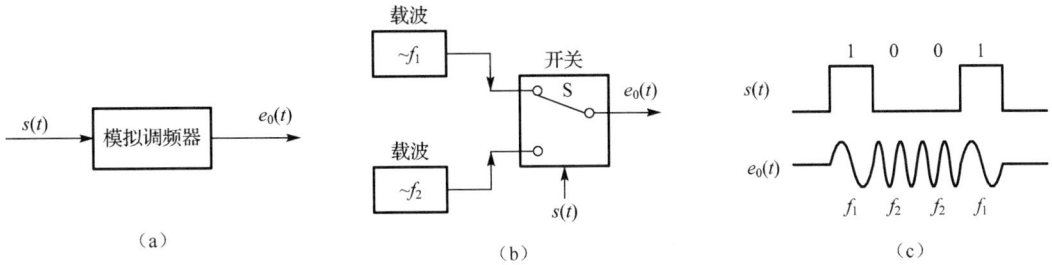

图 8.11　实现 2FSK 信号的原理框图及波形图

根据以上对 2FSK 信号的产生原理的分析，已调信号可以表示为

$$e_0(t) = \left[\sum_n a_n g(t - nT_s)\right]\cos(\omega_1 t + \phi_n) + \left[\sum_n \overline{a}_n g(t - nT_s)\right]\cos(\omega_2 t + \theta_n) \qquad (8\text{-}3\text{-}1)$$

式中，$g(t)$ 为单个矩形脉冲；T_s 为脉冲宽度；ϕ_n、θ_n 为第 n 个信号码元的初相位；$\overline{a}_n$ 为 a_n 的反码，等价于

$$a_n = \begin{cases} 0, & \text{概率为} P \\ 1, & \text{概率为} 1-P \end{cases} \qquad (8\text{-}3\text{-}2)$$

$$\overline{a}_n = \begin{cases} 0, & \text{概率为} 1-P \\ 1, & \text{概率为} P \end{cases} \qquad (8\text{-}3\text{-}3)$$

一般来说，键控法得到的 ϕ_n、θ_n 与序号 n 无关，反映在 $e_0(t)$ 上，仅表现出当 ω_1 与 ω_2 改变时其相位是不连续的；而用模拟调频法时，由于 ω_1 与 ω_2 改变时 $e_0(t)$ 的相位是连续的，故 ϕ_n、θ_n 不仅与第 n 个信号码元有关，而且 ϕ_n 与 θ_n 之间有一定的关系。

2．2FSK 信号的功率谱及带宽

对 2FSK 信号的功率谱和带宽分两种情况讨论：相位不连续的 2FSK 信号和相位连续的 2FSK 信号。

1）相位不连续的 2FSK 信号

根据前面对相位不连续的 2FSK 信号产生原理的分析，可视其为两个载频不同的 2ASK 信号的叠加，其中一个载频为 f_1，另一个载频为 f_1。因此，对相位不连续的 2FSK 信号的功率谱就可像 2ASK 信号那样，分别在频率轴上搬移后再进行叠加。其功率谱曲线如图 8.12 所示。

为了方便接收端解调，要求 2FSK 信号的两个频率 f_1、f_2 之间要有足够的间隔。对于采

用带通滤波器分路的解调方法，通常取 $|f_2 - f_1|$ 为 $3R_B \sim 5R_B$。于是，2FSK 信号的带宽 B_{2FSK} 为

$$B_{2FSK} = 5R_B \sim 7R_B \tag{8-3-4}$$

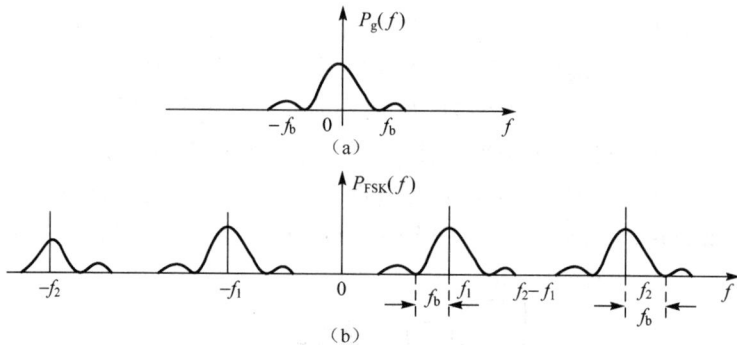

图 8.12　相位不连续的 2FSK 信号的功率谱

相应地，这时 2FSK 系统的频带利用率为

$$r = \frac{f_b}{B_{2FSK}} = \frac{R_B}{B_{2FSK}} = \frac{1}{7} \sim \frac{1}{5}(\text{Baud/Hz}) \tag{8-3-5}$$

将上述结果与 2ASK 相比可知，当用普通带通滤波器作为分路滤波器时，2FSK 信号的带宽约为 2ASK 信号带宽的 3 倍，系统的频带利用率只有 2ASK 系统的 1/3 左右。

2）相位连续的 2FSK 信号

直接调频法是一种非线性调制，它不可直接通过基带信号频谱在频率轴上搬移，也不能用这种搬移后频谱的线性叠加来描绘。图 8.13 给出了几种相位连续的 2FSK 信号的功率谱密度曲线，它们对应不同的调制指数。其中 $f_c = (f_1 + f_2)/2$ 称为载波，$h = |f_2 - f_1|/R_B$ 称为偏移率（或调制指数），$R_B = f_b$ 是基带信号的带宽。

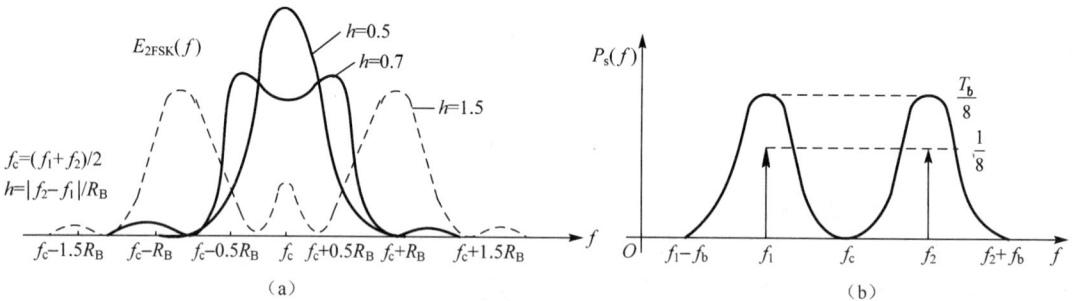

图 8.13　相位连续的 2FSK 信号的功率谱密度曲线

3．2FSK 信号的解调及系统误码率

数字调频信号的解调方法有很多，可以分为两大类：线性鉴频法和分离滤波法。线性鉴频法有模拟鉴频法、过零检测法和差分检测法等。分离滤波法包括相干检测法、非相干检测法以及动态滤波法等，非相干检测法的具体解调方法是包络检波法，相干检测法的具体解调方法是同步检波法。下面分别介绍过零检测法、包络检波法及同步检波法。

1）过零检测法

单位时间内信号经过零点的次数，可以用来衡量频率的高低。数字调频波的过零点数随不同载频而异，故检出过零点数就可以得到频率的差异，这就是过零检测法的基本思想。过零检测法又称零交点法、计数法。过零检测法框图及各点波形如图 8.14 所示。

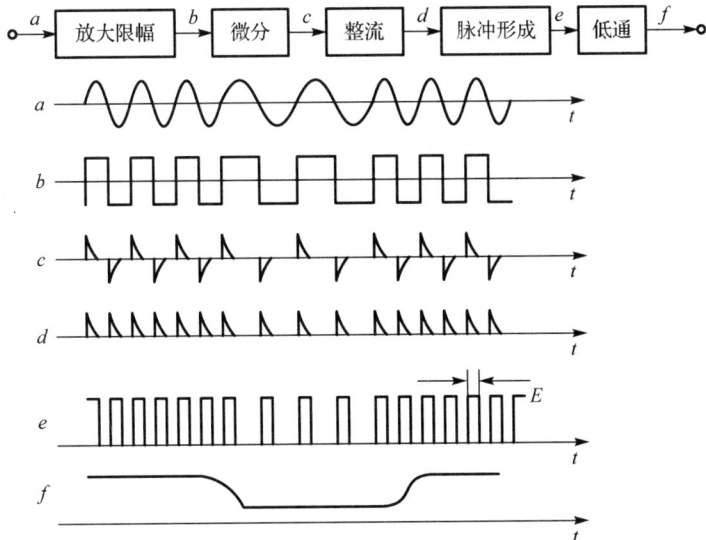

图 8.14　过零检测法框图及各点波形

2）包络检波法

2FSK 信号的包络检波法框图及波形如图 8.15 所示。用两个窄带的分路滤波器分别滤出频率为 f_1 和 f_2 的高频脉冲，经包络检波后分别取出它们的包络信号，把两路输出同时送到抽样判决器进行比较，从而判决输出基带数字信号。

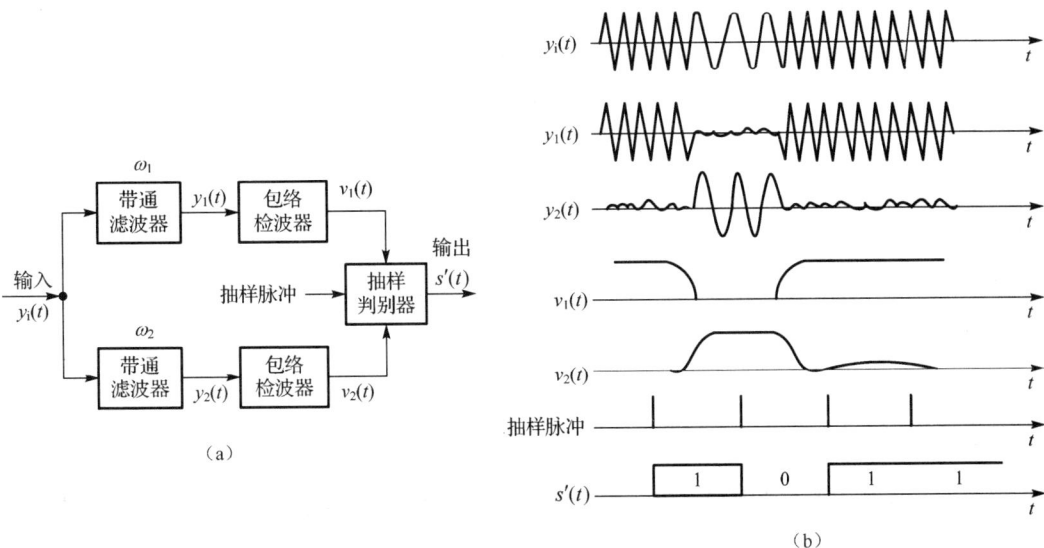

图 8.15　2FSK 信号的包络检波法框图及波形

设频率 f_1 代表数字信号"1"，f_2 代表数字信号"0"，则抽样判决器的判决准则应为

$$\begin{cases} v_1 \geqslant v_2, & \text{判1} \\ v_1 < v_2, & \text{判0} \end{cases} \qquad (8\text{-}3\text{-}6)$$

式中，v_1、v_2 分别为抽样时刻两个包络检波器的输出值。

这里的抽样判决器要比较 v_1、v_2 的大小，或者把差值 $v_1 - v_2$ 与零电平比较，因此，有时称这种抽样判决器的判决门限为零电平。

3）同步检波法

2FSK 信号的同步检波法（相干检测法）的原理框图如图 8.16 所示。两个带通滤波器的作用同前，起分路作用。它们的输出分别与相应的同步相干载波相乘，再分别经低通滤波器取出含基带数字信息的低频信号，滤掉 2 倍频部分，抽样判决器在抽样脉冲到来时对两个低频信号进行比较判决，即可还原出基带数字信号。读者可以自己画出图中的各波形。通常，当 2FSK 信号的频偏 $|f_2 - f_1|$ 较大时，多采用分离滤波法；而当 $|f_2 - f_1|$ 较小时，多采用线性鉴频法。

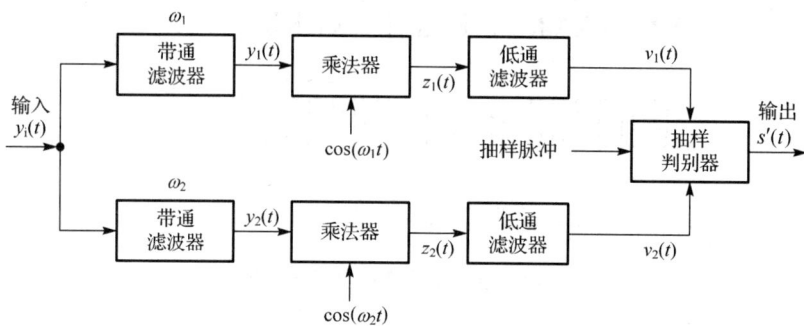

图 8.16　2FSK 信号的同步检波法的原理框图

在采用包络检波法的情况下，考虑 2FSK 系统的误码率时可认为信道噪声为高斯白噪声，两路带通信号分别经过各自的包络检波器已经被检出了带有噪声的信号包络 $v_1(t)$ 和 $v_2(t)$。$v_1(t)$ 服从广义瑞利分布，$v_2(t)$ 服从瑞利分布，在判决时对两路信号包络的抽样值进行比较。结合前面的分析知道，错误情况有两种：发送信号是 "0"，但 $v_1(t)$ 的抽样值大于 $v_2(t)$ 的抽样值；发送信号是 "1"，但 $v_2(t)$ 的抽样值大于 $v_1(t)$ 的抽样值，即

虚报概率为

$$P(1/0) = P(v_1 > v_2) = \frac{1}{2}\mathrm{e}^{-\frac{r}{2}} \qquad (8\text{-}3\text{-}7)$$

漏报概率为

$$P(0/1) = P(v_1 < v_2) = \frac{1}{2}\mathrm{e}^{-\frac{r}{2}} \qquad (8\text{-}3\text{-}8)$$

系统的误码率为

$$P_\mathrm{e} = P(1) \times P(0/1) + P(0) \times P(1/0) = \frac{1}{2}\mathrm{e}^{-\frac{r}{2}}[P(1) + P(0)] = \frac{1}{2}\mathrm{e}^{-\frac{r}{2}} \qquad (8\text{-}3\text{-}9)$$

由式（8-3-9）可知，包络解调时 2FSK 系统的误码率将随输入信噪比的增大而呈指数规律下降。

相干解调时的系统误码率与包络解调时的情形有所不同，主要体现在：在带通滤波器后

接有乘法器和低通滤波器，低通滤波器输出的就是带有噪声的有用信号，它们的概率密度函数均属于高斯分布。经过计算，其漏报概率为

$$P(0/1) = \frac{1}{2}\text{erfc}\sqrt{\frac{r}{2}} \qquad （8-3-10）$$

虚报概率为

$$P(1/0) = \frac{1}{2}\text{erfc}\sqrt{\frac{r}{2}} \qquad （8-3-11）$$

系统的误码率为

$$P_\text{e} = P(1)\cdot P(0/1) + P(0)\cdot P(1/0) = \frac{1}{2}\text{erfc}\sqrt{\frac{r}{2}}[P(1)+P(0)] = \frac{1}{2}\text{erfc}\sqrt{\frac{r}{2}} \qquad （8-3-12）$$

【例 8-3-1】已知 2FSK 系统的信道带宽为 4800Hz，两个载波频率分别为 f_1=1200Hz，f_2=2100Hz，码元速率 $R_\text{B} = 400\text{Baud}$，接收端的输入信噪比为 8dB。求：

（1）FSK 信号的带宽；
（2）包络检波法的误码率；
（3）同步检波法的误码率。

解　由于码元速率 $R_\text{B} = 400\text{Baud}$，可知上下两个支路的带通滤波器的带宽至少为 $B = 2R_\text{B} = 800\text{Hz}$。

（1）FSK 信号的带宽

$$B_\text{2FSK} = |f_2 - f_1| + B = 2100 - 1200 + 800 = 1700\text{Hz}$$

（2）由于误码率取决于带通滤波器输出端的信噪比，信道带宽为 4800Hz，是带通滤波器的带宽的 6 倍，因此带通滤波器的噪声功率减小为 1/6，输出信噪比变成 6 倍。输入信噪比 $d = 8\text{dB}$，根据 $d = 10\lg r'$，有

$$r' = 10^{\frac{d}{10}} = 10^{\frac{8}{10}} \approx 6.3$$

因此带通滤波器的输出信噪比 $r \approx 6\times6.3 = 37.8$，包络检波法的误码率为

$$P_\text{e} = \frac{1}{2}\text{e}^{-\frac{r}{2}} = \frac{1}{2}\text{e}^{-\frac{37.8}{2}} \approx 3\times10^{-9}$$

（3）同步检波法的误码率为

$$P_\text{e} = \frac{1}{2}\text{erfc}\left(\sqrt{\frac{r}{2}}\right) = \frac{1}{2}\text{erfc}\left(\sqrt{\frac{37.8}{2}}\right) \approx 3.9\times10^{-10}$$

8.3.2　多进制频移键控（MFSK）

1. 多进制频移键控（MFSK）的原理

多进制数字频率调制简称多频制，是 2FSK 方式的推广，它用多个频率的正弦信号分别代表不同的数字信息。多频制系统的组成如图 8.17 所示。调制器是用频率选择法实现的，解

调器是用非相干检测法——包络检波法实现的，属于非线性调制系统。

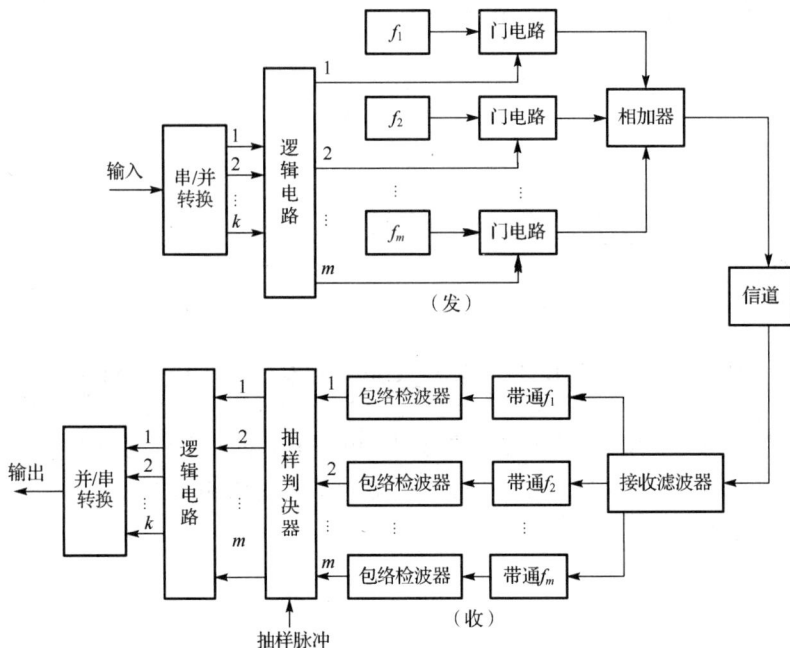

图 8.17　多频制系统的组成

2. MFSK 信号的带宽及频带利用率

键控法产生 MFSK 信号，其相位是不连续的，可用 DPMFSK 表示。它可以看成 M 个振幅相同、载频不同、时间上互不相容的 2ASK 信号叠加的结果。设 MFSK 信号码元的宽度为 T_b'，即码元速率 $f_b' = 1/T_b'$（Baud），则 m 频制信号的带宽为

$$B_{MFSK} = f_M - f_1 + 2f_b' \tag{8-3-13}$$

式中，f_M 为最高频率，f_1 为最低频率。

设 $2f_D = f_M - f_1$ 为最大频偏，则式（8-3-13）可表示为

$$B_{MFSK} = 2(f_D + f_b') \tag{8-3-14}$$

DPMFSK 信号功率谱 $P(f)$ 与 f 的关系曲线如图 8.18 所示。

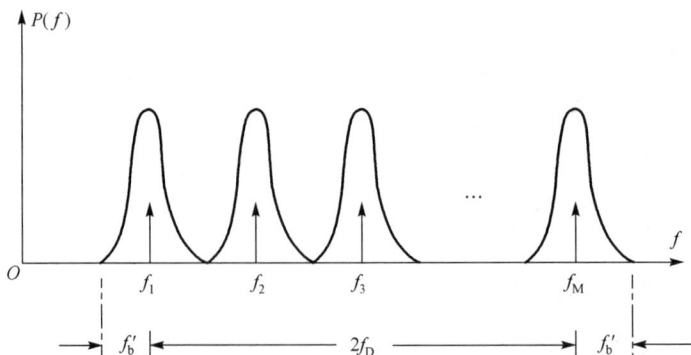

图 8.18　DPMFSK 信号功率谱 $P(f)$ 与 f 的关系曲线

若相邻载频之差等于 $2f_\text{b}'$，即相邻频率的功率谱主瓣刚好互不重叠，且令 $k = \log_2 M$，这时的 MFSK 信号的带宽及频带利用率分别为

$$B_\text{MFSK} = 2Mf_\text{b}'$$

$$r_\text{MFSK} = \frac{kf_\text{b}'}{B_\text{MFSK}} = \frac{k}{2M} = \frac{\log_2 M}{2M} \qquad (8\text{-}3\text{-}15)$$

上面所讨论的 MFSK 调制系统的信息速率与二进制的信息速率是相等的。二进制的码元速率为 f_b，也就是说，它的信息速率也是 f_b，因此多进制码元速率 f_b' 与二进制码元速率的关系为 $f_\text{b}' = f_\text{b} / k$，此时两者带宽的关系为

$$B_\text{MFSK} = 2M\frac{f_\text{b}}{k} = \frac{M}{2k}B_\text{2FSK} = \frac{M}{2\log_2 M}B_\text{2FSK} \qquad (8\text{-}3\text{-}16)$$

频带利用率的关系为

$$\frac{r_\text{MFSK}}{r_\text{2FSK}} = \frac{k/2M}{f_\text{b}/4f_\text{b}} = \frac{2k}{M} = \frac{2\log_2 M}{M} \qquad (8\text{-}3\text{-}17)$$

式（8-3-16）、式（8-3-17）中已设 2FSK 信号的两个载频之差为 $2f_\text{b}$，此时的带宽 $B_\text{2FSK} = 4f_\text{b}$。式（8-3-17）说明，当频率数 M 大于 4 时，MFSK 的频带利用率低于 2FSK 系统的频带利用率。与 MASK 的频带利用率比较，其关系为

$$\frac{r_\text{MFSK}}{r_\text{MASK}} = \frac{k/2M}{k/2} = \frac{1}{M} \qquad (8\text{-}3\text{-}18)$$

这说明，MFSK 的频带利用率总低于 MASK 的频带利用率。可见，MFSK 信号的带宽随频率数 M 的增大而线性增大，而频带利用率则明显下降。

3. MFSK 信号的特点

（1）在码元速率一定时，由于采用多进制，每个码元包含的信息量增大，码元宽度增大，因此在信号电平一定时每个码元的能量增大。

（2）一个频率对应一个二进制码元组合，因此，总的判决数可以减小。

（3）码元宽度增大后可有效地减小多径效应造成的码间串扰的影响，从而提高衰落信道下的抗干扰能力。

（4）MFSK 信号的主要缺点是信号频带宽、频带利用率低。MFSK 一般用于调制速率（载频变化率）不高的短波、衰落信道上的数字通信。

8.4　相移键控

8.4.1　二进制相移键控（2PSK）

1. 绝对相移和相对相移

1）绝对码和相对码

绝对码和相对码是相移键控的基础。绝对码以基带信号码元的电平直接表示数字信号。

假设高电平为"1"，低电平为"0"，如图 8.19 中的 $\{a_n\}$ 所示。相对码（差分码）是用基带信号码元的电平相对前一码元的电平有无变化来表示数字信号的。1 差分码表示：相对电平有跳变时为"1"，无跳变时为"0"；0 差分码表示：相对电平有跳变时为"0"，无跳变时为"1"。本节只讨论 1 差分码。由于初始参考电平有两种情况，因此相对码也有两种波形。如图 8.19 中的 $\{b_n\}_1$、$\{b_n\}_2$ 所示，显而易见 $\{b_n\}_1$、$\{b_n\}_2$ 相位相反。当用二进制数码表示波形时，它们互为反码。

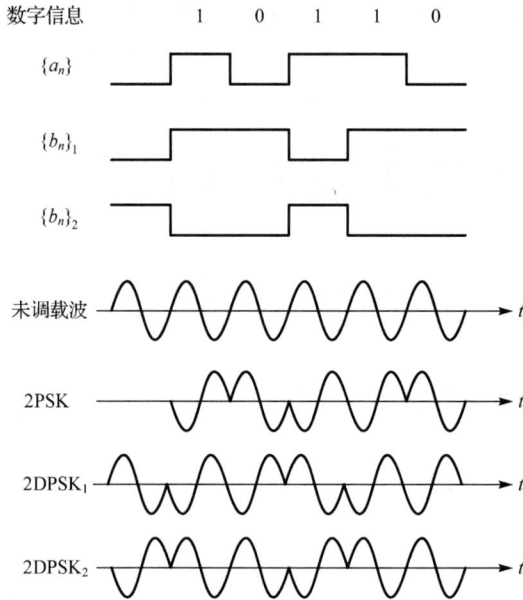

图 8.19　二相调相波形

绝对码和相对码可以互相转换。实现的方法是使用模 2 加法器和延迟器（延迟一个码元宽度 T_b），如图 8.20 所示。图 8.20（a）是把绝对码转换为相对码的过程，称为差分编码器，其实现表达式是 $b_n = a_n \oplus b_{n-1}$（$n-1$ 表示 n 的前一个）。图 8.20（b）是把相对码转换为绝对码的过程，称为差分译码器，其实现表达式是 $a_n = b_n \oplus b_{n-1}$。

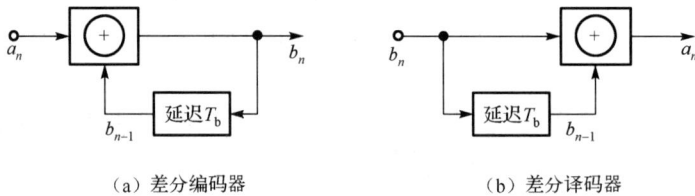

（a）差分编码器　　　　　　　（b）差分译码器

图 8.20　绝对码与相对码的互相转换

2）绝对相移

绝对相移是利用载波的相位偏移（指某一码元所对应的已调载波与参考载波的初相差）直接表示数字信号的相移方式。若规定，已调载波与未调载波同相表示数字信号"0"，与未调载波反相表示数字信号"1"，如图 8.19 所示的 2PSK 波形。此时的 2PSK 已调信号的表达式为

$$e(t) = s(t)\cos(\omega_c t) \tag{8-4-1}$$

式中，$s(t)$ 为双极性数字基带信号，表达式为

$$s(t) = \sum_n a_n g(t - nT_b) \tag{8-4-2}$$

式中，$g(t)$ 为高度为 1、宽度为 T_b 的门函数，且

$$a_n = \begin{cases} 1, & \text{概率为} P \\ -1, & \text{概率为} 1-P \end{cases} \tag{8-4-3}$$

如图 8.19 所示，2PSK 各码元波形的初相相位与载波初相相位的差值直接表示数字信号，即相位差为 0 表示数字信号 "0"，相位差为 π 表示数字信号 "1"。

值得注意的是，在相移键控中往往用矢（向）量偏移（指一码元初相与前一码元末相的差）表示相位信号。

3）相对相移

相对相移是利用载波的相对相位变化表示数字信号的相移方式。所谓相对相位，是指本码元初相与前一码元末相的相位差（向量偏移）。有时为了简化问题，也可用相位偏移来描述。在这里，相位偏移指的是本码元的初相与前一码元（参考码元）的初相相位差。当载波频率是码元速率的整数倍时，向量偏移与相位偏移是等效的，否则是不等效的。

2．二进制相移键控信号的功率谱及带宽

2PSK 和 2DPSK 信号就波形本身而言，都可以等效成双极性基带信号作用下的调幅信号。因此，2PSK 信号和 2DPSK 信号具有相同形式的表达式，不同的是，2PSK 表达式中的 $s(t)$ 是数字基带信号，而 2DPSK 表达式中的 $s(t)$ 是由数字基带信号变换而来的差分码数字信号。它们的功率谱密度应是相同的，功率谱为

$$P_e(f) = \frac{T_b}{4}\{Sa^2[\pi(f+f_c)T_b] + Sa^2[\pi(f-f_c)T_b]\} \tag{8-4-4}$$

2PSK（或 2DPSK）信号的功率谱如图 8.21 所示。可见，二进制相移键控信号的频谱成分与 2ASK 信号相同。当基带脉冲的幅度相同时，其连续谱的幅度是 2ASK 信号连续谱幅度的 4 倍。当 $P = 1/2$ 时，无离散分量，此时二进制相移键控信号实际上相当于抑制载波的双边带信号。信号带宽 $B_{2PSK} = B_{2DPSK} = 2f_b$，可以看出，2PSK 信号和 2DPSK 信号的带宽是码元速率的 2 倍，这一点与 2ASK 信号相同。

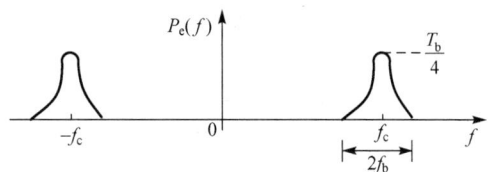

图 8.21　2PSK（或 2DPSK）信号的功率谱

3．信号的解调及系统误码率

1）2PSK 信号的解调及系统误码率

2PSK 信号的解调不能采用分路滤波、包络检波的方法，只能采用相干解调法（又称极性比较法），其框图如图 8.22（a）所示。通常，本地载波是用输入的 2PSK 信号经载波信号提取电路产生的。不考虑噪声时，带通滤波器的输出可表示为

$$y_1(t) = \cos(\omega_c t + \phi_n) \tag{8-4-5}$$

式中，ϕ_n 为 2PSK 信号某一码元的初相。

$\phi_n = 0$ 时，代表数字"0"；$\phi_n = \pi$ 时，代表数字"1"。与同步载波 $\cos(\omega_c t)$ 相乘后，输出

$$z(t) = \cos(\omega_c t + \phi_n)\cos(\omega_c t) = \frac{1}{2}\cos\phi_n + \frac{1}{2}\cos(2\omega_c t + \phi_n) \qquad (8\text{-}4\text{-}6)$$

低通滤波器滤除高频分量，输出为

$$x(t) = \frac{1}{2}\cos\phi_n = \begin{cases} \dfrac{1}{2}, & \phi_n = 0 \\ -\dfrac{1}{2}, & \phi_n = \pi \end{cases} \qquad (8\text{-}4\text{-}7)$$

根据发送端产生 2PSK 信号时 ϕ_n（0 或 π）代表数字信号（0 或 1）的规定，以及接收端 $x(t)$ 与 ϕ_n 的关系特性，抽样判决器的判决准则必须为

$$\begin{cases} x \geqslant 0, & \text{判为0} \\ x < 0, & \text{判为1} \end{cases} \qquad (8\text{-}4\text{-}8)$$

式中，x 为抽样值，正常工作波形如图 8.22（b）所示。

解调时必须有与此同频同相的同步载波，如果同步不完善，存在相位差，就容易造成错误判决，称为相位模糊。如果本地参考载波变为 $\cos(\omega_c t + \pi)$，低通滤波器的输出为 $x(t) = -\cos\phi_n / 2$，判决器输出数字信号全错，与发送信息码完全相反，这种情况称为反向工作。反向工作波形如图 8.22（c）所示。

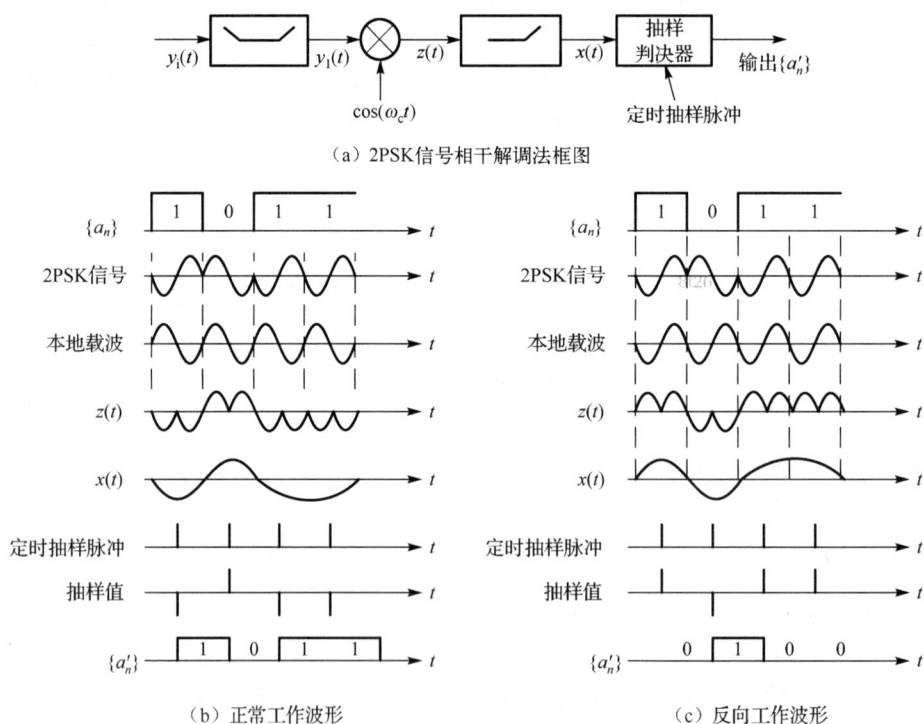

（a）2PSK信号相干解调法框图

（b）正常工作波形　　　　　　　（c）反向工作波形

图 8.22　2PSK 信号的解调

在 2PSK 信号的解调中，输入信号经过带通滤波器、乘法器以及低通滤波器后，在抽样判决器的输入端已经得到了含有噪声的有用信号。它的一维概率密度呈高斯分布，发"0"、

发"1"时的均值分别为 a、$-a$（a 为载波振幅）。如图 8.23 所示，判决门限电平取为 0 是比较合适的，当 $P(1) = P(0) = 1/2$ 时，这是最佳门限电平。此时的系统误码率为

$$
\begin{aligned}
P_e &= P(0)P(1/0) + P(1)P(0/1) \\
&= P(0)\int_{-\infty}^{0} f_0(x)\mathrm{d}x + P(1)\int_{0}^{\infty} f_1(x)\mathrm{d}x \\
&= \int_{0}^{\infty} f_1(x)\mathrm{d}x[P(0) + P(1)] \\
&= \frac{1}{2}\operatorname{erfc}(\sqrt{r})
\end{aligned}
\tag{8-4-9}
$$

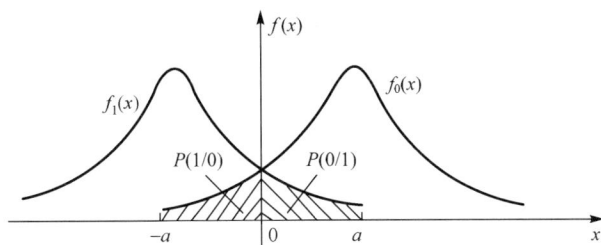

图 8.23　2PSK 信号概率分布曲线

2）2DPSK 信号的解调及系统误码率

（1）极性比较-码变换法，也就是 2PSK 解调后进行差分译码，其框图如图 8.24 所示。2PSK 解调器将输入的 2DPSK 信号还原成相对码 $\{b_n\}$，再由差分译码器把相对码转换成绝对码，输出 $\{a_n\}$。

由于极性比较-码变换法解调 2DPSK 信号的系统误码率可从两部分来考虑。码变换器输入端的误码率可用相干解调 2PSK 系统的误码率 P_e 来表示。最终的系统误码率也就是在此基础上再考虑差分译码误码率。设 2DPSK 系统的误码率为 P_e'，经过计算可得

$$
P_e' = 2(1 - P_e)P_e = \frac{1}{2}[1 - (\operatorname{erf}\sqrt{r})^2]
\tag{8-4-10}
$$

在信噪比很大时，P_e 很小，式（8-4-10）可近似写为

$$
P_e' \approx 2P_e = \operatorname{erfc}\sqrt{r}
\tag{8-4-11}
$$

由此可见，差分译码器总会使系统误码率增大，通常认为增大为原来的 2 倍。

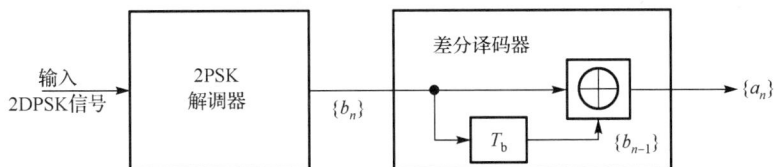

图 8.24　极性比较-码变换法解调 2DPSK 信号

（2）相位比较-差分检测法。这种方法不需要码变换器，也不需要专门的相干载波发生器，因此设备比较简单、实用。图 8.25 中延迟器的输出起着参考载波的作用，乘法器起着相位比较（鉴相）的作用。

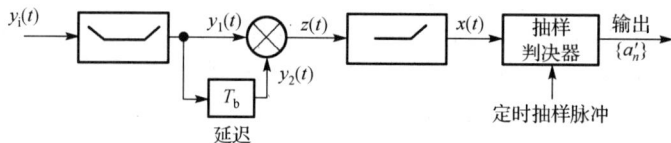

（a）框图

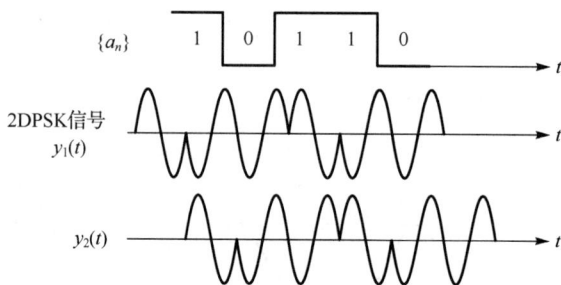

（b）波形图

图 8.25　相位比较法–差分检测法解调 2DPSK 信号

若不考虑噪声，则带通滤波器及延迟器的输出分别为

$$y_1(t) = \cos(\omega_c t + \phi_n)$$

$$y_2(t) = \cos[\omega_c(t - T_b) + \phi_{n-1}] \tag{8-4-12}$$

式中，ϕ_n 表示本载波码元的初相；ϕ_{n-1} 表示前一载波码元的初相。

可令 $\Delta\phi_n = \phi_n - \phi_{n-1}$，乘法器的输出为

$$\begin{aligned}z(t) &= \cos(\omega_c t + \phi_n) \cdot \cos(\omega_c t - \omega_c T_b + \phi_{n-1}) \\ &= \frac{1}{2}\cos(\Delta\phi_n + \omega_c T_b) + \frac{1}{2}\cos(2\omega_c t - \omega_c T_b + \phi_n + \phi_{n-1})\end{aligned} \tag{8-4-13}$$

低通滤波器的输出为

$$\begin{aligned}x(t) &= \frac{1}{2}\cos(\Delta\phi_n + \omega_c T_b) \\ &= \frac{1}{2}\cos(\Delta\phi_n)\cos(\omega_c T_b) - \frac{1}{2}\sin(\Delta\phi_n)\sin(\omega_c T_b)\end{aligned} \tag{8-4-14}$$

通常取 $\dfrac{T_b}{T_c} = k$（正整数），有 $\omega_c T_b = 2\pi\dfrac{T_b}{T_c} = 2\pi k$，此时

$$x(t) = \frac{1}{2}\cos\Delta\phi_n = \begin{cases} \dfrac{1}{2}, & \Delta\phi_n = 0 \\ -\dfrac{1}{2}, & \Delta\phi_n = \pi \end{cases} \tag{8-4-15}$$

可见，当码元宽度是载波周期的整数倍时，$\Delta\phi_n = \phi_n - \phi_{n-1} = \phi_n - \phi'_{n-1}$（以 2π 为模，ϕ'_{n-1} 为前一载波码元的末相），相位比较法比较了本码元的初相与前一码元的末相。

与发送端产生 2DPSK 信号"1 变 0 不变"的规则相对应，接收端抽样判决器的判决准则应该是：抽样值 $x \geq 0$，判为 0；抽样值 $x < 0$，判为 1。

对于差分检测 2DPSK 的误码率，由于有带通滤波器输出信号和延迟信号相乘的步骤，因此需要同时考虑两个相邻的码元。经过低通滤波器后可以得到混有窄带高斯白噪声的有用信号，判决器对这一信号进行抽样判决，判决准则为

$$\begin{cases} x > 0, & \text{判为0} \\ x < 0, & \text{判为1} \end{cases} \tag{8-4-16}$$

且确定判决电平 0 是最佳判决电平，系统发送 0 和 1 的概率相等。

差分检测时 2DPSK 系统的误码率为

$$P_e = P(1)P(0/1) + P(0)P(1/0) = \frac{1}{2}e^{-r} \tag{8-4-17}$$

此处省略了具体的推导过程。式（8-4-17）表明，差分检测时 2DPSK 系统的误码率随输入信噪比的增大呈指数规律下降。

【例 8-4-1】已知采用 2DPSK 信号传输二进制数字信号，码元速率 $R_B = 10^6 \text{Baud}$，接收端的输入噪声单边功率谱密度 $n_0 = 10^{-10} \text{W/Hz}$，若要求误码率不大于 10^{-4}，试求：

（1）若采用极性比较法接收，接收端的输入端所需的信号功率是多少？

（2）若采用差分相干解调法，接收端的输入端所需的信号功率是多少？

解　接收端带通滤波器的输出噪声功率为 $\sigma_n^2 = 2n_0 B = 4n_0 R_B = 4 \times 10^{-4} \text{W}$。

（1）采用极性比较法时，系统误码率为

$$P_e' = 2P_e = \text{erfc}(\sqrt{r}) \leqslant 10^{-4}$$

查表得

$$\sqrt{r} \geqslant 2.76$$

接收端的输入端所需的信号功率为

$$P_s = r\sigma_n^2 = 3.047 \times 10^{-3} \text{W}$$

（2）采用差分相干解调法时，系统误码率为

$$P_e = \frac{1}{2}e^{-r} \leqslant 10^{-4}$$

得出 $r \geqslant 8.52$，接收端的输入端所需的信号功率为

$$P_s = r\sigma_n^2 = 3.4 \times 10^{-3} \text{W}$$

8.4.2　多进制相移键控（MPSK）

多进制相移键控（MPSK）又称为多相制，是二相制的推广。它用多个相位状态的正弦振荡分别代表不同的数字信号。与 MASK 一样，相位数 $M = 2^k$，当 $k = 2, 3, 4$ 时，M 分别为 4、8、16，有 M 种相位分别与 k 位二进制码元的不同组合（简称 k 比特码元）相对应。多相制分为绝对相移（MPSK）和相对相移（MDPSK）。

多相制信号可以看成 M 个振幅及频率相同、初相不同的 2ASK 信号之和，当已调信号的码元速率不变时，其带宽与 2ASK 信号、MASK 信号和 2PSK 信号的带宽是相同的。此时信息速率与 MASK 相同，是 2ASK 及 2PSK 的 $\log_2 M$ 倍。可见，多相制是一种频带利用率较高

的传输方式，再加上有较好的抗噪声性能，因此得到广泛应用，而 MDPSK 比 MPSK 应用得更广泛。

设调制载波为 $\cos(\omega_c t)$，相对于参考相位的相移为 ϕ_n，则 M 相制调制波形可表示为

$$
\begin{aligned}
e(t) &= \sum_n g(t - nT_b') \cdot \cos(\omega_c t + \phi_n) \\
&= \cos(\omega_c t) \cdot \sum_n \cos\phi_n \cdot g(t - nT_b') - \sin(\omega_c t) \cdot \sum_n \sin\phi_n \cdot g(t - nT_b')
\end{aligned}
\tag{8-4-18}
$$

式中，$g(t)$ 为高度为 1、宽度为 T_b' 的门函数。

$$
\phi_n = \begin{cases} \theta_1 & \text{概率为} P_1 \\ \theta_2 & \text{概率为} P_2 \\ \theta_3 & \text{概率为} P_3 \\ \vdots & \vdots \\ \theta_M & \text{概率为} P_M \end{cases}
\tag{8-4-19}
$$

由于相移一般在 $0 \sim 2\pi$ 范围内等间隔划分，因此相邻相移的差值为

$$
\Delta\theta = \frac{2\pi}{M}
\tag{8-4-20}
$$

令

$$
a_n = \begin{cases} \cos\theta_1 & \text{概率为} P_1 \\ \cos\theta_2 & \text{概率为} P_2 \\ \cos\theta_3 & \text{概率为} P_3 \\ \vdots & \vdots \\ \cos\theta_M & \text{概率为} P_M \end{cases}
$$

$$
b_n = \sin\phi_n = \begin{cases} \sin\theta_1 & \text{概率为} P_1 \\ \sin\theta_2 & \text{概率为} P_2 \\ \sin\theta_3 & \text{概率为} P_3 \\ \vdots & \vdots \\ \sin\theta_M & \text{概率为} P_M \end{cases}
$$

且有 $P_1 + P_2 + \cdots + P_M = 1$，则已调载波的表达式变为

$$
e(t) = \left[\sum_n a_n \cdot g(t - nT_b') \right] \cos(\omega_c t) - \left[\sum_n b_n \cdot g(t - nT_b') \right] \sin(\omega_c t)
\tag{8-4-21}
$$

可见，多相制信号可等效为两个正交载波进行多电平双边带调制所得信号之和。这样，就把数字调制和线性调制联系起来，给 M 相制调制波形的产生提供了依据。

由以上分析可知，相邻两个相移信号的矢量偏移为 $2\pi/M$。但是，用矢量表示各相移信号时，其相位偏移有两种形式。如图 8.26 所示，它就是相位配置的两种形式。该图中注明了各相位状态所代表的 k 比特码元，虚线为基准位（参考相位）。就绝对相移而言，参考相位为载波的初相；就相对相移而言，参考相位为前一已调载波码元的末相（当载波频率是码元速率的整数倍时，也可认为是初相）。各相位值都是对参考相位而言的，正表示超前，负表示滞后。

两种相位配置形式都采用等间隔的相位差来区分相位状态，即 M 进制的相位间隔为 $2\pi/M$。这样造成的平均差错概率将最小。图 8.26 所示的形式一称为 π/2 体系，形式二称为 π/4 体系，两种形式均分别有二相制、四相制和八相制的相位配置。

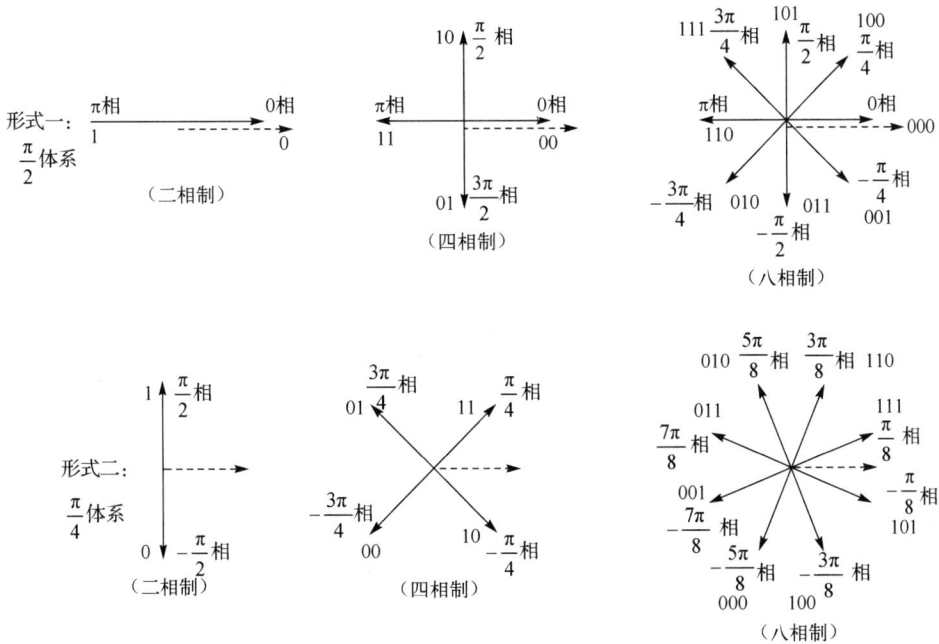

图 8.26　相位配置矢量图

图 8.27 所示为四相制信号波形图，表示了 4PSK 和 4DPSK 各自的 $\dfrac{\pi}{4}$ 体系及 $\dfrac{\pi}{2}$ 体系的波形配置。该图中的 T_b' 是四进制码元的周期，一个 T_b' 是由两个二进制比特数构成的。在这里选取载波周期与四进制码元周期相等。

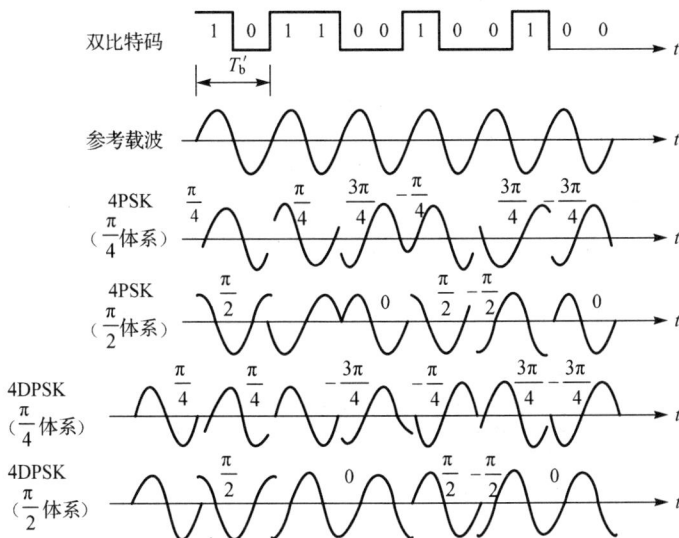

图 8.27　四相制信号波形图

8.5 二进制数字调制系统的噪声性能分析

图 8.28 列举了二进制调制及解调方式对误码性能的影响。其中，P_e 为误码率，E_b 为二进制每位码元的能量，n_0 为噪声功率谱密度。从图 8.28 可得出结论：对于同种调制方式，相干解调的误码性能比非相干解调的误码性能好。二相绝对调相（2PSK）相干解调误码率指标最好，其次是二相相对调相（2DPSK）、PSK、FSK 和 ASK。二进制幅度调制二极管包络检波的误码率指标最差。在相同的误码率条件下，2PSK 相干解调所要求的信噪比 r 比 2ASK 和 2FSK 低 3dB，这意味着发送信号能量可以降低一半。

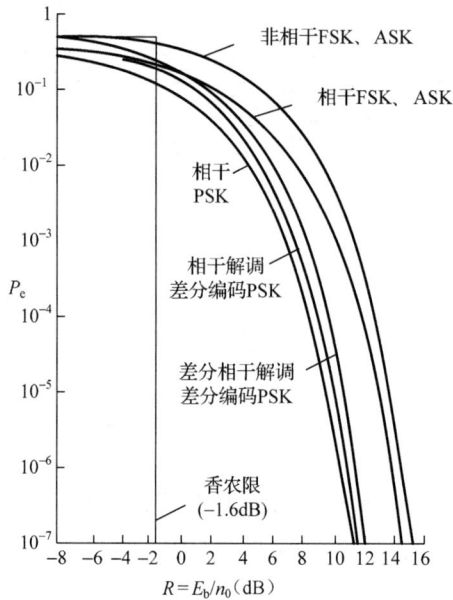

图 8.28 二进制调制的误码率曲线

与基带传输方式相似，数字载波调制系统的传输性能也可以用误码率来衡量。对于各种调制方式及不同的解调方法，系统性能总结如表 8.1 所示。

表 8.1 系统性能总结

调 制 方 式		误码率公式	带　　宽
2ASK	相干	$P_e = \dfrac{1}{2}\,\mathrm{erfc}\left(\sqrt{\dfrac{r}{4}}\right)$	$B = 2R_B$
	非相干	$P_e \approx \dfrac{1}{2}\exp\left(-\dfrac{r}{4}\right)$	$B = 2R_B$
相干 2PSK		$P_e = \dfrac{1}{2}\,\mathrm{erfc}(\sqrt{r})$	$B = 2R_B$
2DPSK	相位比较	$P_e = \dfrac{1}{2}\exp(-r)$	$B = 2R_B$
	极性比较	$P_e \approx \mathrm{erfc}(\sqrt{r})$	$B = 2R_B$
2FSK	相干	$P_e = \dfrac{1}{2}\,\mathrm{erfc}\left(\sqrt{\dfrac{r}{2}}\right)$	$B = 2R_B + |f_2 - f_1|$

续表

调制方式		误码率公式	带宽
2FSK	非相干	$P_e = \dfrac{1}{2}\exp\left(-\dfrac{r}{2}\right)$	$B = 2R_B + \lvert f_2 - f_1 \rvert$

表 8.1 中的公式是在下列条件下得到的：

（1）二进制数字信号"1"和"0"是独立且等概率出现的；

（2）信道加性噪声 $n(t)$ 是零均值高斯白噪声，功率谱密度为 n_0（单边）；

（3）通过接收端滤波器 $H_R(\omega)$ 后的噪声为窄带高斯白噪声，其均值为零，方差为 σ_n^2，则

$$\sigma_n^2 = \frac{1}{2\pi}\int_{-\infty}^{\infty} \frac{n_0}{2}\lvert H_R(\omega)\rvert^2 \mathrm{d}\omega \tag{8-5-1}$$

（4）由接收端滤波器引起的码间串扰很小，可以忽略不计；

（5）接收端产生的相干载波的相位误差为零。

这样，解调器输入端的功率信噪比定义为

$$r = \frac{\left(\dfrac{A}{\sqrt{2}}\right)^2}{\sigma_n^2} = \frac{A^2}{2\sigma_n^2} \tag{8-5-2}$$

式中，A 为输入信号的振幅；$\left(\dfrac{A}{\sqrt{2}}\right)^2$ 为输入信号功率；σ_n^2 为输入噪声功率；r 为输入信噪比。

总体来说，二进制数字传输系统的误码率与下列因素有关：信号形式（调制方式）、噪声的统计特性、解调及译码判决方式。无论采用何种方法，其共同点是如果输入信噪比增大，系统的误码率就减小；反之，误码率增大。

通过对比，对以上几种数字调制方式进行性能比较。当码元速率均为 R_B 时，2ASK、2PSK、2DPSK 的带宽是码元速率的 2 倍，2FSK 的带宽是两个载频之差加上 2 倍的码元速率，因此从频带利用率上看，2FSK 系统最不可取。在误码率上，相干 2PSK<2DPSK<2FSK<2ASK，因此在抗加性高斯白噪声方面，相干 2PSK 性能最好，2ASK 最差。在设备复杂度上，相干解调的设备比非相干解调的设备复杂，当同时为非相干解调时，2DPSK 最复杂，2FSK 次之，2ASK 最简单。由于 2FSK 不需要人为设置判决门限，2PSK 系统的判决门限为 0，与接收端输入信号的幅度无关，而 2ASK 存在最佳判决门限，与接收端输入信号的幅度有关，因此 2ASK 对信道最敏感。

8.6　多进制数字调制系统的噪声性能比较

8.6.1　多进制调制误码特性比较

图 8.29 是多进制调制误码特性图，可以看出，随着进制数的增大，虽然频谱利用率提高，但是误码率也增大，同样是十六进制调制系统，十六进制正交振幅调制（将在 8.7.1 节介绍）误码率低于十六进制移相调制系统的误码率。

8.6.2　多进制数字调制系统性能

多进制数字调制系统的误码率是平均信噪比 ρ 及进制数 M 的函数。移频、移相制系统的

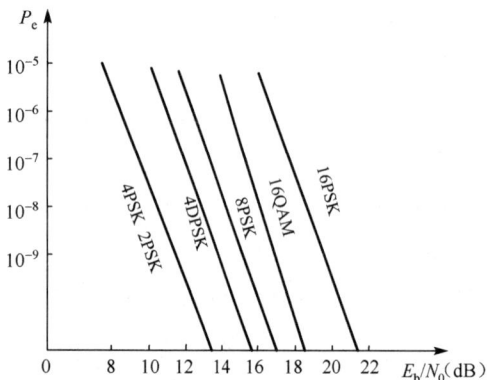

图 8.29　多进制调制误码特性图

ρ 等于 r，幅度调制系统的 ρ 是各电平等概率出现时的信号平均功率与噪声平均功率之比。当 M 一定、ρ 增大时，P_e 减小，反之增大；当 ρ 一定、M 增大时，P_e 增大。可见，随着进制数的增大，抗干扰性能降低。

（1）对多电平振幅调制系统而言，在对误码率 P_e 要求相同的条件下，多电平振幅调制的电平越多，则需要信号的有效信噪比就越大；反之，对有效信噪比的要求就可能下降。在 M 相同的情况下，双极性相干检测的抗噪声性能最好，单极性相干检测的抗噪声性能次之，单极性非相干检测的抗噪声性能最差。虽然 MASK 系统的抗噪声性能比 2ASK 系统的抗噪声性能差，但其频带利用率高，是一种高效的传输方式。

（2）多频调制系统中，采用相干检测和非相干检测解调时的误码率 P_e 均与信噪比 ρ 及进制数 M 有关。在一定的进制数 M 条件下，信噪比 ρ 越大，误码率越小；在一定的信噪比条件下，M 越大，误码率也越大。MFSK 与 MASK、MPSK 相比，随着 M 的增大，其误码率增大得不多，但其频带占用宽度将会增大，频带利用率降低。另外，相干检测与非相干检测性能相比，在 M 相同的条件下，相干检测的抗噪声性能优于非相干检测。但是，随着 M 的增大，两者之间的差距将会有所减小，而且在 M 相同的条件下，随着信噪比的增大，两者性能将会趋向同一极限值。由于非相干检测易于实现，因此在实际应用中非相干 MFSK 多于相干 MFSK。

（3）在多相调制系统中，当 M 相同时，相干检测 MPSK 系统的抗噪声性能优于差分检测 MDPSK 系统的抗噪声性能。在相同误码率的条件下，M 越大，差分移相比相干移相在信噪比上损失得越多，当 M 很大时，这种损失达到约 3dB。但是，由于 MDPSK 系统无反向工作（相位模糊）问题，接收端设备没有 MPSK 复杂，因而实际应用得比 MPSK 多。多相制的频带利用率高，是一种高效传输方式。

（4）多进制数字调制系统主要采用非相干检测的 MFSK、MDPSK 和 MASK。一般在信号功率受限而带宽不受限的场合多用 MFSK，而在功率不受限制的场合用 MDPSK，在信道带宽受限而功率不受限的恒参信道常用 MASK。

8.7　现代数字调制技术

8.7.1　正交振幅调制（QAM）

单独使用振幅或相位携带信息时，不能最充分地利用信号平面，这可以从矢量图中信号矢量端点的分布直观地观察到。多进制振幅调制时，矢量端点在一条轴上分布；多进制相位调制时，矢量端点在一个圆上分布。随着进制数 M 的增大，这些矢量端点之间的最小距离减小。但如果充分地利用整个平面，将矢量端点重新合理地分布，则有可能在不减小最小距离的情况下，增大信号矢量的端点数目。基于上述概念，可以引出振幅与相位相结合的调制方式，这种方式常称为数字复合调制方式。一般的复合调制称为幅相键控（APK），两个正交载波幅相键控称为正交振幅调制（QAM）。

正交振幅调制的一般表达式为

$$y(t) = A_m \cos(\omega_c t) + B_m \sin(\omega_c t), \qquad 0 \leqslant t < T_b \tag{8-7-1}$$

式中，T_b 为码元宽度；A_m 和 B_m 为离散的振幅值；$m = 1, 2, \cdots, M$，M 为 A_m 和 B_m 的个数。

$$\begin{cases} A_m = d_m A \\ B_m = e_m A \end{cases} \tag{8-7-2}$$

式中，A 为固定的振幅，与信号的平均功率有关；(d_m, e_m) 表示 QAM 调制信号矢量端点在信号空间的坐标，由输入数据决定。

QAM 调制和解调的原理如图 8.30 所示。在调制器中，输入数据经过串/并转换分成两路，再分别经过 2 电平到 L 电平的转换，形成 A_m 和 B_m。为了抑制已调信号的带外辐射，要通过预调制低通滤波器（LPF），再分别与相互正交的两路载波相乘，形成两路 ASK 调制信号。最后将两路信号相加就可以得到不同的振幅和相位的已调 QAM 输出信号 $y_{QAM}(t)$。

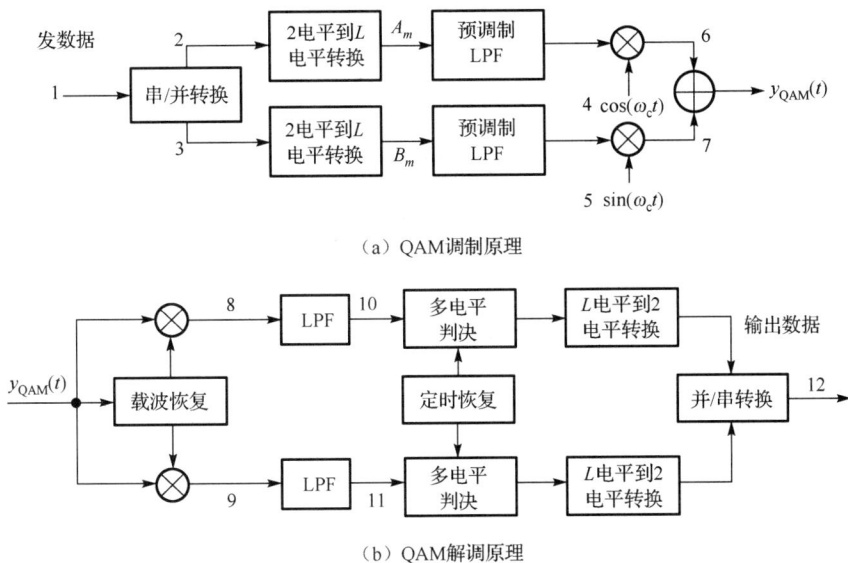

（a）QAM调制原理

（b）QAM解调原理

图 8.30　QAM 调制和解调的原理

在解调器中，输入信号分成两路分别与本地恢复的两个正交载波相乘，经过低通滤波器、多电平判决和 L 电平到 2 电平转换，再经过并/串转换就得到了输出数据序列。

图 8.31 给出了 4（4 电平）QAM 的调制和解调原理框图中各点的基本波形。从 4QAM 的调制和解调过程可以看出，系统可在一路 ASK 信号频率带宽的信道内完成两路信号的同时传输。所以，利用正交载波调制技术传输 ASK 信号，可使频带利用率提高为原来的 2 倍，达到 2b/(s·Hz)。如果将其与多进制或其他技术结合起来，还可进一步提高频带利用率。在实际应用中，除了 4QAM（二进制），还常采用 16QAM（四进制）、64QAM（八进制）、256QAM（十六进制）等方式。

通常，把信号矢量端点的分布图称为星座图。以十六进制调制为例，采用 16PSK 时，其星座图如图 8.32（a）所示。若采用振幅与相位相结合的 16 个信号点的调制，两种可能的星座图如图 8.32（b）、图 8.32（c）所示，其中图 8.32（b）为正交振幅调制，记为 16QAM，

图 8.32（c）是话路频带（300～3400Hz）内以 9600b/s 的速率传输信息的一种国际标准星座图，常记为 16APK。

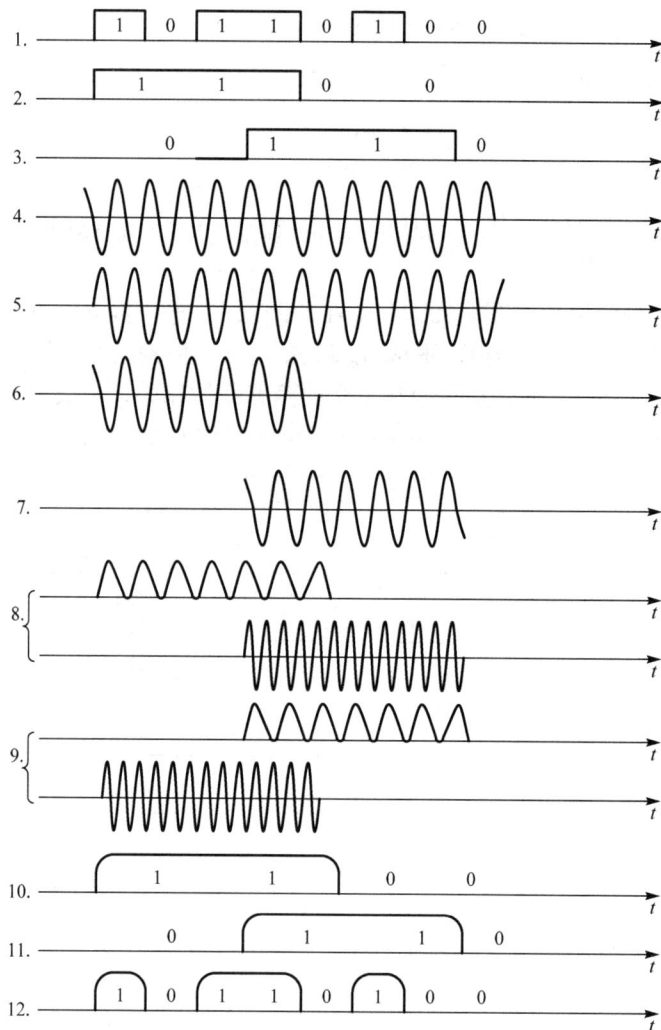

图 8.31　4QAM 的调制和解调原理框图中各点的基本波形

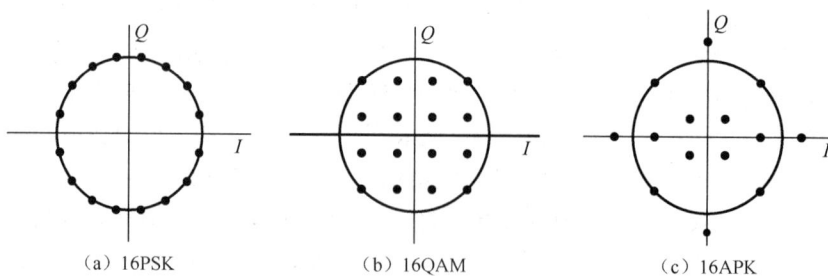

（a）16PSK　　　　（b）16QAM　　　　（c）16APK

图 8.32　16PSK、16QAM 和 16APK 星座图

目前，正交振幅调制得到日益广泛的应用。它的星座图常为矩形或"十"字形，如图 8.32 所示。其中，当 $M = 4, 16, 64, 256$ 时，星座图为矩形；而当 $M = 32, 128$ 时，星座图为"十"

字形。前者 M 为 2 的偶数次方，即每个符号携带偶数个比特信息；后者 M 为 2 的奇数次方，即每个符号携带奇数个比特信息。

假设已调信号的最大幅度为 1，不难算出采用 MPSK 调制时星座图上信号点的最小距离为

$$d_{\mathrm{MPSK}} = 2\sin\left(\frac{\pi}{M}\right) \tag{8-7-3}$$

而在 MQAM 中，若星座图为矩形，则最小距离为

$$d_{\mathrm{MQAM}} = \frac{\sqrt{2}}{\sqrt{M}-1} \tag{8-7-4}$$

这里，$M = L^2$，L 为星座图上信号在水平轴或垂直轴上投影的电平数。

综上可知，当 $M = 4$ 时，$d_{\mathrm{4PSK}} = d_{\mathrm{4QAM}}$。事实上，4PSK 与 4QAM 的星座图相同。但当 $M > 4$ 时，如 $M = 16$，则可算出 $d_{\mathrm{16PSK}} = 0.39$，$d_{\mathrm{16QAM}} = 0.47$，$d_{\mathrm{16QAM}} > d_{\mathrm{16PSK}}$，这说明 16QAM 的抗干扰能力优于 16PSK。

当信号的平均功率受限时，MQAM 的优点更为显著，因为 MQAM 信号的峰值功率与平均功率之比为

$$k = \frac{L(L-1)^2}{2\sum\limits_{i=1}^{L/2}(2i-1)^2} \tag{8-7-5}$$

对 16QAM 来说，因为 $L = 4$，所以 $k_{\mathrm{16QAM}} = 1.8$。至于 16PSK 信号的平均功率，就等于它的最大功率（恒定包络），因而 $k_{\mathrm{16PSK}} = 1$，转换成 dB 形式，则 k_{16QAM} 比 k_{16PSK} 大 2.55dB。这样，以平均功率相等为条件，16QAM 的相邻信号距离比 16PSK 的相邻信号距离大约 4.19dB。

由图 8.33 所示的星座图可知，MQAM 如同 MPSK 一样，也可以用正交调制的方法产生。不同的是，MPSK 在 $M > 4$ 时，同相与正交两路基带信号的电平不是互相独立的，而是互相关联的，以保证合成矢量端点落在圆上。而 MQAM 的同相和正交两路基带信号的电平则是互相独立的。

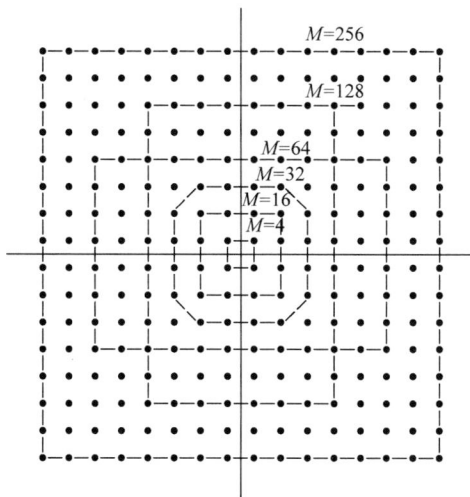

图 8.33 MQAM 星座图

MQAM 调制器框图如图 8.34（a）所示。串/并转换器将码元速率为 R_b 的输入二进制序列转换成码元速率为 $R_b/2$ 的两个子序列，$2\text{-}L$ 电平转换器将每个码元速率为 $R_b/2$ 的 2 电平序列转换成码元速率为 $R_b/\log_2 M$ 的 L 电平信号，然后两列信号通过 LPF 后分别与两个正交的载波相乘，相乘的结果相加即产生 MQAM 信号。

MQAM 信号的解调同样可以采用正交的相干解调方法，图 8.34（b）便是其框图。同相路和正交路的 L 电平基带信号用有 $L\text{-}1$ 个门限的判决器判决后，分别恢复出码元速率等于 $R_b/2$ 的二进制序列，最后经并/串转换器将两路二进制序列合成一个码元速率为 R_b 的二进制序列，即解调出原信息。

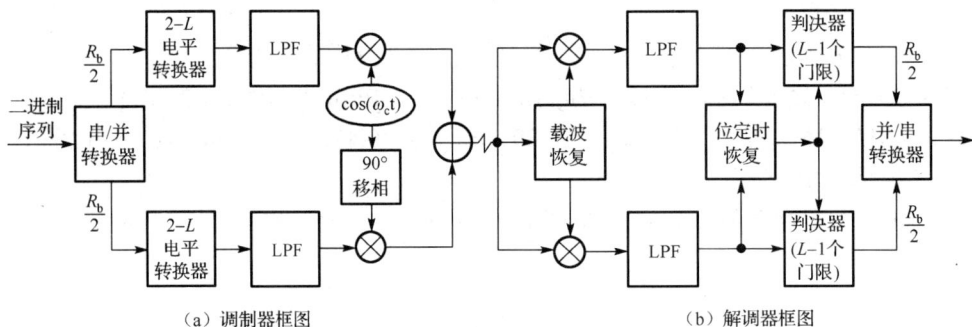

（a）调制器框图　　　　　　　（b）解调器框图

图 8.34　MQAM 调制器与解调器框图

上述调制过程表明：MQAM 信号可以看成两个正交的抑制载波双边带调幅信号的相加。因此，MQAM 与 MPSK 信号一样，其功率谱都取决于同相路和正交基带信号的功率谱。当 MQAM 与 MPSK 的信号点数相同时，功率谱相同，带宽均为基带信号带宽的 2 倍。

其实，QAM 信号的结构不是唯一的。例如，在给定信号空间中的信号点数目 $M = 8$ 时，要求在这些信号点仅取两种振幅值、信号点之间的最小距离为 $2A$ 的情况下，几种可能的 8QAM 的信号空间如图 8.35 所示。

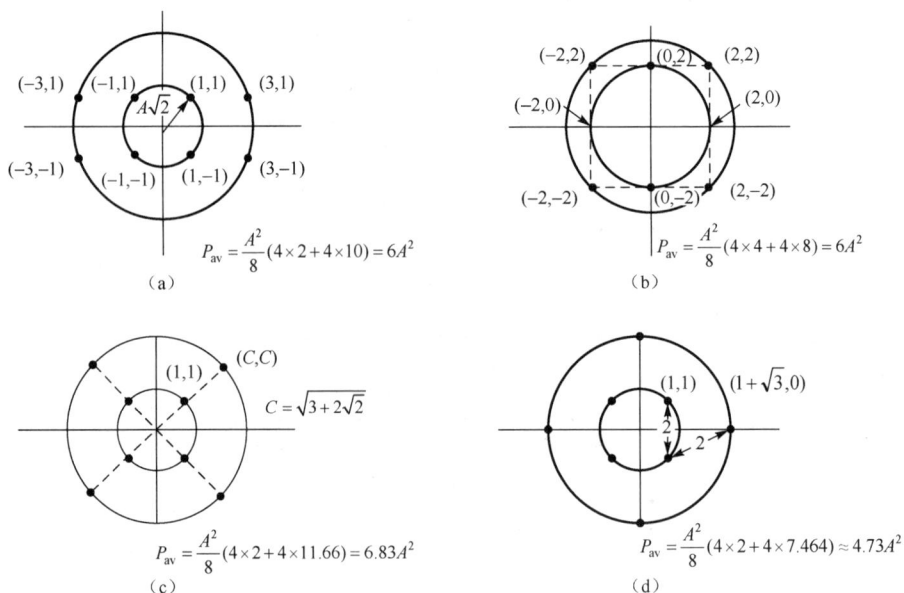

图 8.35　8QAM 的信号空间

在所在信号点等概率出现的情况下，信号平均功率为

$$P_{av} = \frac{A^2}{M} \sum_{m=1}^{M} (d_m^2 + e_m^2) \qquad (8\text{-}7\text{-}6)$$

图 8.35（a）、图 8.35（b）、图 8.35（c）和图 8.35（d）中的平均功率分别为 $6A^2$、$6A^2$、$6.83A^2$ 和 $4.73A^2$，因此，在信号功率相等的条件下，图 8.35（d）中的最小信号距离最大，其次为图 8.35（a）和图 8.35（b），图 8.35（c）中的最小信号距离最小。图 8.35（d）比图 8.35（a）和图 8.35（b）大 1dB，比图 8.35（c）大 1.6dB。

对于 $M = 16$ 来说，若要求最小信号距离为 $2A$，则有多种分布形式的信号空间。两种具有代表意义的 16QAM 的信号空间如图 8.36 所示。在图 8.36（a）中，信号点的分布呈方形，故称方形 QAM 星座，也称标准型 QAM。在图 8.36（b）中，信号点的分布呈星形，故称星形 QAM 星座。利用式（8-7-6），可得出两种形式的信号平均功率。

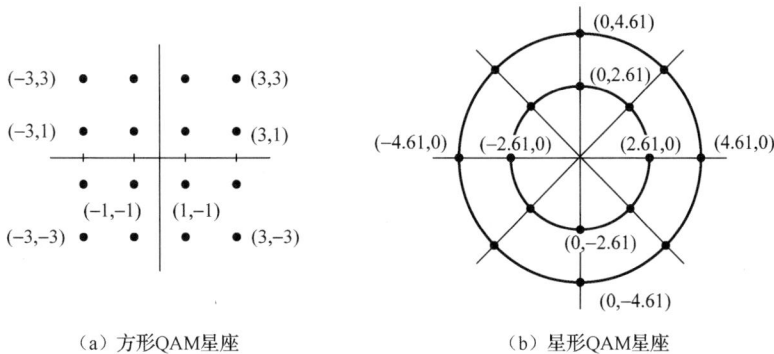

（a）方形QAM星座　　　　（b）星形QAM星座

图 8.36　16QAM 的信号空间

尽管两者的功率仅相差 1.4dB，但两者的星座结构有重要的差别：一是星形 QAM 只有两种振幅值，而方形 QAM 有三种振幅值；二是星形 QAM 仅有 8 种相位值，而方形 QAM 有 12 种相位值。这两点使得在衰落信道中，星形 QAM 比方形 QAM 更具吸引力。

8.7.2　最小频移键控（MSK）

QPSK 的一种改进型调制方式是偏移四相相移键控（OQPSK），OQPSK 由于在正交支路引入 $T_b/2$ 的偏移，因此消除了 QPSK 中的 180° 的相位突跳现象，但信号可能发生 ±90° 的相位变化。最小频移键控是二进制连续相位 FSK（CPFSK）的一种，追求信号相位路径的连续性。

MSK 又称快速频移键控（FFSK），"快速"指的是这种调制方式对于给定的频带，它比 2PSK 传输更高速的数据；而最小频移键控中的"最小"指的是这种调制方式能以最小的调制指数（$h = 0.5$）获得正交的调制信号。下面对 MSK 信号进行简要分析。

在一个码元周期 T_b 内，CPFSK 信号可表示为

$$S_{CPFSK}(t) = A\cos[\omega_c t + \theta(t)] \qquad (8\text{-}7\text{-}7)$$

当 $\theta(t)$ 为时间连续函数时，已调载波在所有时间上都是连续的，若传 0 码时载频为 ω_1，传 1 码时载频为 ω_2，它们相对于未调载频 ω_c 的偏移为 $\Delta\omega$，则式（8-7-7）又可写为

$$S_{CPFSK}(t) = A\cos[\omega_c t \pm \Delta\omega t + \theta(0)] \qquad (8\text{-}7\text{-}8)$$

式中，

$$\begin{cases} \omega_c = \dfrac{\omega_1 + \omega_2}{2} \\ \Delta\omega = \dfrac{|\omega_1 - \omega_2|}{2} \end{cases} \tag{8-7-9}$$

由式（8-7-9）可以看出，在一个码元周期内，相角 $\theta(t)$ 为时间的线性函数，即

$$\theta(t) = \pm\Delta\omega t + \theta(0) \tag{8-7-10}$$

式中，$\theta(0)$ 为初相角，取决于过去码元调制的结果，它的选择要防止相位的任何不连续性。

对于 FSK 信号，当 $2\Delta\omega T_b = n\pi$（n 为整数）时，就认为它是正交的。为了提高频带利用率，$\Delta\omega$ 要尽可能小，当 $n=1$ 时，$\Delta\omega$ 为最小值，有

$$\Delta\omega T_b = \frac{\pi}{2} \tag{8-7-11}$$

或者

$$2\Delta f T_b = 1/2 = h \tag{8-7-12}$$

式中，h 称为调制指数。由式（8-7-12）看出，频偏 $\Delta f = 1/(4T_b)$，频差 $2\Delta f = 1/(2T_b)$，它等于码元速率的一半，这是最小频差。所谓最小频移键控，正是指取调制指数 $h = 0.5$，在满足信号正交的条件下，使频移 Δf 最小。

式（8-7-10）又可写为

$$\theta(t) = \pm\frac{\pi}{2T_b}t + \theta(0) \tag{8-7-13}$$

为了方便，假定 $\theta(0) = 0$，同时，假定"+"对应 1 码，"−"对应 0 码。当 $t > 0$ 时，在几个连续码元周期内，$\theta(t)$ 的可能值如图 8.37 所示。传 1 码时，相位增大 $\pi/2$；传 0 码时，相位减小 $\pi/2$。

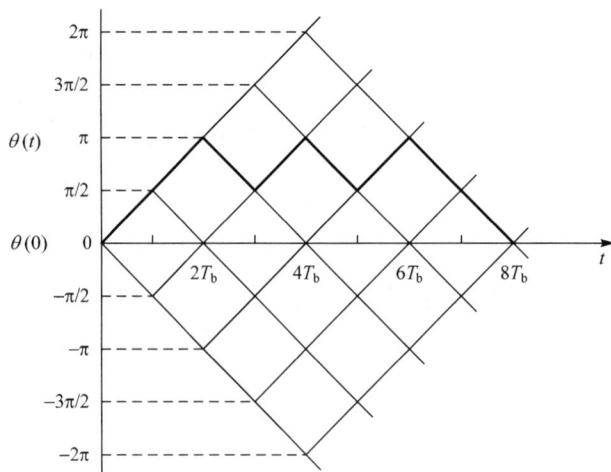

图 8.37　MSK 的相位网格图

因此，图 8.37 中的正斜率直线表示传 1 码时的相位轨迹，负斜率直线表示传 0 码时的相位轨

迹。这种由所有可能的相位轨迹构成的图形称为相位网格图。在每个码元周期内，载波相位相对于前一码元不是增大 π/2，就是减小 π/2。在 T_b 的奇数倍上取±π/2 两个值，在 T_b 的偶数倍上取 0、π 两个值。例如，图 8.37 中粗线路径所对应的信息序列为 11010100。若扩展到多个码元周期上，可写为

$$\theta(t) = \frac{\pi t}{2T_b}P_k + \theta_k \tag{8-7-14}$$

式中，P_k 为二进制双极性码元，取值为±1。这表明，MSK 信号的相位是分段线性变化的，而且在码元转换时刻相位仍是连续的，所以有

$$\theta_{k-1}(kT_b) = \theta_k(kT_b) \text{ 或者 } \theta_k = \theta_{k-1} + (P_{k-1} - P_k)k \cdot \frac{\pi}{2} \tag{8-7-15}$$

现在，可写出 MSK 信号的表达式为

$$S_{MSK}(t) = A\cos\left[\omega_c t + \frac{\pi t}{2T_b}P_k + \theta_k\right] \tag{8-7-16}$$

可以看出，θ_k 的取值为 π 的整数倍，即 $\theta_k = n\pi$。利用三角函数公式并注意到 $\sin\theta_k = 0$，有

$$S_{MSK}(t) = A\left[a_I(t)\cos\left(\frac{\pi t}{2T_b}\right)\cos(\omega_c t) - a_Q(t)\sin\left(\frac{\pi t}{2T_b}\right)\sin(\omega_c t)\right]$$
$$= A[I(t)\cos(\omega_c t) - Q(t)\sin(\omega_c t)] \tag{8-7-17}$$

式中，$I(t) = a_I(t)\cos\left(\frac{\pi t}{2T_b}\right)$；$Q(t) = a_Q(t)\sin\left(\frac{\pi t}{2T_b}\right)$；$a_I(t) = \cos\theta_k$；$a_Q(t) = P_k\cos\theta_k$。

根据以上分析，可以画出 MSK 调制器框图（图 8.38）。

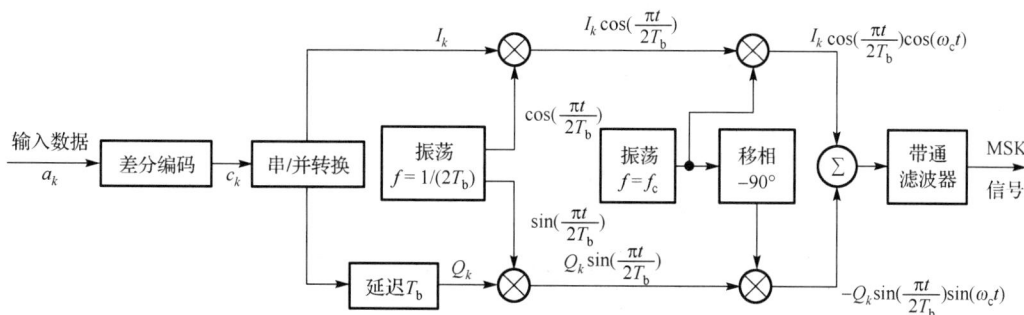

图 8.38 MSK 调制器框图

假如给定一组输入数据序列 111010011110l00010011 共 21 位码，那么 MSK 信号的转换关系及相应的波形图分别如图 8.39 和图 8.40 所示。

综上所述，MSK 信号具有以下特点。

（1）调制指数 $h = 0.5$，已调信号的频率偏移严格等于 $\pm1/(4T_b)$。

（2）已调信号相位恒定。

（3）以载波相位为基准的信号相位在一个码元期间内准确地线性变化 ±π/2。

（4）在一个码元周期内，信号应包括 1/4 载波周期的整数倍。

k	0	1	2	3	4	5	6	7	8	9	10	11	12	13	14	15	16	17	18	19	20
输入数据 a_k	1	1	1	−1	1	−1	−1	1	1	1	1	−1	1	−1	−1	−1	1	−1	−1	1	1
差分编码 c_k	−1	1	−1	1	1	1	1	−1	1	1	1	−1	−1	1	1	1	1	1	1	−1	1
同相数据 I_k		1		−1		1		−1		−1		1		−1		1		1		−1	
正交数据 Q_k			−1		1		1		1		1		−1		−1		1		1		1
ϕ_k（模 2π）	0	0	0	π	π	0	π	π	π	π	π	0	0	π	π	π	π	0	0	π	π
$I_k=\cos\phi_k$		1	1	−1	−1	1	−1	−1	−1	−1	−1	1	1	−1	−1	−1	−1	1	1	−1	−1
$Q_k=-a_k\cos\phi_k$			−1	−1	1	1	1	1	1	1	1	−1	−1	−1	−1	1	1	1	1	1	1
频率	f_2	f_2	f_2	f_1	f_2	f_1	f_1	f_2	f_2	f_2	f_2	f_1	f_2	f_1	f_1	f_1	f_2	f_1	f_1	f_2	f_2

图 8.39　MSK 信号的转换关系

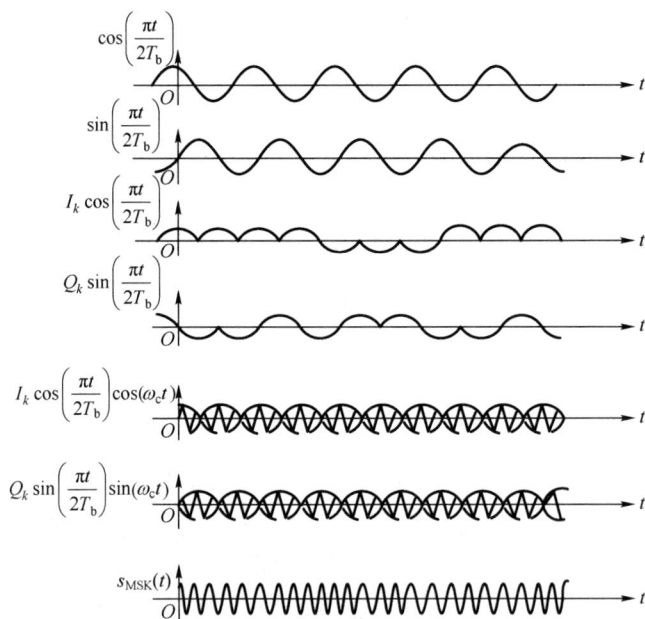

图 8.40　MSK 信号的波形图

（5）在码元转换时刻的相位是连续的，也就是说信号的波形没有跳变。

8.7.3　高斯最小频移键控（GMSK）

移动通信等场合对信号带外辐射功率的限制是十分严格的，目前 MSK 信号仍不能满足这样的要求，于是提出了高斯最小频移键控（GMSK）。GMSK 在 MSK 调制器之前，用高斯型低通滤波器对输入数据进行处理。如果恰当地选择此滤波器的带宽，则能使信号的带外辐射功率足够小，以满足一些通信场合的要求。

为了有效地抑制 MSK 的带外辐射并保证经过预调制滤波后的已调信号能采用简单的

MSK 相干检测电路，预调制滤波器必须具有以下特点。

（1）带宽窄且是锐截止的（抑制高频分量）。

（2）具有较低的过冲脉冲响应（防止瞬时频偏过大）。

（3）滤波器输出脉冲面积为一个常量，该常量对应的一个码元内的载波相移为 $\pi/2$（保证调制指数为 0.5）。

GMSK 中，基带信号首先成形为高斯型脉冲，然后进行 MSK 调制。由于成形后的高斯型脉冲包络无陡峭沿，也无拐点，因此相位路径得以进一步平滑，如图 8.41 所示。GMSK 信号的频谱特性优于 MSK，GMSK 是当前数字调制方式的一个研究热点。

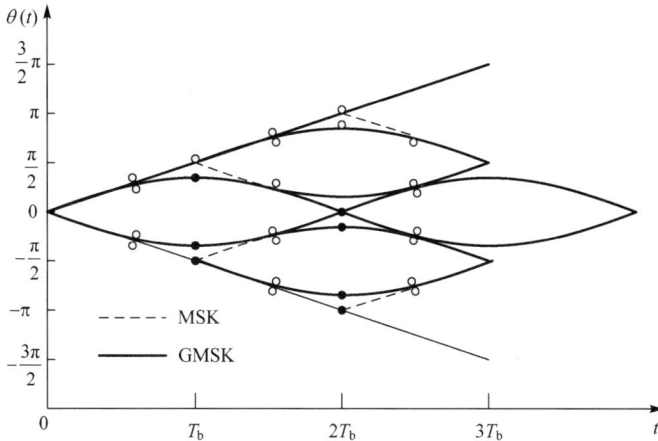

图 8.41　GMSK 信号的相位路径

由于 GMSK 不仅保留了 MSK 的优点，而且频谱在主瓣以外衰减得很快，加上邻路干扰小，因此在要求信号带外辐射功率限制严格的移动通信中有着广泛的应用。

8.7.4　正交频分复用（OFDM）

正交频分复用（OFDM）是多载波调制（MCM）或离散多音频（DMT）的一种特殊形式，是一种带宽有效性较高的调制技术，并可以对抗多径引起的时延扩展和脉冲噪声等信道干扰。

1. OFDM 基本原理

OFDM 的基本思想是：将高速的串行数据流转换成多路相对低速的并行数据流，并分别对不同的载波进行调制。这种并行传输体制大大扩展了符号的脉冲宽度，提高了抗多径衰落的性能。传统的频分复用方法中各个子载波的频谱是互不重叠的，需要使用大量的发送滤波器和接收滤波器，这样就大大提高了系统的复杂度和成本。同时，为了减小各个子载波间的相互串扰，各个子载波间必须有足够的频率间隔，这样会降低频谱利用率。而现代 OFDM 系统采用数字信号处理技术，各子载波的产生和接收都由数字信号处理算法完成，极大地简化了系统的结构。同时为了提高频谱利用率，可使各子载波上的频谱相互重叠（图 8.42），但这些频谱在整个符号周期内满足正交性，从而保证接收端能够不失真地复原信号。当传输信道中出现多径传播时，接收子载波间的正交性就会受到破坏，使每个子载波上的前后传输符号间以及各个子载波间发生相互干扰。为了解决这个问题，在每个 OFDM 传输信号前面插入一个保护间隔，它由 OFDM 信号进行周期扩展而得到，只要多径时延不超过保护间隔，子载波间的正交性就不会被破坏。

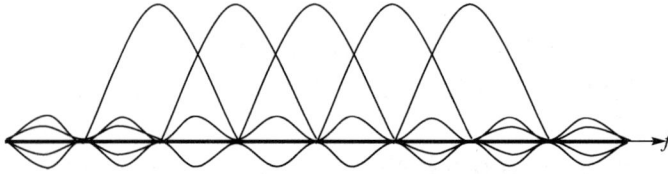

图 8.42   正交频分复用信号的频谱示意图

2．OFDM 系统实现

由前面的分析可知，若要实现 OFDM，首先需要利用一组正交的信号作为子载波，然后再以码元周期为 T 的不归零方波作为基带码型，经调制器调制后送入信道传输。

OFDM 调制器如图 8.43 所示。要发送的串行二进制数据经过数据编码器形成了 M 个复数序列，此复数序列经过串/并转换器转换后得到码元周期为 T 的 M 路并行码，码型选用不归零方波，用这 M 路并行码通过调制 M 个子载波来实现频分复用。

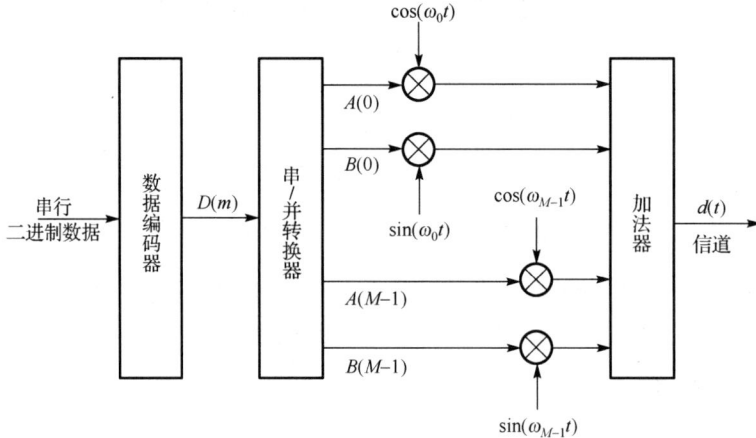

图 8.43   OFDM 调制器

在接收端也由这样一组正交信号在一个码元周期内分别与发送信号进行相关运算实现解调，恢复出原始信号。OFDM 解调器如图 8.44 所示。

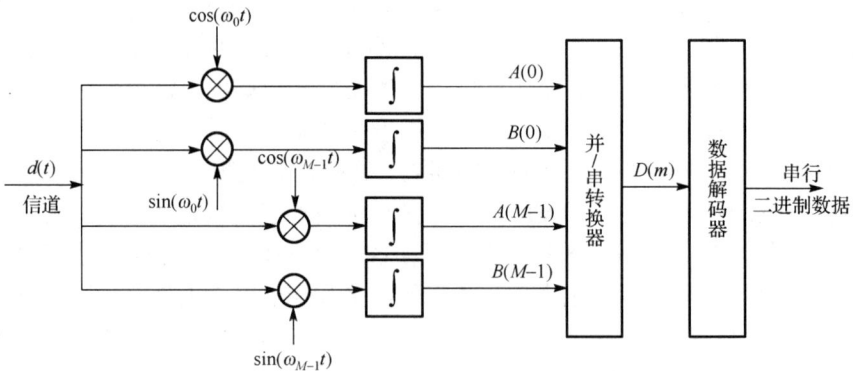

图 8.44   OFDM 解调器

本 章 小 结

数字载波调制传输与数字基带传输的区别在于它能将信号频谱从基带范围搬移到高频上。因调制和解调的方式不同，数字载波调制传输系统具有不同的性能。数字调制与模拟调制的差别是调制信号为数字基带信号，根据被调参数的不同，有振幅键控、频移键控和相移键控三种基本方式，当然还有一些其他相对复杂的调制方式。

振幅键控是最早应用的数字调制方式，它是一种线性调制方式。其优点是设备简单、频带利用率较高；缺点是抗噪声性能差，而且它的最佳判决门限与接收端输入信号的振幅有关，因而不易使抽样判决器工作在最佳状态。

频移键控是数字通信中的一种重要调制方式。其优点是抗干扰能力强；缺点是占用频带较宽，尤其是多进制调频系统，频带利用率很低。目前，它主要被应用于中、低速数据传输系统中。

相移键控分为绝对相移键控和相对相移键控两种。绝对相移键控信号在解调时有相位模糊的缺点，因而在实际中很少采用。但绝对相移键控是相对相移键控的基础，有必要熟练掌握。相对相移键控信号不存在相位模糊的问题，因为它是依靠前后两个接收码元信号的相位差来恢复数字信号的。相对相移键控的实现通常是先进行码变换，即将绝对码转换为相对码，然后对相对码进行绝对相移键控。相对相移键控信号的解调过程是进行相反的变换，即先进行绝对相移键控解调，然后进行码的变换，最后恢复出原始信号。相移键控是一种高传输效率的调制方式，其抗干扰能力比振幅键控和频移键控稍强，因此在高、中速数据传输中得到了广泛应用。多进制相移键控信号常用的有四相制和八相制，它们均可以看成振幅相等而相位不同的振幅调制，它是一种频带利用率高的高效率传输方式，其抗噪声性能好，因而得到了广泛应用，其中多进制相对相移键控应用得更广泛一些。值得一提的是，多进制相移键控的发展趋势是纯数字化，即数字式的调制解调方式。本章还介绍了一些其他类型的调制解调方式，这些方式在现代通信系统中也得到了广泛应用。

习 题 8

1. 数字频带传输系统与基带传输系统的基本结构有什么区别？

2. 设发送数字信号为 100101101，试分别画出其 2ASK、2FSK、2PSK 及 2DPSK 信号的波形示意图。

3. 设某 2FSK 调制系统的码元速率为 1000Baud，已调信号的载频为 1000Hz 或 2000Hz。

（1）若发送数字信号为 1001011，试画出相应的 2FSK 信号波形。

（2）试讨论这时的 2FSK 信号应选择怎样的解调器解调。

（3）若发送数字信号是等概率的，试画出它的功率谱密度草图。

4. 设载频为 1800Hz，码元速率为 1200Baud，发送数字信号为 011010。

（1）若相位偏移 $\Delta\varphi = 0°$ 代表"0"，$\Delta\varphi = 180°$ 代表"1"，试画出这时的 2DPSK 信号波形。

（2）若 $\Delta\varphi = 270°$ 代表"0"，$\Delta\varphi = 90°$ 代表"1"，则这时的 2DPSK 信号波形又如何（注：在画以上波形时，幅度可自行假设）？

5. 若采用 2ASK 方式传输二进制数字信号，已知发送端发出信号的振幅为 5V，输入接收端解调器的高斯白噪声功率 $\sigma_n^2 = 3\times10^{-12}\,\text{W}$，要求误码率 $P_e = 10^{-4}$。

（1）非相干接收时，由发送端到解调器输入端的衰减应为多少？

（2）相干接收时，由发送端到解调器输入端的衰减应为多少？

6．若某 2FSK 系统的码元速率为 $2\times10^6\,\text{Baud}$，数字信号为"1"时的频率 f_1 为 10MHz，数字信号为"0"时的频率 f_2 为 10.4MHz。输入接收端解调器的信号振幅 $A = 40\mu\text{V}$。信道加性噪声为高斯白噪声，且其单边功率谱密度 $n_0 = 6\times10^{-18}\,\text{W/Hz}$，试求：

（1）2FSK 信号的频带宽度；

（2）非相干接收时，系统的误码率；

（3）相干接收时，系统的误码率。

7．已知数字信号为"1"时，发送信号的功率为 1kW，信道衰减为 60dB，接收端解调器输入的噪声功率为 $10^{-4}\,\text{W}$，试求非相干 2ASK 系统及相干 2PSK 系统的误码率。

8．已知数字基带信号的信息速率为 2048kb/s，分别采用 2PSK 方式及 4PSK 方式传输时所需的信道带宽为多少？频带利用率为多少？

9．在二相制中，已知载波频率为 1800Hz，码元速率为 1200Baud，数字信号为 0101。试画出按下表规定的两种编码方式（A 方式、B 方式）的绝对相移与相对相移的已调信号波形图。

数字信息		0	1
相位偏移	A 方式	π	0
	B 方式	$-\dfrac{\pi}{2}$	$\dfrac{\pi}{2}$

10．在二进制相位调制系统中，设解调器输入信噪比 $r = 10\text{dB}$。试求相干解调 2PSK、相干解调加码反变换 2DPSK 和差分相干 2DPSK 系统的误码率。

11．在二进制数字调制系统中，已知码元速率 $R_B = 1\text{MBaud}$，接收端输入高斯白噪声的双边功率谱密度 $\dfrac{n_0}{2} = 2\times10^{-16}\,\text{W/Hz}$。若要求解调器输出误码率 $P_e \leqslant 10^{-4}$，试求相干解调和非相干解调 2ASK、相干解调和非相干解调 2FSK、相干解调和非相干解调 2DPSK 及相干解调 2PSK 系统的输入信号功率。

12．在四进制数字相位调制系统中，已知解调器输入端信噪比 $r = 13\text{dB}$，试求 4PSK 方式和 4DPSK 方式的系统误码率。

第9章 数字信号的最佳接收

🎙️ 学习目标

- 理解最佳接收的概念
- 掌握最大似然准则
- 理解确知信号和随相信号的最佳接收
- 掌握匹配滤波器的原理和实现方法
- 了解理想接收机模型
- 掌握最佳接收机的概念及其性能分析方法

💻 本章知识结构

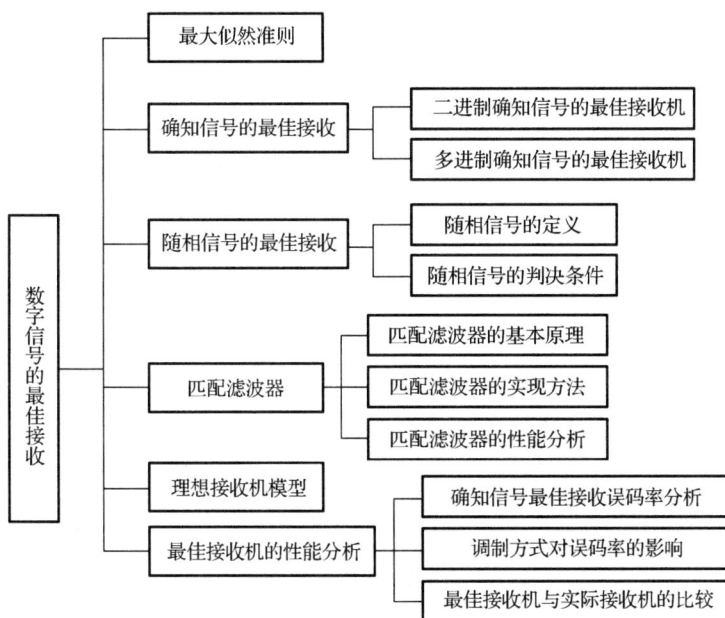

```
                                      ┌─── 最大似然准则
                                      │
                                      │                    ┌─── 二进制确知信号的最佳接收机
                                      ├─── 确知信号的最佳接收 ─┤
                                      │                    └─── 多进制确知信号的最佳接收机
                                      │
          数                          │                    ┌─── 随相信号的定义
          字                          ├─── 随相信号的最佳接收 ─┤
          信                          │                    └─── 随相信号的判决条件
          号 ──────────────────────────┤
          的                          │                    ┌─── 匹配滤波器的基本原理
          最                          ├─── 匹配滤波器 ──────┼─── 匹配滤波器的实现方法
          佳                          │                    └─── 匹配滤波器的性能分析
          接                          │
          收                          ├─── 理想接收机模型
                                      │                    ┌─── 确知信号最佳接收误码率分析
                                      └─── 最佳接收机的性能分析 ┼─── 调制方式对误码率的影响
                                                           └─── 最佳接收机与实际接收机的比较
```

✒️ 导入案例

案例一

雷达（图 9.1）作为无线探测距离和速度的工具，不仅在军事领域十分重要，而且已经被广泛应用于气象预测、环境监测、资源探测和天体研究等领域。雷达能够全天候探测目标，主要包括发射机、发射天线、接收机、接收天线、数据处理系统及其他辅助部分。为了在众多的干扰杂波中检测和跟踪目标，需要有效提取所需的无线电波，这就需要先进的接收技术，匹配滤波器的使用正是其体现。

案例二

经济的发展和生活水平的提高使数字电视的普及程度越来越高，人们在家就能享受家庭影院的乐趣。数字电视趋向高清化，其发展过程中一个重要的组成部分便是数字接收机。数字接收机所采用的接收技术、工艺品质关系到电视信号的稳定性和可靠性，现在接收技术已经十分成熟。数字卫星电视接收机如图9.2所示。

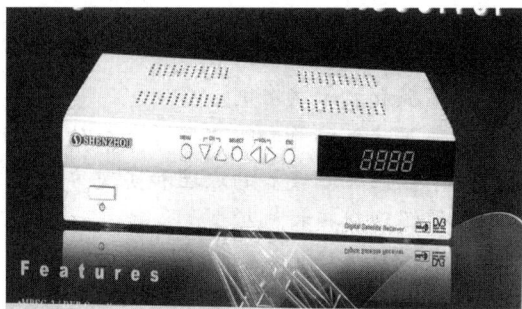

图9.1　雷达　　　　　　　　　　　　　图9.2　数字卫星电视接收机

基带数字信号经过调制器以后，必须通过信道（传输介质）才能到达接收端。而实际信道特性并不理想，因此信号在传输过程中不可避免地会受到噪声的干扰，使接收到的数字信号不能准确地被还原。那么在随机干扰存在的情况下采取什么样的接收技术，才能使接收信号最佳呢？研究和解决该问题的理论称为最佳接收理论，它把近代数学的概率论和数理统计应用到信号的接收领域，从而实现理论上达到信号接收最佳化，使通信系统更加完善。

最佳接收理论是研究在随机干扰存在时，在一定的准则下，经过系统和定量的推导给出最佳接收机的结构，并证明最佳接收机性能的极限。显而易见，这种所谓的最佳是相对的而不是绝对的，是一定准则下的最佳。在某一准则下为最佳接收机，而在另一准则下可能不是最佳接收机，所以，在最佳接收机理论中选择什么准则是十分重要的。

最佳接收理论又叫信号检测理论，它涉及的主要问题可以归纳为两个方面：①从噪声中判断有用信号是否出现；②从噪声中测量有用信号的参数。数字通信中的统计判决问题主要讨论前一种，又称数字信号的最佳接收问题。下面讨论最佳接收常用的一个判决准则——最大似然准则。

9.1　最大似然准则

在数字通信中，信道的特性和传输过程中引入的噪声干扰是影响通信系统性能的两个主要因素。在发送端，考虑的是如何设计信号，使之适合在信道中传输，并尽量抑制各种噪声干扰；而在接收端，考虑的是如何从噪声干扰中正确地接收信号，即最佳接收。

最佳接收理论（信号检测理论）就是研究在噪声干扰的情况下如何有效地检测信号。信号检测理论利用概率论与数理统计的方法来研究信号检测问题：①假设检验问题，即在噪声干扰中如何判决有用信号是否出现；②参数估值问题，即在噪声干扰下如何对信号的参数进行估计；③信号滤波问题，即在噪声干扰下如何有效地提取有用信号。最佳接收涉及假设检验和信号滤波。

　　最佳接收是在某一意义上或某一准则下衡量的。对于不同的准则,最佳接收的性能不同。那么,在数字通信中,应该选择什么样的准则呢?

　　由于存在噪声干扰,因此在发送 x_1 时,接收端不一定判为 x_1,而可能判为其他符号。当然,发送 x_2 时,同样可能出现错误判决。要使差错概率最小,在数字通信中最直观和最合理的准则是"最小差错概率"准则。可以证明(在高斯白噪声信道中)"最小差错概率"准则、"最大输出信噪比"准则、"最大后验概率"准则与"最大似然"准则是等价的。

　　那么,在存在噪声的情况下,接收信号的差错概率如何计算?什么样的判决方法才能获得最小差错概率?方便起见,现讨论数字信号接收的简单情况:二进制数字信号的接收。

　　其判决准则如下:设在一个二进制通信系统中发送码元"1"的概率为 $P(1)$,发送码元"0"的概率为 $P(0)$,则总误码率为

$$P_e = P(1)P_{e1} + P(0)P_{e0} \tag{9-1-1}$$

式中,$P_{e1} = P(0/1)$,表示发送"1"时收到"0"的条件概率;$P_{e0} = P(1/0)$,表示发送"0"时收到"1"的条件概率。这两个条件概率称为错误转移概率。

　　按照以上分析,接收端收到的每个码元持续时间内的电压可以用一个 k 维矢量表示。接收设备需要对每个接收矢量做判决,判定它的发送码元是"0"还是"1"。

　　由接收矢量决定的两个联合概率密度函数 $f_0(r)$ 和 $f_1(r)$ 的曲线如图 9.3(把 r 作为一维矢量画出)所示。可以将此空间划分为两个区域 A_0 和 A_1,其分界点是 r_0',并将判决准则定为:若接收矢量落在区域 A_0 内,则判定发送码元是"0";若接收矢量落在区域 A_1 内,则判定发送码元是"1"。

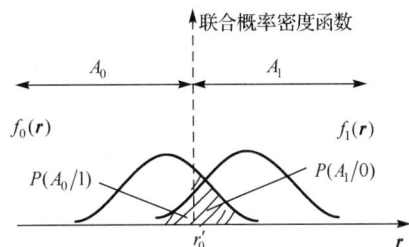

图 9.3　联合概率密度函数 $f_0(r)$ 和 $f_1(r)$

　　显然,区域 A_0 和区域 A_1 是两个互不相容的区域。当这两个区域的分界点 r_0' 确定时,错误概率也随之确定了。这样,总误码率可以写为

$$P_e = P(1)P(A_0/1) + P(0)P(A_1/0) \tag{9-1-2}$$

式中,$P(A_0/1)$ 表示发送"1"时矢量 r 落在区域 A_0 的条件概率;$P(A_1/0)$ 表示发送"0"时矢量 r 落在区域 A_1 的条件概率。这两个条件概率可以写为

$$P(A_0/1) = \int_{A_0} f_1(r)dr, \quad P(A_1/0) = \int_{A_1} f_0(r)dr \tag{9-1-3}$$

这两个条件概率在图 9.3 中分别用两块阴影面积表示。

　　将式(9-1-2)、式(9-1-3)代入式(9-1-1),得

$$P_e = P(1)\int_{A_0} f_1(r)dr + P(0)\int_{A_1} f_0(r)dr \tag{9-1-4}$$

　　参考图 9.3 可知,式(9-1-4)可以写为

$$P_e = P(1)\int_{-\infty}^{r_0'} f_1(r)dr + P(0)\int_{r_0'}^{\infty} f_0(r)dr \tag{9-1-5}$$

由此可看出 P_e 是 r_0' 的函数。为了求出使 P_e 最小的 r_0',将式(9-1-5)对 r_0' 求导,得

$$\frac{\partial P_{\mathrm{e}}}{\partial r_0'} = P(1)f_1(r_0') - P(0)f_0(r_0') \tag{9-1-6}$$

令导数等于 0，得出 r_0' 满足的条件

$$P(1)f_1(r_0') - P(0)f_0(r_0') = 0$$

即

$$\frac{P(1)}{P(0)} = \frac{f_0(r_0')}{f_1(r_0')} \tag{9-1-7}$$

当先验概率相等，即 $P(1) = P(0)$ 时，$f_0(r_0') = f_1(r_0')$，所以最佳分界点位于图 9.3 中两条曲线交点处的 r 值上。

在最佳分界点确定之后，按照接收矢量 r 落在区域 A_0 时判为"0"的准则，若

$$\frac{P(1)}{P(0)} < \frac{f_0(r)}{f_1(r)}，\quad 则判为"0"；$$

若

$$\frac{P(1)}{P(0)} > \frac{f_0(r)}{f_1(r)}，\quad 则判为"1"。 \tag{9-1-8}$$

在发送"0"和发送"1"的先验概率相等时，式（9-1-8）的条件简化为
若

$$f_0(r) > f_1(r)，\quad 则判为"0"；$$

若

$$f_0(r) < f_1(r)，\quad 则判为"1"。$$

这个判决准则称为最大似然准则。按照这个准则判决就可以得到理论上的最佳接收，即使误码率达到理论上的最小值。

以上对二进制最佳接收准则的分析可以推广到多进制信号的场合。设在一个 M 进制数字通信系统中，一个发送码元是 $s_1, s_2, \cdots, s_i, \cdots, s_M$ 其中之一，它们的先验概率相等，能量相等。当发送码元是 s_i 时，接收信号的 k 维联合概率密度函数为

$$f_i(r) = \frac{1}{(\sqrt{2\pi}\delta_n)^k} \exp\left\{-\frac{1}{n_0}\int_0^{T_s}[r(t) - s_i(t)]^2 \mathrm{d}t\right\} \tag{9-1-9}$$

于是，若 $f_i(r) > f_j(r)$，则判决为 $s_i(t)$，其中 $j \neq i$，$i, j = 1, 2, \cdots, M$。

9.2　确知信号的最佳接收

经过恒参信道或变参信道到达接收机输入端的信号大致可分为两类：一类是确知信号；另一类是随参信号。因此在信道存在噪声干扰的情况下，对信号的最佳接收可分为三个问题来讨论。

（1）确知信号的接收。所谓的确知信号（如数字信号），是指经过恒参信道后的参数（幅度、频率、相位、到达时间等）都是确知的。从检测的观点来看，未知的仅是信号的出现与否。

（2）随机相位信号的接收。这种信号除了信号的相位 φ，其余参数都是确知的，即信号的相位 φ 是唯一随机变化的参数。它的随机相位在数字信号的持续时间（T）内为某一值，而在另一个持续时间（T）内为另一值，这种变化是随机的。随机相位信号在实际中很常见，如具有随机相位的 FSK 信号和 ASK 信号、随机窄带信号经限幅后的信号及常见的雷达接收信号等。对这种信号的相位分布，一般认为 φ 服从 $[0, 2\pi]$ 区间内的均匀分布。

（3）随机幅度和随机相位信号（简称起伏信号）的接收。例如，在衰落信道中接收到的信号就是起伏信号。

在接收确知信号时，由于相位是已知的，可以借助物理学中光的干涉概念。利用相位信息来进行确知信号的接收称为"相干接收"。与其相比，随机相位信号不能利用相位（因相位在随机变化）信息进行接收，这种接收方法为"非相干接收"，它只能利用信号的幅度信息进行接收。

在数字通信系统中，信号只取两种形式（或状态）的系统称为二进制元或二进制系统。信号状态多于两种的系统称为多进制系统。

9.2.1　二进制确知信号的最佳接收机

设到达接收机输入端的一个信号可能是两种码元，其波形表达式是 $s_0(t)$ 和 $s_1(t)$，其持续时间为 $[0, T]$，且两种码元的能量相等。假定接收机输入端的噪声为高斯白噪声且其均值为零，单边功率谱密度为 n_0。要求在有噪声干扰时，使判决差错概率最小，在这个原则下得到的接收机称为最佳接收机。

其判决准则如下。

当发送码元为"0"，波形为 $s_0(t)$ 时，接收电压的概率密度函数为

$$f_0(r) = \frac{1}{(\sqrt{2\pi}\delta_n)^k} \exp\left\{-\frac{1}{n_0}\int_0^{T_s}[r(t)-s_0(t)]^2\,\mathrm{d}t\right\} \tag{9-2-1}$$

当发送码元为"1"，波形为 $s_1(t)$ 时，接收电压的概率密度函数为

$$f_1(r) = \frac{1}{(\sqrt{2\pi}\delta_n)^k} \exp\left\{-\frac{1}{n_0}\int_0^{T_s}[r(t)-s_1(t)]^2\,\mathrm{d}t\right\} \tag{9-2-2}$$

因此，将式（9-2-1）和式（9-2-2）代入判决准则式，经过简化，得

若

$$P(1)\exp\left\{-\frac{1}{n_0}\int_0^{T_s}[r(t)-s_1(t)]^2\,\mathrm{d}t\right\} < P(0)\exp\left\{-\frac{1}{n_0}\int_0^{T_s}[r(t)-s_0(t)]^2\,\mathrm{d}t\right\} \tag{9-2-3}$$

则判定发送码元是 $s_0(t)$；

若

$$P(1)\exp\left\{-\frac{1}{n_0}\int_0^{T_s}[r(t)-s_1(t)]^2\,\mathrm{d}t\right\} > P(0)\exp\left\{-\frac{1}{n_0}\int_0^{T_s}[r(t)-s_0(t)]^2\,\mathrm{d}t\right\} \tag{9-2-4}$$

则判定发送码元是 $s_1(t)$。

将式（9-2-3）和式（9-2-4）的两端分别取对数，若

$$n_0 \ln \frac{1}{P(1)} + \int_0^{T_s} [r(t) - s_1(t)]^2 \mathrm{d}t > n_0 \ln \frac{1}{P(0)} + \int_0^{T_s} [r(t) - s_0(t)]^2 \mathrm{d}t \tag{9-2-5}$$

则判定发送码元是 $s_0(t)$；反之则判定发送码元是 $s_1(t)$。由于已经假设两个码元的能量相同，即

$$\int_0^{T_s} s_0^2(t) \mathrm{d}t = \int_0^{T_s} s_1^2(t) \mathrm{d}t \tag{9-2-6}$$

因此式（9-2-6）还可以进一步简化。若

$$W_1 + \int_0^{T_s} r(t) s_1(t) \mathrm{d}t < W_0 + \int_0^{T_s} r(t) s_0(t) \mathrm{d}t \tag{9-2-7}$$

式中，$W_0 = \frac{n_0}{2} \ln P(0)$，$W_1 = \frac{n_0}{2} \ln P(1)$，则判定发送码元是 $s_0(t)$；反之，则判定发送码元是 $s_1(t)$。W_0 和 W_1 可以看成由先验概率决定的加权因子。

按照式（9-2-7）画出的二进制确知信号的最佳接收机结构框图如图 9.4 所示。

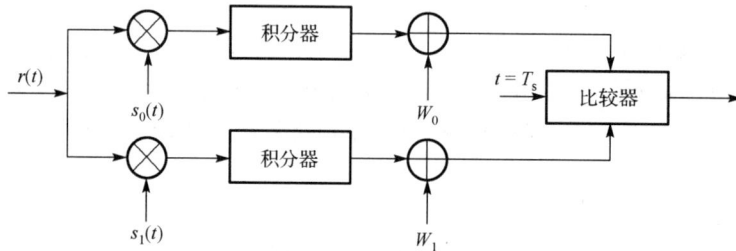

图 9.4　二进制确知信号的最佳接收机结构框图

由图 9.4 可以看出，这种最佳接收机就是通过比较接收信号 $r(t)$ 与发送信号 $s_0(t)$ 和 $s_1(t)$ 的相关性大小构成的，所以，此种接收机又称"相关检测器"。若先验概率相等，则有 $W_0 = W_1$，图 9.4 中的加法器可以省去，成为更简化的结构框图，如图 9.5 所示。由于积分上限为 T_s，也就是说比较器在 $t = T_s$ 时刻进行比较，因此可以用抽样判决器实现。

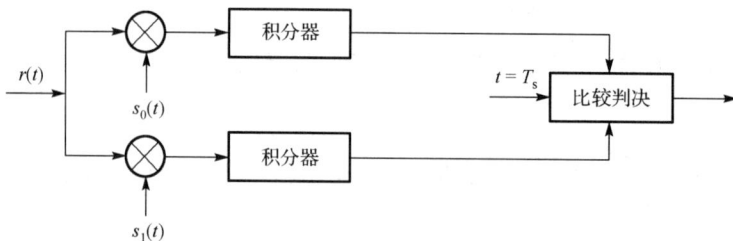

图 9.5　先验概率相等时二进制确知信号的最佳接收机结构框图

从图 9.5 可以看出，相关运算由乘法器和积分器完成，这是最佳接收机的关键组成部分——相关器。

9.2.2　多进制确知信号的最佳接收机

由 9.2.1 节的讨论不难推出 M 进制数字通信系统的最佳接收机结构框图如图 9.6 所示。最佳接收机的核心是由相乘和积分构成的相关运算，所以常称这种算法为相关接收法。由最

佳接收机得到的误码率是理论上可能达到的最小值。

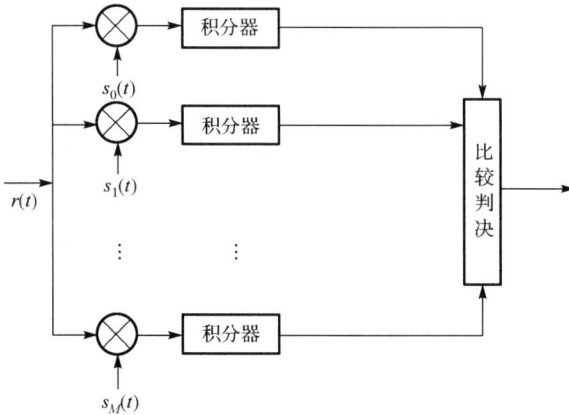

图 9.6　*M* 进制数字通信系统的最佳接收机结构框图

9.3　随相信号的最佳接收

9.3.1　随相信号的定义

随机相位信号简称随相信号,是一种典型且简单的随参信号,其特点是接收信号的相位具有随机性质,如具有随机相位的 2FSK 信号和具有随机相位的 2ASK 信号都属于随相信号。对随相信号最佳接收问题的分析,与对确知信号最佳接收问题的分析思路是一致的。但是,由于随相信号具有随机相位,对问题的分析更复杂,其最佳接收机结构也比确知信号最佳接收机结构复杂。

下面讨论二进制随相信号的最佳接收。将可能的发送信号表示为

$$s_0(t,\varphi_0) = A\cos(\omega_0 t + \varphi_0), \quad s_1(t,\varphi_1) = A\cos(\omega_1 t + \varphi_1) \tag{9-3-1}$$

将此信号的随机相位的概率密度函数表示为

$$f(\varphi_0) = \begin{cases} \dfrac{1}{2\pi}, & 0 \leqslant \varphi_0 < 2\pi \\ 0, & 其他 \end{cases} \tag{9-3-2}$$

$$f(\varphi_1) = \begin{cases} \dfrac{1}{2\pi}, & 0 \leqslant \varphi_1 < 2\pi \\ 0, & 其他 \end{cases} \tag{9-3-3}$$

9.3.2　随相信号的判决条件

假设码元的能量相等,有

$$\int_0^{T_s} s_0^2(t,\varphi_0)\mathrm{d}t = \int_0^{T_s} s_1^2(t,\varphi_1)\mathrm{d}t = E_b \tag{9-3-4}$$

在讨论确知信号的最佳接收时，对于先验概率相等的信号，按照以下条件进行判决：

（1）若接收矢量 r 使 $f_1(r) < f_0(r)$，则判定发送码元是 "0"；

（2）若接收矢量 r 使 $f_1(r) > f_0(r)$，则判定发送码元是 "1"。

由于接收矢量具有随机相位，因此 $f_0(r)$ 和 $f_1(r)$ 可以分别表示为

$$f_0(r) = \int_0^{2\pi} f(\varphi_0) f_0(r/\varphi_0) \mathrm{d}\varphi_0 \qquad (9\text{-}3\text{-}5)$$

$$f_1(r) = \int_0^{2\pi} f(\varphi_1) f_1(r/\varphi_1) \mathrm{d}\varphi_1 \qquad (9\text{-}3\text{-}6)$$

对式（9-3-5）和式（9-3-6）经过复杂的计算后，代入判决条件，就可以得出最终的判决法则：

（1）若接收矢量 r 使 $M_1^2 < M_0^2$，则判定发送码元是 "0"；

（2）若接收矢量 r 使 $M_0^2 < M_1^2$，则判定发送码元是 "1"。

以上就是最终判决条件。其中

$$M_0 = \sqrt{X_0^2 + Y_0^2} \qquad\qquad M_1 = \sqrt{X_1^2 + Y_1^2}$$

$$X_0 = \int_0^{T_s} r(t)\cos(\omega_0 t)\mathrm{d}t \qquad\qquad Y_0 = \int_0^{T_s} r(t)\sin(\omega_0 t)\mathrm{d}t$$

$$X_1 = \int_0^{T_s} r(t)\cos(\omega_1 t)\mathrm{d}t \qquad\qquad Y_1 = \int_0^{T_s} r(t)\sin(\omega_1 t)\mathrm{d}t$$

其中，$r(t) = s(t) + n(t)$，$n(t)$ 是均值为 0、方差为 σ_n^2、单边功率谱密度为 n_0 的加性高斯白噪声。

按照以上判决准则构成的随相信号最佳接收机的结构框图如图 9.7 所示。

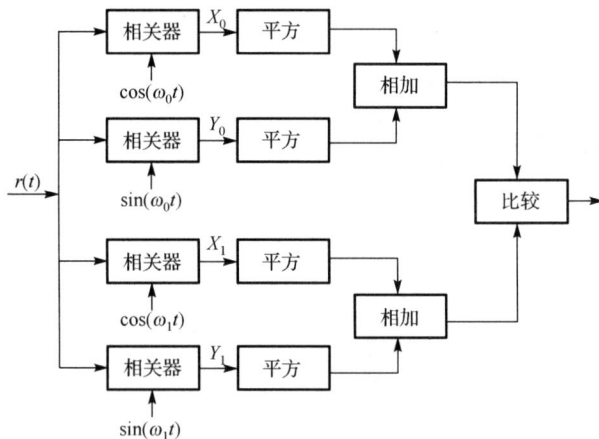

图 9.7　随相信号最佳接收机的结构框图

9.4　匹配滤波器

滤波器在信号处理过程中应用得十分普遍，它的作用体现在：①抑制带外噪声，最大限

度地减小滤波器的输出噪声，减小噪声对信号判决的影响；②提取有用信号，最大限度地增强滤波器输出的有用信号成分。在某一特定时刻使滤波器的瞬时输出信噪比最大的线性滤波器称为匹配滤波器，这种滤波器在数字通信理论、信号最佳接收理论以及雷达信号的检测理论等方面均有重要意义。下面分别介绍匹配滤波器的基本原理和实现方法。

9.4.1 匹配滤波器的基本原理

匹配滤波器的最佳接收原理如图 9.8 所示。

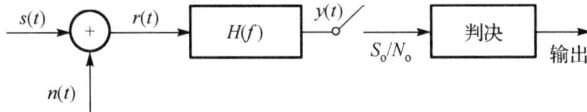

图 9.8 匹配滤波器的最佳接收原理

下面来分析当滤波器具有何种特性时才能使输出信噪比达到最大值。假设接收滤波器的传输函数为 $H(f)$，冲激响应为 $h(t)$，滤波器输入码元 $s(t)$ 的持续时间为 T_s，信号与噪声之和为 $r(t)$，并设 $s(t)$ 的频谱密度函数为 $s(f)$，噪声 $n(t)$ 的双边功率谱密度为 $P_n(f) = \dfrac{n_0}{2}$，其中 n_0 为噪声单边功率谱密度。根据上述假设条件，匹配滤波器输入 $r(t)$ 的表达式为

$$r(t) = s(t) + n(t) \tag{9-4-1}$$

假定匹配滤波器是线性的，根据线性电路叠加定理，当匹配滤波器的输入电压 $r(t)$ 包括信号和噪声两部分时，匹配滤波器的输出电压 $y(t)$ 也包含相应的输出信号 $s_o(t)$ 和输出噪声 $n_o(t)$ 两部分，即匹配滤波器的输出 $y(t)$ 为

$$y(t) = s_o(t) + n_o(t) \tag{9-4-2}$$

其中，输出的信号分量为

$$s_o(t) = \int_{-\infty}^{\infty} H(f)S(f)e^{j2\pi ft}df \tag{9-4-3}$$

输出信号功率为

$$P_Y(f) = H^*(f)H(f)P_R(f) = \left|H(f)\right|^2 P_R(f) \tag{9-4-4}$$

这时的输出噪声功率 N_o 为

$$N_o = \int_{-\infty}^{\infty} \left|H(f)\right|^2 \cdot \frac{n_0}{2}df = \frac{n_0}{2}\int_{-\infty}^{\infty} \left|H(f)\right|^2 df \tag{9-4-5}$$

输出信噪比是指在抽样时刻 t_0 输出信号瞬时功率与噪声平均功率之比，表达式为

$$r_o = \frac{\left|s_o(t_o)\right|^2}{N_o} = \frac{\left|\int_{-\infty}^{\infty} H(f)S(f)e^{j2\pi ft_0}df\right|^2}{\dfrac{n_0}{2}\int_{-\infty}^{\infty} \left|H(f)\right|^2 df} \tag{9-4-6}$$

1. 匹配滤波器的传输特性

利用施瓦茨不等式求 r_o 的最大值，表达式为

$$\left|\int_{-\infty}^{\infty} f_1(x)f_2(x)\mathrm{d}x\right|^2 \leqslant \int_{-\infty}^{\infty}\left|f_1(x)\right|^2\mathrm{d}x\int_{-\infty}^{\infty}\left|f_2(x)\right|^2\mathrm{d}x \tag{9-4-7}$$

若 $f_1(x)=kf_2^*(x)$，其中 k 为任意常数，则式（9-4-7）成立。

将式（9-4-6）所示输出信噪比右端的分子看成式（9-4-7）的左端，并令

$$f_1(x)=H(f)$$

其中

$$f_2(x)=S(f)\mathrm{e}^{\mathrm{j}2\pi ft_0} \tag{9-4-8}$$

则有

$$r_\mathrm{o} \leqslant \frac{\int_{-\infty}^{\infty}\left|H(f)\right|^2\mathrm{d}f\int_{-\infty}^{\infty}\left|S(f)\right|^2\mathrm{d}f}{\frac{n_0}{2}\int_{-\infty}^{\infty}\left|H(f)\right|^2\mathrm{d}f}=\frac{\int_{-\infty}^{\infty}\left|S(f)\right|^2\mathrm{d}f}{\frac{n_0}{2}}=\frac{2E}{n_0} \tag{9-4-9}$$

式中，$E=\int_{-\infty}^{\infty}\left|S(f)\right|^2\mathrm{d}f$，而且当 $H(f)=kS^*(f)\mathrm{e}^{-\mathrm{j}2\pi ft_0}$ 时，式（9-4-9）的等号成立，即得到最大输出信噪比 $2E/n_0$。式（9-4-9）表明，$H(f)$ 就是最佳接收滤波器的传输特性，它等于信号码元频谱的复共轭（除常数因子外），故称此滤波器为匹配滤波器。

2. 匹配滤波器的冲激响应函数

$$\begin{aligned}
h(t) &= \int_{-\infty}^{\infty}H(f)\mathrm{e}^{\mathrm{j}2\pi ft}\mathrm{d}f=\int_{-\infty}^{\infty}kS^*(f)\mathrm{e}^{-\mathrm{j}2\pi ft_0}\mathrm{e}^{\mathrm{j}2\pi ft}\mathrm{d}f \\
&= k\int_{-\infty}^{\infty}\left[\int_{-\infty}^{\infty}s(\tau)\mathrm{e}^{-\mathrm{j}2\pi f\tau}\mathrm{d}\tau\right]^*\mathrm{e}^{-\mathrm{j}2\pi f(t_0-t)}\mathrm{d}f \\
&= k\int_{-\infty}^{\infty}\left[\int_{-\infty}^{\infty}\mathrm{e}^{\mathrm{j}2\pi f(\tau-t_0+t)}\mathrm{d}f\right]s(\tau)\mathrm{d}\tau \\
&= k\int_{-\infty}^{\infty}s(\tau)\delta(\tau-t_0+t)\mathrm{d}\tau=ks(t_0-t)
\end{aligned} \tag{9-4-10}$$

由式（9-4-10）可知，匹配滤波器的冲激响应 $h(t)$ 就是信号 $s(t)$ 的镜像 $s(-t)$ 在时间轴上向右平移了 t_0。匹配滤波器的工作原理曲线图如图 9.9 所示。

3. 实际的匹配滤波器

一个实际的匹配滤波器应该是物理可实现的，其冲激响应必须符合因果关系，在输入冲激脉冲前不应该有冲激响应出现，即必须有 $h(t)=0$（$t<0$），也就是要求满足条件 $s(t_0-t)=0$（$t<0$），或满足条件 $s(t)=0$（$t>t_0$）。

上述条件说明，接收滤波器输入端的码元 $s(t)$ 在抽样时刻 t_0 之后必须为零。一般不希望在码元结束之后很久才抽样，故通常选择在码元末尾抽样，即选 $t_0=T_\mathrm{s}$。匹配滤波器的冲激响应表达式为

$$h(t)=ks(T_\mathrm{s}-t) \tag{9-4-11}$$

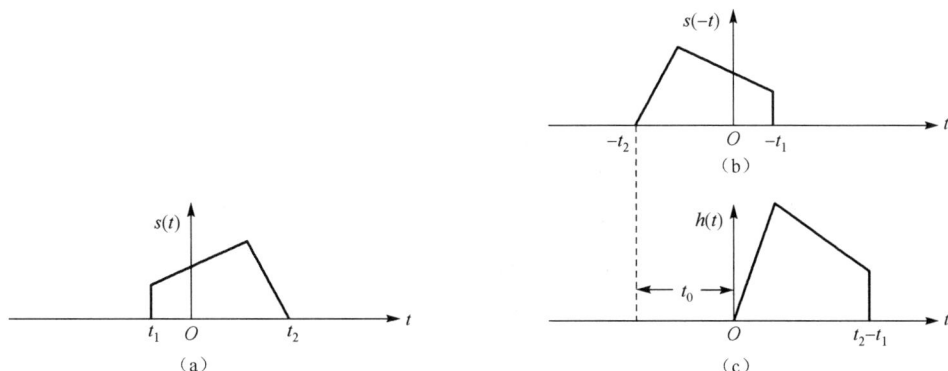

图 9.9　匹配滤波器的工作原理曲线图

这时，若匹配滤波器的输入电压为 $s(t)$，则输出信号码元为

$$s_o(t) = \int_{-\infty}^{\infty} s(t-\tau)h(\tau)\mathrm{d}\tau = k\int_{-\infty}^{\infty} s(t-\tau)s(T_s-\tau)\mathrm{d}\tau$$

$$= k\int_{-\infty}^{\infty} s(-\tau')s(t-T_s-\tau')\mathrm{d}\tau' = kR(t-T_s)$$

（9-4-12）

式（9-4-12）表明，匹配滤波器输出信号码元波形是输入信号码元波形的自相关函数的 k 倍。k 是一个任意常数，它与 r_o 的最大值无关，通常取 $k=1$。

【例 9-4-1】 若信号 $s(t) = \begin{cases} 1, & 0 \leqslant t \leqslant T_s \\ 0, & \text{其他} \end{cases}$，试求其匹配滤波器的特性，并画出输出信号的波形图。

解 （1）由 $s(t)$ 的表达式可知，其波形是一个矩形脉冲，如图 9.10 所示。

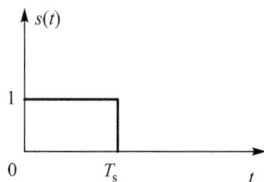

图 9.10　$s(t)$ 波形图

$s(t)$ 的频谱为　$s(f) = \int_{-\infty}^{\infty} s(t)\mathrm{e}^{-j2\pi ft}\mathrm{d}t = \frac{1}{j2\pi f}(1-\mathrm{e}^{-j2\pi fT_s})$

根据匹配滤波器的冲激响应函数 $h(t) = ks(t_0-t)$，令 $k=1$，得

$$h(t) = s(T_s-t), \quad 0 \leqslant t \leqslant T_s$$

利用傅里叶变换，有

$$H(f) = kS^*(f)\mathrm{e}^{-j2\pi ftT_s}$$

可得其匹配滤波器的传输函数为

$$H(f) = \frac{1}{j2\pi f}(\mathrm{e}^{-j2\pi fT_s}-1)\mathrm{e}^{-j2\pi fT_s}$$

$\dfrac{1}{j2\pi f}$ 是理想积分器的传输函数，而 $\mathrm{e}^{-j2\pi fT_s}$ 是延迟 T_s 的延迟电路的传输函数，可画出此匹配滤波器的结构框图，如图 9.11 所示。

（2）由于输出信号

$$s_o(t) = s(t) * h(t)$$

根据卷积计算得到 s_o 的波形图如图 9.12 所示。

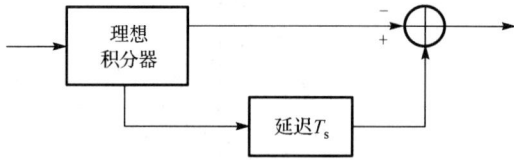

图 9.11　匹配滤波器的结构框图

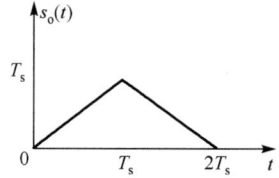

图 9.12　输出信号波形图

【例 9-4-2】设信号 $s(t) = \begin{cases} \cos(2\pi f_0 t), & 0 \leqslant t \leqslant T_s \\ 0, & \text{其他} \end{cases}$，试求其匹配滤波器的特性和匹配滤波器

输出信号的波形图。

　　解　题中公式给出的信号是一段余弦信号，如图 9.13 所示。其频谱为

$$S(f) = \int_{-\infty}^{\infty} s(t) \mathrm{e}^{-\mathrm{j}2\pi ft} \mathrm{d}t = \int_0^T \cos(2\pi f_0 t) \mathrm{e}^{-\mathrm{j}2\pi ft} \mathrm{d}t$$

$$= \frac{1 - \mathrm{e}^{-\mathrm{j}2\pi(f-f_0)T_s}}{-\mathrm{j}4\pi(f-f_0)} + \frac{1 - \mathrm{e}^{-\mathrm{j}2\pi(f+f_0)T_s}}{-\mathrm{j}4\pi(f+f_0)}$$

因此，其匹配滤波器的传输函数为

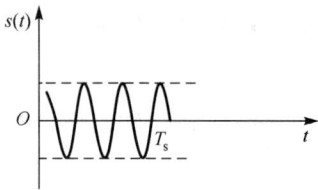

图 9.13　$s(t)$ 波形图

$$H(f) = S^*(f)\mathrm{e}^{-\mathrm{j}2\pi ft_0} = S^*(f)\mathrm{e}^{-\mathrm{j}2\pi fT_s}$$

$$= \frac{[\mathrm{e}^{\mathrm{j}2\pi(f-f_0)T_s} - 1]\mathrm{e}^{-\mathrm{j}2\pi fT_s}}{\mathrm{j}4\pi(f-f_0)} + \frac{[\mathrm{e}^{\mathrm{j}2\pi(f+f_0)T_s} - 1]\mathrm{e}^{-\mathrm{j}2\pi fT_s}}{\mathrm{j}4\pi(f+f_0)}$$

式中，已令 $t_0 = T_s$。

此匹配滤波器的冲激响应函数为

$$h(t) = s(T_s - t) = \cos[2\pi f_0(T_s - t)], \qquad 0 \leqslant t \leqslant T_s$$

　　为了便于画出波形简图，令 $T_s = n / f_0$。式中，n 为正整
数。这样，上式可以简化为

$$h(t) = \cos(2\pi f_0 t), \qquad 0 \leqslant t \leqslant T_s$$

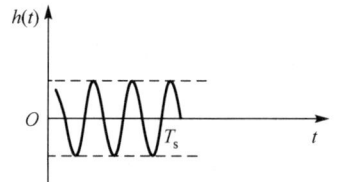

$h(t)$ 波形图如图 9.14 所示。

　　这时的匹配滤波器输出信号可以由卷积公式求出

$$s_0(t) = \int_{-\infty}^{\infty} s(\tau) h(t-\tau) \mathrm{d}\tau$$

图 9.14　冲激响应函数 $h(t)$ 波形图

　　由于现在 $s(t)$ 和 $h(t)$ 在区间 $(0, T_s)$ 外都等于零，故式中的积分可以分为以下几段进行计
算：$t < 0$，$0 \leqslant t < T_s$，$T_s \leqslant t \leqslant 2T_s$，$t > 2T_s$。显然，当 $t < 0$ 和 $t > 2T_s$ 时，式中的 $s(\tau)$ 和 $h(t-\tau)$
不相交，故 $s_0(t)$ 等于零。当 $0 \leqslant t < T_s$ 时，可转化为

$$s_0(t) = \int_0^t \cos[2\pi f_0(t-\tau)] \mathrm{d}\tau$$

$$= \int_0^t \frac{1}{2}\{\cos(2\pi f_0 t) + \cos[2\pi f_0(t - 2\tau)]\} \mathrm{d}\tau = \frac{t}{2}\cos(2\pi f_0 t) + \frac{1}{4\pi f_0}\sin(2\pi f_0 t)$$

当 $T_s \leqslant t \leqslant 2T_s$ 时，有

$$s_{\mathrm{o}}(t) = \int_{t-T_{\mathrm{s}}}^{T_{\mathrm{s}}} \cos(2\pi f_0 \tau)\cos[2\pi f_0(t-\tau)]\mathrm{d}\tau = \frac{2T_{\mathrm{s}}-t}{2}\cos(2\pi f_0 t) - \frac{1}{4\pi f_0}\sin(2\pi f_0 t)$$

若因 f_0 很大而使 $\frac{1}{4}\pi f_0$ 可以忽略，则最后得

$$s_{\mathrm{o}}(t) = \begin{cases} \dfrac{t}{2}\cos(2\pi f_0 t), & 0 \leqslant t < T_{\mathrm{s}} \\[2mm] \dfrac{2T_{\mathrm{s}}-t}{2}\cos(2\pi f_0 t), & T_{\mathrm{s}} \leqslant t \leqslant 2T_{\mathrm{s}} \\[2mm] 0, & \text{其他} \end{cases}$$

按此式画出的匹配滤波器的输出特性曲线如图 9.15 所示。

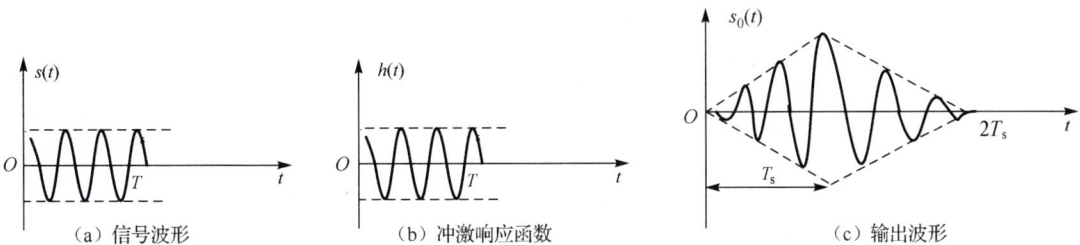

图 9.15　匹配滤波器的输出特性曲线

9.4.2　匹配滤波器的实现方法

对各种可能信号相匹配的滤波器的综合是一个非常复杂的问题，这里只介绍对矩形包络信号相匹配的滤波器的实现。

单个矩形包络信号的匹配滤波器有以下几种实现方法：

（1）LC 谐振式动态滤波器；

（2）模拟计算式动态滤波器；

（3）数字式动态滤波器；

（4）声表面波滤波器。

对于二进制确知信号，使用匹配滤波器构成的接收电路的结构框图如图 9.16 所示。

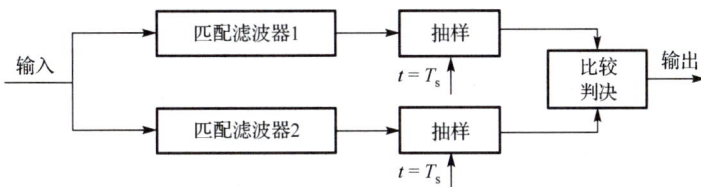

图 9.16　使用匹配滤波器构成的接收电路的结构框图

图中有两个匹配滤波器，分别匹配两种信号码元。在抽样时刻对抽样值进行比较判决，哪个匹配滤波器的输出抽样值更大，就判决它为输出。若此二进制信号的先验概率相等，则此结构框图能给出最小的总误码率。

匹配滤波器可以用不同的硬件电路实现，也可以用软件技术实现。目前，随着软件无线

电技术的发展，它日益趋向用软件技术实现。上面的讨论对信号波形从未涉及，也就是说最大输出信噪比和信号波形无关，只取决于信号能量 E 与噪声功率谱密度 n_0 的比，所以这种匹配滤波法对于任何一种数字信号波形都适用，无论是基带数字信号还是已调数字信号。

9.4.3 匹配滤波器的性能分析

用上述匹配滤波器得到的最大输出信噪比等于最佳接收时理论上能达到的最高输出信噪比。匹配滤波器的输出电压 $y(t)$ 可以写成

$$y(t) = k\int_{t-T_s}^{t} r(u)s(T_s - t + u)\mathrm{d}u \tag{9-4-13}$$

可以看出，式（9-4-13）中的积分是相关运算，即将输入 $r(t)$ 与 $s(t)$ 做相关运算，而 $s(t)$ 是和匹配滤波器匹配的信号。在抽样时刻 T_s，输出电压 $y(T_s) = k\int_{0}^{T_s} r(u)s(u)\mathrm{d}u$，它表示只有输入电压 $r(t) = s(t) + n(t)$ 时，在 $t = T_s$ 时才有最大的输出信噪比。式中的 k 是任意常数，通常令 $k = 1$。

用上述相关运算代替图 9.16 中的匹配滤波器，得到图 9.17 所示的相关接收法框图。匹配滤波法和相关接收法完全等效，都是最佳接收方法。

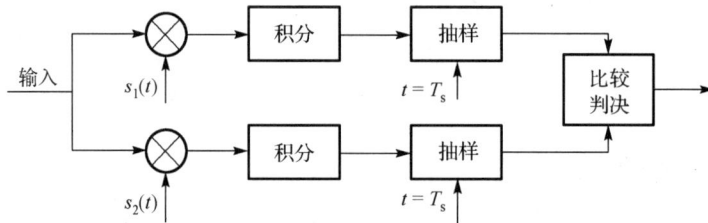

图 9.17 相关接收法框图

9.5 理想接收机模型

通常，最佳接收机的性能不仅与接收机结构有关，而且与发送端所选择的信号形式有关。因此，仅仅从接收机结构的角度考虑使接收机最佳，并不一定能够使整个通信系统最佳。本节将发送端、信道和接收端作为一个整体，从系统的角度来讨论通信系统最佳化的问题。为了使问题简化，以基带传输系统为例进行分析。

在加性高斯白噪声信道下的最佳基带传输系统模型图如图 9.18 所示。$G_T(\omega)$ 为发送滤波器的传输函数；$G_R(\omega)$ 为接收滤波器的传输函数；$C(\omega)$ 为信道传输特性，在理想信道条件下 $C(\omega) = 1$；$n(t)$ 为高斯白噪声，其单边功率谱密度为 n_0。

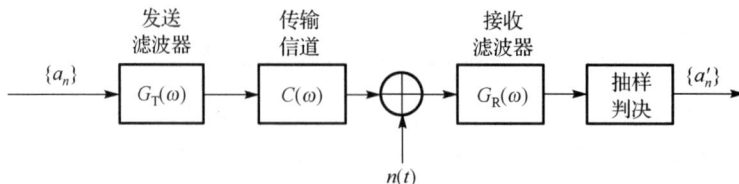

图 9.18 最佳基带传输系统模型图

最佳基带传输系统的准则是：判决器输出差错的概率最小。由基带传输系统与最佳接收原理可知，影响系统误码率性能的因素有两个：一是码间串扰；二是噪声。关于码间串扰的影响，可以通过系统传输函数的设计，使抽样时刻抽样值的码间串扰为零。

设基带传输系统由发送滤波器、传输信道和接收滤波器组成，其传输函数分别为 $G_T(f)$、$C(f)$ 和 $G_R(f)$。将这 3 个传输函数集中用一个基带总传输函数 $H(f)$ 表示为

$$H(f) = G_T(f) \cdot C(f) \cdot G_R(f) \qquad (9\text{-}5\text{-}1)$$

为了消除码间串扰，要求 $H(f)$ 必须满足奈奎斯特第一准则。当时忽略了噪声的影响，只考虑了码间串扰，现在分析在 $H(f)$ 满足消除码间串扰的条件之后，如何设计 $G_T(f)$、$C(f)$ 和 $G_R(f)$，以使系统在加性高斯白噪声条件下误码率最小。将消除了码间串扰并且噪声最小的基带传输系统称为最佳基带传输系统。

假设信道传输函数 $C(f) = 1$，于是，基带传输系统的传输特性变为 $H(f) = G_T(f) \cdot G_R(f)$，式中 $G_T(f)$ 虽然表示发送滤波器的特性，但若基带传输系统的输入为冲激脉冲，则 $G_T(f)$ 还兼有决定发送信号波形的功能，即它就是信号码元的频谱。

现在分析在 $H(f)$ 按照消除码间串扰的条件确定之后，如何设计 $G_T(f)$ 和 $G_R(f)$，以使系统在加性高斯白噪声条件下误码率最小。由对匹配滤波器频率特性的要求可知，接收滤波器的传输函数 $G_R(f)$ 应当是信号频谱 $S(f)$ 的复共轭。现在，信号的频谱就是发送滤波器的传输函数 $G_T(f)$，所以要求接收滤波器的传输函数为

$$H_{eq}(\omega) = \begin{cases} \sum_i H\left(\omega + \dfrac{2\pi i}{T_s}\right), & |\omega| \leqslant \dfrac{\pi}{T_s} \\ 0, & |\omega| > \dfrac{\pi}{T_s} \end{cases} \qquad (9\text{-}5\text{-}2)$$

式中，T_s 为码元时间间隔。

由 $H(f) = G_T(f) \cdot G_R(f)$，有

$$G_T^*(f) = H^*(f) / G_R^*(f) \qquad (9\text{-}5\text{-}3)$$

将式（9-5-3）代入所要求的接收滤波器的传输函数

$$G_R(f) = G_T^*(f) e^{-j2\pi f t_0} \qquad (9\text{-}5\text{-}4)$$

即

$$\left|G_R(f)\right|^2 = H^*(f) e^{-j2\pi f t_0} \qquad (9\text{-}5\text{-}5)$$

式（9-5-5）等号左端是一个实数，所以式（9-5-5）等号右端也必须是实数。式（9-5-5）可以写为

$$\left|G_R(f)\right|^2 = \left|H(f)\right| \qquad (9\text{-}5\text{-}6)$$

得到接收滤波器应满足的条件

$$\left|G_R(f)\right| = \left|H(f)\right|^{1/2} \qquad (9\text{-}5\text{-}7)$$

由于式（9-5-7）没有限定对接收滤波器的相位要求，所以可以选用

$$G_R(f) = H^{1/2}(f) \qquad (9\text{-}5\text{-}8)$$

这样，由 $H(f) = G_T(f) \cdot G_R(f)$，得到发送滤波器的传输特性为

$$G_T(f) = H^{1/2}(f) \tag{9-5-9}$$

式（9-5-8）、式（9-5-9）就是最佳基带传输系统对收发滤波器传输函数的要求。

9.6 最佳接收机的性能分析

9.6.1 确知信号最佳接收误码率分析

1. 总误码率

在最佳接收机中，若

$$n_0 \ln \frac{1}{P(1)} + \int_0^{T_s} [r(t) - s_1(t)]^2 \, dt > n_0 \ln \frac{1}{P(0)} + \int_0^{T_s} [r(t) - s_0(t)]^2 \, dt \tag{9-6-1}$$

则判断发送码元是 $s_0(t)$。因此，在发送码元为 $s_1(t)$ 时，若式（9-6-1）成立，则将发生错误判决。所以若将 $r(t) = s_1(t) + n(t)$ 代入式（9-6-1），则式（9-6-1）成立的概率就是在发送码元 "1" 的条件下收到 "0" 的概率，即发生错误的条件概率 $P(0/1)$。此条件错误概率的计算结果如下

$$P(0/1) = P(\xi < a) = \frac{1}{\sqrt{2\pi}\sigma_\xi} \int_{-\infty}^{a} e^{-\frac{x^2}{2\sigma_\xi^2}} \, dx \tag{9-6-2}$$

式中，$a = \frac{n_0}{2} \ln \frac{P(1)}{P(0)} - \frac{1}{2} \int_0^{T_s} [s_1(t) - s_0(t)]^2 \, dt$；$\sigma_\xi^2 = D(\xi) = \frac{n_0}{2} \int_0^{T_s} [s_1(t) - s_0(t)]^2 \, dt$。

同理，可以求出发送 $s_0(t)$ 时，判决为收到 $s_1(t)$ 的条件错误概率为

$$P(1/0) = P(\xi < b) = \frac{1}{\sqrt{2\pi}\sigma_\xi} \int_{-\infty}^{b} e^{-\frac{x^2}{2\sigma_\xi^2}} \, dx \tag{9-6-3}$$

式中，$b = \frac{n_0}{2} \ln \frac{P(1)}{P(0)} - \frac{1}{2} \int_0^{T_s} [s_0(t) - s_1(t)]^2 \, dt$。

因此，总误码率为

$$P_e = P(1)P(0/1) + P(0)P(1/0) = P(1)\left(\frac{1}{\sqrt{2\pi}\sigma_\xi} \int_{-\infty}^{a} e^{-\frac{x^2}{2\sigma_\xi^2}} \, dx \right) + P(0)\left(\frac{1}{\sqrt{2\pi}\sigma_\xi} \int_{-\infty}^{b} e^{-\frac{x^2}{2\sigma_\xi^2}} \, dx \right)$$

$$\tag{9-6-4}$$

2. 先验概率对误码率的影响

当先验概率 $P(0) = 0$ 及 $P(1) = 1$ 时，$a = -\infty$ 及 $b = \infty$，因此由式（9-6-4）计算出的总误码率 $P_e = 0$。在物理意义上，这时由于发送码元只有一种可能性，即是确定的 "1"，因此，不会发生错误。同理，若 $P(0) = 1$ 及 $P(1) = 0$，总误码率也为零。

（1）当先验概率相等时，$P(0) = P(1) = 1/2$，$a = b$。这样，式（9-6-4）可以化简为

$$P_e = \frac{1}{\sqrt{2\pi}\sigma_\xi} \int_{-\infty}^{c} e^{-\frac{x^2}{2\sigma_\xi^2}} dx \tag{9-6-5}$$

式中，$c = -\dfrac{1}{2} \displaystyle\int_0^{T_s} [s_0(t) - s_1(t)]^2 dt$。

式（9-6-5）表明，当先验概率相等时，对于给定的噪声功率 σ_ξ^2，总误码率仅和两种码元波形之差 $[s_0(t)-s_1(t)]$ 的能量有关，而与波形本身无关。差别越大，c 值越小，总误码率 P_e 也越小。

（2）当先验概率不等时，总误码率将略小于先验概率相等时的总误码率。就总误码率而言，先验概率相等是最坏的情况。

（3）先验概率相等时总误码率的计算。

在噪声强度给定的条件下，总误码率完全决定于信号码元的区别。现在给出定量地描述码元区别的一个参量，即码元的相关系数 ρ，其定义如下

$$\rho = \frac{\displaystyle\int_0^{T_s} s_0(t)s_1(t)dt}{\sqrt{\left[\displaystyle\int_0^{T_s} s_0^2(t)dt\right]\left[\displaystyle\int_0^{T_s} s_1^2(t)dt\right]}} = \frac{\displaystyle\int_0^{T_s} s_0(t)s_1(t)dt}{\sqrt{E_0 E_1}} \tag{9-6-6}$$

式中，$E_0 = \displaystyle\int_0^{T_s} s_0^2(t)dt$，$E_1 = \displaystyle\int_0^{T_s} s_1^2(t)dt$，$E_0$、$E_1$ 为信号码元的能量。

当 $s_0(t) = s_1(t)$ 时，$\rho = 1$，为最大值；当 $s_0(t) = -s_1(t)$ 时，$\rho = -1$，为最小值，所以 ρ 的取值范围为 $-1 \leqslant \rho \leqslant 1$。当两码元的能量相等时，令 $E_0 = E_1 = E_b$，则式（9-6-6）可以写为

$$\rho = \frac{\displaystyle\int_0^{T_s} s_0(t)s_1(t)dt}{E_b} \tag{9-6-7}$$

并且

$$c = -\frac{1}{2} \int_0^{T_s} [s_0(t) - s_1(t)]^2 dt = -E_b(1 - \rho) \tag{9-6-8}$$

将式（9-6-8）代入式（9-6-5），得到

$$P_e = \frac{1}{\sqrt{2\pi}\sigma_\xi} \int_{-\infty}^{c} e^{-\frac{x^2}{2\sigma_\xi^2}} dx = \frac{1}{\sqrt{2\pi}\sigma_\xi} \int_{-\infty}^{-E_b(1-\rho)} e^{-\frac{x^2}{2\sigma_\xi^2}} dx \tag{9-6-9}$$

为了将式（9-6-9）变成实用的形式，做如下的代数变换：令 $z = x/\sqrt{2}\sigma_\xi$，则有 $z^2 = x^2/2\sigma_\xi^2$，$dz = dx/\sqrt{2}\sigma_\xi$。于是式（9-6-9）变为

$$P_e = \frac{1}{\sqrt{2\pi}\sigma_\xi} \int_{-\infty}^{-E_b(1-\rho)/\sqrt{2}\sigma_\xi} e^{-z^2} \sqrt{2}\sigma_\xi dz = \frac{1}{\sqrt{\pi}} \int_{-\infty}^{-E_b(1-\rho)/\sqrt{2}\sigma_\xi} e^{-z^2} dz$$

$$= \frac{1}{\sqrt{\pi}} \int_{E_b(1-\rho)/\sqrt{2}\sigma_\xi}^{\infty} e^{-z^2} dz = \frac{1}{2}\left[\frac{2}{\sqrt{\pi}} \int_{E_b(1-\rho)/\sqrt{2}\sigma_\xi}^{\infty} e^{-z^2} dz\right] = \frac{1}{2}\left\{1 - \mathrm{erf}\left[\frac{E_b(1-\rho)}{\sqrt{2}\sigma_\xi}\right]\right\} \tag{9-6-10}$$

式中， $\mathrm{erf}(x) = \dfrac{2}{\sqrt{\pi}} \displaystyle\int_0^x \mathrm{e}^{-z^2}\,\mathrm{d}z$ 。

将 σ_{ξ}^2 和 n_0 的关系式 $\sigma_{\xi}^2 = D(\xi) = \dfrac{n_0}{2}\displaystyle\int_0^{T_s}[s_1(t) - s_0(t)]^2\,\mathrm{d}t = n_0 E_b(1-\rho)$ 代入式（9-6-10），得

到总误码率的最终表达式

$$P_e = \frac{1}{2}\left[1 - \mathrm{erf}\left(\sqrt{\frac{E_b(1-\rho)}{2n_0}}\right)\right] = \frac{1}{2}\mathrm{erfc}\left[\sqrt{\frac{E_b(1-\rho)}{2n_0}}\right] \qquad (9\text{-}6\text{-}11)$$

式中， $\mathrm{erf}(x) = \dfrac{2}{\sqrt{\pi}}\displaystyle\int_0^x \mathrm{e}^{-z^2}\,\mathrm{d}z$ 为误差函数； $\mathrm{erfc}(x) = 1 - \mathrm{erf}(x)$ 为互补误差函数； E_b 为码元能量； ρ 为码元的相关系数； n_0 为单边噪声功率谱密度。

式（9-6-11）是一个非常重要的理论公式，它给出了理论上二进制等能量数字信号误码率的最佳（最小可能）值。实际通信系统中得到的误码率只可能比它差，绝对不可能超过它。

9.6.2　调制方式对误码率的影响

误码率仅和 E_b/n_0 以及相关系数 ρ 有关，与信号波形及噪声功率无直接关系。码元能量 E_b 与噪声功率谱密度 n_0 之比，实际上相当于信号噪声功率比 P_s/P_n 。因为若系统带宽 B 等于 $1/T_s$ ，则有

$$\frac{E_b}{n_0} = \frac{P_s T_s}{n_0} = \frac{P_s}{n_0 \dfrac{1}{T_s}} = \frac{P_s}{n_0 B} = \frac{P_s}{P_n} \qquad (9\text{-}6\text{-}12)$$

在按照能消除码间串扰的奈奎斯特速率传输基带信号时，所需的最小带宽为 $1/2T_s$ （Hz）。对于已调信号，若采用的是 2PSK 或 2ASK 信号，则其占用带宽应当是基带信号带宽的 2 倍，即恰好是 T_s （Hz）。所以，在工程上，通常把 E_b/n_0 看作信号噪声功率比。

相关系数 ρ 对误码率的影响很大。当两种码元的波形相同，相关系数最大，即 $\rho=1$ 时，误码率最大，这时的误码率 $P_e = 1/2$ 。因为这时两种码元波形没有区别，接收端是在没有根据地乱猜。当两种码元的波形相反，相关系数最小，即 $\rho=-1$ 时，误码率最小，这时的最小误码率为

$$P_e = \frac{1}{2}\left[1 - \mathrm{erf}\left(\sqrt{\frac{E_b}{n_0}}\right)\right] = \frac{1}{2}\mathrm{erfc}\left(\sqrt{\frac{E_b}{n_0}}\right) \qquad (9\text{-}6\text{-}13)$$

例如，2PSK 信号的相关系数就等于-1。

当两种码元正交，即相关系数 ρ 等于 0 时，误码率为

$$P_e = \frac{1}{2}\left[1 - \mathrm{erf}\left(\sqrt{\frac{E_b}{2n_0}}\right)\right] = \frac{1}{2}\mathrm{erfc}\left(\sqrt{\frac{E_b}{2n_0}}\right) \qquad (9\text{-}6\text{-}14)$$

例如，2FSK 信号的相关系数就等于或近似等于零。

若两种码元中有一种能量等于零，如 2ASK 信号，则

$$c = -\frac{1}{2}\int_0^{T_s} s_0^2(t)\mathrm{d}t \tag{9-6-15}$$

误码率为

$$P_e = \frac{1}{2}\left[1 - \mathrm{erf}\left(\sqrt{\frac{E_b}{4n_0}}\right)\right] = \frac{1}{2}\mathrm{erfc}\left(\sqrt{\frac{E_b}{4n_0}}\right) \tag{9-6-16}$$

比较式（9-6-14）～式（9-6-16）可知，它们之间的性能差 3dB，即 2ASK 信号的性能比 2FSK 信号的性能差 3dB，而 2FSK 信号的性能又比 2PSK 信号的性能差 3dB。

由上述分析可以看出，对于给定的误码率，当 k 增大时，需要的信噪比 E_b/n_0 减小，误码率曲线变成一条垂直线。这时只要 $E_b/n_0 = 0.693$（$-1.6\mathrm{dB}$），就能得到无误码的传输。

9.6.3　最佳接收机与实际接收机的比较

表 9.1 给出了实际接收机与最佳接收机误码率性能的比较，可见，两种接收机的误码率具有相同的数字表达形式。其中，r 是实际接收机的信号噪声功率比，E_b/n_0 是最佳接收机的能量噪声功率谱密度之比。需要指出的是，当系统带宽满足奈奎斯特第一准则时，E_b/n_0 就等于信号噪声功率比。但是由于奈奎斯特带宽是理论上的极限，而实际接收机的带宽通常不能达到该极限，因此，实际接收机的性能总是比最佳接收机的性能差。

表 9.1　实际接收机与最佳接收机误码率性能的比较

接收方式	实际接收机的误码率 P_e	最佳接收机的误码率 P_e
相干 2ASK 信号	$\frac{1}{2}\mathrm{erfc}\sqrt{r/4}$	$\frac{1}{2}\mathrm{erfc}\sqrt{E_b/4n_0}$
非相干 2ASK 信号	$\frac{1}{2}\exp(-r/4)$	$\frac{1}{2}\exp(-E_b/4n_0)$
相干 2FSK 信号	$\frac{1}{2}\mathrm{erfc}\sqrt{r/2}$	$\frac{1}{2}\mathrm{erfc}\sqrt{E_b/2n_0}$
非相干 2FSK 信号	$\frac{1}{2}\exp(-r/2)$	$\frac{1}{2}\exp(-E_b/2n_0)$
相干 2PSK 信号	$\frac{1}{2}\mathrm{erfc}\sqrt{r}$	$\frac{1}{2}\mathrm{erfc}\sqrt{E_b/n_0}$
差分相干 2DPSK 信号	$\frac{1}{2}\exp(-r)$	$\frac{1}{2}\exp(-E_b/n_0)$
同步检测 2DPSK 信号	$\mathrm{erfc}\sqrt{r}\left(1 - \frac{1}{2}\mathrm{erfc}\sqrt{r}\right)$	$\mathrm{erfc}\sqrt{\frac{E_b}{n_0}}\left(1 - \frac{1}{2}\mathrm{erfc}\sqrt{\frac{E_b}{n_0}}\right)$

本　章　小　结

一个通信系统的质量优势在很大程度上取决于接收系统的性能。从接收角度来看，达到信号接收最佳化是保证通信质量的基本要求。

最佳接收理论又称信号检测理论，是研究在随机干扰存在的情况下，根据一定的准则，经过系统和定量的推导给出最佳接收机的结构，并证明最佳接收机的性能极限。它涉及的主要问题可以归结为两个方面：①从噪声中判断有用噪声信号是否出现；②从噪声中测量有用信号的参数。在统计学上，前一个问题是假设检验问题，后一个问题是参数估值问题。数字通信中的统计判决问题主要讨论前一种，又称数字信号最佳接收问题。

本章首先介绍最佳接收准则，即"最小差错概率"准则；然后通过介绍确知信号与随相信号的最佳接收，寻求并推导出满足一定准则的最佳接收机结构。

匹配滤波器在数字通信理论、信号最佳接收理论以及雷达信号的检测理论等方面均有重要意义。本章介绍匹配滤波器的基本原理和实现方法，并对匹配滤波器进行性能分析，主要包括误码率分析，从而引出理想接收机模型和最佳接收机模型。最后总结确知信号及不同调制方式下的最佳接收的误码率分析，并通过对实际接收机与最佳接收机的性能进行比较，提出实现最佳接收的途径及方法。

习　题　9

1．二进制确知信号的最佳接收机结构如何？它是怎样得到的？

2．什么是二进制确知信号的最佳形式？

3．相关器和匹配滤波器如何才能等效？

4．试构成先验等概率的二进制确知 ASK（OOK）信号的最佳接收机系统。若非零信号的码元能量为 E_b，试求该系统的抗高斯白噪声的性能。

5．设二进制 FSK 信号为

$$s_1(t) = A\sin(\omega_1 t), \quad 0 \leqslant t \leqslant T_s$$
$$s_2(t) = A\sin(\omega_2 t), \quad 0 \leqslant t \leqslant T_s$$

且 $\omega_1 = 4\pi / T_s$，$\omega_2 = 2\omega_1$，$s_1(t)$ 和 $s_2(t)$ 等可能出现。

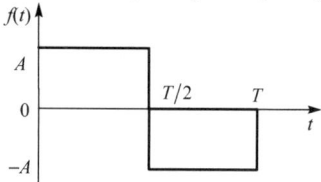

图 9.19　$f(t)$ 的匹配滤波器

（1）试构成相关检测器的最佳接收机结构；

（2）画出各点可能的工作波形；

（3）若接收机输入双边高斯白噪声功率谱密度为 $n_0 / 2$（W/Hz），试求系统的误码率。

6．在双边功率谱密度为 $n_0 / 2$ 的高斯白噪声下，设计一个图 9.19 所示的 $f(t)$ 的匹配滤波器。

（1）如何确定最大输出信噪比的时刻？

（2）求匹配滤波器的冲激响应和输出波形，并画出图形；

（3）求最大输出信噪比的值。

7．已知匹配滤波器的输入信号 $s(t)$ 如图 9.20 所示。

（1）试求匹配滤波器的单位冲激响应；

（2）画出匹配滤波器的输出波形；

（3）求最大输出信噪比时刻和最大输出信噪比。

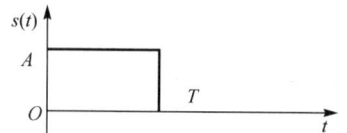

图 9.20　输入信号 $s(t)$

8．在 2ASK 系统中，发送信号 $s_1(t)$ 和 $s_2(t)$ 分别为

$$s_1(t) = A\sin(2\pi f_c), \quad 0 \leqslant t \leqslant T_s$$
$$s_2(t) = 0, \quad\quad\quad\quad 0 \leqslant t \leqslant T_s$$

且发送 $s_1(t)$ 和 $s_2(t)$ 的概率相等。信道加性高斯白噪声的双边功率谱密度为 $n_0 / 2$。

（1）试构成相关器形式的最佳接收机结构，并画出各点时间波形（每个码元包含三个载波周期）；

（2）试构成匹配滤波器形式的最佳接收机结构，并画出各点时间波形；

（3）分析系统的抗噪声性能。

9. 设 2PSK 方式的最佳接收机与实际接收机有相同的输入信噪比 E_b/n_0，若 $E_b/n_0 = 10\text{dB}$，实际接收机的带通滤波器的带宽为 $4/T_s$，试分析两种结构形式的接收机的误码性能相差多少。

10. 已知匹配滤波器的输入信号为

$$s(t) = \begin{cases} e^{-at}, & 0 \le t \le T \\ 0, & \text{其他} \end{cases}$$

式中，$a > 0$。

（1）试求此信号的匹配滤波器的单位冲激响应；

（2）画出匹配滤波器的输出波形。

第10章 扩频通信

学习目标

- 了解扩频通信系统
- 掌握典型的扩频通信系统的工作方式
- 熟悉常见的伪随机序列
- 掌握线性反馈移位寄存器的原理
- 理解 m 序列和 M 序列的产生方法及性质
- 了解扩频技术的发展趋势

本章知识结构

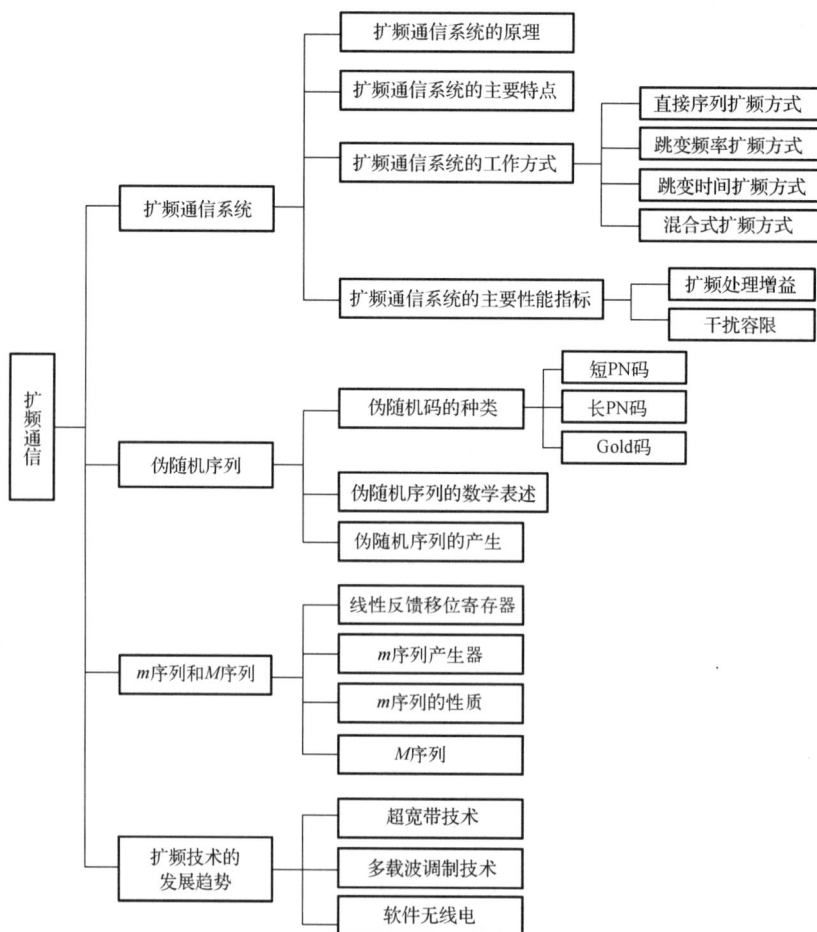

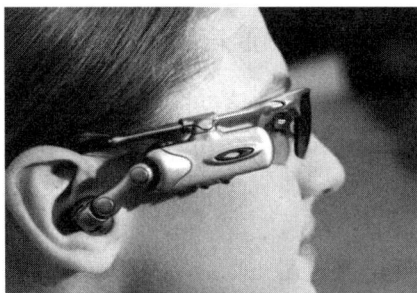

导入案例

案例一

蓝牙是一项以低成本的近距离无线连接为基础的技术（图 10.1），能为移动电话、笔记本电脑、PDA（掌上电脑）及其他相关设备提供无线信息交换。蓝牙技术极大地简化了移动通信终端设备之间的通信，使数据传输迅速高效。蓝牙使用了快跳频技术，以有效地抑制干扰和减少信号衰落。

图 10.1　蓝牙技术

案例二

无线技术的普及使无线局域网的使用越来越广泛。无线局域网相对有线网络有着明显的优势，它的组网不需要大规模布线和维护线缆，不受环境、地理因素的限制，极大地降低了成本。而且，客户端也不必连接一条条线缆，可以方便地在移动情况下使用网络。要保证无线局域网（图 10.2）的性能，就必须使用扩频方式，常用的是跳变频率扩频技术和直接序列扩频技术。

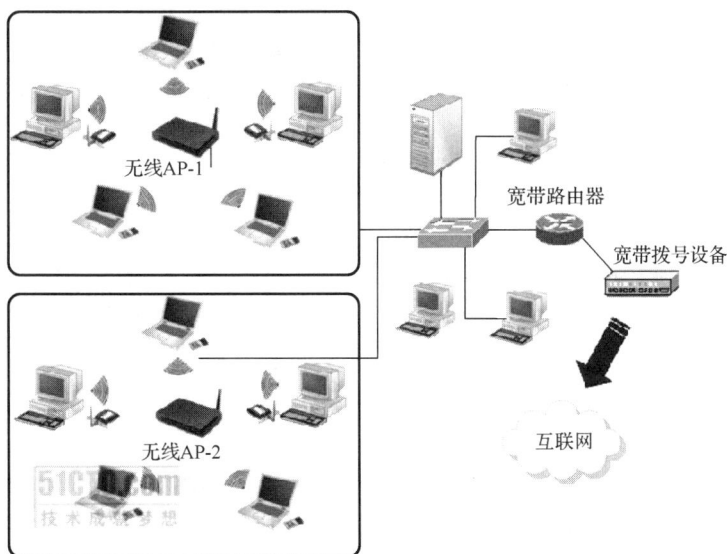

图 10.2　无线局域网

随着通信技术的发展，扩频通信技术作为一门成熟的技术，广泛地渗透到通信及其他领域，如军事通信、卫星通信、移动通信、无线局域网及全球个人通信等。本章在对扩频通信技术相关概念进行深入阐述的基础上，全面介绍扩频通信系统。

10.1　扩频通信系统

扩展频谱通信（Spread Spectrum Communication）简称扩频通信，是指传输信息所占用的频谱带宽远大于原始信息本身的频谱带宽的一种信息传输方式。扩频通信技术在发送端用扩频编码进行扩频调制，在接收端则用相同的扩频编码进行相关解调来解扩及恢复所传输的信息数据。

10.1.1　扩频通信系统的原理

与一般的通信过程相比，扩频通信多了扩频调制（发送端）和扩频解调（接收端）。扩频通信系统如图 10.3 所示。在发送端，信源输出的基带信号先经过信息调制形成窄带数字信号，然后经扩频调制（用扩频码调制数字信号）来扩展信号的频谱，扩频信号再送至信道。在接收端，采用与发送端完全相同的扩频码进行相关解调（扩频解调）来恢复窄带数字信号，再经过信息解调恢复出原始基带信号。

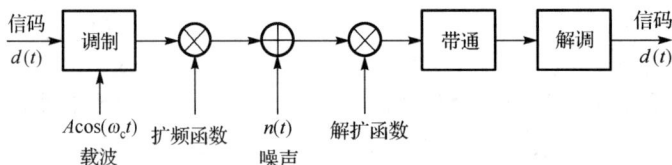

图 10.3　扩频通信系统

通常，当通信系统带宽 W 与基带信号带宽 B 的比值 W/B 为 1～2 时，称为窄带通信系统；当 W/B 为 50 以上、100 以下时，称为宽带通信系统；而当 W/B 为 100 以上时，称为扩频通信系统。

扩展频谱技术是宽带通信系统的关键技术，其理论基础是香农公式。对于加性高斯白噪声的连续信道，其信道容量 C 与信道带宽 B 及信噪比 S/N 之间的关系可以表示为

$$C = B\log_2\left(1+\frac{S}{N}\right) \tag{10-1-1}$$

式中，C 为信道容量；B 为信道带宽；S/N 为信噪比。

式（10-1-1）表明，在保持信息传输速率不变的条件下，信噪比和信道带宽之间具有互换关系。也就是说，可以用扩展信号的频谱作为代价，换取用很低的信噪比传输信号，同样可以得到很低的差错率，这表明扩频通信具有较好的抗干扰能力。

10.1.2　扩频通信系统的主要特点

扩频通信系统在发送端用扩频码序列扩展信号频谱，因此其具有窄带通信难以替代的优良性能。扩频技术被引用到民用领域后，被迅速推广到各种公用通信网和专用通信网络中。扩频通信系统主要有以下特点。

（1）易于重复使用频率，提高了无线频谱利用率。扩频通信的发送功率极低，采用了相关接收技术，且可工作在信道噪声和热噪声背景中，易于在同一地区重复使用同一频率，也可与现今各种窄道通信共享同一频率资源。

（2）抗干扰性强，误码率低。对于干扰信号而言，由于其与扩频伪随机码不相关，被扩展后进入信号通频带内的干扰功率大大降低，相应地，解扩后窄带信号中只有很微弱的成分，信噪比很高，因此具有很强的抗干扰能力，且其抗干扰能力与频带的扩展倍数成正比。频谱扩展得越宽，抗干扰能力越强。

（3）安全保密，干扰性小。由于信号在很宽的频带上被扩展，扩频信号具有单位带宽上很低的功率谱密度，信号甚至可以被淹没在白噪声中，再加上事先不知道扩频码序列，就更

难拾取有用信号。因此，其保密性很强，截获或窃听、侦察信号非常困难。

（4）易于实现多址通信。扩频通信利用不同码型的扩频码之间的相关特性，使各用户使用不同的扩频码在同一时刻公用同一频率。由于在扩频通信中存在扩频码的扩频调制，充分利用不同码型的扩频码之间优良的自相关特性和互相关特性，在接收端利用相关检测技术进行解扩，在分配给不同用户码型的情况下可以区分不同用户的信号，提取出有用信号。因此，扩频通信又可称为扩频多址（Spread Spectrum Multiple Access，SSMA），实际上是一种多址通信方式。

（5）适合数字话音和数据传输，以及开展多种通信业务。扩频通信一般采用数字通信、码分多址技术，适用于计算机网络，以及适于进行数据和图像传输。

（6）安装简便，易于应用。扩频通信设备高度集成，采用了现代电子科技的尖端技术，因此十分可靠、小巧，大量应用时成本低，安装便捷，易于推广应用。

10.1.3 扩频通信系统的工作方式

扩频通信系统包括以下几种工作方式：直接序列扩频（简称直扩，DS）方式、跳变频率扩频（FH）方式、跳变时间扩频（TH）方式、宽带线性调频（Chirp）方式。在这 4 种工作方式中，最常用的是直扩方式和跳变频率扩频方式。在实际应用中，经常把上述扩频方式进行简单的组合，形成混合式扩频方式，如 FH/DS、TH/DS、FH/TH 等，在通信中应用得较多的扩频方式主要是 DS、FH 和 FH/DS。

1. 直接序列扩频方式

直接序列扩频（Direct Sequence Spread Spectrum）用高速率的伪随机序列与信息序列模 2 加后的序列控制载波的相位而获得直扩信号。利用直接序列扩频方式进行扩频的系统称为直接序列扩频通信系统（Direct Sequence Spread System，DSSS），简称直扩系统，是目前应用得最广泛的扩频通信系统之一。图 10.4（a）和图 10.4（b）分别是直扩系统的原理框图和扩频信号传输图。

在图 10.4（a）中，信息数据与伪随机码模 2 加后产生发送序列，进行 2PSK 调制后输出。在接收端用一个和发送端同步的伪随机码所调制的本地信号，与接收到的信号进行相关处理，相关器输出的中频信号经中频电路和解调器，恢复原信息。

在直扩系统中，发送端用一个高速伪随机序列与信息数据相乘（模 2 加）。在接收端用相同的伪随机码进行解扩，把展宽的信号频谱还原成原始信息数据。扩频码为伪随机序列，由伪随机码产生器产生。在图 10.4（a）中，信息调制常用相移键控方式，如 2PSK、4PSK 等。

直接序列扩频与码分多址（CDMA）相结合构成了直接序列扩频码分多址通信系统，该系统有两种主要方式。

（1）在发送端，用户信息数据首先与对应的用户地址码调制（模 2 加），然后与高速伪随机序列（PN 码）进行扩频调制（模 2 加）。接收端进行与发送端对应的反变换（进行相关检测），可得到原始用户信息数据。

（2）在发送端，用户信息数据直接与相对应的高速伪随机序列（PN 码）进行扩频调制（模 2 加），如图 10.4（b）所示，图中的地址码调制与扩频调制合二为一。在接收端，只需进行与发送端完全相同的伪随机码解扩，经过相关检测就能得到原始用户信息数据。

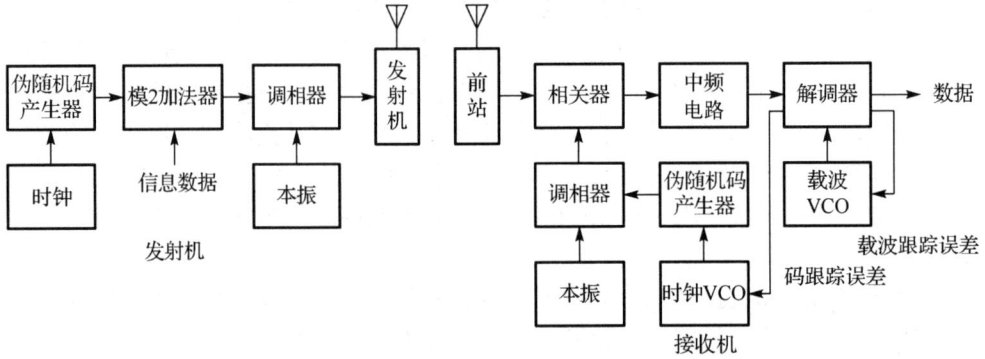

（a）直扩系统的原理框图

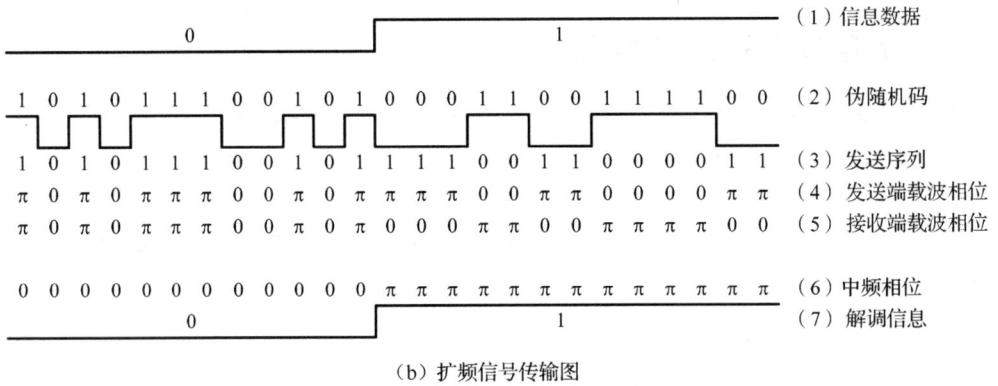

（b）扩频信号传输图

图 10.4　直扩系统的原理框图和扩频信号传输图

2. 跳变频率扩频方式

跳变频率扩频（Frequency Hopping Spread Spectrum）又称跳频，它是用伪随机码构成跳频指令来控制频率合成器，并在多个频率中进行选择的频移键控。跳频指令由所传信息数据与伪随机码模 2 加的组合来构成，又称跳频图案。

跳频系统原理如图 10.5 所示。在发送端，信息数据与伪随机码调制后，按不同的跳频图案控制频率合成器，使其输出频率在信道里随机跳跃地变化。

在接收端，为了对输入信号解调，需要用与发送端相同的本地伪随机码产生器构成的跳频图案控制频率合成器，使其输出的跳频信号能在混器中与接收到的跳频信号差频出一个固定中频信号。经中频带通滤波器后，送到解调器恢复出原信息数据。

3. 跳变时间扩频方式

跳变时间扩频（Time Hopping Spread Spectrum）又称跳时，该系统用伪随机码序列来启闭信号的发射时刻和持续时间，即发射信号在时间轴上跳跃变化。通常将时间轴分为若干帧，每帧又分为若干时隙。在一帧内的哪个时隙发射信号由伪随机序列来控制。信息数据在很窄的时隙中高速突发发射，因此发射信号的频谱大大扩展了。

跳变时间扩频系统的特点是通过时间的合理分配来避开有强干扰的时段，达到抗干扰的目的。通常，跳变时间扩频方式要与其他扩频方式混合使用。

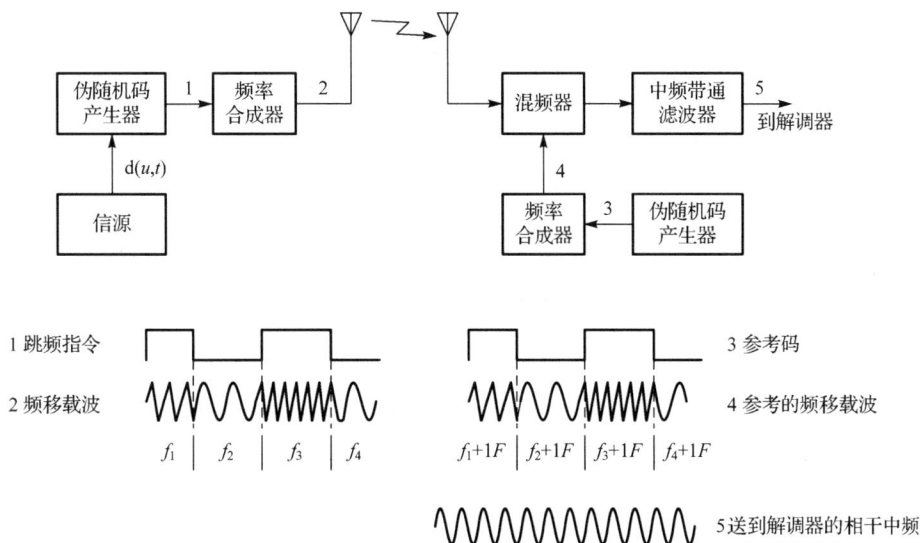

图 10.5　跳频系统原理

4．混合式扩频方式

在实际系统中，当仅仅采用单一工作方式不能达到所希望的性能时，往往采用两种或两种以上工作方式的混合式扩频方式。常用的混合式扩频方式有直扩/跳频（DS/FH）、直扩/跳时（DS/TH）、跳频/跳时（FH/TH）和直扩/跳频/跳时（DS/FH/TH）。

10.1.4　扩频通信系统的主要性能指标

1．扩频处理增益

为了定量计算扩频通信系统的抗干扰能力，需要引入一个重要参数——扩频处理增益，它是指扩频通信系统由于对信号进行频率的扩展及解扩变换而得到信噪比改善的程度。这种改善可以用接收机相乘器（也称相关器）输入端和输出端信噪比的变化来度量。

一般将扩频处理增益定义为接收端扩频解调输出信号噪声功率比（S_o/N_o）与输入信号噪声功率比（S_i/N_i）的比值，即

$$G_p = \frac{\text{输出信噪比}}{\text{输入信噪比}} = \frac{S_o/N_o}{S_i/N_i} \qquad (10\text{-}1\text{-}2)$$

一般用 dB 表示，即

$$G_p = 10\lg\frac{S_o/N_o}{S_i/N_i} \quad (\text{dB}) \qquad (10\text{-}1\text{-}3)$$

式中，G_p 表示扩频前后信噪比的改善程度，体现了扩频通信系统的抑制干扰信号、增强有用信号的能力。显然，G_p 越大，系统的抗干扰能力越强。

在一定条件下，式（10-1-3）给出的 G_p 可以表示为扩频信号带宽（W）与数字基带信号带宽（B）的比值。假设信号经过扩频解调后没有损耗（$S_o = S_i$），扩频解调前后噪声的功率谱密度均保持相同的均匀分布（近似），则

$$G_{\mathrm{p}} = \frac{S_{\mathrm{o}}/N_{\mathrm{o}}}{S_{\mathrm{i}}/N_{\mathrm{i}}} = \frac{N_{\mathrm{i}}}{N_{\mathrm{o}}} = \frac{Wn_0}{Bn_0} = \frac{W}{B} \tag{10-1-4}$$

式中，n_0 为噪声的单边功率谱密度；W 为扩频信号的带宽；B 为数字基带信号的带宽。

例如，某扩频通信系统的数字基带信号的带宽 $B = 10\text{kHz}$，扩频信号的带宽 $W = 20\text{MHz}$，则 $G_{\mathrm{p}} = \frac{20 \times 10^6}{10 \times 10^3} = 2000$（33dB），$S_{\mathrm{o}}/N_{\mathrm{o}} \gg 33\text{dB}$，这表明该扩频通信系统接收端扩频解调输出信噪比与输入信噪比之间有 33dB 的改善范围。

2．干扰容限

干扰容限是指在保证扩频通信系统正常工作（保证输出信噪比 $S_{\mathrm{o}}/N_{\mathrm{o}}$ 不低于某一给定值）的条件下，接收机输入端能够允许的干扰信号功率高于有用信号功率的分贝数，即

$$M_{\mathrm{j}} = G_{\mathrm{p}} - \left(L_{\mathrm{s}} + \frac{S_{\mathrm{o}}}{N_{\mathrm{o}}} \right) \text{（dB）} \tag{10-1-5}$$

式中，M_{j} 为干扰容限；G_{p} 为扩频处理增益；L_{s} 为系统损耗；$S_{\mathrm{o}}/N_{\mathrm{o}}$ 为接收机输出信噪比。

干扰容限直接反映了扩频通信系统接收机所能承受的极限干扰强度，它准确地表征了系统的抗干扰能力，反映了扩频通信系统在干扰环境中正常工作的极限能力。例如，若假定某扩频通信系统的扩频处理增益 $G_{\mathrm{p}} = 33\text{dB}$，系统损耗 $L_{\mathrm{s}} = 3\text{dB}$，为确保系统误码率小于所给定的要求值，接收机输出信噪比必须保证 $S_{\mathrm{o}}/N_{\mathrm{o}} \gg 10\text{dB}$，则该系统的干扰容限 $M_{\mathrm{j}} = 33 - (3 + 10) = 20\text{dB}$（100 倍），即只要加到接收机输入端的干扰信号功率不超过有用信号功率 20dB，该系统就能正常工作了。

10.2　伪随机序列

在扩频通信系统的扩频编码过程中，需要用各种伪随机码来调制数字信号才能达到扩展频率的目的。伪随机序列（Pseudorandom Noise，PN）是一种类似随机噪声特性的二进制确定序列，在工程上常用二元序列{0, 1}来表述。伪随机码便于产生、加工、复制和控制，在扩频通信系统中常常用于数据的加扰和扩频调制。伪随机序列具有以下特点。

（1）在伪随机序列的每个周期内 0 和 1 出现的次数近似相等。

（2）每个周期内，长度为 n 的游程取值（相同码元的码元串）出现的次数比长度为 $n+1$ 的游程出现的次数多 1 倍。

（3）伪随机序列的自相关函数的性质类似于白噪声自相关函数的性质。

10.2.1　伪随机码的种类

在讨论伪随机码时，常常会提到短 PN 码（m 序列）、长 PN 码（M 序列）、Gold 码等码元，这些码元都可以划分到伪随机码中。因为这些码元都是通过线性反馈移位寄存器产生的，唯一的区别是各种码元所使用的码元长度不同。以下简单介绍这几种码元。

1．短 PN 码

m 序列是最重要、最基本的一种伪随机序列，它的优点是易于产生、规律性强、有很好

的自相关特性和较好的互相关特性；缺点是序列的自相关函数的差别较大，不能保持很小的常数，独立序列的数目不够大，不便在 CDMA 系统中应用。这里说到的独立序列是指在两个周期序列中，其中一个序列不是另一个序列移动若干位后得到的。

m 序列是由 n 级线性反馈移位寄存器产生的，它的最大周期为 2^n-1。通常，CDMA 系统中的短 PN 码是由 15 阶线性反馈移位寄存器产生的 m 序列，并且每个周期中在 m 序列的特定位置插入一个码片，从而加长了一个码片。所以修正后的短 PN 码的周期是普通序列长度 32767 再加一个码片，也就是 32768 个码片。不同基站用不同时间偏置进行区分，每个偏置是 64 个码片的整数倍，总共有 $32768/64=512$ 个可能的偏置，其可用于识别 512 个基站。

2．长 PN 码

长 PN 码是由非线性反馈移位寄存器产生的，其最大周期为 2^n。与短 PN 码相比，对于同样级数 n 的移位寄存器，M 序列能产生较 m 序列多得多的独立 M 序列。但 M 序列的相关性不如 m 序列，而且结构较为复杂，较适于生成调频序列的图案。不同的移动台都有一个长码生成器。其中，长码状态寄存器（LCSR）保持与系统时间的同步，掩码寄存器（MR）存放只有用户可识别的码型。长码状态寄存器在每个脉冲周期转变一次状态。状态寄存器和掩码寄存器合并至加和（SUMMER）寄存器，SUMMER 寄存器的数字单元在每个时钟周期内进行模 2 和计算，逐比特生成长码。生成的移位长码是由用户唯一的偏置（user's offset）码型所决定的，加扰后，其他用户将无法解调此用户信息。

3．Gold 码

Gold 码序列是一种基于 m 序列的组合码序列，它除了具有 m 序列的易于产生、结构简单的优点，还具有较优良的自相关性和互相关特性，且产生的独立序列较多。Gold 码的自相关特性不如 m 序列，但具有三值自相关特性；互相关特性比 m 序列好，但没有达到最佳。

10.2.2　伪随机序列的数学表述

若 M 个周期为 T 的模拟信号 $s_1(t),s_2(t),\cdots,s_M(t)$ 构成正交信号集合，则有

$$\int_0^T s_i(t)s_j(t)\mathrm{d}t = M\rho(s_i(t)s_j(t)) \tag{10-2-1}$$

设序列周期为 p 的编码中，码元只取值 1 和 -1，而 x 和 y 是其中两个码组

$$x=(x_1,x_2,\cdots,x_n),\quad y=(y_1,y_2,\cdots,y_n)$$

式中，$x_i,y_i \in (1,-1)$，$i=1,2,\cdots,n$。则 x 和 y 之间的互相关函数定义为

$$\rho(x,y)=\sum x_iy_i/p,\quad -1\leqslant\rho\leqslant1 \tag{10-2-2}$$

若码组 x 和 y 正交，则有 $\rho(x,y)=0$。

如果一种编码码组中任意两者之间的相关系数都为 0，即码组两两正交，则这种两两正交的编码就称为正交编码。由于正交编码各码组之间的相关性很弱，受到干扰后不容易互相混淆，因此具有较强的抗干扰能力。

类似地，长度为 p 的码组 x 的自相关函数定义为

$$\rho_x(j) = \sum_{i=1}^{n} x_i x_{i+j} \Big/ p \qquad (10\text{-}2\text{-}3)$$

对于 {0, 1} 二进制码，式（10-2-2）的互相关函数的定义可简化为

$$\rho(x, y) = (A - D)/(A + D) = (A - D)/p \qquad (10\text{-}2\text{-}4)$$

式中，A 为 x 和 y 中对应码元相同的个数；D 为 x 和 y 中对应码元不同的个数。

式（10-2-3）的自相关函数表示为

$$\rho_x(j) = (A - D)/(A + D) = (A - D)/p \qquad (10\text{-}2\text{-}5)$$

式中，A 为码字 x_i 与其位移码字 x_{i+j} 的对应码元相同的个数；D 为对应码元不同的个数。伪随机码具有白噪声的统计特性，因此，伪随机码的定义可写为如下形式。

（1）凡自相关函数具有以下形式

$$\rho_x(j) = \begin{cases} \displaystyle\sum_{i=1}^{n} x_i^2 \Big/ p = 1, & j = 0 \\[2ex] \displaystyle\sum_{i=1}^{n} x_i x_{i+j} \Big/ p = -1/p, & j \neq 0 \end{cases} \qquad (10\text{-}2\text{-}6)$$

的码，称为伪随机码，又称为狭义伪随机码。

（2）凡自相关函数具有以下形式

$$\rho_x(j) = \begin{cases} \displaystyle\sum_{i=1}^{n} x_i^2 \Big/ p = 1, & j = 0 \\[2ex] \displaystyle\sum_{i=1}^{n} x_i x_{i+j} \Big/ p = a < 1, & j \neq 0 \end{cases} \qquad (10\text{-}2\text{-}7)$$

的码，称为广义伪随机码。狭义伪随机码是广义伪随机码的特例。

10.2.3　伪随机序列的产生

一个有限域是指集合 F 的元素个数是有限的，而且满足所规定的加法运算和乘法运算中的交换律、结合律和分配律等。对于常用的只含 0、1 两个元素的二元集 F_2，由于受自封性的限制，这个二元集只有对模 2 加和模 2 乘才是一个域。

一般来说，对整数集 $F_p = \{0, 1, 2, \cdots, p-1\}$，若 p 为素数，对于模 p 的加法和乘法来说，F_p 是一个有限域。可以用移位寄存器作为伪随机码产生器，产生二元域 F_2 及其扩展域 F_{2^m} 中的各个元，m 为正整数。可用域上多项式来表示一个码组，域上多项式定义为

$$f(x) = a_0 + a_1 x + a_2 x^2 + \cdots + a_n x^n = \sum_{i=0}^{n} a_i x^i \qquad (10\text{-}2\text{-}8)$$

式中，a_i 为 F 的元；$a_n x^n$ 称为 $f(x)$ 的首项；a_n 是 $f(x)$ 的首项系数。称式（10-2-8）为 F 的 n 阶多项式，加号为模 2 和。记 F 域上所有多项式组成的集合为 $F(x)$。

若 $g(x)$ 是 $F(x)$ 中的另一个多项式，则

$$g(x) = \sum_{i=0}^{m} b_i x^i \qquad (10\text{-}2\text{-}9)$$

如果 $n \geqslant m$，规定 $f(x)$ 和 $g(x)$ 的模 2 和为

$$f(x) + g(x) = \sum_{i=0}^{m} (a_i + b_i)x^i \qquad (10\text{-}2\text{-}10)$$

其中，$b_{m+1} = b_{m+2} = \cdots = b_n = 0$。规定 $f(x)$ 和 $g(x)$ 的模 2 乘为

$$f(x)g(x) = \sum_{i=0}^{n+m} \sum_{j=0}^{i} (a_i \cdot b_{i-j})x^i \qquad (10\text{-}2\text{-}11)$$

若 $g(x) \neq 0$，则在 $f(x)$ 中总能找到一对多项式 $q(x)$（称为商）和 $r(x)$（称为余式）使得

$$f(x) = q(x)g(x) + r(x) \qquad (10\text{-}2\text{-}12)$$

这里 $r(x)$ 的阶数小于 $g(x)$ 的阶数。式（10-2-12）称为带余除法算式，如果余式 $r(x) = 0$，就表示 $f(x)$ 可被 $g(x)$ 整除。

图 10.6 所示为一个 4 级线性移位寄存器，用它可产生伪随机序列。线性移位寄存器的状态是各级存数按从右至左的顺序排列而成的序列，这样的状态叫正状态，简称状态；反之，称线性移位寄存器的状态是各级存数按从左至右的顺序排列而成的序列为反状态。其反馈逻辑为

$$a_n = a_{n-3} \oplus a_{n-4} \qquad (10\text{-}2\text{-}13)$$

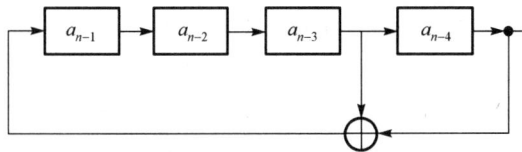

图 10.6　4 级线性移位寄存器

当线性移位寄存器的初始状态是 1000，即 $a_{n-4} = 1$，$a_{n-3} = 0$，$a_{n-2} = 0$，$a_{n-1} = 0$ 时，经过一个时钟节拍后，各级状态自左向右移到下一级，末级输出一位数，与此同时模 2 加法器输出加到线性移位寄存器的第一级，从而形成线性移位寄存器的新状态，下一个时钟节拍到来又继续重复上述过程，末级输出序列就是伪随机序列。在这种条件下，产生的伪随机序列是

$$a_{n-4} = 100010011010111100010011010101111 \qquad (10\text{-}2\text{-}14)$$

这是一个周期 $p = 15$ 的伪随机序列。当图 10.6 的初始状态是 0 状态，即 $a_{n-4} = a_{n-3} = a_{n-2} = a_{n-1} = 0$ 时，线性移位寄存器的输出是一个 0 序列。

4 级线性移位寄存器共有 16 个状态，除去一个 0 状态，还有 15 个状态。只要伪随机序列的周期达到最大值，这时无论如何改变线性移位寄存器的初始状态，其输出只改变序列的初相，序列的排序规律不会改变。但是，如果改变图 10.6 的 4 级线性移位寄存器的反馈逻辑，其输出序列就会发生变化。例如，当反馈逻辑变成 $a_n = a_{n-2} \oplus a_{n-4}$ 时，给定不同的初始状态 1111、0001、1011，可以得到三个完全不同的输出序列 111100111100…、000101000001…、101101101101，它们的周期分别是 6、6 和 3。

由上述分析可得出以下结论。

（1）线性移位寄存器的输出序列是一个周期序列。

（2）当初始状态是 0 状态时，线性移位寄存器的输出是一个 0 序列。

（3）级数相同的线性移位寄存器的输出序列与寄存器的反馈逻辑有关。

（4）序列周期 $p < 2^{n-1}$（n 级线性移位寄存器）的同一个线性移位寄存器的输出还与起始状态有关。

（5）序列周期 $p = 2^n - 1$ 的线性移位寄存器，改变移位寄存初始状态只会改变序列的起始相位，而周期序列的排序规律不变。

10.3　m 序列和 M 序列

m 序列是最长线性移位寄存器序列，是由移位寄存器加反馈后形成的。m 序列是伪随机序列中最重要的一种，其易于实现，具有优良的自相关特性，在直扩通信系统中用于扩展要传输的信号。

10.3.1　线性反馈移位寄存器

n 级线性反馈移位寄存器的结构如图 10.7 所示，图中 a_{n-i}（$i = 1, 2, 3, \cdots, n$）为移位寄存器中每位寄存器的状态，取值为 1 或者 0；c_i（$i = 1, 2, 3, \cdots, n$）为对应于第 i 位寄存器的反馈系数。由于带有反馈，因此在移位脉冲的作用下，移位寄存器各级的状态将不断变化，通常将移位寄存器的最后一级作为输出，输出序列为 $\{a_k\} = a_0 a_1 \cdots a_{n-1} \cdots$。当 $c_i = 0$ 时，表示无反馈，将反馈线断开；当 $c_i = 1$ 时，表示有反馈，将反馈线连接起来，注意在此结构中必须保证 $c_0 = c_n = 1$。输出序列是一个周期序列，其特性由移位寄存器的级数、初始状态、反馈逻辑以及时钟速率（决定着输出码元的宽度）所决定。当移位寄存器的级数及时钟一定时，输出序列就由移位寄存器的初始状态及反馈逻辑完全确定。当初始状态为全 0 状态时，移位寄存器输出全 0 序列。为了避免这种情况，需设置全 0 排除电路。

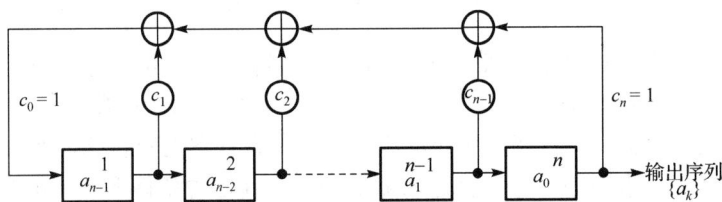

图 10.7　n 级线性反馈移位寄存器的结构

1. 线性反馈移位寄存器的递推关系式

递推关系式又称为反馈逻辑函数或递推方程。设图 10.7 所示的 n 级线性反馈移位寄存器的初始状态为 $a_0 a_1 a_2 \cdots a_{n-2} a_{n-1}$，经一次移位，移位寄存器左端第一级的输入为

$$a_n = c_1 a_{n-1} + c_2 a_{n-2} + \cdots + c_{n-1} a_1 + c_n a_0 = \sum_{i=1}^{n} c_i a_{n-i} \qquad (10\text{-}3\text{-}1)$$

若经 k 次移位，则第一级的输入为

$$a_l = \sum_{i=1}^{n} c_i a_{l-i} \qquad (10\text{-}3\text{-}2)$$

式中，$l = n + k - 1 \geqslant n$，$k = 1, 2, 3, \cdots$。

由此可见,移位寄存器第一级的输入由反馈逻辑及移位寄存器的初始状态决定。式(10-3-2) 称为递推关系式。

2. 线性反馈移位寄存器的特征多项式

用多项式 $f(x)$ 来描述线性反馈移位寄存器的反馈连接状态

$$f(x) = c_0 + c_1 x + \cdots + c_n x^n = \sum_{i=0}^{n} c_i x^i \tag{10-3-3}$$

式(10-3-3)称为特征多项式或特征方程。式(10-3-3)中,若 x^i 存在,则表明 $c_i = 1$,否则 $c_i = 0$, x^i 本身的取值并无实际意义, c_i 的取值决定了移位寄存器的反馈连接。

由于 $c_0 = c_n = 1$,因此 $f(x)$ 是一个常数项为 1 的 n 次多项式,即 n 为移位寄存器的级数。

由上述内容可以证明,一个 n 级线性反馈移位寄存器能产生 m 序列的充要条件是:它的 特征多项式为一个 n 次本原多项式。若一个 n 次多项式 $f(x)$ 满足下列条件:

(1) $f(x)$ 为既约多项式(不能分解因式的多项式);
(2) $f(x)$ 可整除 $(x^p + 1)$, $p = 2^{n-1}$;
(3) $f(x)$ 除不尽 $(x^q + 1)$, $q < p$,

则称 $f(x)$ 为本原多项式。以上条件为构成 m 序列提供了理论根据。

10.3.2 m 序列产生器

用线性反馈移位寄存器构成 m 序列产生器的关键是由特征多项式 $f(x)$ 来确定反馈线的 状态,而且特征多项式 $f(x)$ 必须是本原多项式。

现以 $n = 4$ 为例来说明 m 序列产生器的构成。用 4 级线性反馈移位寄存器产生 m 序列, 其周期为 $p = 2^4 - 1 = 15$,其特征多项式 $f(x)$ 是 4 次本原多项式,能整除 $(x^{15} + 1)$。先将 $(x^{15} + 1)$ 分解因式,使各因式为既约多项式,再寻找 $f(x)$。

$$x^{15} + 1 = (x+1)(x^2 + x + 1)(x^4 + x + 1)(x^4 + x^3 + 1)(x^4 + x^3 + x^2 + x + 1) \tag{10-3-4}$$

其中,4 次既约多项式有 3 个,但 $(x^4 + x^3 + x^2 + x + 1)$ 能整除 $(x^5 + 1)$,故它不是本原多项式。 找到两个 4 次本原多项式 $(x^4 + x + 1)$ 和 $(x^4 + x^3 + 1)$,由其中任何一个都可产生 m 序列。用 $f(x) = (x^4 + x + 1)$ 构成的 m 序列产生器如图 10.8 所示。

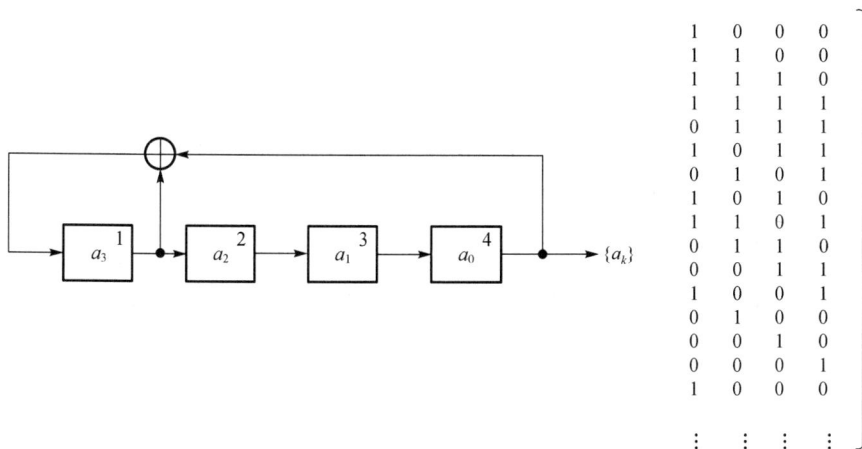

图 10.8 m 序列产生器

在图 10.8 中，设 4 级移位寄存器的初始状态为 1000，则 $c_4 = c_1 = c_0 = 1$，$c_3 = c_2 = 0$，输出序列 $\{a_k\}$ 的周期为 15。

10.3.3　m 序列的性质

1．均衡特性

m 序列具有均衡特性（平衡性），m 序列的每个周期中 1 的个数比 0 的个数大 1。由于 $p = 2^{n-1}$ 为奇数，因此在每个周期中 1 的个数为 $(p+1)/2 = 2^{n-1}$（偶数），而 0 的个数为 $(p-1)/2 = 2^{n-1} - 1$（奇数）。本例中 $p = 15$，1 的个数为 8，0 的个数为 7。当 p 足够大时，在一个周期中 1 与 0 出现的次数基本相等。

2．游程特性

m 序列具有游程特性（游程分布的随机性）。把一个序列中取值（1 或 0）相同连在一起的元素合称为一个游程，把一个游程中元素的个数称为游程长度。例如，m 序列 $\{a_k\} = 000111101011001\cdots$，在一个周期的 15 个元素中共有 8 个游程，其中长度为 4 的游程有 1 个，即 1111；长度为 3 的游程有 1 个，即 000；长度为 2 的游程有 2 个，即 11 与 00；长度为 1 的游程有 4 个，即 2 个 1 与 2 个 0。

m 序列的一个周期（$p = 2^{n-1}$）中，游程总数为 2^{n-1}。其中，长度为 1 的游程个数占游程总数的 1/2，长度为 2 的游程个数占游程总数的 $1/2^2 = 1/4$，长度为 3 的游程个数占游程总数的 $1/2^3 = 1/8$，等等。一般，长度为 k 的游程个数占游程总数的 $1/2^k = 2^{-k}$，其中 $1 \leqslant k \leqslant n-2$，而且，在长度为 k 的游程中，连 1 游程与连 0 游程各占一半。长为 $n-1$ 的游程是连 0 游程，长为 n 的游程是连 1 游程。

3．移位相加特性

m 序列具有移位相加特性（线性叠加性）。m 序列和它的位移序列模 2 加后所得的序列仍是该 m 序列的某个位移序列。设 m_r 是周期为 p 的 m 序列 m_p 的 r 次延迟移位后的序列，那么

$$m_p \oplus m_r = m_s \tag{10-3-5}$$

式中，m_s 为 m_p 某次延迟移位后的序列。

例如，$m_p = 0001111101011001\cdots$，$m_p$ 延迟 2 位后得 m_r，再模 2 加，则

$$m_r = 0100011110101 10\cdots$$

$$m_s = m_p \oplus m_r = 0101100100011111\cdots$$

可见，$m_s = m_p \oplus m_r$ 为 m_p 延迟 8 位后的序列。

4．自相关特性

m 序列具有非常重要的自相关特性。在 m 序列中，常常用 1 代表 0，用 –1 代表 1。此时定义：设周期为 p 的 m 序列，记为 $a_1, a_2, a_3, \cdots, a_p$（$p = 2^n - 1$），经过 j 次移位后，m 序列为

$$a_{j+1}, a_{j+2}, a_{j+3}, \cdots, a_{j+p}$$

其中，$a_{j+p} = a_j$（以 p 为周期），以上两序列的对应项相乘然后相加，所得的总和为

$$a_1 \cdot a_{j+1} + a_2 \cdot a_{j+2} + a_3 \cdot a_{j+3} + \cdots + a_p \cdot a_{j+p} = \sum_{i=1}^{p} a_i a_{j+i} \qquad (10\text{-}3\text{-}6)$$

利用所得的总和来衡量一个 m 序列与它的 j 次移位序列之间的相关程度，称为 m 序列 $(a_1, a_2, a_3, \cdots, a_p)$ 的自相关函数，记为

$$R(j) = \sum_{i=1}^{p} a_i a_{j+i} \qquad (10\text{-}3\text{-}7)$$

当采用二进制数字 0 和 1 代表码元的可能取值时，式（10-3-7）可表示为

$$R(j) = \frac{A-D}{A+D} = \frac{A-D}{p} \qquad (10\text{-}3\text{-}8)$$

式中，A、D 分别为 m 序列与其 j 次移位序列在一个周期中对应元素相同的数目、不相同的数目。

式（10-3-8）还可以改写为

$$R(j) = \frac{n[a_i \oplus a_{i+j} = 0] - n[a_i \oplus a_{i+j} = 1]}{p} \qquad (10\text{-}3\text{-}9)$$

式中，$n[a_i \oplus a_{i+j} = 0]$ 为 $a_i \oplus a_{i+j} = 0$ 的数目，$n[a_i \oplus a_{i+j} = 1]$ 为 $a_i \oplus a_{i+j} = 1$ 的数目。

由移位相加特性可知，$a_i \oplus a_{i+j}$ 仍是 m 序列中的元素，所以式（10-3-9）的分子就等于 m 序列中一个周期中 0 的数目与 1 的数目之差。另外，由 m 序列的均衡特性可知，在一个周期中 0 的个数比 1 的个数小 1，故得 $A - D = -1$（j 为非零整数时）或 p（j 为零时）。因此得

$$R(j) = \begin{cases} 1, & j = 0 \\ -\dfrac{1}{p}, & j = \pm 1, \pm 2, \cdots, \pm(p-1) \end{cases} \qquad (10\text{-}3\text{-}10)$$

m 序列的自相关函数如图 10.9 所示。

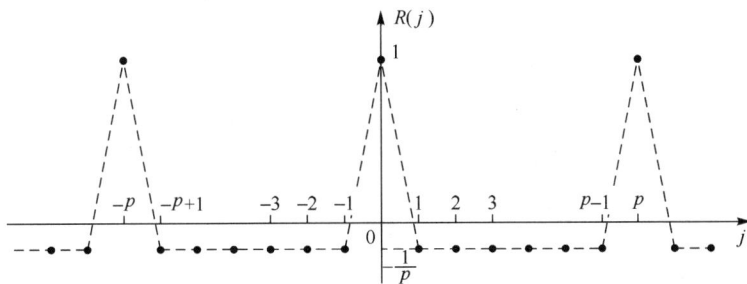

图 10.9 m 序列的自相关函数

可见，m 序列的自相关函数只有两种取值（1 和 $-1/p$）。$R(j)$ 是一个周期函数，即

$$R(j) = R(j + kp) \qquad (10\text{-}3\text{-}11)$$

式中，$k = 1, 2, \cdots$，$p = 2^n - 1$ 为周期。$R(j)$ 为偶函数，即

$$R(j) = R(-j), \quad j \text{ 为整数} \qquad (10\text{-}3\text{-}12)$$

5．伪噪声特性

对一个正态分布白噪声抽样，若抽样值为正，记为 1；若抽样值为负，记为–1，将每次抽样所得排成序列，可写成 1, –1, 1, 1, 1, –1, –1, 1, –1, …。这是一个随机序列，它具有以下基本性质。

（1）序列中 1 和–1 出现的概率相等；

（2）序列中长度为 1 的游程约占 1/2，长度为 2 的游程约占 1/4，长度为 3 的游程约占 1/8……一般地，长度为 k 的游程约占 $1/2^k$，而且 1、–1 游程的数目各占一半；

（3）由于白噪声的功率谱为常数，因此其自相关函数为一个冲激函数 $\delta(\tau)$。

把 m 序列与上述随机序列进行比较，当周期 p 足够大时，m 序列与随机序列的性质是十分相似的。可见，m 序列是一种伪噪声特性较好的伪随机序列，且易产生，因此应用得十分广泛。

10.3.4　M 序列

M 序列是一种非线性的伪随机序列，它是最长序列，也是由非线性移位寄存器产生的码长为 2^n 的周期序列。M 序列的周期已达到 n 级移位寄存器所能达到的最长周期，所以其又称全长序列。

M 序列的构造可以在 m 序列的基础上实现。因为 m 序列包含 2^n-1 个非零状态，仅缺一个 0 状态，因此，只要在 m 序列适当的位置上插入一个 0 状态，就可完成从码长为 2^n-1 的 m 序列向码长为 2^n 的 M 序列的转换。

一般来讲，0 状态插入应在状态 $x_n,x_{n-1},\cdots,x_1=100\cdots0$ 之后，同时紧跟 0 状态的后继序列状态应当是原 m 序列状态，后继状态应是 $0\cdots001$。因此，重要步骤是检测后 $n-1$ 个 0，即检测 M 序列的状态 $x_n,x_{n-1},x_{n-2},\cdots,x_1$，然后加上原反馈逻辑函数 $f_0(x_1,x_2,\cdots,x_n)$，得到新的反馈逻辑函数

$$f(x_1,x_2,\cdots,x_n)=f_0(x_1,x_2,\cdots,x_n)+\overline{x}_{n-1}\overline{x}_{n-2}\cdots\overline{x}_1 \qquad (10\text{-}3\text{-}13)$$

例如，4 次本原多项式 $f_0(x)=1+x^3+x^4$ 或 $f_0(x_1,x_2,x_3,x_4)=x_3+x_4$ 构成的 M 序列的反馈逻辑函数为

$$f(x_1,x_2,x_3,x_4)=x_4+x_3+\overline{x}_3\overline{x}_2\overline{x}_1 \qquad (10\text{-}3\text{-}14)$$

其对应的 M 序列产生器的原理如图 10.10 所示。图 10.10 中的 000 状态检测器可检测到 1000 和 0000 两个状态。当检测到 1000 状态时，检测器输出 1，这个 1 与反馈输入 a_n（此时为 1）模 2 加得到 0，输入到 a_{n-1}，使后续状态成为 0 状态；在 0 状态时检测器继续输出 1，此 1 与反馈输入 a_n（此时为 0）模 2 加得到 1，输入到 a_{n-1}，使 0 状态的后续状态保持原来的循环状态 0001，这样就把 0 状态插入原始序列了。

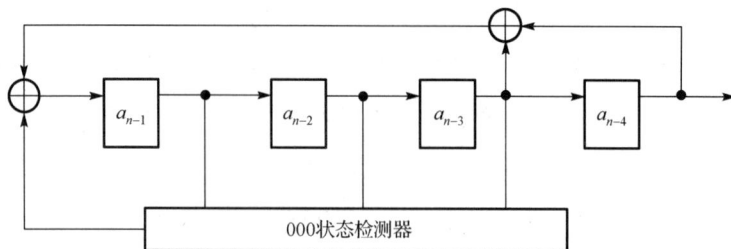

图 10.10　4 级 M 序列产生器的原理

下面给出 M 序列状态流程，设初始状态为 0100。

0100→1001→0011→0110→1101→1010→0101→1011→0111→1111→

1110→1100→1000→0000→0001→0010→0100（初态）→…

构成 M 序列的方法有很多，但实现起来并非易事，要能方便、简练地得到 M 序列，仍需不懈努力。

周期 $p = 2^n$ 的 M 序列的随机特性有下列几点。

（1）在一个周期内，序列中 0 和 1 的元素各占一半，即各为 2^{n-1}。

（2）在每个周期内共有 2^{n-1} 个游程，其中同样长度的 0 游程和 1 游程的个数相等。当 $1 \leq k \leq n-2$ 时，长为 k 的游程占总游程数的一半，长为 $n-1$ 的游程不存在，长为 n 的游程有两个。

（3）归一化自相关函数 $R_M(\tau)$ 具有以下相关值：① $R_M(0) = 1$；② $R_M(\pm\tau) = 0, 0 < \tau < n$；③ $R_M(\pm n) = 1 - \dfrac{4W(f_0)}{2^n}$。其中，$W(f_0)$ 为 M 序列产生器的反馈逻辑函数表达式中原反馈逻辑函数 $f_0(x_1, x_2, \cdots, x_n) = x_3 + x_4$ 中取值为 1 的个数。通常把 $W(f_0)$ 称为 f_0 的权重。

（4）当 $\tau > n$ 时，$R_M(\tau)$ 无确定表示式，只能从给定的 M 序列中逐点移位计算得到。

以上特点说明，M 序列的自相关函数是多值的，不同的序列，其相关特性是不同的。同时，M 序列的互相关特性也是多值函数。

对于任意的自然数 n，一定有 n 级 M 序列以及产生此 M 序列的 n 级移位寄存器。n 级 M 序列的总个数为 $2^{(2^{n-1}-n)}$。

表 10.1 列出了不同 n 值时所得到的 M 序列和 m 序列的数目。可以看出，当 $n > 4$ 时，M 序列比 m 序列的数目大得多，这为某些需要地址序列很多的应用场合提供了选择的灵活性。

表 10.1　M 序列和 m 序列数目的比较

序列	n 值							
	3	4	5	6	7	8	9	10
m 序列	2	3	6	6	18	16	48	60
M 序列	2	2^4	2^{11}	2^{26}	2^{57}	2^{120}	2^{247}	2^{502}

10.4　扩频技术的发展趋势

从扩频技术的历史可以看出，每次技术上的大发展都是由巨大的需求驱动的。军事通信抗干扰的驱动以及个人通信业务的驱动使扩频技术的抗干扰性能和码分多址能力得到最大限度的挖掘。展望未来，移动通信系统的驱动无疑会使扩频技术传输高速数据的能力得到更大的提升。

10.4.1　超宽带技术

衡量扩频通信系统的重要指标是扩频处理增益，在一定的传输带宽下，要提高有效数据的传输速率，就要降低扩频处理增益，而扩频处理增益的下降意味着扩频通信系统性能的降低，因此要提高数据传输速率，而且不降低扩频通信系统的性能（保证一定的扩频处理增益），就只能提高传输带宽。超宽带（UWB）技术可以看成一种将传输带宽极大扩展以获得高数据传输速率的扩频技术。UWB 技术作为一种短距离通信技术，在未来无线通信系统的实现中扮演着重要的角色。

在第三代移动通信系统（3G）向 4G 转变的过程中，要求实现无所不在的通信平台，短距离无线设备和业务的设计、配置和应用也达到前所未有的高度。传统的短距离无线设备和网络主要基于 IEEE 802 系列无线标准的 WLAN/WPAN，但是这些网络和设备都是独立工作的，它们要么在室内和办公室环境单独地工作，要么在开阔的公共地区单独地工作，完全没有考虑彼此间的互联问题。此外，无线通信系统对短距离通信的高速数据传输提出了更高的要求，而高速数据传输带来的最大问题就是频谱资源紧缺，UWB 技术的出现为解决这些问题提供了可能的方案。

与传统的各种无线通信技术相比，UWB 技术有着明显不同的工作原理和应用特性。传统的无线通信技术使用连续电波作为通信载波，即用某种调制方式将信号加载到连续电波上，并且连续电波被限定在小范围的频段上（一般约为 6MHz）。而 UWB 技术不使用连续电波，它使用非常短、非常快而"离散"的电子脉冲来传输信号，用编码控制脉冲的发送时间，脉冲本身就形成了数字通信中的"0"或"1"，并且脉冲可以覆盖范围非常广泛的频段（几赫到几吉赫）。正是其独特的工作原理使它具备下列优点：隐蔽性好、极低的截获率、扩频处理增益高、多径分辨能力强、传输速率高、系统容量大、低功耗等。但是，UWB 系统的实现还有很多关键技术需要突破，因此可以说 UWB 技术的发展是机遇和挑战并存的。

10.4.2　多载波调制技术

多载波调制技术是一种有效的传输高速数据的方法，已经成为一系列重要的高速数据传输应用的标准。OFDM 和 CDMA 的结合为解决未来无线通信系统的难题提供了技术选择。

在传统的串行数据系统中，符号是顺序发射的，每个符号的频谱都可以占用整个可用频谱。由于瑞利信道具有突发特性，一些邻近的符号可能会由于衰落而受到严重的破坏。在这种系统中，要实现高速数据传输，要么使用高阶调制牺牲系统性能，要么缩短符号间隔使得信道带宽增大。然而延时扩展使系统具有一个等待周期，这个周期决定下一个脉冲何时可以发射。同时，这个等待周期要求信号抽样速率降低到比延时扩展的倒数小得多的情况以防止符号间互相干扰。缩短符号间隔使系统更容易受到延时扩展的干扰。

为了解决串行系统遇到的许多困难，采用并行系统或多路数据系统是一种可能的解决方案。并行系统同时传输几个顺序数据流，因此在任何时刻都有多个数据元素在传输。在这样的系统中，单个数据元素的频谱通常只占用整个可用频谱的一部分。在典型的并行系统中，整个信号频谱被分解成 N 个频率不重叠的子信道。每个子信道都调制独立的符号，这样 N 个子信道都可实现频率分割。如果每个独立子信道的频谱允许重叠，同时在接收机使每个子信道具有特定的正交限制以便分离，则并行系统利用频谱的效率更高，这就是 OFDM 的基本思想。

10.4.3　软件无线电

虽然从市场的角度考虑，采用一种标准更经济，但移动通信发展迅速，未来的通信系统要求为用户提供通用的平台，以满足用户在任何时间、任何地点通过任何设备接入网络的要求。采用软件无线电的概念，即通过软件加载在一个通用的硬件平台上实现多种功能，为未来通信网络的实现提供了可能的解决方案。

软件无线电就是将模块化、标准化的硬件单元通过标准接口构成基本平台，并借助软件加载实现各种无线通信功能的一种开放式体系结构。软件无线电通过使用自适应的软件和灵活的硬件平台，能够解决无线电产业不断演变和技术革新带来的很多问题。它在基站和移动终端的软件下载能力对运营商和制造商弥补软件缺陷以及实现新功能与业务非常重要。此外，使用软件下载重新配置移动终端是实现多模式终端操作的有效方法，也为用户通过一个移动终端接入多个通信系统的问题提供了解决手段。

扩频技术是未来无线通信系统中的关键技术，而软件无线电是实现未来无线通信系统的有效手段，因此采用软件无线电技术来实现扩频通信系统是很自然的思路。目前，虽然软件无线电还有很多关键技术瓶颈需要突破，但是其在无线通信系统中的应用成果也是显著的，用软件无线电技术实现扩频系统的研究一直在进行。

本 章 小 结

扩频通信最初被应用于军事通信中，是一种传输信息所占用的频谱带宽远大于原始信息本身的频谱带宽的信息传输方式。随着通信技术的发展，扩频通信广泛渗透到通信的各个方面，如卫星通信、移动通信、微波通信、无线定位系统、无线局域网及全球个人通信等。

扩频通信系统的原理：将待传输的基带信号在频域上扩展为很宽的频谱，远大于原来信号的带宽；在接收端再把已扩展频谱的信号变换到原来信号的频带上，恢复出原来的基带信号。扩频通信系统有直接序列扩频方式、跳变频率扩频方式、跳变时间扩频方式等多种工作方式。

在扩频编码过程中，需要用各种伪随机码调制数字信号以达到扩展频率的目的。伪随机序列是一种类似随机噪声的二进制确定序列，在工程上常用二元序列 {0, 1} 来表述。伪随机序列的应用有通信加密、误码率的测量、数字信息序列的扰码与解扰、噪声产生器、时延测量等。由于有巨大的需求驱动，扩频通信技术将逐渐向超宽带技术、多载波调制技术、软件无线电等方向发展，必将成为现代通信的核心技术。

习 题 10

1. 已知一个 3 级反馈移位寄存器，其特征方程为 $f(x) = 1 + x^2 + x^3$，试验证它为本原多项式。

2. 已知 3 级反馈移位寄存器的原始状态为 111，试写出两种 m 序列的输出序列。

3. 一个 4 级反馈移位寄存器的特征方程为 $f(x) = 1 + x + x^2 + x^3 + x^4$，证明由它产生的序列不是 m 序列。

4. 已知一个由 9 级反馈移位寄存器产生的 m 序列，写出其在每个周期内所有可能的游程长度的个数。

5. 在直扩系统中，要求系统在干扰信号功率是有用信号功率的 100 倍的条件下，输出信噪比能够达到 10dB，该系统的扩频处理增益至少为多少？

6. 在直扩系统中，已知发送信息速率为 16kb/s，伪随机码速率为 4.096Mc/s（码片/秒），采用 2PSK 方式传输。

（1）试求射频信号带宽。

（2）试求扩频通信系统的扩频处理增益。

第11章　现代通信系统介绍

学习目标

- 了解现代通信网的构成及发展历程
- 理解移动通信的概念
- 掌握 GSM 的相关知识
- 掌握 CDMA 的相关知识
- 了解 3G 的相关知识
- 掌握 4G 的相关知识
- 了解 5G 的相关知识
- 了解现代卫星通信系统

本章知识结构

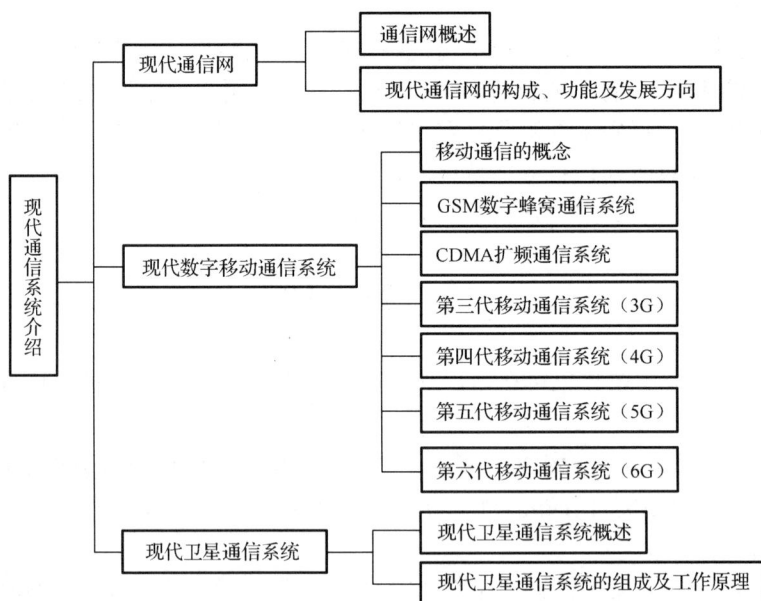

```
                          ┌─ 现代通信网 ─┬─ 通信网概述
                          │              └─ 现代通信网的构成、功能及发展方向
                          │
                          │              ┌─ 移动通信的概念
                          │              ├─ GSM数字蜂窝通信系统
 现代通信系统介绍 ────────┼─ 现代数字移 ├─ CDMA扩频通信系统
                          │   动通信系统 ├─ 第三代移动通信系统（3G）
                          │              ├─ 第四代移动通信系统（4G）
                          │              ├─ 第五代移动通信系统（5G）
                          │              └─ 第六代移动通信系统（6G）
                          │
                          └─ 现代卫星通 ┬─ 现代卫星通信系统概述
                              信系统     └─ 现代卫星通信系统的组成及工作原理
```

导入案例

案例一

从远古时期的壁画、图形和钟鼓等，到后来的竹简、纸书，通信一直处于不断发展之中。移动通信终端经历了 BP 机、大哥大、功能手机、智能手机的发展历程。移动通信系统

也应需求而不断改进,从最初的以模拟技术和频分多址技术为基础的第一代移动通信系统,到以数字通信技术和时分多址技术为基础的 GSM,再到速度更快、媒体数据形式更加丰富的以码分多址技术为基础的 3G 网络,然后到以 OFDM 技术为基础的 4G 通信技术,接着到以小基站的模式实现蜂窝式网络的 5G 通信技术,最后到对 5G 通信技术进行发展和延伸的 6G 通信技术,移动通信(图 11.1)正向着无论何时、何地、何人都能以高速、多样的方式进行沟通的目标前进。

案例二

近年来,航空航天技术飞速发展,航空技术的先进程度成为国家科技实力的重要标志。我国的航天技术经历了无人飞船、搭载模拟人飞船、载人飞船、多名航天员飞行、航天员出舱活动等历史性发展阶段,"神州十三号"(图 11.2)的成功发射更进一步展示了我国航天事业的进步,相信总有一天,我们定能揭开太空的神秘面纱。

图 11.1　移动通信

图 11.2　"神州十三号"发射

11.1　现代通信网

11.1.1　通信网概述

1. 通信网的组成

一个最简单的通信网至少由三部分组成:交换系统、传输系统和终端设备,三者的关系如图 11.3 所示。

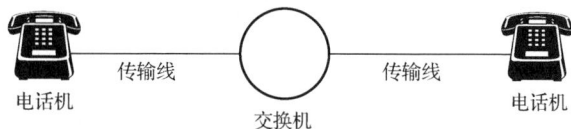

图 11.3　交换系统、传输系统和终端设备的关系

交换系统的作用是在两个或几个指定的电话机之间(也可以是交换机与交换机之间)建立接续;传输系统的作用则是利用传输介质(架空线、电缆、光缆、微波或卫星)把电信号从甲地传输到乙地;终端设备可以是电话机,也可以是非电话机设备。图 11.4 所示为采用多种通信手段的传统的通信网。

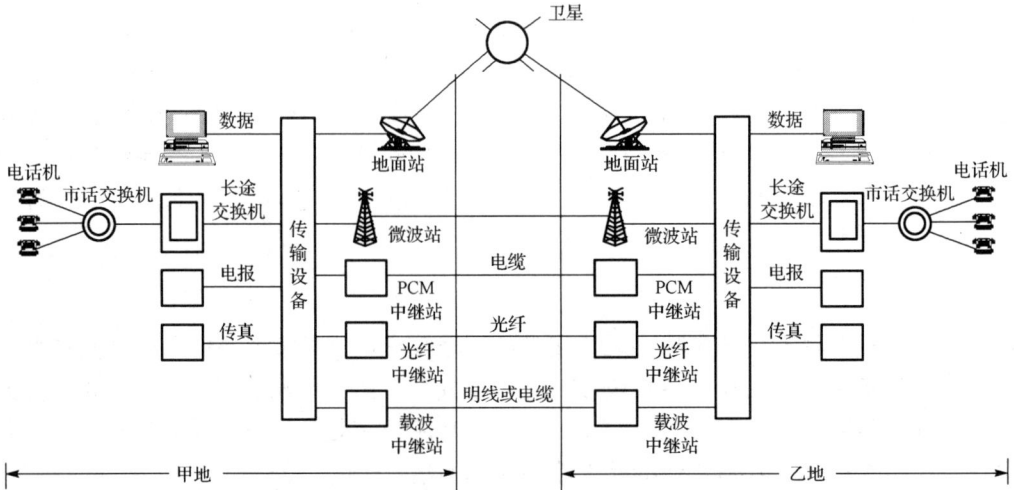

图 11.4　传统的通信网

2．通信网的分类

1）按网络结构分类

通信网的网络结构（网络拓扑）是指网络在物理上的连通性问题。根据节点（如交换机）互连的不同方法，可构成多种类型的结构。常见的网络结构有 6 种，即树状结构、星状结构、环状结构、网状结构、总线结构及蜂窝结构。

2）按网络交换技术分类

现代通信网都是用交换设备将各用户连接起来的，即网内用户间通过交换机实行信息交换。根据通信业务的需要以及通信技术的发展，交换技术可分为电路交换与信息交换两大类。由于软交换技术既能执行与基于硬件的传统电话交换机相同的功能，又能处理 IP 通信，还有许多优势，如轻松整合电路交换和分组交换、降低网络成本以便运营商更快地获得收入等，所以在电信行业中备受青睐。

3）按网络服务的业务分类

（1）电话通信网。电话通信是指传统的话音电话业务。

（2）数据通信网。目前，数据通信网的主要内容是计算机通信网，计算机通信网由主机（或工作站）与通信子网构成。根据网络结构及所采用的数据传输技术，通信子网可分为交换通信网和广播通信网两大类。

（3）移动通信网。移动通信网是通信网的一个主要分支，其信息交流机动、灵活、迅速、可靠，具有广阔的发展前景。

（4）卫星通信网。卫星通信是指利用人造卫星作为中继站转发无线电信号，在每个地球站之间进行的通信。该网传输的信号可以是声音、数据或图像。卫星通信网因传输容量大、覆盖面宽的特点被广泛应用于国内外通信、广播电视、定位系统等领域。

（5）综合业务数字网。前面介绍的每种通信网都是为某种专门的业务而设计的，虽然某些数据通信业务在几个不同网络中可同时存在，但不同网络中的数据终端是互不兼容的，它们之间的互通只有通过特殊的网关设备才能实现，这种分别建立、操作和控制的网络导致了人力、物力的巨大浪费。综合业务数字网用单一网络提供各种不同类型的业务，它提供了端到端的数字连接，且支持一系列广泛的业务（包括数字话音、数据、文字、图像在内的各种综合业务），为用户进网提供一组有限标准的多用途入网接口。

业务综合化和网络宽带化是通信网发展的方向与目标。使窄带综合业务网有可能实现的一种技术称为异步转移模式（Asynchronous Transfer Mode，ATM），可以灵活地支持声音、视频和数据传输等各种业务，能达到较高的网络资源利用率。但由于其信元首部开销太大，技术复杂且价格昂贵，因此其发展受到制约。

11.1.2　现代通信网的构成、功能及发展方向

1．对现代通信网的要求

电信产业的变化日新月异，对设计现代通信网提出了以下要求。

（1）多样化信源。要求能同时传输话音、电报、传真、电视、计算机数据以及其他各种数据。

（2）多样化传输手段。要求综合应用电缆、光缆、移动无线电、卫星及微波中继等传输手段。

（3）广泛使用计算机。信息的普遍数字化、传输速率的提高以及对通信网的管理和控制都要依靠计算机技术才能实现。

（4）采用先进的交换技术。为适应宽带业务需求，积极采用帧中继和 ATM 等先进的交换设备。

2．现代通信网的构成

现代通信网的硬件设备由各种业务的用户终端、交换中心、集中器、连接器以及连接它们的传输线路组成。软件则是通过各种标准、信令、协议来实现其在网络中运行的管理和网络性能的支撑。此外，现代通信网与传统通信网的区别是，前者除了有传输各种用户信息的业务网，还有若干支撑网，以使网络更优化。

1）业务网

业务网是现代通信网的主体，它向用户提供电话、电报、传真、数据及图像等各种电信业务。通常，业务网也叫用户信息网。

2）支撑网

支撑网是在业务网的基础上，为增强业务网功能，保证全网服务质量，快速、方便、经济、灵活地提供新的电信业务而设置的附加网络结构。支撑网包括信令网、同步网、管理网和智能网。

（1）信令网。信令网是专门用来传输信令的公共网络，可实现网络节点间信令的传输和转接。

（2）同步网。为提高数字信号传输的完整性，必须使数字设备中的时钟频率同步。同步网的功能就是使全网中的数字交换系统和数字传输系统在相同的时钟频率下工作。

（3）管理网。管理网的功能就是对网络运行进行实时监测，保证网络安全运行，控制异常状态的扩散。同时做好网络设备的调度，以在任何情况下都能最大限度地使用网络中一切可以利用的设备。

（4）智能网。智能网是在 7 号信令网的基础上发展起来的，它应用智能因素对网络资源进行动态分配，使网络结构的灵活性增大，从而使用户对网络的控制能力增强。

3．现代通信网的功能

现代通信网应具备以下几种功能。

（1）协议变换。使具有不同字符、码型、格式、信令、协议、控制方法的终端用户能互相"听懂"对方。

（2）寻址。被传输的信息有标明的地址，使之具备寻址能力，能够正确到达目的地。

（3）路由选择。具有在网络发送节点和目的节点间选择一条最佳通路的能力。

（4）分组装拆（PAD）。在信息发送端，由 PAD 将用户数据进行编号、打包或分组；在信息接收端，PAD 按其原样再组装成用户数据。

4．现代通信网的发展方向

一个多世纪以来，通信网的发展大致经历了三大阶段，即以传输话音为目的而发展起来的模拟电话网，以传输数字信号为主的数字网、数据网，以移动通信为主的移动通信网。为适应新的发展要求，今后的现代通信网主要有以下几个发展方向。

（1）数字化。数字化就是在现代通信网中全面使用数字技术，包括数字传输、数字交换和数字终端等。

（2）可视化。除传统的传真业务外，可视图文（videotex）向人们提供电子购物、新闻检索、经济信息等业务；可视电话与会议电视等交互型视频通信业务也在逐步进入人们的生活和工作中。

（3）智能化。随着人们对各种新业务需求的不断增加，智能网将改变传统的网络结构，对网络资源进行动态分配，使网络能方便地引入新业务，并使用户具有控制网络的能力。

（4）综合化。将声音、图像、数据等多种信息源的业务综合在一个数字通信网中传输，可大大减少网络资源的浪费，且给用户带来极大便利，综合化的通信网不但能满足人们目前对电话、传真、广播电视、数据和各种新业务的需要，更能满足未来人们对信息服务的更高要求。

（5）个人化。个人通信网是在宽带综合业务数字网的基础上，以无线移动通信网为主要接入手段、以智能网为核心的最高层次的通信网；也是人类企图实现的理想通信方式。任何人在全球跨越多个网络时，可在任何时间、任何地理位置的任意一个固定或移动的终端上发送或接收信息，因而个人通信网具有极大的灵活性。

11.2　现代数字移动通信系统

11.2.1　移动通信的概念

移动通信是指移动体（或称动载工具，如飞机、轮船、车辆、行人等）与固定体或另一个移动体之间的信息交换。移动通信网的组成如图 11.5 所示。移动通信不受时间和空间的限制，满足了对信息及时性的高要求，是一项很有发展前途的通信业务。

移动通信的一方或双方要在移动中实现通信，必须采用无线通信方式。当前，民用的移动通信设备使用的频段主要有 VHF 频段的 150MHz 和 UHF 频段的 450MHz、800MHz、900MHz。最近，已开始研究和开发 L 波段的 1.5GHz 以及更高的频段。

一般的移动通信网由三部分组成：一个控制交换中心（MSC）、若干基地站（BS）、诸多移动台（MS）和中继线。MSC 的主要功能是完成信息的交换和整个系统的集中控制管理；BS 的功能与 MSC 基本相似，也是完成本基站范围内的 MS 之间、本基站 MS 同其他基站 MS 之间的信息交换。通常，BS 和 MS 都有收发信机和天馈线等设备，MS 的种类有手持机（手机）、车载台和固定台三种形式。移动通信覆盖范围同 BS、MS 中的发射机功率和天线有效度高度相关。

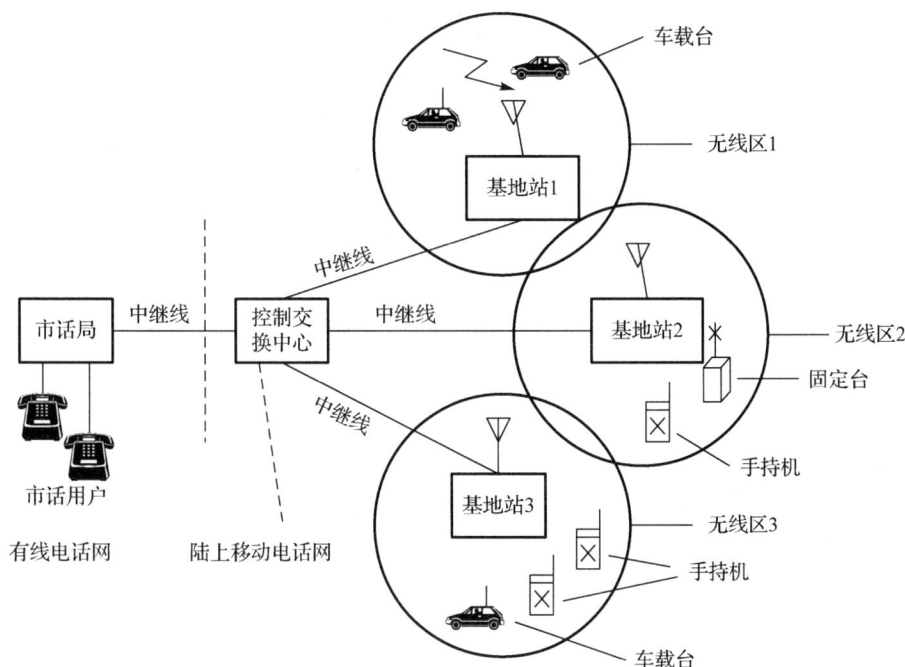

图 11.5　移动通信网的组成

11.2.2　GSM 数字蜂窝通信系统

1. GSM 数字蜂窝通信系统的网络结构

GSM 数字蜂窝通信系统主要由移动台子系统、基站子系统和交换网络子系统组成，如图 11.6 所示。基站子系统（简称基站 BS）由基站收发台（BTS）和基站控制器（BSC）组成；交换网络子系统由移动交换中心、操作和维护中心（OMC），以及原籍位置寄存器（HLR）、访问位置寄存器（VLR）、鉴别中心（AUC）和设备标志寄存器（EIR）等组成。

（1）移动台即便携台（手机）或车载台，它们可以配置终端设备（TE）或终端适配器（TA）。

（2）基站收发台包括无线传输所需要的各种硬件和软件，如发射机、接收机、支持各种小区结构（如全向、扇形、星状或链状）所需要的天线、连接基站控制器的接口电路以及收发台本身所需要的检测和控制装置等。

（3）基站控制器是基站收发台和移动交换中心之间的连接点，也为基站收发台、操作和维护中心之间交换信息提供接口。一个基站控制器通常控制几个基站收发台，其主要功能是进行无线信道管理，实施呼叫和通信链路的建立与拆除，并为本控制区移动台的过区切换进行控制等。

（4）移动交换中心（MSC）是蜂窝通信网络的核心，其主要功能是对位于本 MSC 控制区域内的移动用户进行通信控制和管理，如信道的管理和分配、呼叫的处理和控制、过区切换和漫游的控制等。MSC 保证用户在转移或漫游的过程中可实现无间隙服务。

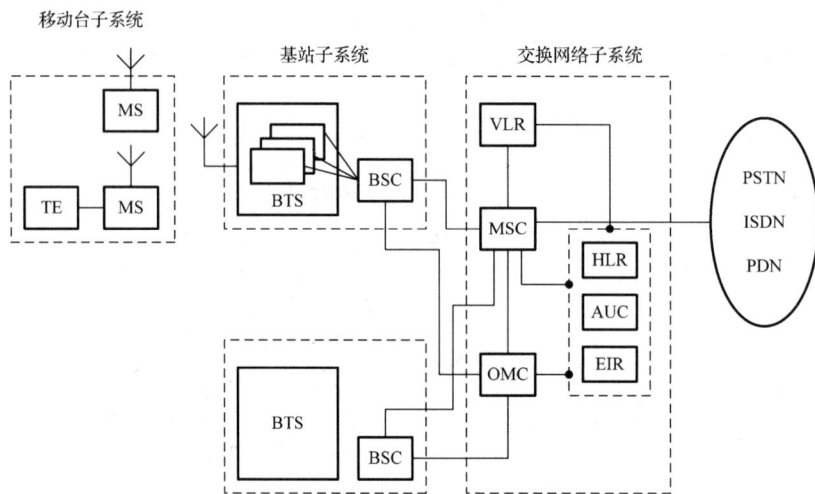

图 11.6　GSM 数字蜂窝通信系统的网络结构

（5）原籍位置寄存器（HLR）是一种用来存储本地用户位置信息的数据库。在蜂窝通信网络中，通常设置若干 HLR，每个用户都必须在某个 HLR（相当于该用户的原籍）中登记，目的是保证当呼叫任意一个不知处于哪个地区的移动用户时，均可由该移动用户的原籍位置寄存器获知它当时处于哪个地区，进而建立通信链路。

（6）访问位置寄存器（VLR）是一个用于存储来访用户位置信息的数据库。一个 VLR 通常为一个 MSC 控制区域服务，也可为几个相邻的 MSC 控制区域服务。当移动用户漫游到新的 MSC 控制区域时，它必须向该地区的 VLR 申请登记。VLR 要从该用户的 HLR 中查询与其有关的参数，要给该用户分配一个新的漫游号码（MSRN），并通知其 HLR 修改该用户的位置信息，准备为其他用户在呼叫此移动用户时提供路由信息。当移动用户由一个 VLR 服务区移动到另一个 VLR 服务区时，HLR 在修改该用户的位置信息后，还要通知原来的 VLR，删除此移动用户的位置信息。

（7）鉴别中心的作用是可靠地识别用户的身份，只允许有权用户接入网络并获得服务。

（8）设备标志寄存器（EIR）是存储移动台设备参数的数据库，用于对移动设备进行鉴别和监视，并拒绝非法移动台入网。

（9）操作和维护中心（OMC）的任务是对全网进行监控和操作，例如，系统的自检、报警与备用设备的激活，系统的故障诊断与处理，话务量的统计和计费数据的记录与传输，以及各种资料的收集、分析与显示等。

以上概括地介绍了数字蜂窝通信系统中各部分的主要功能。在实际的通信网络中，由于网络规模、运营环境和设备生产厂家不同，以上各部分可以有不同的配置方法，例如，把 MSC 和 VLR 合并在一起，或者把 HLR、EIR 和 AUC 合并在一起。不过，为了使各个生产厂家所生产的设备可以通用，上述各个组成部分的连接都必须严格地符合规定的接口标准。GSM 数字蜂窝通信系统遵循 CCITT 建议的公用陆地移动通信网（PLMN）接口标准，采用 7 号信令支持 PLMN 接口进行所需的数据传输，如图 11.7 所示。各处接口的定义如下：

① 移动台与基站之间的接口（U_m）；

② 基站与移动交换中心之间的接口（A）；

③ 基站收发台与基站控制器之间的接口（Abis）（基站收发台与基站控制器不配置在一起时使用此接口）；

④ 移动交换中心与访问位置寄存器之间的接口（B）；

⑤ 移动交换中心与原籍位置寄存器之间的接口（C）；

⑥ 原籍位置寄存器与访问位置寄存器之间的接口（D）；

⑦ 移动交换中心之间的接口（E）；

⑧ 移动交换中心与设备标志寄存器之间的接口（F）；

⑨ 访问位置寄存器之间的接口（G）。

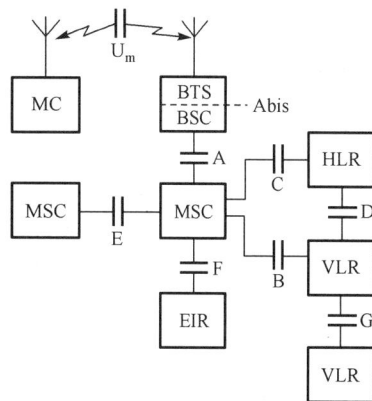

图 11.7 PLMN 接口图

2. GSM 数字蜂窝通信系统的传输方式

1）多址方式

GSM 数字蜂窝通信系统采用时分多址、频分多址和频分双工（TDMA/FDMA/FDD）制式。在 25MHz 的频段中共有 125 个频道，频道间隔为 200kHz。每个载波含 8 个（可扩展为 16 个）时隙，时隙宽度为 0.577ms。8 个时隙构成一个 TDMA 帧，帧长为 4.615ms。一对双工载波各用一个时隙构成一个双向物理信道，这种物理信道共有 125×8 = 1000 个，根据需要分配给不同的用户使用。移动台在特定的频率上和特定的时隙内，以猝发方式向基站传输信息，基站在相应的频率上和相应的时隙内以时分复用的方式向各个移动台传输信息。

各用户在通信时所占用的频道和时隙是在呼叫建立阶段由网络动态分配的。各小区要在其分配的频道当中指配一个专门的频道作为所有移动用户的公用信道,用于基站广播通用(控制）信息和移动台发送入网申请，其余频道用于各类业务信息的传输。移动台除了在指配的频道及时隙中发送和接收与自己有关的信息，还可以在其他时隙检测或接收周围基站发送的广播信息，因而移动台可随时了解网络的运行状态和周围基站的信号强度，以判断何时需要进行过境切换和应该向哪个基站进行过境切换。

为了提高通信系统的抗干扰能力和减小多径衰落对传输的影响，GSM 数字蜂窝通信系统可以在整个网络或部分网络使用跳频技术。这种跳频是指按照预定的规律，每帧改变频率，但保持使用的时隙不改变。跳频速率为 1s/4.615ms = 217 跳，图 11.8 所示为这种跳频的示意图。

2）业务类型

（1）话音业务。话音编码采用规则脉冲激励长期预测编码（RPE-LTP）。其中，话音比特率为 13kb/s，差错保护比特率为 9.8kb/s，二者的和为 22.8kb/s。纠错的办法是在 20ms 的话音编码帧中，把话音比特分为两类：第一类是对差错敏感的（这类比特发生错误将明显影响话音质量），第二类是对差错不敏感的。第一类比特为 182b，加上 3 个奇偶校验比特和 4 个尾比特，进行码率为 1/2 和约束长度为 5 的卷积编码，共得 378b。它和不加差错保护的 78 个第二类比特合在一起共有 456b，因此，编码话音的速率为 456/20 = 22.8kb/s，如图 11.9 所示。

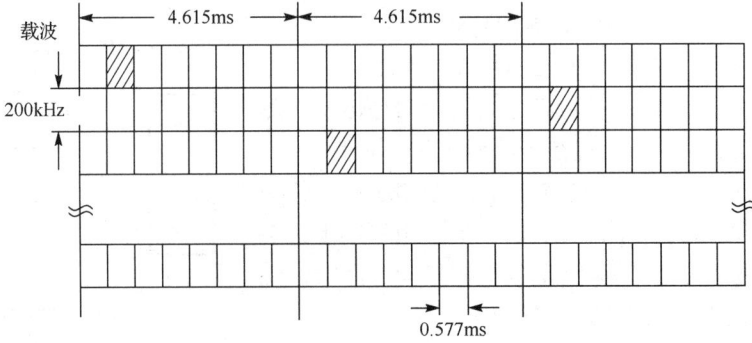

图 11.8　GSM 数字蜂窝通信系统的跳频示意图

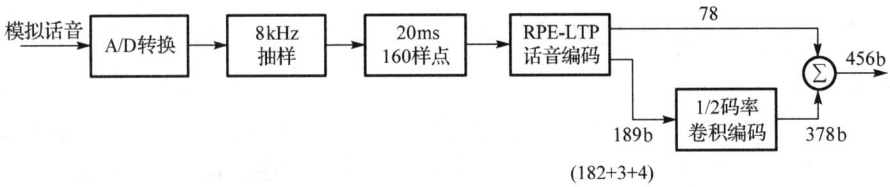

图 11.9　GSM 数字蜂窝通信系统的话音编码示意图

　　为了抗突发性错误，编码的话音比特在传输前要进行交织，即把 40ms 中的话音比特（2×456 = 912b）组成 8×114 的矩阵，按水平写入和垂直读出的顺序，从而获得 8 个 114b 的信息段，此信息段占用一个时隙，逐帧进行传输。

　　（2）数据业务。该业务不仅可提供 2.4kb/s、4.8kb/s 和 9.6kb/s 的透明数据业务，还可提供 120kb/s 的非透明数据业务。

　　3）信道分类

　　（1）业务信道（TCH）传输话音和数据。话音业务信道按速率的不同，可分为全速率话音业务信道（TCH/FS）和半速率话音业务信道（TCH/HS）。

　　同样，数据业务信道按速率的不同，可分为全速率数据业务信道（如 TCH/F9.6、TCH/F4.8、TCH/F2.4）和半速率数据业务信道（如 TCH/H4.8、TCH/H2.4）（这里的数字 9.6、4.8 和 2.4 表示数据速率，单位为 kb/s）。

　　（2）控制信道（CCH）传输各种信令信息。控制信道分为以下三类：①广播信道（BCH），一种"一点对多点"的单向控制信道，用于基站向所有移动台广播公用的信息；②公共控制信道（CCCH），一种"一点对多点"的双向控制信道，其用途是在呼叫接续阶段传输链路连接所需要的控制信令与信息；③专用控制信道（DCCH），一种"点对点"的双向控制信道，其用途是在呼叫接续阶段和在通信中，在移动台和基站之间传输必需的控制信息。上述各种信道分类示意图如图 11.10 所示。

　　4）帧格式

　　在 GSM 数字蜂窝通信系统中，每帧含 8 个时隙，时隙宽度为 0.576ms，其中含 156.25b。相应的比特速率为 156.25/0.576 ≈ 271.27kb/s。由于所传输的信息不同，时隙所含的具体内容和组成格式也不相同。概括地说，时隙分为两类：一类是传输话音和数据 [含慢速随路控制信道（SACCH）和快速随路控制信道（FACCH）的信息] 的时隙，简称业务时隙；另一类是传输控制信令（不包括 FACCH 信息）的时隙，简称控制时隙。GSM 数字蜂窝通信的帧格式主要有以下特点。

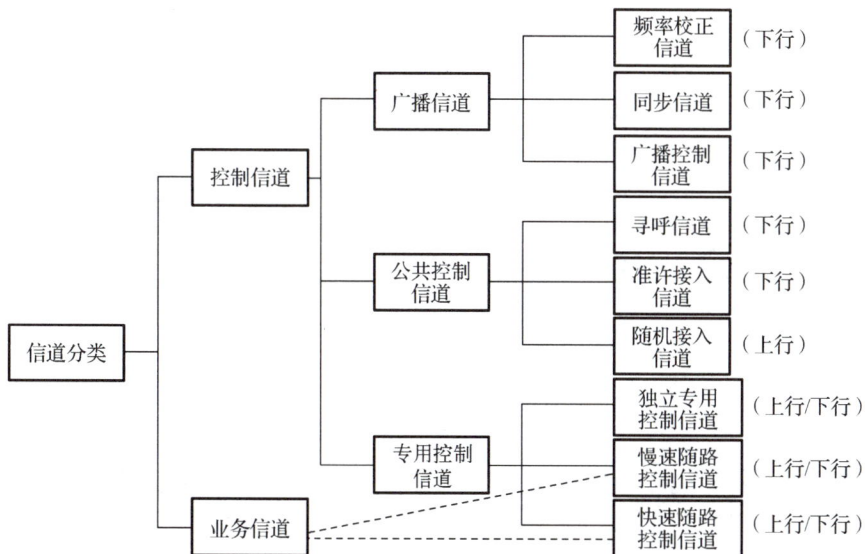

图 11.10　GSM 数字蜂窝通信系统的信道分类示意图

（1）每帧含 8 个时隙，帧长 4.615ms。

（2）复帧由若干帧组成，分为两种：由 26 帧组成的复帧长 12ms，主要用于业务信息的传输，也称业务复帧；由 51 帧组成的复帧长 235.4ms，主要用于控制信息的传输，也称控制复帧。

（3）由 51 个业务复帧或 26 个控制复帧均可组成一个超帧，超帧长 $51 \times 26 \times 4.615\text{ms} \approx 6.12\text{s}$。

（4）由 2048 个超帧组成一个超高帧。超高帧包括 $26 \times 51 \times 2048 = 2715648$ 帧，长 3 小时 28 分 53.76 秒。帧的编号（FN）以超高帧为周期，其从 0 到 2715647。

11.2.3　CDMA 扩频通信系统

1. 码分多址（CDMA）扩频通信

多址系统是指多个用户通过一个共同的信道交换消息的通信系统。传统的信号划分方式有频分和时分，相应地可构成频分多址系统和时分多址系统。码分多址（CDMA）扩频通信系统为每个用户分配一个多址码，要求这些码的自相关特性尖锐，而互相关特性的峰值尽量小，以便准确识别和提取有用信息，同时各个用户间的干扰可减小到最低限度。

CDMA 扩频通信系统模型如图 11.11 所示，同时工作的通信用户共有 k 个，各自使用不同的伪随机码 PN_i（$i = 1, 2, \cdots, k$），发射的信息数据是 d_i（$i = 1, 2, \cdots, k$）。对于扩频通信系统中的某一接收机，尽管想接收第 i 个通信用户发送来的信息数据 d_i，但实际进入接收机的信号除第 i 个通信用户发来的信号外，还有 $k-1$ 个通信用户发来的信号。由于伪随机码具有相关特性，该接收机可以识别和提取有用信息，而把其他用户的干扰减小到最低。

2. 工作原理

CDMA 扩频通信是一种以扩频通信为基础的调制和多址连接技术。扩频通信技术在信号发送端用一个高速伪随机码与数字信号相乘，由于伪随机码的速率比数字信号的速率高得多，因此扩展了信息传输带宽。在接收端，用相同的伪随机码与接收信号相乘，进行相关运算，将扩频信号解扩。扩频通信具有隐蔽性、保密性及抗干扰性等特性。CDMA 扩频通信系统的原理如图 11.12 所示。

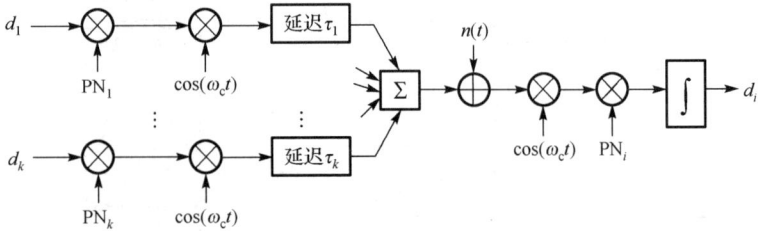

图 11.11　CDMA 扩频通信系统模型

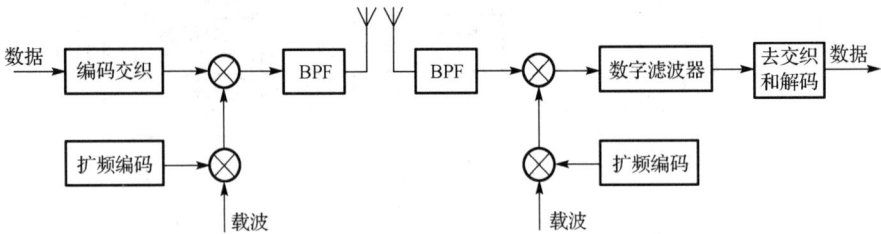

图 11.12　CDMA 扩频通信系统的原理

　　扩频通信中用的伪随机码通常为 m 序列，这是因为它具有容易产生和自相关特性优良的优点。CDMA 技术就利用这一特点，采用不同相位的相同 m 序列作为多址通信的地址码。由于 m 序列的自相关特性与长度有关，作为地址码，其长度应尽可能大，以供更多用户使用。同时，可以获得更高的处理增益和保密性，但是不能太长，否则不仅会使电路复杂，而且不利于快速捕获与跟踪。

3．CDMA 扩频通信系统的传输方式

　　CDMA 扩频通信系统的传输方式利用以下方法区分不同地址信号：利用自相关特性非常强而互相关特性比较弱的周期性码序列作为地址信息（称地址码），对被用户信息调制过的已调波进行再次调制，使得频谱更为展宽，这就是扩频调制。在接收端以本地产生的已知的地址码为参考，根据相关特性的差异对接收到的所有信号进行鉴别，从中将地址码与本地地址码完全一致的宽带信号还原为窄带而选出，其他与本地地址码无关的信号则仍保持或扩展为宽带信号而滤去，称为相关检测或扩频解调，这就是 CDMA 的基本原理。因此要实现 CDMA，必须具备下列三个条件。

　　（1）有足够多的强相关特性的地址码，使系统中的每个站都能分配到所需的地址码。

　　（2）必须用地址码对待发信号进行扩频调制，使传输信号所占频带极大地扩展（一般应达到几百倍以上）。把地址码与信号传输带宽的扩展联系起来，是为接收端区分信号完成实质性准备。

　　（3）在 CDMA 扩频通信系统中的各接收端必须有本地地址码。该地址码应与对端发来的地址码完全一致，用来对接收到的全部信号进行相关检测，将地址码之间不同的相关扩频性转换为频谱宽窄的差异，然后用窄带滤波器从中选出所需的信号，这是完成 CDMA 最主要的环节。

4．CDMA 扩频通信系统的性能

（1）大容量。上述理论计算以及现场试验表明，CDMA 系统的信道容量是模拟系统容量的 10～20 倍，是 TDMA 系统容量的 4 倍。

（2）软容量。在 CDMA 扩频通信系统中，在用户数目和服务质量之间可以折中，灵活确定。体现软容量的另一种形式是小区呼吸功能。所谓小区呼吸功能，是指各个小区的覆盖大小是动态的。当相邻两个小区负荷一轻一重时，负荷重的小区通过减小导频发射功率，使本小区的边缘用户由于导频强度不够，切换到相邻的小区，使负荷分担，即相当于增大了容量。

（3）软切换。所谓软切换，是指当移动台需要切换时，先与新的基站连通，再与原基站切断联系，而不是先切断与原基站的联系再与新的基站连通。

（4）高话音质量和低发射功率。CDMA 将信号带宽扩展，从而降低了对信号功率的要求。其还采用有效的功率控制技术、强纠错能力的信道编码，以及多种形式的分集技术，使基站和移动台以非常节约的功率发射信号，延长手机电池的使用时间，也使手机享有"绿色手机"的美誉。

（5）话音激活。CDMA 扩频通信系统因为使用了可变速率声码器，在不讲话时传输速率降低，减小了对其他用户的干扰，这就是 CDMA 扩频通信系统的话音激活技术。

（6）保密。CDMA 扩频通信系统的信号扰码方式具有高度的保密性。CDMA 扩频通信系统的数字话音信道还可以将数据加密标准或其他标准的加密技术直接引入。

11.2.4　第三代移动通信系统（3G）

1．3G 的概念及目标

1985 年，ITU-T 提出了第三代移动通信系统的概念，最初命名为未来公共陆地移动通信系统（FPLMTS），后来考虑到该系统将于 2000 年左右进入商用市场，工作的频段在 2000MHz，且最高业务速率为 2000kb/s，故于 1996 年正式更名为 IMT-2000（International Mobile Telecommunication-2000）。

第三代移动通信系统的目标是能提供多种类型、高质量的多媒体业务；能实现全球无缝覆盖，具有全球漫游能力；与固定网络的各种业务相互兼容，具有高服务质量；与全球范围内使用的小型便携式终端在任何时候、任何地点进行任何种类的通信。为了实现上述目标，对第三代无线传输技术（RTT）提出了支持高速多媒体业务（高速移动环境 144kb/s，室外步行环境 384kb/s，室内环境 2Mb/s）的要求。

2．3G 的系统结构

图 11.13 所示为 ITU 定义的 IMT-2000 的功能子系统和接口。可以看到，IMT-2000 系统由终端（UIM+MT）、无线接入网（RAN）和核心网（CN）三部分构成。

图 11.13　IMT-2000 的功能子系统和接口

终端部分完成终端功能，包括用户识别模块（UIM）和移动台（MT）。UIM 的作用同 GSM 中的 SIM 卡的作用。无线接入网完成用户接入业务的全部功能，包括所有与空中接口相关的功能，以使核心网受无线接口的影响很小。核心网由交换网和业务网组成，交换网完成呼叫及承载控制所有功能，业务网完成支撑业务所需功能，包括位置管理。

UNI 为移动台与无线接入网之间的无线接口，RAN-CN 为无线接入网与核心网（交换系统）之间的接口，NNI 为核心网与其他家族成员核心网之间的接口。

无线接口的标准化工作和核心网络的标准化工作对 IMT-2000 整个系统和网络来说，都是非常重要的。

3．3G 的应用及关键技术

1）3G 的应用

IMT-2000 能提供至少 144kb/s 的高速大范围的覆盖（希望能达到 384kb/s），同时能对慢速小范围提供 2Mb/s 的速率。3G 提供的新应用领域如下：互联网，一种非对称和非实时的服务；可视电话则是一种对称和实时的服务；移动办公室能提供 E-mail、www 接入、Fax 和文件传输服务等。3G 系统能提供不同的数据率，并且能更有效地利用频谱。3G 不仅能提供 2G 已经存在的服务，而且引入新的服务，使其对用户有更大的吸引力。

2）3G 的关键技术

（1）初始同步与 Rake 接收技术。CDMA 扩频通信系统接收机的初始同步包括 PN 码同步、符号同步、帧同步和扰码同步等。通过对导频信道的捕获建立 PN 码同步和符号同步，通过同步信道的接收建立帧同步和扰码同步。WCDMA 系统的初始同步则需要通过"三步捕获法"进行，即通过对基本同步信道的捕获建立 PN 码同步和符号同步；通过对辅助同步信道的不同扩频码的非相干接收，确定扰码组号等；最后通过对可能的扰码进行穷举搜索，建立扰码同步。3G 中的 Rake 接收技术也是一项关键技术。为实现相干形式的 Rake 接收，需发送未经调制的导频信号，以使接收端能在确知已发数据的条件下估计出多径信号的相位，并在此基础上实现相干方式的最大信噪比合并。WCDMA 系统采用用户专用的导频信号，而 CDMA2000 下行链路采用公用导频信号，用户专用的导频信号仅作为备选方案用于使用智能天线的系统，上行信道则采用用户专用的导频信道。

（2）高效信道编译码技术。采用高效信道编码技术是为了进一步改进通信质量。在第三代移动通信系统主要提案（包括 WCDMA 和 CDMA2000 等）中，除了采用与 IS-95 CDMA 系统相类似的卷积编码技术和交织技术，还建议采用 Turbo 编码技术及 RS-卷积级联码技术。

（3）智能天线技术。智能天线的作用包括两个：一是对来自移动台发射的多径电波方向进行入射角（DOA）估计，并进行空间滤波，抑制其他移动台的干扰；二是对基站发送信号进行波束形成，使基站发送信号能够沿着移动台电波的到达方向发送回移动台，从而降低发射功率，减小对其他移动台的干扰。智能天线技术能够在较大程度上起到抑制多用户干扰，从而增大系统容量的作用。其困难在于由于存在多径效应，每个天线均需一个 Rake 接收机，从而使基带处理单元的复杂度明显提高。

（4）多用户检测技术。多用户检测就是把所有用户的信号都当成有用信号而不是干扰信号来处理，可以消除多用户之间的相互干扰。使用多用户检测技术能够在极大程度上增大系统容量。

（5）功率控制技术和软切换技术。功率控制技术是指在对接收端的接收信号强度或信噪比等指标进行评估的基础上，适时改变发射功率来补偿无线信道中的路径损耗和衰落，从而既维持了通信质量，又不会对同一无线资源中的其他用户产生额外干扰。另外，功率控制技术使得发射机功率减小，从而延长了电池的使用时间。软切换技术是指在导频信道的载波频率相同时小区之间进行的信道切换。在切换过程中，移动用户与原基站和新基站都保持通信链路，只有在移动台在新的小区建立稳定通信后，才断开与原基站的联系。它是 CDMA 扩频通信系统独有的切换功能，可有效地提高切换可靠性。

11.2.5　第四代移动通信系统（4G）

1．4G 的概念及目标

第四代移动通信系统几乎能够满足所有用户对无线服务的要求。与传统的通信技术相比，4G 最明显的优势在于通话质量及数据传输速率。第三代移动通信系统的数据传输速率最高为 2Mb/s，而第四代移动通信系统可以达到 100～150Mb/s。

4G 移动通信系统网络可分为三层：物理网络层、中间环境层、应用网络层。物理网络层提供接入和路由选择功能，它们由无线网和核心网共同完成。中间环境层的功能有 QoS 映射、地址变换和完全性管理等。物理网络层与中间环境层及其应用环境之间的接口是开放的，它使发展和提供新的应用及服务变得更为容易，提供高数据率的无缝无线接入，并运行于多个频带。这一服务能自适应多个无线标准，具有自适应适配多模终端能力，跨越多个运营者和服务，提供大范围服务。

4G 通信能提供第三代移动通信不能提供的在覆盖范围、通信质量、造价上支持的高速数据和高分辨率多媒体服务的需要，第四代移动通信系统提供的无线多媒体通信服务包括话音、数据、影像等大量信息，透过宽频的信道传输出去，为此第四代移动通信系统也称"多媒体移动通信"。

4G 移动通信为加速增长的宽带无线连接的要求提供技术上的回应，为跨越公众的和专用的、室内和室外的多种无线系统和网络保证提供无缝服务。其通过对最适合的可用网络提供用户所需求的最佳服务，能应付基于互联网通信所期望的增长，增添新的频段，使频谱资源大扩展，提供不同类型的通信接口，运用路由技术为主的网络架构，以傅里叶变换来发展硬件架构实现第四代网络架构。移动通信会向数据化、高速化、宽带化、频段更高化方向发展，移动数据、移动 IP 预计会成为未来移动网的主流业务。

2．4G 的标准

1）LTE

LTE（Long Term Evolution）即长期演进，其项目是 3G 的演进，它改进并增强了 3G 的空中接入技术，采用 OFDM 和 MIMO 作为其无线网络演进的唯一标准。LTE 的主要特点是在 20MHz 频谱带宽下能够提供下行 100Mb/s、上行 50Mb/s 的峰值速率。相对于 3G 网络，LTE 的小区容量大大提高，网络延迟大大降低：内部单向传输延迟低于 5ms，控制平面从睡眠状态到激活状态的迁移时间小于 50ms，从驻留状态到激活状态的迁移时间小于 100ms，这一标准也是 3GPP 启动的最大的新技术研发项目之一。

由于 WCDMA 网络的升级版 HSPA 和 HSPA+均能够演化到 FDD-LTE 这一状态，因此这一 4G 标准获得了最大的支持。TD-LTE 与 TD-SCDMA 实际上没有关系，TD-SCDMA 不能直接向 TD-LTE 演进。

2013 年，黎巴嫩移动运营商 Touch 已与华为公司合作，完成了一项FDD-LTE 800MHz/1800MHz 载波聚合（CA）技术现场试验，实现了最高达 250Mb/s 的下载吞吐量。

2）LTE-Advanced

LTE-Advanced 的正式名称为 Further Advancements for E-UTRA，它满足 ITU-R 的 IMT-Advanced 技术征集的需求，是 3GPP 形成欧洲 IMT-Advanced 技术提案的一个重要来源。LTE-Advanced 是一项后向兼容的技术，完全兼容 LTE，是演进而不是革命，相当于 HSPA 和 WCDMA 这样的关系。LTE-Advanced 的主要特性有：带宽——100MHz；峰值速率——下行 1Gb/s，上行 500Mb/s；峰值频谱效率——下行 30b/(s·Hz)，上行 15b/(s·Hz)。严格地说，LTE 作为 3.9G移动互联网技术，LTE-Advanced 作为 4G 标准更加确切一些。LTE-Advanced 包含 TDD 和 FDD 两种制式，其中 TD-SCDMA 能够进化到 TDD 制式，而 WCDMA 网络能够进化到 FDD 制式。

3）WiMax

WiMax（Worldwide interoperability for Microwave Access），即全球微波互联接入，WiMax 的另一个名字是IEEE 802.16。WiMax 的技术起点较高，WiMax 能提供的最高接入速度是 70Mb/s，这个速度是 3G 能提供的速度的 30 倍。对无线网络来说，这的确是惊人的进步。WiMax 实现宽带业务的移动化，而 3G 则实现移动业务的宽带化，两种网络的融合程度会越来越高，这也是未来移动世界和固定网络的融合趋势。

IEEE 802.16工作的频段采用的是无须授权频段，范围为 2～66GHz，而 IEEE 802.16a 则是一种采用 2～11GHz 无须授权频段的宽带无线接入系统，其频道带宽可根据需求在 1.5～20MHz 范围内进行调整。因此，IEEE 802.16 所使用的频谱可能比其他任何无线技术更丰富，WiMax 具有以下优点。

（1）对于已知的干扰，窄的信道带宽有利于避开干扰，而且有利于节省频谱资源；

（2）灵活的带宽调整能力，有利于运营商或用户协调频谱资源；

（3）WiMax 所能实现的 50km 的无线信号传输距离是无线局域网所不能比拟的，网络覆盖面积是 3G 发射塔的 10 倍，只需要少数基站就能实现全城覆盖，能够使无线网络的覆盖面积大大扩大。

虽然 WiMax 网络在网络覆盖面积和网络的带宽上优势巨大，但是其移动性有着先天缺陷，无法满足高速（速度大于或等于 50km/h）下的网络的无缝链接，从这个意义上讲，WiMax 还无法达到 3G 网络的水平，并不能算作移动通信技术，而仅仅是无线局域网的技术。但是 WiMax 希望在 IEEE 802.11m 技术上能够有效解决这些问题，也正是因为中国移动、Intel、Sprint 等各大厂商的积极参与，对 WiMax 的呼声才仅次于 LTE 的 4G网络手机。WiMax 其实是最早的 4G 通信标准，大约出现于 2000 年。

4）WirelessMAN-Advanced

WirelessMAN-Advanced 事实上就是 WiMax 的升级版，即 IEEE 802.16m 标准，802.16 系列标准被电气与电子工程师协会（IEEE）正式称为 WirelessMAN。其中，IEEE 802.16m 最高可以提供 1Gb/s 的无线传输速率，还将兼容未来的 4G 无线网络。IEEE 802.16m 可在"漫游"模式或高效率/强信号模式下提供 1Gb/s 的下行速率。该标准还支持"高移动"模式，能够提供 1Gb/s 的无线传输速率。

WirelessMAN-Advanced 有 5 种网络数据规格，其中极低速率为 16kb/s，低速率数据及低速多媒体为 144kb/s，中速多媒体为 2Mb/s，高速多媒体为 30Mb/s，超高速多媒体则达到了 30Mb/s～1Gb/s。

3．4G 的关键技术

4G 通信并不是在 3G 通信的基础上经过简单的升级演变而来的，它们的核心建设技术是不同的，3G 移动通信系统主要以 CDMA 为核心技术，而 4G 移动通信系统则以正交频分复用（OFDM）为核心技术。其他关键技术包括信道传输，抗干扰性强的高速接入技术、调制和信息传输技术，高性能、小型化和低成本的自适应阵列智能天线技术，大容量、低成本的无线接口和光接口技术，软件无线电、网络结构协议技术等。

1）接入方式和多址方案

OFDM 技术是一种无线环境下的高速传输技术，在频域内将给定信道分成许多正交子信道，在每个子信道上使用一个子载波进行调制，各子载波并行传输。尽管总的信道是不平坦的，即具有频率选择性，但是每个子信道是相对平坦的，在每个子信道上进行的是窄带传输，信号带宽小于信道的相应带宽。OFDM 技术的优点是网络结构高度可扩展，具有良好的抗噪声性能和抗多信道干扰能力，可以消除或减小信号波形间的干扰，对多径衰落和多普勒频移不敏感，提高了频谱利用率，可以提供无线数据技术质量更高（速率高、延迟小）的服务和更好的性能价格比，可提供低成本的单波段接收机，能为 4G 无线网络提供更好的方案。例如，无线区域环路（WLL）、数字音讯广播（DAB）等都采用 OFDM 技术。OFDM 技术的主要缺点是功率效率不高。

2）调制与编码技术

4G 移动通信系统采用新的调制技术，如多载波正交频分复用调制技术以及单载波自适应均衡技术等调制方式，以保证频谱利用率和延长用户终端电池的寿命。4G 移动通信系统采用更高级的信道编码方案[如 Turbo 码、级联码和 LDPC（低密度奇偶校验码）等]、自动重发请求（ARQ）技术和分集接收技术等，从而在低信噪比（SNR）条件下保证系统有足够的性能。

3）高性能的接收机

4G 移动通信系统对接收机提出了很高的要求。香农定理给出了在带宽为 B 的信道中实现容量为 C 的可靠传输所需要的最小 SNR。按照香农定理可以计算出，对于 3G 系统，如果信道带宽为 5MHz，数据传输速率为 2Mb/s，所需的 SNR 为 1.2dB；而对于 4G 系统，要在 5MHz 的带宽上传输 20Mb/s 的数据，则所需要的 SNR 为 12dB。可见对于 4G 系统，由于数据传输速率很高，对接收机的性能要求也高得多。

4）智能天线技术

智能天线具有抑制信号干扰、自动跟踪以及数字波束调节等智能功能，被认为是未来移动通信的关键技术之一。智能天线应用数字信号处理技术，产生空间定向波束，使天线主波束对准用户信号到达方向，旁瓣或零陷对准干扰信号到达方向，达到充分利用移动用户信号并消除或抑制干扰信号的目的。这种技术既能改善信号质量，又能增大传输容量。

5）多输入多输出技术

多输入多输出（MIMO）技术是指利用多发射天线、多接收天线进行空间分集的技术，它采用的是分立式多天线，能够有效地将通信链路分解成许多并行的子信道，从而大大提高容量。信息论已经证明，当不同的接收天线和不同的发射天线互不相关时，MIMO 系统能够很好地提高系统的抗衰落性能和抗噪声性能，从而获得巨大的容量。例如，当接收天线和发送天线数目都为 8 根，且平均信噪比为 20dB 时，链路容量可以高达 42b/(s·Hz)，这是单天线系统所能达到容量的 40 多倍。因此，在功率带宽受限的无线信道中，MIMO 技术是实现高数据传输速率、提高系统容量、提高传输质量的空间分集技术。在无线频谱资源相对匮乏的今天，MIMO 系统已经体现出优越性，也会在移动通信系统中继续应用。

6）软件无线电技术

软件无线电技术是将标准化、模块化的硬件功能单元经过一个通用硬件平台，利用软件加载方式来实现各种类型的无线电通信系统的一种具有开放式结构的新技术。软件无线电技术的核心思想是在尽可能靠近天线的地方使用宽带 A/D 转换器和 D/A 转换器，并尽可能多地用软件来定义无线功能，各种功能和信号处理都尽可能用软件实现。其软件系统包括各类无线信令规则与处理软件、信号流变换软件、信源编码软件、信道纠错编码软件、调制解调算法软件等。软件无线电技术使得系统具有灵活性和适应性，能够适应不同的网络和空中接口。软件无线电技术支持采用不同空中接口的多模式手机和基站，能实现各种应用的可变 QoS。

7）基于 IP 的核心网（CN）

移动通信系统的核心网是一个基于 IP 的网络，同已有的移动网络相比，其具有根本性的优点，即可以实现不同网络间的无缝互联。核心网独立于各种具体的无线接入方案，能提供端到端的 IP 业务，能同已有的核心网和 PSTN 兼容。核心网具有开放的结构，允许各种空中接口接入核心网；同时核心网能把业务、控制和传输等分开。采用 IP 后，所采用的无线接入方式和协议与核心网协议、链路层是分别独立的。IP 与多种无线接入协议兼容，因此在设计核心网时具有很大的灵活性，不需要考虑无线接入究竟采用何种方式和协议。

8）多用户检测技术

多用户检测技术是宽带通信系统中抗干扰的关键技术。在实际的宽带 CDMA 通信系统中，各个用户信号之间存在一定的相关性，这就是多址干扰存在的根源。由个别用户产生的多址干扰固然很小，可是随着用户数的增大或信号功率的增大，多址干扰成为宽带 CDMA 通信系统的一个主要干扰。传统的检测技术完全按照经典直接序列扩频理论对每个用户的信号分别进行扩频码匹配处理，因而抗多址干扰能力较差；多用户检测技术在传统检测技术的基础上，充分利用造成多址干扰的所有用户信号信息对单个用户的信号进行检测，从而具有优良的抗干扰性能，解决了远近效应问题，降低了系统对功率控制精度的要求，因此可以更加有效地利用链路频谱资源，显著提高系统容量。随着多用户检测技术的不断发展，各种高性能又不特别复杂的多用户检测器算法被不断提出，在 4G 实际系统中采用多用户检测技术是切实可行的。

4G 具有通信速度快、网络频谱宽、通信灵活、智能性能高、兼容性好、通信质量高、频率效率高等特点；能自适应资源分配，处理变化的业务流，适应信道条件不同的环境；有很强的自组织性和灵活性；支持交互式多媒体业务，如视频会议、无线互联网等；网络服务趋于多样化，成为社会多行业、多部门、多系统与人们沟通的桥梁。

11.2.6　第五代移动通信系统（5G）

1. 5G 的基本概念及发展现状

从 20 世纪 70 年代末到 80 年代初开始商用化第一代移动通信技术（1G），移动通信技术已经历了 4 代成熟的技术，每代移动通信技术都有标志性指标和核心技术。其中，1G 采用频分多址（FDMA）技术，只能提供模拟话音业务；2G 采用时分多址（TDMA）技术，可提供数字话音和低速数据业务；3G 采用码分多址（CDMA）技术，用户峰值速率可以达到 2Mb/s 至数十 Mb/s，可以支持多媒体数据业务；4G 采用正交频分多址（OFDMA）技术，用户峰值速率可以达到 100Mb/s 至 1Gb/s，能够支持各种移动宽带数据业务。

5G（Fifth-generation）即第五代移动通信技术，通过小基站的模式来实现蜂窝式网络，使信息的储存量大大增加，网络的信息覆盖也随之增强。并且与之前的几代移动通信系统相比，5G 将多种通信技术（如 4G、Wi-Fi 等）网络融合起来，具有高速率、低延迟、大容量等特点，可以给用户带来更丰富的体验。

2019 年 6 月，我国工信部正式发放了 5G 牌照，我国率先进入了 5G 时代。目前，我国已将 5G 技术大量运用于各行各业，5G 正在蓬勃发展。

2. 5G 与 4G 的区别

相较于 4G，5G 主要有三大特征：高速率、大容量、低延迟。

高速率：4G 及以前的移动通信系统的频段基本上在 3GHz 以下，因此 4G 性能好，覆盖面广，且成本较低。但是随着用户数量的增大，传输的速率就会大大地降低。而 5G 使用的频段高，提高了带宽的速率，可以实现极高速短距离通信。

大容量：高频段毫米波能够轻松提高传输速率，但是高频信号几乎不能穿过固体，这时就会缩小传输的范围。为了解决这一困扰、保障高效且稳定的传输速率，5G 采用了微基站替代原有基站。微基站可以无差别安装，每个基站都能从另外的基站接收信号并向用户传输数据。信号接收均匀，承载量大，形成了泛在网。微基站的出现解决了高频段长距离传输差的问题。

低延迟：为了实现超低延迟，5G 技术将接入网、承载网、核心网、骨干网等各个方面一起进行了改造。5G 在大幅降低空口传输延迟时，尽可能地减少转发节点，缩短每个节点之间的距离。再引入网络切片技术，把物理上的网络进行切片，划分为 N 张逻辑网络用于适应不同的应用场景。将核心网控制功能下沉，部署到接入网边缘，接近用户，可减小传输距离，缩短延迟。

如 5G 中的接入网不再由室内基带处理单元（Building Baseband Unit，BBU）、射频拉远单元（Remote Radio Unit，RRU）、天线等组成，它由集中单元（Centralized Unit，CU）、分布单元（Distribute Unit，DU）和有源天线单元（Active Antenna Unit，AAU）三部分组成。

4G 接入网的室内基带处理单元的非实时部分被分割出来，定义为集中单元，它的主要功能是负责处理非实时协议和服务；室内基带处理单元的部分物理层处理功能和射频拉远单元以及天线合并形成有源天线单元；室内基带处理单元的剩余功能则被定义为分布单元，负责处理物理层协议与实时服务。这里只简单介绍了接入网方面的差异，读者如有兴趣，可自行查阅相关文献。

3. 5G 的关键技术

5G 标准有标志性"关键指标"和"关键技术"。关键指标是指 Gb/s 量级的用户体验速率。5G 关键技术创新主要来源于无线技术和网络技术两个领域。在无线技术领域，包括大规模天线阵列、超密集组网、新型多址技术、全频谱接入网络及新型网络架构等。此外，基于滤波的正交频分复用（F-OFDM）、滤波器组多载波（FBMC）、全双工、灵活双工、终端直通（D2D）、多元低密度奇偶检验（Q-ary LDPC）码、网络编码、极化码等也被认为是

5G 重要的潜在无线关键技术，有助于实现以用户为中心的更灵活、智能、高效和开放的 5G 新型网络。在网络技术领域，5G 网络是基于软件定义网络（Software Defined Network，SDN）技术、网络功能虚拟化（Network Functions Virtualization，NFV）技术和云计算技术的更加灵活、智能、高效、开放的网络系统。

1）大规模天线阵列

大规模天线阵列是提升系统频谱效率的最重要的技术手段之一，在现有多天线基础上通过增大天线数可支持数十个独立的空间数据流，将数倍提升多用户系统的频谱效率，对满足 5G 系统容量与速率需求起到重要的支撑作用。大规模天线阵列应用于 5G 需解决信道测量与反馈、参考信号设计、天线阵列设计、低成本实现等关键问题。

2）超密集组网

超密集组网通过增大基站部署密度，可实现百倍量级的容量提升，是满足 5G 千倍容量增长需求的最主要手段之一。但考虑到频率干扰、站址资源和部署成本，超密集组网可在局部热点区域实现百倍量级的容量提升。干扰管理与抑制、小区虚拟化技术、接入与回传联合设计等都是超密集组网的重要研究方向。

3）新型多址技术

新型多址技术通过发送信号在空/时/频/码域的叠加传输来实现多种场景下系统频谱效率和接入能力的显著提升，可满足有效支撑 5G 网络千亿台设备的连接需求。此外，新型多址技术还可实现免调度传输，显著减小信令开销，缩短接入延迟，节省终端功耗。目前，业界提出的技术方案主要包括基于多维调制和稀疏码扩频的稀疏码分多址（SCMA）技术、基于复数多元码及增强叠加编码的多用户共享接入（MUSA）技术、基于非正交特征图样的图样分割多址（PDMA）技术以及基于功率叠加的非正交多址（NOMA）技术。

4）全频谱接入技术

全频谱接入技术通过有效利用各类移动通信频谱（包含高低段频谱、授权与非授权频谱、对称与非对称频谱、连续与非连续频谱等）资源来提升数据传输速率和系统容量，可有效满足 5G 网络对频谱资源的巨大需求。6GHz 以下频段因具有较好的信道传播特性可作为 5G 的优选频段，6～100GHz 高频段具有更加丰富的空闲频谱资源，可作为 5G 的辅助频段。信道测量与建模、低频和高频统一设计、高频接入回传一体化以及高频器件是全频谱接入技术面临的主要挑战。

5）SDN 技术

软件定义网络的核心技术 OpenFlow 通过将网络设备控制面与数据面分离开，摆脱硬件对网络架构的限制，从而实现了网络流量可以像升级、安装软件一样灵活控制，有助于企业对整个网站架构进行调整、扩容或升级。而底层的交换机、路由器等硬件则不需要替换，在节省大量成本的同时，网络架构迭代周期将大大缩短，为核心网及应用的创新提供了良好的平台。从路由器的设计上看，它由软件控制和硬件数据通道组成。软件控制包括管理（CLI、SNMP）以及路由协议（OSPF、ISIS、BGP）等。硬件数据通道包括针对每个包的查询、交换和缓存。

SDN 利用分层的思想，将数据与控制相分离。在控制层，其包括具有逻辑中心化和可编程的控制器，可掌握全局网络信息，方便运营商和科研人员管理配置网络与部署新协议等。在数据层，与传统的二层交换机不同，其交换机仅提供简单的数据转发功能，可以快速处理匹配的数据包，适应流量日益增长的需求。两层之间采用开放的统一接口（如 OpenFlow 等）

进行交互。控制器通过标准接口向交换机下发统一标准规则，交换机仅需按照这些规则执行相应的动作即可。因此，SDN 技术能够有效减小设备负载，协助网络运营商更好地控制基础设施，降低整体运营成本。

6）NFV 技术

网络功能虚拟化是指利用虚拟化技术，将网络节点阶层的功能分割成几个功能区块，分别以软件方式实施，不再局限于硬件架构。

网络功能虚拟化的核心是虚拟网络功能。它提供只能在硬件中找到的网络功能，有很多应用，如路由、CPE（客户终端设备）、移动核心、IMS（IP 多媒体子系统）、CDN（内容分发网络）、安全性、策略等。但是，网络功能虚拟化需要把应用程序、业务流程和可以进行整合与调整的基础设施软件结合起来。网络功能虚拟化可以帮助企业机构按需动态配置网络，而与底层架构无关。

7）云计算

基于"三朵云"的新型 5G 网络架构是移动网络未来的发展方向。5G 网络架构包括接入云、控制云和转发云三个域。接入云支持多种无线制式的接入，融合集中式和分布式两种无线接入网架构，适应各种类型的回传链路，可实现更灵活的组网部署和更高效的无线资源管理。5G 的网络控制功能和数据转发功能将解耦，形成集中统一的控制云和灵活高效的转发云。控制云实现局部和全局的会话控制、移动性管理和服务质量保证，并构建面向业务的网络能力开放接口，从而满足业务的差异化需求并提升业务的部署效率。转发云基于通用的硬件平台，在控制云高效的网络控制和资源调度下，实现海量业务数据流的高可靠、低延迟、均负载的高效传输。5G 网络架构在满足未来新业务和新场景需求的同时，也充分考虑现有移动网络的演进途径。从局部变化到全网变革，通信技术与 IT 技术的融合会从核心网向无线接入网逐步延伸，最终完成网络架构的整体演变。

11.2.7　第六代移动通信系统（6G）

1．6G 的基本概念

6G（Sixth-generation）即第六代移动通信技术，是继 5G 之后的下一代无线网络移动通信技术。随着 5G 的商用，第六代移动通信技术的研究已逐步进入正轨。6G 早期研究阶段是基于 5G 进行扩展和深入的，研究基础是人工智能（AI）边缘计算和物联网，实现智能应用与网络的深度融合，以及虚拟现实、虚拟用户、智能网络等功能，将满足完全连接智能数字世界的需求，实现网络全覆盖、高度智能化及网络安全性的全面提升。

2．6G 的关键词

5G 涉及的范围是人、物、机三个核心元素，即人类社会、物理世界、信息空间。而 6G 则在 5G 的基础上拓展为智慧连接、深度连接、全息连接、泛在连接，这 4 个关键词构成了 6G 的核心理念：一念天地、万物随心。

与前几代移动通信技术相比，6G 实现了从"连接的事物"到"连接的智能"的彻底变革，即超越个性化通信，实现人与人、人与设备，以及各类资源的智能连接。

3．6G 的发展现状及展望

目前，6G 相关研究已受到国内外的广泛关注，多个国家及组织已经正式开启 6G 相关研究。芬兰于 2018 年 5 月率先启动 6G 旗舰项目，欧盟已于 2020 年初发布 6G 创新计划，美国已于 2018 年启动了 95GHz～3THz 频率的太赫兹频谱新服务研究工作。中国工业和信息化部已将原有的 5G 研究组 IMT-2020 推进组扩展为 IMT-2030 推进组，推进组主要开展 6G 需求、愿景、关键技术与全球统一标准的可行性研究工作。

5G 的特点为高频段传输，而 6G 网络能够使用比 5G 网络更高的频率，迈向太赫兹通信，并提供比 5G 更高的容量和更低的延迟，在传输速率方面，6G 的传输能力可能比 5G 提升 100 倍，有望支持 1Tb/s 的速率；在延迟方面，6G 的展望就是支持 1μs 甚至亚微秒的延迟通信。

11.3 现代卫星通信系统

11.3.1 现代卫星通信系统概述

宇宙通信是以宇宙飞行体或通信转发体作为对象的无线电通信，它可分为三种形式。
（1）地球站与宇宙站间的通信；
（2）宇宙站之间的通信；
（3）通过宇宙站的转发或反射进行的地球站之间的通信。

人们常把第三种形式称为卫星通信。卫星通信是指利用人造地球卫星作为中继站转发无线电信号，在两个或多个地面站之间进行的通信过程或方式。卫星通信属于宇宙无线电通信的一种形式，工作在微波频段。

卫星通信是在地面微波中继通信和空间技术的基础上发展起来的。微波中继通信是一种"视距"通信，即只有在"看得见"的范围内才能通信。通信卫星的作用同离地面很高的微波中继站。由于作为中继的通信卫星离地面很高，因此经过一次中继转接之后即可进行长距离的通信。图 11.14 所示为一种简单的卫星通信系统示意图，它是由一颗通信卫星和多个地面通信站组成的。其中，地面通信站是指设在地面、海洋或大气层中的通信站，习惯上统称地面站。宇宙站是指地球大气层以外的宇宙飞行体（如人造卫星和宇宙飞船等）或其他星球上的通信站。

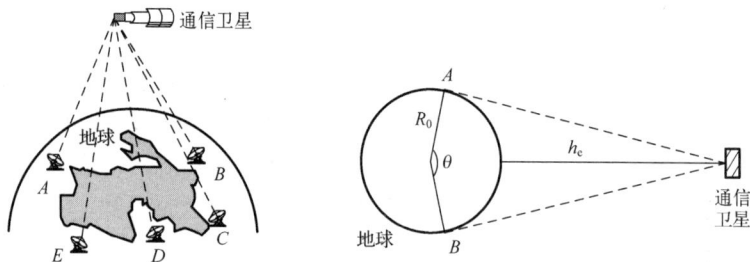

图 11.14 卫星通信系统示意图

如图 11.14 所示，在离地面高度为 h_e 的通信卫星上看到地面的两个极端点是 A 点和 B 点，S 长度是以通信卫星为中继站所能达到的最大通信距离（km），其计算公式为

$$S = 2R_0 \sin \frac{\theta}{2} = 2R_0 \left(\arccos \frac{R_0}{R_0 + h_e} \right) \tag{11-3-1}$$

式中，R_0 为地球半径；θ 为 AB 所对应的圆心角（弧度）；h_e 为通信卫星到地面的高度（km）。

式（11-3-1）说明，h_e 越大，地面上的最大通信距离越大。

由于通信卫星处于外层空间，即在电离层之外，地面上发射的电磁波必须穿透电离层才能到达通信卫星；同样，从通信卫星到地面上的电磁波也必须穿透电离层，而在无线电频段中只有微波频段恰好具备这一条件，因此卫星通信使用微波频段。

目前大多数卫星通信系统选择在下列频段工作：

（1）UHF 波段（200～400MHz）；

（2）L 波段（1.5～1.6GHz）；

（3）C 波段（4.0～6.0GHz）；

（4）X 波段（7.0～8.0GHz）；

（5）K 波段（12.0～14.0GHz、11.0～14.0GHz、20～30GHz）。

由于 C 波段的频段较宽，又便于利用成熟的微波中继通信技术，且天线尺寸较小，因此，卫星通信最常用的是 C 波段。

11.3.2　现代卫星通信系统的组成及工作原理

根据现代卫星通信系统的任务，一条卫星通信线路要由发端地面站、上行线路、卫星转发器、下行线路和收端地面站组成，如图 11.15 所示，其中上行线路和下行线路就是无线电波传播的路径。为了进行双向通信，每个地面站均应包括发射系统和接收系统。由于收、发系统一般公用一副天线，因此需要使用双工器以便将收、发信号分开。地面站收、发系统的终端通常与长途电信局或微波线路连接，地面站的规模则由通信系统的用途决定。卫星转发器的作用是接收地面站发来的信号，经变频、放大后，再转发给其他地面站。卫星转发器由天线、接收设备、变频器、发射设备和双工器等组成。

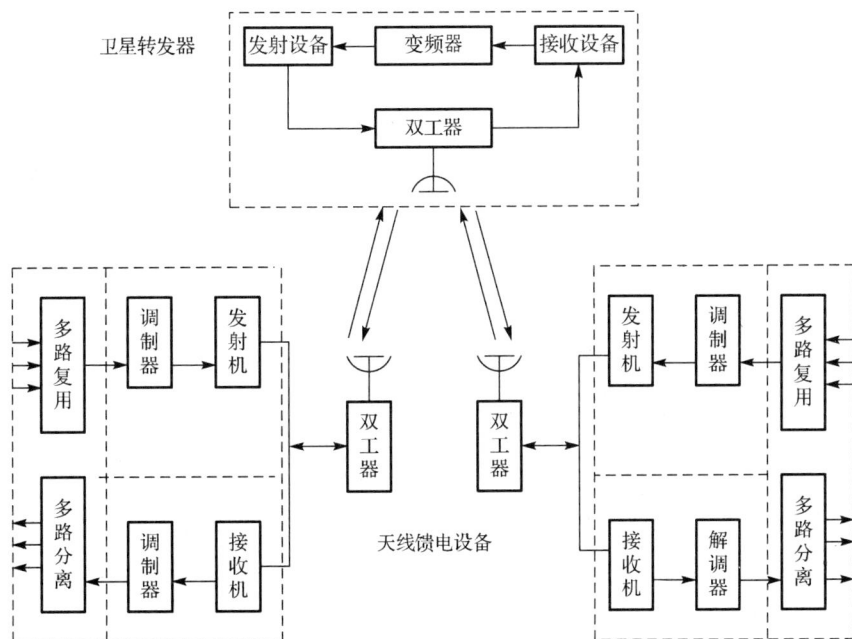

图 11.15　现代卫星通信系统的组成示意图

在现代卫星通信系统中，各地面站发射的信号都是经过通信卫星转发给对方地面站的，因此，除了要保证在通信卫星上配置转发无线电信号的天线及通信设备，还要保证有完成通信任务的其他设备。一般来说，一个通信卫星主要由天线系统、通信系统、遥测指令系统、控制系统和电源系统五大部分组成，卫星通信线路组成框图如图 11.16 所示。

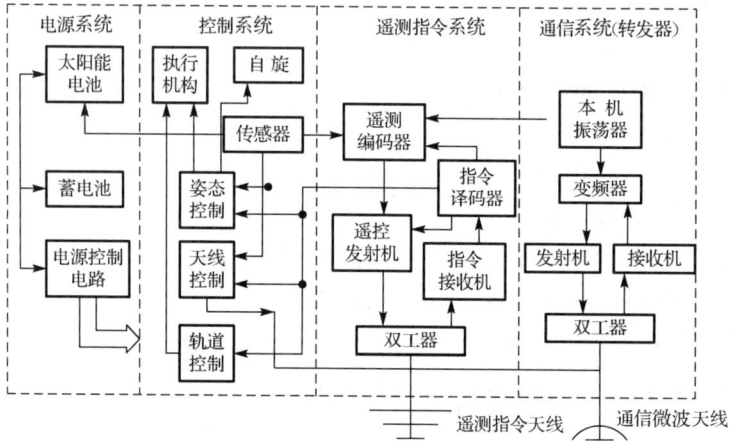

图 11.16　卫星通信线路组成框图

1．通信卫星

1）天线系统

天线系统包括通信微波天线和遥测遥控系统用的高频（或甚高频）天线（遥测指令天线）。

通信微波天线的波束应对准地球上的通信区域。对于采用自旋稳定方式以保持姿态稳定的静止卫星，由于卫星是旋转的，因此要采用消旋天线才能使波束始终对准地球。常用的消旋天线有机械消旋天线和电子消旋天线。

遥测指令天线用于卫星进入静止轨道之前和之后向地面控制中心发射遥测信号和接收地面的指令信号。这种天线为甚高频全方向性天线，通常采用倾斜式绕杆天线和螺旋天线等。

2）通信系统（转发器）

静止卫星的通信系统又称通信中继机，通常由多个（可达 24 个或更多）信道转发器互相连接而成。其任务是把接收的信号放大，并利用变频器转换成下行频率后再发射出去，能起到卫星通信中继站的作用，其性能直接影响到卫星通信系统的工作质量。转发器通常分为透明转发器和处理转发器两大类。

（1）透明转发器。这类转发器接收到地面站发来的信号后，除进行低噪声放大、变频、功率放大外，不做任何其他处理，只是单纯地完成转发任务，它对于工作频带内的任何信号都是"透明"的通路。

（2）处理转发器。处理转发器除了包括信号转发器，还包括具有信号处理功能的转发器。与上述双变频透明转发器相比，处理转发器只是在两级变频器之间增加了信号的解调器、处理单元和调制器。先将信号解调，便于信号处理，再经调制、变频、功率放大后发回地面。

3）遥测指令系统

遥测指令系统包括遥测指令和遥控指令两部分。

（1）遥测指令的作用是在地球上测试卫星的各种设备的工作情况，包括表示有关部分电流、电压、温度等工作状态的信号，来自各传感器的信息、指令证实信号以及做控制用的气体压力等。上述各种数据通过遥测指令送往地面控制中心。

（2）遥控指令包括对卫星进行姿态和位置控制的喷射推进装置的点火控制指令，行波管高压电源的开、关控制指令，发生故障的部件与备用部件的转换指令以及其他由地面对卫星内部各种设备的控制指令等。指令信号由地面控制中心发出，在卫星转发器内被分离出来，经检波、译码后送至控制设备，以控制各种执行机构实施指令。

4）控制系统

控制系统包括位置控制系统和姿态控制系统两部分。

（1）位置控制系统用来消除"摄动"的影响，以使卫星与地球的相对位置固定。位置控制是利用装在星体上的气体喷射装置由地面控制站发出指令进行工作的。当卫星有"摄动"现象时，卫星上的遥测装置就发给地面控制站遥测信号，地面控制站随即向卫星发出遥控指令，以进行位置控制。

（2）姿态控制系统使卫星对地球或其他基准物保持正确的姿态。卫星姿态是否正确不仅会影响卫星上的定向通信天线是否指向覆盖区，还会影响太阳能电池帆板是否朝向太阳。

5）电源系统

通信卫星的电源要求体积小、质量轻和寿命长。常用的电源有太阳能电池和化学能电池。平时主要使用太阳能电池，当卫星进入地球的阴影区（星蚀）时，则使用化学能电池。太阳能电池由光电器件组成。由太阳能电池直接供出的电压是不稳定的，必须经电压调整后才能供给负载。化学能电池可以充电和放电，如镍镉蓄电池。平时由太阳能电池给它充电，当卫星发生星蚀时，由太阳能电池转换为化学能电池供电。

2. 卫星通信地面站

卫星通信地面站的基本作用是向卫星发射信号，同时接收由其他地面站经卫星转发来的信号。根据卫星通信系统的性质和用途的不同，可有不同形式的地面站，例如，按站址的固定与否、G/T值的大小、用途、天线口径以及传输信号的特征等方法来分类。

（1）按站址的固定与否分类。按站址的固定与否分类，卫星通信地面站可分为固定站、移动站（如舰载站、机载站和车载站等）、可拆卸站（短时间能拆卸转移地点的站）。

（2）按 G/T 值的大小分类。地面站性能指数 G/T 值是反映地面站接收系统的一项重要技术指标。其中，G 为接收天线增益，T 为表示接收系统噪声性能的等效噪声温度。G/T 值越大，说明地面站接收系统的性能越好。目前，国际上把 $G/T \geqslant 35dB/K$ 的地面站定为 A 型标准站，把 $31.7dB/K \leqslant G/T < 35dB/K$ 的地面站定为 B 型标准站，而把 $G/T < 31.7dB/K$ 的地面站称为非标准站。

（3）按用途分类。按用途分类，卫星通信地面站可分为民用、军用、广播、航海及实验等地面站。

（4）按天线口径分类。按天线口径分类，卫星通信地面站可分为 1m 站、5m 站、10m 站以及 30m 站等。

（5）按传输信号的特征分类。按传输信号的特征分类，卫星通信地面站可分为模拟通信站和数字通信站。

地面站种类繁多，大小不一，所采用的通信体制不同，因而所需的设备组成也不一样，但基本组成大同小异。典型的卫星通信地面站由天线馈电分析系统、发射分系统、接收分系统、信道终端分系统、监控分系统、电源分系统等组成，如图 11.17 所示。

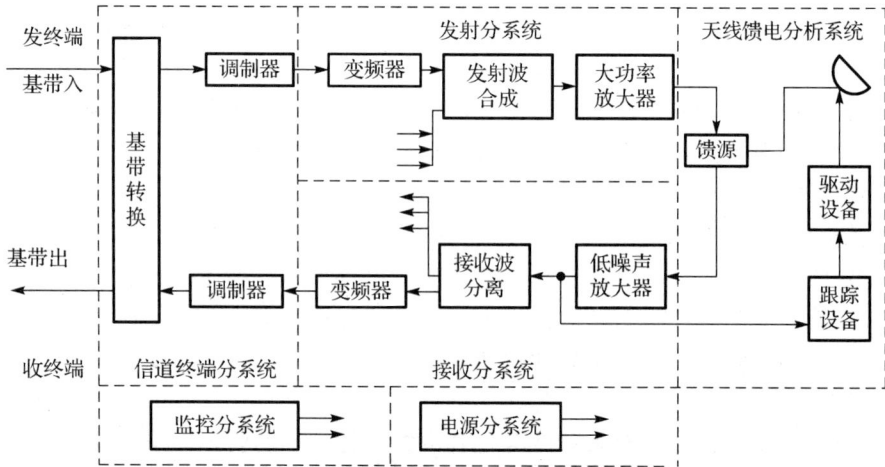

图 11.17 典型的卫星通信地面站组成

本 章 小 结

　　为了实现不同地理位置之间的信息交流，必须建立通信网。随着信息源的多样化发展，通信网正由传统的电话网向综合业务数字网转换。

　　本章在了解传统通信网的基础上，主要介绍了现代通信网的构成和功能、现代通信网基本理论和相关技术。其内容包括通信网拓扑结构、网络体系分层结构、通信网协议、通信网路由选择、流量分配、通信网的传输技术、交换技术、信令与接口技术、多址通信技术等。最后，本章介绍了现代数字移动通信系统和现代卫星通信系统等。本章的主要目的是使学习者对通信网和通信系统有全面的了解，为以后的学习和工作打下基础。

习 题 11

　　1. 移动通信中为什么要采用复杂的多址接入方式？多址方式有哪些？它们是如何区分每个用户的？

　　2. GSM 数字蜂窝通信系统中控制信道的类型有哪些？它们分别在什么场合使用？

　　3. CDMA 扩频通信系统中为什么可以采用软切换？软切换的优点是什么？

　　4. 假设 A、B 都是 MSC，其中与 A 相连的基站有 A_1、A_2，与 B 相连的基站有 B_1、B_2，那么把 A_1 和 B_1 组合在一个位置区内，把 A_2 和 B_2 组合在一个位置区内是否合理？为什么？

　　5. 构成一个数字移动通信网的数据库有哪些？分别用来存储什么信息？

　　6. VLR、HLR 中存储的信息有哪些？为什么存储的信息不同？

　　7. CDMA 中的关键技术有哪些？

　　8. 现代卫星通信系统的组成有哪些？

参 考 文 献

[1] 臧鸿雁，丁军. 信息理论基础[M]. 2版. 北京：北京邮电大学出版社，2023.

[2] 张辉，曹丽娜. 现代通信原理与技术[M]. 5版. 西安：西安电子科技大学出版社，2023.

[3] 牛凯，吴伟陵. 移动通信原理. 下册[M]. 3版. 北京：电子工业出版社，2022.

[4] 阮秋琦. 数字图像处理学[M]. 4版. 北京：电子工业出版社，2022.

[5] 啜钢，等. 移动通信原理与系统[M]. 5版. 北京：北京邮电大学出版社，2022.

[6] 牛凯，吴伟陵. 移动通信原理. 上册[M]. 3版. 北京：电子工业出版社，2022.

[7] 樊昌信，曹丽娜. 通信原理[M]. 7版. 精编本. 北京：国防工业出版社，2021.

[8] OPPENHEIM A V，WILLSKY A S，HAMID NAWAB S.信号与系统[M]. 刘树棠，译. 2版. 北京：电子工业出版社，2020.

[9] 安德烈娅·戈德史密斯. 无线通信[M]. 英文版. 北京：电子工业出版社，2020.

[10] 樊昌信. 通信原理[M]. 3版. 北京：电子工业出版社，2020.

[11] 牛英滔，朱义勇，胡绘斌，等. 扩展频谱通信系统原理[M]. 3版. 北京：国防工业出版社，2019.

[12] 范特里斯. 检测、估计和调制理论 卷1检测、估计和滤波理论[M]. 毛士艺，等译. 北京：电子工业出版社，2015.

[13] 陆大金，张颢. 随机过程及其应用[M]. 2版. 北京：清华大学出版社，2012.

[14] 郑君里，应启珩，杨为理. 信号与系统 上[M]. 3版. 北京：高等教育出版社，2011.

[15] 周炯槃. 通信网理论基础[M]. 修订版. 北京：人民邮电出版社，2009.

[16] TOM RICHARDSON，RUEDIGER URBANKE. Modern Coding Theory[M]. Cambridge: Cambridge University Press, 2008.

[17] SCHWARTZ M. 移动无线通信[M]. 许希斌，等译. 北京：电子工业出版社，2006.

[18] HAYKIN S. 现代无线通信[M]. 郑宝玉，等译. 北京：电子工业出版社，2006.

[19] AHMAD R S BAHAI，BURTON R SALTZBERG. Multi-Carrier Digital Communications Theory and Applications of OFDM[M].2nd ed. New York: Springer, 2002.

[20] JOHN G PROAKIS，MASOUD SALEHI. Communication Systems Engineering[M]. 2nd ed. Upper Saddle River: Prentice Hall, Inc., 2002.

[21] HAYKIN S. Communication Systems[M]. 4th ed. New York: John Wiley & Sons, Inc., 2001.

[22] 朱雪龙. 应用信息论基础[M]. 北京：清华大学出版社，2001.

[23] 王新梅，肖国镇. 纠错码：原理与方法[M]. 西安：西安电子科技大学出版社，2001.

[24] OPPENHEIM A V，WILLSKY A S，NAWAB S H. Signals and Systems[M]. 2nd ed. Upper Saddle River: Prentice Hall, Inc., 1997.

[25] STEPHEN G WILSON. Digital Modulation and Coding[M]. Upper Saddle River: Prentice Hall, Inc.,1996.

[26] 周炯槃，丁晓明. 信源编码原理[M]. 北京：人民邮电出版社，1996.

[27] 栾正禧. 中国邮电百科全书：电信卷[M]. 北京：人民邮电出版社，1993.

[28] 常迥. 信息理论基础[M]. 北京：清华大学出版社，1993.

[29] 曹志刚，钱亚生. 现代通信原理[M]. 北京：清华大学出版社，1992.

[30] 姚彦，梅顺良，高葆新. 数字微波中继通信工程[M]. 北京：人民邮电出版社，1990.

[31] MUROTA K, HIRADE K. GMSK Modulation for Digital Mobile Radio Telephony[J]. IEEE Trans. on Comm., 1981, 29(7): 1049-1059.

[32] 胡征，樊昌信. 沃尔什函数及其在通信中的应用[M]. 北京：人民邮电出版社，1980.

[33] W C JAKES. Microwave Mobile Communications[M]. New Jersey: IEEE Press, 1974.

[34] BERGER T. Rate Distortion Theory[M]. Upper Saddle River: Prentice Hall, Inc., 1971.

[35] ROWE H E. Signals and Noise in Communication Systems[M]. Princeton: D.Van Nostrand Company, 1965.